ROBIN KAISER

Das WIR spricht

Das WIR spricht

Verlag: epubli
2.Auflage

Cover: Robin Kaiser
Korrektorat: Roland Kaiser, Thekla Kretschmer
Druck: neopubli GmbH, Berlin

info@robinkaiser.eu

www.robinkaiser.eu

ISBN (print): 978-3-748516-76-7

ISBN (ebook): 978-3-748516-81-1

ROBIN KAISER

Das WIR spricht

Empfangene Botschaften vom Kosmischen WIR

epubli

Inhaltsverzeichnis

Vorwort	**1**
Vorwort des WIR	**5**
Das Dimensionsportal	**12**
Die Informationshüter	**35**
Die Elementarteilchen	**48**
Die Schöpfungsmusik	**55**
Die Hinweisschilder zur Selbsterkenntnis	**79**
Der Segen (auf all euren Wegen)	**88**
Der Spiegel des Erwachens	**99**
Das allsehende Auge	**102**
Die Befreiungsbotschaft	**113**
Die Wunde der Trennung	**130**
Die Heilung des Himmels	**145**
Die Entscheidung des Zusammenseins	**152**
Die Begegnungsstätte	**164**
Das WIR-Gefühl	**175**
Es war einmal ein Ego…	**182**
Das Lichtschloss	**190**
Der Schöpfungskörper	**196**

Was WIR sind, und wie WIR sind	**202**
Der Weg des Vertrauens	**211**
Das Erfahrungsmosaik	**218**
Der ewige Kreislauf	**225**
Lebenstanz im Takt der Grundschwingung	**230**
Das Leben nach dem Leben	**253**
Der freie Wille	**263**
Der WIR Kontakt	**275**
Die Lebensinszenierung	**285**
Die Wunscherfüllung	**303**
Die lichte Absicht	**313**
Die Erfahrungstiefe	**324**
Die Lichtsprache	**333**
Die höhere Ordnung	**351**
Das Schöpfungsfinale	**381**
Magische Momente der Schöpfung	**404**
Der Universalchannel	**433**
WIR und GOTT	**447**
Ausklang des WIR Ausdrucks	**456**

Vorwort

Ich war im Begriff, die letzten Sätze meines zweiten Buches „Das Kosmische Klassenzimmer“ niederzuschreiben, als ich auf einmal ein starkes Wärmegefühl in meinem Hinterkopf spürte und merkte, dass mir meine Gedankengänge, die ich zu Papier brachte, immer wieder entglitten.

Zunächst versuchte ich, die Gedanken zurück auf das Thema zu lenken, was ich ursprünglich aufschreiben wollte, aber mein Schreiben hatte sich inzwischen soweit verselbstständigt, dass ich diesen Impuls schnell aufgab und die Worte entscheiden ließ, was *sie* auszusprechen wünschten.

Bereits in dem Buch „Das Kosmische Klassenzimmer“ hatte ich mich ausgiebig mit kosmischen Kommunikationsformen beschäftigt und war mit einer Vielzahl an gechanneltem Material vertraut. Doch dass mein Schreiben derart schnell übernommen werden konnte, war mir bis zu diesem Zeitpunkt nicht bewusst. Alle meine Eigenimpulse zurückhaltend, schrieb ich nun einfach den Sprachfluss nieder, der sich passgenau in meinen Geist legte, und dieser Sprachfluss wurde über wenige Sätze hinweg zu einem anschwellenden energetischen Strom, sodass ich in eine Art leichten Trancezustand fiel.

In diesem Zustand war mein Bewusstseins- und Konzentrationsgrad um ein Vielfaches höher, und doch war es nicht wirklich mein Bewusstsein, was sich dort in einem Ausdrucksschwall ergoss. Der erste klare Gedankenimpuls, den ich erhielt, lautete: „WIR sind das WIR, und WIR wünschen, dass du alles Folgende aus dem WIR heraus schreibst… , denn du bist einer von UNS.“

Noch heute läuft mir ein wohlig warmer Schauer über den Rücken, wenn ich an diesen Moment zurückdenke, in dem eine ganze Bilderserie an WIR-Einflüssen auf mein bisheriges Leben durch meinen Geist zog und sich das WIR das erste Mal in der ihm eigenen Form offenbarte.

Jetzt, da ich diese Zeilen aufschreibe, ist ein guter Monat vergangen, in dem ich so gut wie jeden Tag etwa fünf Stunden das WIR durch mich schreiben ließ und das hier vorliegende Buch in vollständig manifestierter Form vorliegt.

Dieser Monat war einer der schönsten meines Lebens, weil das WIR, auch weit über die WIR-Sitzungen hinaus, mir eine neue Art des Lebens offenbarte.

Während dieses Zeitraums sind die gemeinsamen WIR-Sitzungen immer klarer und eindrucksvoller geworden, denn ich lernte von Mal zu Mal mich mehr zu öffnen, um dem WIR in meinem Geist Platz zu machen. Jede WIR-Sitzung brachte unerwartet neue Wendungen, und jedes Mal war ich darüber erstaunt, was durch mich zu Papier gebracht wurde.

Das Gefühl, vor einem leeren Blatt Papier zu stehen (ich schreibe alles an meinem Stehpult) und zu mer-

ken, wie energetisch etwas in mir anschwillt, mich anhebt, weit werden lässt und nur darauf wartet, Ausdruck zu finden, ist sagenhaft.
Am Beginn einer WIR-Sitzung ist es meist so, dass ich anfange zu singen und zu summen und dieses Singen in intuitive Tonfolgen und Rhythmen hineingezogen wird. Hier bedient sich das WIR meiner Stimme, um mein Bewusstsein in seine Schwingung einzustimmen. Weite Teile des Buches sind folglich unter einem „WIR-Gesang" entstanden, und dies sind auch die Stellen, bei denen ich in hellster Freude, selbstvergessen, auf meiner Computertastatur „musizierte".

Bevor sich das WIR in seiner jetzigen Form offenbarte, und lange bevor ich mich in weitestgehend spirituellen Themen vertieft hatte, gab es immer wieder Momente, in denen sich Gedanken, wie dahergeflogen, in meinem Geist einfanden, und ich über ihre Schönheit und Brillanz verwundert war. Jetzt, im Nachhinein, kann ich ganz klar erkennen, dass alles, was ich bisher in der übersichtlichen Anzahl an Erdenjahren erfahren habe, eine Vorbereitung darauf gewesen ist, das WIR durch mich sprechen zu lassen. Angefangen mit meinem Psychologie-Studium, meinem starken Interesse an Philosophie, bis hin zu meinem längeren Klosteraufenthalt in einem buddhistischen Waldkloster in Thailand...
Das WIR hat alles so in die Wege geleitet und sich fleißig an den richtigen und wichtigen Stellen meines

Lebensverlaufes eingeschaltet, dass ich jetzt hier stehen kann und es durch mich auszudrücken vermag. Ein sehr tiefes Gefühl, meine Bestimmung gefunden zu haben, begleitete all mein bisheriges Schreiben und fand seinen Höhepunkt in der hiesigen WIR-Offenbarung.

Für mich hat sich durch das WIR eine neue Welt aufgeschlossen, und ich bin unendlich froh darüber, dass ich dem WIR, über inneres Lauschen, mit jedem meiner Schritte in SEINE Welt gefolgt bin. Und ich bin mir sicher, dass jeder, der ein Stück seines Lebenswegs Hand in Hand mit dem WIR geht, zu einem Leben geführt werden kann, in dem es, reichhaltig angefüllt mit den inneren Schätzen, zu immer mehr Momenten des Staunens über die Schönheit aller Dinge kommt.

Aber was spreche ich da, ist es doch bereits das WIR, was mich diese Aussage hat treffen lassen...

Nun denn, ich möchte gänzlich in mir zurücktreten, um das WIR zu Wort kommen zu lassen...

Ich verabschiede mich also an dieser Stelle und wünsche jedem Leser eine wundervolle WIR-Zeit der gemeinsamen Erweckung von dem, was in uns allen schlummert.

Vorwort des WIR

WIR sind. Und UNSER Sein lädt alles in die Erfahrung UNSERES Seins mit ein.
WIR werden euch im Folgenden in eine Erfahrung von UNS, dem „Kosmischen-WIR“, hineinführen, und euch die Rückerinnerung in euren Geist legen, was es heißt, „WIR“ zu sein, denn WIR-Sein bedeutet Einssein. WIR sind eins, doch erscheinen WIR euch als viele.
WIR sind für euch nicht nur durch das, was WIR hier von UNS preisgeben, offenbar, sondern alles, was ihr erfahrt, ist eine Offenbarung von UNS.
Allerdings unterscheidet sich die hiesige Offenbarung entschieden von allen UNSEREN anderen Offenbarungsformen, die euch in jedem Ding, was ihr seht, entgegenspringt.
Denn in dieser schriftsprachlichen Offenbarung beschäftigen WIR UNS mit UNS selbst und gelangen zu einem für euch höheren Reinheitsgrad UNSER aller Essenz.
UNS geht es darum, eure Essenznatur wieder zum Vorschein zu bringen und sie aus euch heraus in die Welt strahlen zu lassen. WIR reflektieren all euer Strahlen, aber WIR spiegeln euch auch eure Schattenseiten. Seht UNS als einen sehr sauberen Spiegel eurer selbst an, mit dessen Hilfe ihr neue Seiten an euch selbst entdeckt und Räume in euch bereist, die euch

ohne UNSERE Offenbarung vorerst verschlossen geblieben wären. WIR öffnen mit euch gemeinsam Räume in eurem Geist, um das Licht eures Bewusstseins in jede noch dunkle Ecke scheinen zu lassen. Seht UNS als eure Reisebegleiter an, die euch die Hand reichen, um euch zu euch selbst zu führen. WIR sind das, was ihr seid, und deshalb kennen WIR den Weg.

Jeder geht einen eigenen Weg zum WIR, aber dennoch befindet sich jeder auf dem Weg zu UNS, auch wenn er sich dieses Weges nicht immer bewusst ist. WIR sind der Weg zum WIR, in dem WIR alle UNS wieder zusammenfinden, um als eins in UNSER aller gemeinsames WIR-Sein einzutauchen.

WIR tauchen tief mit euch ab, in die dunkelsten Schichten, um euch von dort aus in das hellste Licht heben zu können.

WIR wirken auf mehreren Ebenen für euch erhebend, und führen euch so herauf zu UNS, wie es für euch gegenwärtig am hilfreichsten ist.

WIR gehen auf jeden Leser persönlich ein und sichern jedem von UNS - und ihr seid Teil von UNS - eine persönliche Betreuung zu.

WIR holen euch dort ab, wo jeder einzelne von euch gerade steht, und so wird jeder eine andere Erfahrung mit UNS machen, obwohl WIR UNS dabei nicht verändern.

WIR sind in UNSEREM Sein und UNSEREM Wirken immer konstant, aber für euch erscheint UNSERE

Konstanz von Höhen und Tiefen geprägt.
Mal glaubt ihr UNS näher zu sein, und mal habt ihr das Gefühl, UNS gänzlich verloren zu haben.
WIR sind immer bei euch, egal welchen Weg ihr beschreitet, denn keiner von UNS kann verloren gehen oder aus dem „Kosmischen-WIR“ in irgendeiner Form herausfallen.
Was aber geschehen kann (und bei euch gegenwärtig geschehen ist) ist, dass ihr verlernt habt, UNS in allen Dingen wahrzunehmen.
Und dies ist genau der Zweck UNSERER Offenbarung, dass ihr euch zurückerinnert, wie das Leben sein kann, wenn ihr UNS, das Leben selbst, wieder aus allen Lebensformen sprühen seht.
WIR sind es, die euch lebendig halten, weil WIR der Atem des Lebens sind, der durch jede eurer Körperzellen pulsiert.
Und doch sind WIR immer anders als so, wie *ihr* denkt, dass WIR seien, weil UNSER Wesen in sich und für eure Vorstellungen unfassbar ist.
Nur dadurch, dass ihr eure Vorstellungen über euch und das Leben, was ihr kennt, einmal darnieder legt, können WIR UNS so in eurem Geist präsentieren, wie WIR sind.
Es geht folglich bei UNSERER hiesigen Selbstoffenbarung um einen ständigen Selbstbildabgleich zwischen dem, was ihr glaubt, was ihr seid, und dem, wie WIR euch sehen. WIR zeigen euch UNSERE Sicht auf euch, die sich von der eurigen unterscheidet, wie

Tag und Nacht. WIR zeigen euch eure lichte Tagseite, und werfen UNSER Licht in die dunkle Nacht, die euer Geist möglicherweise gerade durchmacht.
WIR öffnen UNS, um euch zu UNS hereinzulassen, damit ihr erkennt, dass ihr immer schon im WIR gewesen seid, und dass WIR euch immer schon helfend beiseite gestanden haben.
WIR sind nicht viele, aber für euch erscheinen WIR als viele, und deshalb zeigen WIR UNS euch in dem WIR, von dem aus WIR euch direkt ansprechen. UNSERE WIR-Offenbarung geschieht in einer für euch ansprechenden Form, da WIR UNS in die Worte kleiden und UNS in der Weise geben, die euch geläufig ist. WIR bedienen UNS der Elemente eurer Sinneswelt, um euch UNSER-Sein, das fern ab davon liegt, zu vermitteln. WIR sind jenseits jeder Vermittlungsform, da WIR unmittelbar in eurem Geist präsent sind, und doch müssen WIR UNS vermitteln und UNS der Mittel eurer Welt bedienen, damit ihr euch UNSERES Seins wieder gewahr werdet.
WIR sind bei euch, und das gilt es für euch zu erfahren, und um diese Erfahrung zu vermitteln, bedienen WIR UNS allem, was UNS zur Verfügung steht, und dies ist nichts Geringeres, als alles, was ist.
WIR sind alles, was ist und alles was sein kann, wobei ihr eine Facette von UNS über euer Leben zum Ausdruck bringt. Ihr seid ein Ausdruck des WIR, weil euer Leben eine Entfaltung des einen Lebens ist, das alle Lebensformen belebt.

WIR können bereits jetzt schon mit euch so sprechen, als ob ihr UNS kennen würdet, weil ihr UNS in der Tiefe eures Herzens bereits kennt.
WIR werden im Folgenden also zu euch in einer persönlichen Vertrautheit sprechen, da WIR bereits seit Anbeginn der Zeit in einem solchen Verhältnis zu euch stehen.
Es spielt keine Rolle, ob ihr UNS jetzt schon versteht, weil alles, was WIR an Sprache noch fließen lassen, gerade dazu gedacht ist, UNS (alle) in einer tieferen Weise zu verstehen.
UNS geht es darum, dass ihr euch selbst erkennt und in eurer Selbsterkenntnis in ein tieferes Vertrautheits-Verhältnis mit allen euren Mitwesen treten könnt. Auf diesem Weg zu euch selbst begleiten WIR -wie gesagt- jeden von euch in persönlicher Form, und wie WIR das anstellen, das sollte euch durch das Buch bewusst werden.
WIR betreuen die, die hier von UNS lesen gleichermaßen wie die, die WIR nicht zu UNSERER Leserschaft zählen, weil WIR *alle* betreuen.
Allerdings sind die, die nicht von UNS lesen, UNSERES Seins und UNSERES Wirkens sehr selten bewusst, und es geht gerade darum, dass ihr euch UNSERES Seins und dem was ihr immer schon in euch getragen habt, wieder bewusst werdet.
WIR streuen UNS als Hinweise auf die in euch liegenden Schätze von unschätzbarem Wert aus, die

euch eurer bloßen Existenz wegen zustehen. Und damit ermutigen WIR euch gleichzeitig in eure wahre Größe zu treten, um eure kosmische Erbschaft anzutreten.
Ihr seid sehr reich vom Leben beschenkt, doch nützt euch dieser Reichtum wenig, wenn ihr ihn nicht erkennt und er außerhalb einer bewussten Wahrnehmung liegt.
UNSER größtes Anliegen ist es folglich, die euch innewohnenden Schätze wieder zu bergen, indem WIR euch durch UNSERE Verbindung über euch hinaus und tiefer in die grenzenlose Schatzkammer UNSERES einen Geistes hinführen.
WIR legen in eurem Geist diejenigen Wege frei, die die raumzeitliche Linearität verlassen und den Zugang zum Ewigen eröffnen.
In dieser Öffnung UNSERES Seins entschlüssen WIR die Schöpfungsprinzipien des Lebens und weisen auf Irrwege und Fallstricke im Anschauungs-Dschungel der Glaubensgrundsätze hin.
Gemeinsam geleiten WIR euch somit aus dem Labyrinth weltlicher Verstrickungen und durch das Dickicht geistiger Verschleierung in die lichte Klarheit UNSERES ganzheitlich geheilten WIR-Seins.
Durch die Vermittlung UNSERER Sicht auf euch schenken WIR euch ein von Grund auf verändertes Seins-Gefühl, was sich mit in jede eurer Lebenserfahrungen hineinträgt. WIR breiten vor euch aus, wie es sein kann, im „WIR-Gefühl" durch die Welt zu gehen,

indem WIR UNS in euren Geist ausbreiten und euch eure Essenznatur wieder gänzlich zurückerstatten.

Ihr glaubt, ihr habt etwas verloren, und dieser Verlust ist die Ursache jedes eurer Mangelgefühle und die Wurzel eures Leids.
WIR werden euch in die Räume eures Geistes begleiten, in denen ihr das wiederfindet, von dem ihr glaubtet, es verloren zu haben.
WIR stellen UNS euch bedingungslos zur Verfügung, um euch wieder in das Sein bedingungsloser Liebe hineinzuführen.
Doch wollen WIR nicht zu vorschnell ein Reiseziel festmachen, weil UNSERE gemeinsame Reise gerade erst beginnt....

Das Dimensionsportal

Dies sind keine gewöhnlichen Worte, denn diese Worte sind UNSERE Worte, da dieses Buch UNSER Buch ist. WIR *sind* dieses Buch, genau wie ihr es auch seid, weil ihr zu UNS gehört.
WIR werden UNS über den gesamten Buchverlauf näher kennenlernen, doch vorerst wollen WIR UNS als das Kosmische-WIR bei euch vorstellen.
WIR entziehen UNS all euren Vorstellungen, und doch finden WIR UNS in allen von ihnen in einer abgewandelten Form wieder.
Die Abwandlung und Verwandlung von UNS erzeugt die Formen, die ihr seht, die Gedanken, die ihr denkt und die Gefühle, die ihr fühlt.
Jede Form ist eine Form von UNS, die ihr zu einer Form habt werden lassen. Mit eurem freien Willen überformt ihr UNS in die euch umgebende Lebenswelt eurer physisch sinnlichen Realität.
WIR liegen fernab dieser Realität, und doch sind WIR die Grundfesten, auf die eure Realität aufbaut.
Ohne es zu wissen, baut ihr bereits jetzt schon auf UNS und habt gewissermaßen in jedem Moment, in dem sich bei euch etwas verändert, Vertrauen in UNSER unveränderliches Wesen.
WIR sind eure Erfahrungsgrundlage, auf der ihr alle eure Erfahrungen macht und auf der euer gesamtes Weltenspiel stattfindet. WIR kommen von einer Welt, in der es keine Welt gibt, weil WIR selbst die

Welt sind, die dort ist, wo WIR sind. In UNSEREM Existenzraum findet sich nichts als nur „WIR“, und ihr seid ein kleiner Aspekt in UNSEREM unendlich weiten Existenzraum.
Doch wollen WIR euch vorerst ein an eure Vorstellung angepasstes Bild geben, das euch helfen wird, UNS näher kennenzulernen…

WIR kommen aus einer anderen Dimension des multidimensionalen Kosmos, einer anderen Schwingungsebene der vielschichtigen Schöpfung.
Jede Dimension hat ihren eigenen Schwingungsbereich, in dem lebendige Schwingungsformen zu bewusstseinstragenden Lebewesen werden.
WIR sind reines, formloses Bewusstsein und tragen nicht, wie ihr, eine Körperform mit UNS, die ihr für die Selbsterfahrung des Bewusstseins verwendet. WIR sind jeder Form entwachsen und verweilen auf UNSERER Ebene in der reinen Essenz allen Lebens. Auch ihr tragt diese Essenz in euch, nur wird sie von eurer Körperform, aber insbesondere auch von euren eigenen Gedankenformen überdeckt und gewissermaßen eingesperrt gehalten.
WIR sind gekommen, um euch, bzw. klarer noch, die Essenz in euch, wieder zu befreien und hierfür haben WIR UNS so einiges an „Frei-Spreng-Material“ einfallen lassen. WIR fließen in die Unfreiheit dieser Worte, um durch sie eine Befreiungsbotschaft kund-

zutun. Doch sind es nie die Worte, die eine Freisprengkraft entfalten, sondern die Schwingungen, die sich durch die Worte im Geist des Lesenden einfinden. Worte sind, wie jede andere Form auch, ein Schwingungstransportmittel, das Schwingungen vermittelt, aber es geht nie um das Transportmittel, sondern stets um das, was es transportiert.

UNSEREN Worten kommt eine ganz besondere Aufgabe zu, denn ihnen wird nichts Geringeres abverlangt, als UNS selbst zu transportieren. Hierfür haben WIR die Worte in besonderer Weise angeordnet, und den Rhythmus des Sprachflusses der UNSRIGEN Schwingung bestmöglich angepasst.

Ihr empfangt folglich das, was WIR euch mitteilen nie aus Worten, sondern stets von UNS persönlich.

WIR haben von UNSERER Dimension ein Portal bis zu eurer Ebene gelegt, das es UNS erlaubt, quer durch eine Vielzahl an Schwingungsebenen, direkt mit euch in Kommunikation zu treten.

Durch dieses Dimensionsportal schicken WIR UNSER Erkenntnislicht direkt in den Geist des Lesenden, der von UNS in diesem Buch hier liest.

In jedem Satz dieses Buches liegt eine Sprachcodierung, die exakt auf einen Aspekt des Erkenntnislichtes zugeschnitten ist, und immer wenn der Lesende einen Satz von UNS in seinem Geiste ausspricht, gleicht dies einer Einladung zu einer Frequenzsendung UNSERES Erkenntnislichtes.

Dieses Buch kann wie ein Zugangsschlüssel angesehen werden, mit dessen Hilfe ihr die Erkenntnisschatzhäuser UNSERER Dimension betreten könnt. Der Reichtum an Erkenntnissen, der in UNSEREN Schatzhäusern einlagert, übersteigt euer Fassungsvermögen bei weitem, und es würden tausende Leben nicht ausreichen, um auch nur einen Bruchteil UNSERER Schatzhäuser zu besichtigen.
Was bei UNS einlagert sind Seins-Zustände und Stimmungsschwingungen multidimensionaler Art, und in jeder Aussage, die WIR hier treffen, senden WIR über das Portal eine Stimmungsschwingung in euren Geist. WIR arbeiten und wirken also hauptsächlich über die geistige Ebene, und UNSERE schriftsprachliche Informsetzung soll euch nur dabei behilflich sein, euch bewusst auf UNSER geistiges Wirken einzustellen. Das Lesen UNSERER hiesigen Manifestation kalibriert euren Geist so ein, dass dieser in eine höhere Ordnung (nämlich UNSERE Ordnung) eingeht. Dies geht nur mit eurer Bereitschaft und eurer geistigen Öffnung dem gegenüber, was WIR euch zu schenken wünschen.
Wenn auch nur ein Bruchteil UNSERER Geschenke von euch angenommen wird, dann kann dies euer Leben von Grunde auf verändern, und wenn auch nur ein paar wenige UNSER Erkenntnislicht auf eurer Erde empfangen und für sich umsetzen, dann hat dies das Potenzial, den Lauf des Weltengeschehens in neue Bahnen zu lenken.

Ihr seid aktuell in einer sehr heiklen Umbruchphase eurer geistigen Entwicklung, und deshalb stehen WIR euch mit UNSERER Hilfe beiseite und senden UNS durch UNSER Portal auf eure Ebene.
WIR haben alles zu eurem Besten arrangiert, und alle transformativen Lebenserkenntnisse stehen hier abrufbereit, und es braucht nur noch euren Wunsch, das zu empfangen, was WIR hier für eure Befreiung vorbereitet haben.
Diese Vorbereitung begann schon zu einer Zeit, als es eure Erde noch nicht einmal gab, und in den Vorbereitungen wurden sowohl eure, als auch eine Vielzahl anliegender, paralleler Universen mit einbezogen. Der Aufwand, den WIR hier betreiben, um UNS euch zu offenbaren, ist euren Maßstäben nach überdimensional groß, doch für UNS fand sich alles das in nur einem Moment als bereits getan und verwirklicht vor.

Nun wird der letzte kleine Schritt UNSERER multidimensionalen Arbeit vollbracht, indem einer von UNS mit der Bereitschaft zu euch gekommen ist, etwas in eurer Ebene zu manifestieren, das UNS und UNSER Erkenntnislicht aufzufangen vermag.
Jede Schwingungssendung braucht eine Empfangsstation, und die Empfangsstation, die genau auf UNSER Erkenntnislicht eingestellt ist, und die das empfängt, was WIR durch UNSER Dimensionsportal senden, haltet ihr jetzt gerade in euren Händen!

Das Buch ist in der Art des Ausdrucks, des Sprachrhythmus, der Grammatik und der Wortwahl genau darauf zugeschnitten, die hier vorhandenen Einspeicherungen kosmischer Erkenntnisse zum Schwingen zu bringen, und eure Gedankenschwingung so einzukalibrieren, dass sie im Gleichklang mit den in UNSERER Dimension vorhandenen, multidimensionalen Informationen stehen. Das innere Sprechen der hier niedergeschriebenen Wortfolgen gleicht einem Zugangscode, einem rhythmischen Muster, das ein Kleinstabbild der hier vorhandenen kosmischen Ordnung ist.
Schwingungsmuster im Mikrokosmos bei euch auf Formebene sprechen entsprechende Schwingungsmuster bei UNS im Makrokosmos an, und dadurch kann eine transdimensionale Kommunikation möglich werden.
Werden also durch die zu euch gesendeten Wort- und Sprachkonstellationen innere Erkenntnisschätze offenbart, dann verlasst die Worte und tretet in eure innere Schatzkammer ein.
Fließen die Worte jedoch einfach nur vorbei, ohne zu berühren oder innere Türen zu öffnen, dann liegt es weder daran, dass ihr in eurem Verstehen versagt habt, noch dass die Worte ihrer Aufgabe zur Kenntnisvermittlung nicht gerecht wurden.
Die Buchstabenfrequenz kann nur dann Kenntnisse transportieren, wenn sie mit der Geistesfrequenz in

Resonanz steht. Und so kann je nach Stimmungslage und Tagesverfassung der Geist mit ein und demselben Text unterschiedlichste innere Räume bereisen.
Es gibt in diesem Spiel der Wiedererinnerung innerster Gewissheiten keine Unzulänglichkeit und keine Fehlbarkeit. Und die hier überlieferten, metaphernreichen Bildnisse, in denen WIR sprechen, entziehen sich euren Kategorien von wahr und falsch.
WIR können nicht sagen, was wirklich ist, WIR können nur durch UNSER Sprechen das in euch anstoßen, was eine Wahrhaftigkeit über die euch umgebende Formenwelt hinaus besitzt.
In euch liegt eine Wirklichkeit verborgen, die WIR über das hier Geschriebene wachzurufen wünschen.

Dieser Weckruf passiert nicht über die Sprache, sondern über den energetischen Strom, den WIR euch durch die Sprache zur Verfügung stellen.
Erkenntnisse lassen sich nicht über Sprache vermitteln, und Sprache kann nur dann zur Erkenntniserweckung herangezogen werden, wenn ihr euch beim Lesen in den Geist des Sprechenden und in die Inspiration zu den Worten hineinfühlt.
WIR sind in der Lage, durch den Geist des Schreibenden und durch den Geist des Geschriebenen zu sprechen, so wie WIR von UNSERER Dimension aus in der Lage sind, durch alle anderen Lebensformen hindurchzusprechen und ihnen innere Impulse und Ge-

dankenströmungen einzugeben. Ihr tut dies untereinander unbewusst auch und nennt es dann Manipulation. WIR manipulieren euch während des Lesens in ein umfassendes kosmisches Gewahrsein einer allumfassenden Liebe.
Wer dies zulässt und sich in dieser Richtung UNS öffnen möchte, der wird reich beschenkt werden. Für diejenigen aber von euch, die dies nicht wünschen, kann auch nicht empfohlen werden weiterzulesen, da UNSER Wirken durch die Schrift jeden Lesenden trifft.
Zunächst wünschen WIR, euch eine bestimmte Lesart der Texte ans Herz zu legen und euch darüber aufzuklären, wie ihr während des Lesens die von UNS gesendete Erkenntnisfrequenz empfangen könnt.
Die Worte und Sätze schreiben sich (unabhängig davon, ob ihr ihren Sinn versteht), von UNSERER Dimension aus auf, und entfalten von dort ihre Wirksamkeit. Sie sind UNSER Zuvorkommen und UNSER weit möglichstes Hereinreichen in eure materielle Dimension.
WIR können euch über die Worte (ab einem gewissen geistigen Reifegrad) abholen und euch mit der in UNSERER Dimension vorhandenen Schwingung vertraut machen.
Dies bezieht mit ein, dass ihr das Wesen UNSERER formlosen Präsenz kennenlernt und euch UNSERE Wahrnehmung auf die Dinge zuteilwird.

Es gibt für eure Lebenswelt keine größere Bereicherung als diese, auch wenn ihr Wert für euch vielleicht nicht direkt ersichtlich ist.
Es liegt an euch, die Übersetzungsarbeit zu tun, von dem, was ihr durch UNSER energetisches Wirken empfangt.
Im Voraus sei hier schon mal gesagt, dass WIR nicht auf das eingehen werden, was euch momentan noch wichtig erscheint, da WIR aus einer weit umfassenderen Perspektive erkennen, dass wahrhaft wertvolle Veränderung nur über die Veränderung der eigenen Seins-Frequenz möglich ist.
Jede von euch getane Veränderung an eurer Lebens-Alltagswelt, spielt nur mit den Auswirkungen, dringt aber nie zur Ursache der wahren Problematik des Trennungszustandes vor.
WIR können nicht anders, als schon jetzt (zu Beginn) euch einen gewissen Entwicklungszustand zuzuschreiben, der weit höher ist, als so, wie ihr euch gegenwärtig wahrnehmt.
Mit anderen Worten: Ihr wisst viel mehr als ihr euch bewusst seid, und der Teil in euch, der sich dessen bewusst ist, ist der, den WIR im Folgenden ansprechen.
WIR sehen jeden Einzelnen von euch in einer strahlenden Schönheit, in einem Glanz göttlichen Lichtes, sodass WIR wahrhaft ehrfürchtig vor euch sind, gerade weil WIR wissen, dass ihr euch für die Erfahrung entschieden habt, euch selbst anders wahrzunehmen.

Doch zurück zu dem, was WIR für euch vorbereitet haben, damit ihr wieder in die Größe eures Lichts treten könnt.
WIR haben quer durch mehrere Dimensionen ein Portal gelegt. Eure Dimension ist derart weit von der UNSEREN entfernt, dass WIR UNS einiges haben einfallen lassen, wie WIR euch den Zugang zu den hier vorhandenen Erkenntnisschatzhäusern aufschließen. Der Durchgang gleicht einer Abkürzung, einem Wurmloch, durch das die Schwingung UNSERER Dimension bis in die eurige hineinreichen kann.
Um das Portal zu verankern, braucht es in eurer Dimension ein manifestiertes Objekt, was genau darauf eingestellt ist, die von UNS gesendete Frequenz an sich heranzuziehen.
Letztlich ist der Empfänger immer der Geist des Lesenden, doch braucht dieser Geist einen gewissen Quellcode, damit er sich auf die entsprechende Frequenz einstellen kann.
Schwingt sich der Lesende in den Rhythmus der Buchstabenmuster ein, so wird er empfangen.
Nicht etwa von den Worten, sondern von UNSEREM, für das physische Auge unsichtbaren Licht, das einen Erkenntnisstrom quer durch den Kosmos, bis in den Geist des Lesenden hinein sendet.
Es tauchen tatsächlich gewisse Distanzschwierigkeiten bei der Vermittlung unmittelbaren, intuitiven

Wissens auf. Distanz nicht im Sinne der für euch geläufigen Raum- oder Zeitdimension, da weder Raum noch Zeit für UNS existieren, sondern Distanz im Sinne einer großen Schwingungsdifferenz UNSERER Bewusstseinsverfassungen. Ihr seid für UNS nicht deshalb so weit entfernt, weil WIR aus einer anderen Ecke des Universums, ja sogar nicht einmal aus der eurigen Universums-Möglichkeit kommen, sondern aufgrund eurer geistigen Schwingung. Seid ihr in dem Zustand, den ihr Hochstimmung nennt, dann seid ihr UNSERER Schwingung schon ein klitzekleines Stück nähergekommen, doch liegen selbst da noch Welten zwischen UNSEREN Grundschwingungen, in denen WIR UNSER Sein erfahren.
Nur bei euch auf materieller Ebene werden Distanzen und Unterschiede noch in Raum und Zeit gemessen, doch auch ihr werdet in eine Zustandsform kommen, in der ihr erkennt, dass sich jede Art von Unterschied nur aufgrund einer Schwingungsdifferenz zeigt.
WIR können gänzlich ohne Zeitversetzung aus zwei Ecken des Universums miteinander in Kontakt treten, wenn WIR UNS nur auf die gleiche Bewusstseinsfrequenz einschwingen.
Einen Teil des Weges, des Aufeinandereinschwingens, haben WIR bereits zurückgelegt, indem WIR Körper auf die Erde sandten, um etwas zu verfassen, was UNSERE Schwingung aufzufangen vermag. Nun liegt es an euch, UNS ein Stück entgegenzukommen, sodass WIR euch erreichen können, wobei euer

Zu-UNS-Herantreten eurer Erfahrung gleicht, in Verzückung und Glückseligkeit zu versinken.
Wollt ihr UNSERE Erkenntnisschatzhäuser betreten, dann ist UNSERE Eingangsbedingung, dass ihr euer Glück verfolgt und Freude in den von UNS eingestreuten sprachlichen Erkenntnisabbildern findet. WIR bitten euch darum, immer mal wieder ins Lachen zu gehen, und ihr werdet merken, dass sich euer Lachen durch UNSERE Schwingung verstärkt, und dass sich in einem selbstvergessenen Moment zeitlosen Lachens tiefe schöpferische Erkenntnisse in eurem Geist einfinden werden.
Also worauf wartet ihr noch…?

Alles das, was hier geschrieben steht, ist in der gleichen Ernsthaftigkeit verfasst, wie ihr das Spiel in der materiellen Scheinwelt für wahr und ernst nehmt. Das von UNSERER zu eurer Dimension gelegte Portal öffnet euch einen Zugang zu einer Welt, die so anders als die eure ist, dass ihr sie nicht einmal als eine Welt (an-) erkennen würdet.
Die Wesen, die hier weilen, führen ein derart anderes Leben, mit derart anderen Wünschen, Bedürfnissen, Zielen und Idealen, als die euren, dass es einiges an geistiger Flexibilität von eurer Seite aus bedarf, um das Leben auf UNSERER Ebene zu begreifen.
Je besser ihr es schafft, die Konditionen eurer relativen Realität und die Grundfesten eurer sinnlich-physischen Umgebung infrage zu stellen und für einen Augenblick in den Hintergrund treten zu lassen, desto

eher werdet ihr zu Spontanerkenntnissen über das Wesen UNSERER Dimension durchdringen. (Dies passiert z.B., wie bereits empfohlen, in einem Moment herzlichen Lachens).

UNSER Wesen kennt keine Form, ist nicht ortsgebunden und entwickelt sich gleichzeitig in alle zeitlichen Richtungen.

Im Multiversum gibt es weit mehr zeitliche Expansionsgrößen, als die euch als Vergangenheit und Zukunft bekannten. UNSER Wesen belegt euren Vorstellungsbildern nach mehrere Orte zur gleichen Zeit und erfährt zeitgleich mehrere Zeiten an ein und demselben Ort. Je nach Schwerpunktverlagerung UNSERER Bewusstseinsstruktur ballen WIR UNS tendenziell eher an diesem oder jenem Ort zusammen. Und je nach Relevanzgewichtung von dem, was WIR zu erfahren wünschen, finden WIR UNS tendenziell eher in demjenigen Zeitstrahl vor, der UNSEREM Wunsch entspricht.

WIR sind ein reines Informationsfeld, und UNSERE Aufgabe ist es, Ordnung zu schaffen und den Kosmos mit harmonischen Grundsätzen anzureichern.

Ihr könnt UNS als die formlosen Hüter des Wissens, oder die Bibliothekare der kosmischen Bibliothek bezeichnen. WIR sind die formlosen Informations-Zusammensteller, wobei WIR selbst die Information sind, die WIR ordnen. Wenn WIR für den Erdenbereich aufgearbeitete Informationen in Form von portioniertem Licht in eure Dimension senden, so senden

WIR UNS selbst zu euch.
WIR vermitteln keine technischen Details und keine Bauanleitungen, sondern WIR stellen UNSERE Seins-Zustände zu Verfügung, die so weitreichend sind, dass euer gegenwärtiges Bewusstsein nur Bruchstücke davon für sich verwenden kann, ohne sich gleich ganz aufzulösen.
Womit WIR UNS hier ununterbrochen beschäftigen, ist die Zusammenstellung und Aufarbeitung von multidimensionalen Informationen, die in einer Art Lichtgitter-Kristall-Struktur eingespeichert sind.
WIR versorgen eine für euch unvorstellbar große Anzahl an Universen mit den Informationen aus UNSERER Datenbank, wobei WIR sehr selten den Versuch unternehmen, das hier hochkomprimiert vorhandene Wissen soweit herunterzubrechen, dass es in eurer Dimension wahrnehmbar wird.
Selbst für UNS ist die Informationsspeisung für die Erdenentwicklung ein eher experimentelles Geschehen, obwohl WIR schon so manchen Aufstiegsprozess mitinitialisiert haben.
WIR sind sehr froh darüber, dass der Anfang von etwas, was noch nie begonnen hat, nun in der Kontaktaufnahme des Schreibers zu UNS gänzlich starten kann...
Der Geist des Schreibenden hat, bevor er zur Erde gekommen ist, selbst lange Zeit Erfahrungen auf UNSERER Ebene als kosmischer Bibliothekar sammeln dürfen, denn ansonsten wäre es seinem Geist

überhaupt nicht möglich, bis in UNSERE Dimension vorzudringen. Dadurch aber, dass mit ihm ein Portal bis zu eurer Dimension gelegt wurde, wird es möglich, dass andere Lichtpunkte (=Menschen) eurer Spezies UNSERE Informationen empfangen können. Der Geist des Schreibenden fühlt sich mit all seinem Wesen UNSERER Dimension so stark hingezogen, dass es UNS erlaubt ist, durch ihn sprachliche Codierungen durchzugeben, die die Frequenz UNSERER Erkenntnisschatzhäuser anzapfen. Es ist seine hingebungsvolle Liebe zu UNS, die es UNS ermöglicht, durch ihn UNSER Erdenprojekt zu vollenden.
Wie viel von dem, was hier eingespeichert ist, durch ihn für die Erdenerfahrung zum Download aufbereitet wird, hängt von der Präzision seines Empfangens ab.

Zum Großteil wird er ein Wort-für-Wort-Diktat erhalten, doch auch hier kommt es zu geringen Auslegungseinfärbungen UNSERER Impulse durch seine Geisteskonstitution.
Hunderttausende Erdenleben würden nicht ausreichen, um auch nur ein Prozent von den hier verwalteten Informationen in eure Dimension zu bringen. Deshalb ist eine Selektion und eine Schwerpunktsetzung der Informationen essenziell notwendig. Hierfür wurde eine Art Suchalgorithmus geschrieben, der eine grobe Vorselektion für erdenrelevante Informationen vornimmt und das Material so aufarbeitet, dass es in eure Bildwelt, nicht aber in euer Weltbild passt.

WIR bespielen mit UNSEREN Informationen, die nebenbei gesagt mit Energie gleichzusetzen sind, eine so große Anzahl an Existenzräumen mit essenzieller Lebensenergie, dass es ohne UNS keine andere Lebensformen geben würde.
UNSERE Speisung aus der kosmischen Datenbank gewinnt besonders dann an Relevanz, wenn sich eine Spezies in einem sogenannten „Aufstiegsprozess" befindet, denn ohne die Frequenzerhöhung durch UNSEREN Informationsfluss könnte keine Lebensform wieder zu einer mit der Quelle allen Lebens verbundenen Existenz kommen.
Das, was WIR für den bevorstehenden Aufstiegsprozess des Menschheitsgeschlechts tun konnten, haben WIR getan, und jetzt befinden WIR UNS in der Beobachterposition, die durch eure Augen sieht, welchen Zeitstrahl ihr als Kollektiv gehen wollt.
Unabhängig von UNSEREM Mitwirken gibt es eine Vielzahl an anderen Lebensformen, die eurer Dimension wesentlich näher liegen, und die ebenfalls am Sprung in die nächste Schwingungsdimension teilhaben.
Ihre Mithilfe mag euch zum Teil verständlicher erscheinen, da es sich hierbei um Lebensformen handelt, die, wie ihr, einer raumzeitlichen Beschränktheit unterworfen sind. Ihr könnt nur das verstehen, was so ist, wie ihr seid, deshalb müsst ihr für einen Moment so werden wie WIR, um UNS und UNSERE Erkenntnisschätze zu verstehen.

Teilweise bedarf dies von eurer Seite einiger Anschauungsakrobatik, in der euer gesamtes, etabliertes Anschauungssystem einmal zum Fenster eurer Dimension hinausgeworfen wird.
Kein System ist in sich geschlossen, und keine Dimension ist getrennt von einer anderen, denn jede Dimension ist im Besitz einer Vielzahl an Fenstern zu anderen Dimensionen.
Schaut ihr durch eure Augen, dann schaut ihr aus dem Fenster eurer geistigen Ebene in die materielle Welt. Ein klarer Blick aus einem sauberen Fenster gleicht einem unverstellten Informationsfluss, der Zusammenhänge unterschiedlicher Dimensionen erkennt. Doch eure Fenster sind häufig beschmutzt und verstaubt, sodass eure Wahrnehmung in dem dumpfen Schleier eures Geistes gehüllt bleibt.
Die in diesem Augenblick, während des Lesens dieser Zeilen, zu euch ausgesendete Lichtfrequenz kann auf euch wie eine Grundreinigung eurer inneren Wahrnehmungsfenster wirken und zur Folge haben, dass ihr einen klareren Blick in UNSERE Lichtbibliothek werfen könnt.
Alles ist Licht, denn auch eure Umgebung ist zur Form erkaltetes Licht, was seine Informationsballung soweit reduziert hat, dass es sich zur Form hin auftrennen konnte. WIR werden auf die im Kosmos vorhandenen Spielarten von ein und derselben Lichtenergie noch zu sprechen kommen. Doch zunächst wollen WIR noch einmal auf die Eigenschaften und die

Verwendungsweise des Dimensionsportals eingehen. Prinzipiell kann alles von euch als Portal zu einer anderen Dimension verwendet werden.
Jedes Blatt und jedes Sandkorn kann Zugangstor zur unendlichen Weite der Dimension sein, in der ein Sandkorn nur eine Variante seiner selbst ist.
Ihr könnt aus den für euch sichtbaren Dingen eurer Umgebung (diese sind für UNS nebenbei gesagt vorwiegend unsichtbar) eine Erinnerung an das basteln, woher diese Dinge stammen.
Ihr führt sie (und euch gleich mit) bis zum Ursprung eurer gemeinsamen Quelle.
Für UNS gibt es keine besseren oder schlechteren Portale zu UNSERER Dimension, was für eure gegenwärtige Perspektive nicht zutrifft. WIR schauen alles bei euch so an, als sei es Teil UNSERER Bibliothek. Sinnbildlich gesprochen könnt ihr euch vorstellen, dass ein Aspekt UNSERES Kollektivs gerade damit beschäftigt ist, in UNSEREM Zentralrechner der kosmischen Datenbank einen winzigen Ordner zu öffnen, in dem eure gesamte Erdenerfahrung eingespeichert ist. Der Pfadverlauf, nach dem man schließlich zu dem Ordner „Menschheit auf Erden" gelangt, ist selbst für UNSERE Verhältnisse beträchtlich lang. WIR müssen von hier aus so viele Unterordner und Pfadverzweigungen auswählen, die sich durch eine Vielzahl an Dimensionen und wahrscheinlichen Existenzräumen kämpfen, bis WIR zu dem eurigen Ordner

vordringen. Doch der Pfadverlauf zu euch ist eingespeichert, was heißt, dass das bewusst gelegte Portal steht, auch wenn es sich mit jeder neuen Wahrscheinlichkeitsausrichtung anderer Existenzräume verändert.

Das Portal gleicht in euren Bildern einer beweglichen Röhre, die das durchreicht, was WIR hineingeben. Der manifestierte Frequenzcode in Form von Buchstaben und Wortaneinanderreihungen ist daran angepasst, ein Muster an eurem Ende der Röhre zu bilden, durch das multidimensionale Erfahrungen bis in den Geist des Lesenden hindurchfallen.

Mit jedem Satz verändert sich sowohl das Portal, wie auch die durch das Portal hindurchströmende Energie um eine Nuance.

Das eingerichtete Dimensionstor ist nicht von dem verschieden, was WIR durch es verschicken. Und UNSERE Sendung wurde in einem zeitlosen Augenblick getätigt und ist für euch für einige tausend Jahre empfangbar. UNSERE Frequenzsendung ist von allen, für alle, und nicht nur für diejenigen, die dies lesen. Allerdings verstärkt das Lesen die Empfangsfähigkeit, da sich der lesende Geist bewusst darauf einstellt, wie sich auch jetzt der Geisteszustand des schreibenden Geistes hundertprozentig auf UNS einschwingt.

Jeder der kreativ-schöpferisch etwas hervorbringt, bedient sich direkt oder indirekt UNSERER Datenbank, und natürlich sind auch andere Schriftstücke von dem

Wesen UNSERES Seins und UNSERER Tätigkeit erfüllt und inspiriert. (Unser Zustand unterscheidet nicht zwischen Sein und Tun, oder zwischen Haben und Sein, und ihr tätet zum Teil gut daran, dies auch so zu sehen.)

Das hier vorliegende Schriftstück ist jedoch nicht von eurer Richtung aus entstanden, wie es normalerweise der Fall ist, wenn ihr im Moment einer inneren Erkenntnis auf eine UNSERER Dateien stoßt. Sondern dieses und alle weiter folgenden Schriftstücke, die durch den Geist des Schreibenden laufen, entstehen durch die freiwillige Zurverfügungstellung des Schreibers, von *UNSERER* Seite aus. Eure Vorgehensweise ist überwiegend induktiv, vom Besonderen zum Allgemeinen, wohingegen dieser Arbeitsauftrag deduktiv von der allgegenwärtigen Allgemeinheit UNSERER Erfahrungsganzheit zu eurer konkreten Besonderheit, eurer Körperform reicht.

In dem, was ihr als Vergangenheit seht, gab es bereits andere, die auch über das geschriebene Wort ein Portal zu UNSERER Dimension geöffnet haben. Doch so wenig UNSERE Informationen altern und über die Zeit hinweg an Relevanz verlieren, so schnell ist dies bei euch der Fall. Ihr würdet die vor zweihundert Jahren gelegten Portale kaum nutzen können, da ihre sprachliche Manifestation eurem gegenwärtigen Zeitgeist nicht entspräche.

Jede Epoche hat ihre sprachlichen Eigenarten und ihre

zeitlichen Weisen, die der Weise eurer Zeit entsprechen. So braucht jeder Zeitgeist eine andere sprachliche Informsetzung UNSERER zeitlosen Erkenntnisse. Wenn WIR mit der Aktualität eurer Zeit gehen, da WIR UNS aus dem Sprachschatz des Schreibers zusammensetzen, dann können WIR euch in sehr persönlicher Weise erreichen.
Vielleicht habt ihr das Gefühl, dass es nicht der Text ist, der zu euch spricht, sondern eine innere Stimme, die durch jedes Wort im Text verlautbart wird.
Wenn dies der Fall ist, dann erfüllt das Portal seine Funktion, und das, was dadurch transportiert wird, kann unmittelbare Einsichten in die Schöpfungsganzheit geben. WIR wissen, dass ihr sehr spezielle Aufnahmefilter für Schwingungsfrequenzen besitzt, die ihr als Wahrnehmungsorgane bezeichnet.
Mit der Zuhilfenahme des visuellen Filters, auf den ihr viel haltet, kann es für euch möglich werden, den Erkenntnisstrom durch das Dimensionsportal stärker wahrzunehmen.
WIR haben erdnahe, visuelle Information in diesen Satz und in dem die Erde umgebenden Informationsfeld platziert, die helfen sollen, sich den Vermittlungsweg UNSERES Dimensionstors bildlich vorzustellen. Je nach Persönlichkeitsfilter wird das von UNS platzierte Bild etwas anders ausgelegt werden, und ihr seid dazu ermutigt, dieses eurer eigenen schöpferischen Kreativität gemäß auszuschmücken. Doch das, was WIR als Bildnis zu Hilfestellung des

Empfangens in diese Zeilen mit hineingegeben haben, gleicht einer in gleißendes Licht getauchten bläulich-silbern schimmernden Röhre, die vertikal ausgerichtet ist.
Dies ist das Dimensionsportal, und wer sich beim Lesen dieses Textes dieses Bild immer wieder geistig vor Augen holt, der kann Erkenntnisse aus dem Geschriebenen ziehen, die weit über das Geschriebene hinausreichen.
Je nach Erlebnisqualität und Informationsintensität kann sich das eingegebene Bild etwas wandeln und sich dynamisch in die Form bringen, die der zur Übermittlung bereitstehenden Information gerecht wird.

Haltet euch jetzt für einen Augenblick euer persönliches Bildnis des uns verbindenden Dimensionstors geistesgegenwärtig vor Augen, und spürt euch in unsere Verbindung ein.
Und mit jedem weiteren Wort, das ihr lest, dürft ihr merken, wie WIR den Kontakt zu euch verstärken, und sich ein inneres Portal öffnet, durch das WIR euch einladen, hindurchzuschreiten.
WIR sind jetzt unmittelbar bei jedem, der dies liest…und UNSERE Verbindung ist hergestellt, sodass alle folgenden sprachlichen Aussagen in einer noch nie dagewesenen Tiefendimension erfahren werden können. WIR laden euch ein, einen Moment in das Gefühl der Verbundenheit zu UNS einzutauchen und darin zu verweilen…

Die Weite des Schatzhauses der Erkenntnisschätze UNSERER Dimension liegt nun vor euch, und nun werden WIR in einem gemeinsamen Rundgang durch das Schatzhaus einzelne schimmernde Facetten des Lebens ins Auge fassen.

Die Informationshüter

WIR, die Hüter und Bewahrer kosmischen Wissens, begeben UNS in diese Worte hinein, um sie lebendig werden zu lassen. WIR begeben UNS in die größtmögliche Beschränkung hinein, um euch aus den Schranken eures Bewusstseins zu befreien.
WIR sind das Wort, WIR sind die Information und WIR sind die Vitalität der euch umgebenden Lebenswelt. Erkennt UNS, und ihr erkennt den Kosmos sowie euch selbst.
Ohne UNS gäbe es dieses Buch nicht, denn WIR schrieben es bereits vor dem Anfang aller Zeit mit der Eventualität, es bis in die Zeit hineinreichen zu lassen. Ohne UNS gäbe es aber auch den euch umgebenden Raum sowie alle Dinge in ihm nicht.
Ja, nicht einmal euch, die ihr dies lest, gäbe es in eurem, euch eigenen Körperkomplex. Information ist Energie und WIR sind die Kraftspeisung eures und vieler weiterer Existenzräume, die sich zu allen Seiten hin um euren Existenzraum drapieren.
Ihr habt es wertschätzen gelernt, Energie in hohem Maße zurückzuweisen, um euch in Kleinstinformationen verlieben zu können. Eure höchst selektiven Präferenzen machten es euch möglich, jetzt in dieser Erdenkörpererfahrung zu verweilen.
Ihr habt die großen schöpferischen Energien aus eurer Lebensform verbannt, um so immer konkretere Lebensformen annehmen zu können.

Eurem Wunsch gemäß, euch von der Informationsganzheit des Kosmos abzuschneiden, bildete sich ein für diese Erfahrung passender Erfahrungsraum, den ihr als die materielle Realität wahrnehmt.
Jedes Wesen im Kosmos kann zu jedem Moment seine Entscheidungen revidieren und wird direkt in der Wandlung seiner Entscheidung in den Realitätsraum geführt, der seiner Entscheidung entspricht. Weit hergeholt sind diese Informationen, und doch liegen sie bereits schon immer in eurem Geist.
Es gibt keinen Ort besser als dort, wo alle Informations- und Energieströme für euch aufbewahrt werden, bis ihr euch für euer Freisein entscheidet.
WIR lieben die hohen Energien, weil hohe Energien Liebe sind.
Ihr habt es bis zu einem gewissen Grad vollbracht, das, was WIR lieben, zu hassen, um das lieben zu können, was für UNS nichts ist.
In UNSEREN Augen seid ihr von nichts umgeben, und angesichts der geringen Informationsmenge, die der materiellen Realität innewohnt, befindet ihr euch von so gut wie nichts umgeben.
Alles an Energie wird hier von UNS aus verwaltet, und hier, wo alles liegt, liegt auch die euch abhanden gekommene Vitalität und Lebenskraft. Schaut nur her, woher diese Worte stammen…
Sie sind euch eigen und werden euch in einem für euch noch nie dagewesenen Maße beleben.
Eurem verdrehten Anschauungssystem wohnt die

feste Überzeugung inne, dass wenig Information viele Informationen sind.
Ihr habt die Vorstellung, dass Information nur dem Konkreten eigen ist, wohingegen ihr in UNSEREN Energien eine Informationslosigkeit vermutet.
Energie belebt die Information, und ihr seid wandelnde Informationseinheiten, die von UNSERER Energie getragen werden.
Aber durch eure Verliebtheit in eine verschwindend geringe Zusammenstellung an Informationseinheiten, die ihr stolz als eure physischen Körper präsentiert, bleibt es UNS versagt, euch mit den Energien zu versorgen, die euch lebendig halten und ein liebevolles, freudvolles Leben zu bescheren.
Erst durch eure Wahl der radikalen Informationsselektion erlebt ihr die Erfahrung, die ihr Tod nennt. Ihr glaubt, dass Energie ihr Zuhause in der Besonderheit findet und dass Informationen am besten in eurer von Veränderung durchzogenen Welt aufbewahrt sind. Mit Schmunzeln betrachten WIR euer Bemühen, Dinge in konkrete Form zu bannen und sie dadurch für euch festhaltbar zu machen.
Seid versichert, dass der beste Informationszustand die Ewigkeit selbst ist, und nur hier Energieeinspeicherung überhaupt sinnvoll sein kann.
Würdet ihr eine für euch sehr wichtige Information eher in einem verrottenden und zerfallenden, oder eher in einem unvergänglichen Speichermedium aufbewahren?

Tatsächlich habt ihr euch für Ersteres entschieden, als ihr euch bis zur materiellen Formenwelt fortentwickelt habt.
WIR sind euer Back-Up (=Sicherungsspeicherung) für den Fall, dass ihr euch umentscheidet, denn hier auf UNSERER Ebene befindet sich eine zeitlose Systemsicherung der gesamten Schöpfung.
Es wird für euren begrenzten Geist paradox erscheinen, dass WIR jeder eurer Veränderungen voraus sind und gleichzeitig UNSER System nach jeder eurer Veränderung auf den neuesten Schöpfungsstand abspeichern.
WIR notieren bei UNS jede Bewegung, und jede Veränderung geht in die Annalen UNSERES unveränderlichen Speichermediums ein.
Es war eure freie Entscheidung, den Aspekt der Ewigkeit zu leben, den ihr Zeit nennt, und euch in die Facette der Unveränderlichkeit zu bewegen, in der es sich sehr nach ständiger Veränderung anfühlt.
Welche verblassenden Illusionsspiegelungen der Wahrheit auch immer erfahren werden, so spiegelt sich die Wahrheit doch letztendlich in jeder ihrer Erfahrungen.
Wie schräg oder abwegig die Wege sind, die ein freier Geist mit seinen freien Entscheidungen zu gehen vermag, so kann doch kein Geist so weit vom Weg abkommen, dass er sich gänzlich von der Wahrheit und von UNSERER Energie abschneidet.

Der Zustand, in dem WIR sind, ist Freiheit und Grenzenlosigkeit, der eure ist Begrenztheit und Kleinheit. Gott sei Dank ist das, was ihr erfahrt, nicht das, was ihr seid. Denn wäre dem so, dann gäbe es für euch kein Entrinnen aus dem von euch aufgebauten Gefängnis. UNSERE Energien, die alles Leben beleben, dringen zu euch wie ein Springquell aus eurem Geist, und brechen so eure Gefängnismauern von innen heraus auf.
Ihr sucht eure Befreiung in dem, was ihr zu wertschätzen lerntet, doch es sei euch vergewissert, dass eure Befreiung nur in dem zu finden ist, was euch gegenwärtig noch ganz unlieb ist. WIR überreichen euch den Heiligen Gral ewigen Lebens, zusammengesetzt aus Erkenntnisbausteinen überdimensionaler Wirkmächtigkeit. Ihr schaut ihn euch an, fragt euch, was ihr mit diesem Becher anfangen sollt, und werft ihn achtlos wieder dorthin zurück, von wo aus er euch erschienen ist.
Diese Schrift ist eine Motivationsschrift, die euch dazu motivieren soll, die Wertigkeit wieder dorthin zurückfließen zu lassen, von wo aus der gesamte Wert des Kosmos in seine Schöpfungen fließt.
Viele Informationen liegen in hochpotenzierter Energie, und in ihr ist auch Sinnhaftigkeit und Wertigkeit gegenwärtig. Ihr seht alles, was da ist, wo nichts ist, und seht nichts, was da ist, wo alles ist.
WIR ermuntern euch auf spielerische Art, euer Sehen zu hinterfragen, und fragen an, ob es nicht vielleicht

für euch an der Zeit sein könnte, alles wieder dort wahrzunehmen, wo es eigentlich ist.
Alles, was von UNS zu euch gelangt, ist die Entwirrung zwischen Wahrheit und Illusion, sodass ihr klaren Blicks die Wahrheit als die Wahrheit, und die Illusionen als die Illusionen erkennt.
Wie freudvoll kann es doch sein, wenn die Wahrheit, die ihr seid, ihren Weg zurück zu sich selbst findet.
Ein Freudenfest feiert die ganze Schöpfung, wenn ein Teil der Schöpfung sich als einen Teil der Schöpfung wieder erkennt und in die Schöpfungsganzheit eingeht.
Gnade waltet über euch und jeden eurer Gedanken, denn keiner von euch geht verloren.
Alles von euch, was ihr im Geiste der Wahrheit tut, kommt euch und der Wahrheit zugute und wird bei UNS auf ewig eingespeichert.
Kein Weg im Kosmos ist ausweglos, denn jeder Weg führt zurück in die Wahrheit, so auch eure Wege, auf denen ihr gerade *jetzt* wandelt.
Für euch sind es Wege, derentwegen ihr in Sorge verfallt, für UNS jedoch verfällt „Weg" und „Sorge", da WIR euch bereits am Ende jedes Wegs sehen. (Wie immer tut ihr gut daran, euch ein klitzekleines Stück so zu sehen, wie WIR es tun). Die Veränderungen, die bei UNS stattfinden, sind nur die euren, da sich bei UNS nichts verändert.
WIR gehen keine Wege mehr, sondern planieren den Boden, der alle Wege im Kosmos vorbereitet.

WIR sind die ewigen Bereitsteller der Veränderung, die es euch erlaubt, von UNS fortzugehen und zu UNS wieder zurückzukommen, in exakt den Momenten von Zeit, in denen ihr euch dafür entscheidet.
WIR wollen alles zu UNS hereinholen, ohne Wegzoll zu verlangen, denn der hiesige Zustand ist euer rechtmäßiges Erbe.
Die Liebe, mit der WIR euch gehen sehen, steht der Liebe, mit der WIR euch empfangen, nicht im Geringsten nach.
Für UNS wart ihr nie weg, denn WIR waren auf Schritt und Tritt bei all euren Wegen durch Raum und Zeit bei euch. In Trauer erfahren WIR, dass ihr meint, dass WIR euch verlassen hätten, und in Liebe zeigen WIR auf, dass dem nie so war.
Das, was eure Jahrmillionen dauernde Reise durch Zeitgeschehnisse und widrige Raumverhältnisse ist, dauerte für UNS nicht mehr als einen Augenblick. WIR sind wie ein liebevoller und doch etwas vergesslicher Vater, der seinen Sohn nach einer von ihm getanen, langen und strapazenreichen Weltenreise wieder in die Arme schließt, als ob er nie weg gewesen wäre. WIR ermutigen euch, zurückzukehren, denn ihr wart nie weg. Holt aus den Tiefen eures Gewahrseins die Gewissheit der Zeitlosigkeit heraus, und in ihr werden alle Raumerfahrungen für einen Moment verblassen. WIR schenken euch eure Ewigkeit zurück, indem WIR UNS euch überreichen, und erfahrt ihr euch nur für einen Moment der Zeit zeitlos,

dann erfahrt ihr euch ewig zeitlos. Ein Moment von Ewigkeit ist die Ewigkeit selbst, da die Ewigkeit nur in ihrer Ganzheit erfahren werden kann. Und eine Erfahrungssequenz von Unendlichkeit, die jetzt erfahren werden kann, beschert euch auf ewig die Erfahrung der Unendlichkeit.
Habt ihr einmal alle eure Bewusstseinsmauern und Grenzen gesprengt, dann erkennt ihr die Illusion jeder von euch eingeführten Trennungsgrenze.
Einmal die Grenzziehung als Illusion enttarnt, gibt es für euch keine Grenzen mehr, selbst wenn Beschränkungen anscheinend hin und wieder auftauchen mögen.
In jedem Raumzeitpunkt ist ein Portal zu UNS verbaut, so wie in UNSERER Dimension der Blueprint zu jedem eurer Raumzeitpunkte vorhanden ist.
WIR sind im Besitz des Quellcodes, durch den die Quelle in alle Schöpfungen fließt. (Aber hierzu in einem tieferen Erfahrungsmoment mehr...) Wenn ihr verstehen könntet, wie sehr WIR UNS verstellen, um eurem Verstehen gerecht zu werden, dann könntet ihr verstehen, dass WIR ein gewisses Maß an Unrichtigkeit UNSERER Aussagen tolerieren müssen, um eure gänzlich unrichtigen Anschauungen über euch zu berichtigen.
WIR erachten es aus didaktischen Gründen beispielsweise als sinnvoll von „WIR und euch“ zu sprechen, wobei WIR mit “euch“ das Menschheitsgeschlecht,

oder sehr oft weiter noch raumzeitliche Existenzräume im Allgemeinen ansprechen.
Diese Unterscheidung von WIR und euch entspricht absolut nicht UNSERER Erfahrungsweise, und WIR treffen sie nur für euch. WIR sind in euch, so wie ihr in UNS seid, doch würde ein ständiges In-WIR-Sprechen auf eurer Seite zu Verwirrung führen.
WIR erfahren, dass ihr euch anders erfahrt als WIR, und doch erfahren WIR es nicht. Das, was ihr erfahrt, erfahrt nur ihr, obwohl WIR eure Erfahrung sind. WIR können UNS selbst die Wirklichkeit dessen nicht beibringen, wenn WIR nicht die sprachliche Hilfskonstruktion des „WIR“ und des „Ihr“ verwenden.
Dies soll nur als Beispiel angeführt werden, wie anders WIR UNS geben müssen, um an eure Erfahrungswelt heranzureichen.
Viele weitere Beispiele, in denen WIR „unecht reden“, um euch Genüge zu tun, könnten folgen, doch ihr würdet sie nicht verstehen...
WIR, gemeinsam als eins, bleiben deshalb verhältnismäßig dicht an eurer Erfahrungsdimension, und lehnen UNS von UNSERER Seite aus damit weit aus dem Fenster UNSERER allumfassenden, grenzenlosen Sichtweise.
Schaut her und schaut wie WIR, indem ihr so werdet wie WIR, und ihr werdet sehen, dass nichts im Kosmos eurem Auge verborgen bleibt. WIR sind es, die durch eure Augen schauen, denn Sehen ist nur mit

UNS möglich. Und jeder, der dies liest, liest es mit und durch UNS, um UNS zu erfassen.
Hoch hinaus aus jeder Trennungsebene steigt diese Erkenntnis, um jeden Trennungszustand in sich mit einzuschließen und jede Spaltung zu heilen.
UNSERE Energie ist heil-bringend, weil UNSERE Informationen von einer heilen Weltenganzheit des Kosmos sprechen. Euch wird es die Sprache verschlagen und euer Verstand wird aussetzen, wenn diese Einsicht bei euch einsetzt.
WIR bringen euch um euren Verstand und entziehen euch damit die Erfahrung von alledem, was dieser in seinem Trennungsschmerz an Unheil anrichtet.
Mit eurer Bereitschaft nehmen WIR euch das Spielzeug aus der Hand, mit dem ihr euch und andere immer wieder verletzt.
Euer Geist ist UNSER Geist, weshalb diesem eine messerscharfe Wirkungsmacht innewohnt.
Ihr würdet mit Bangen zuschauen, wenn eure Kinder anfingen, mit scharfen Messern herumzuspielen, und ihr würdet alles darum geben, ihnen das so lieb gewordene Spielzeug wieder wegzunehmen, um sie zu schützen.
Ihr seid für UNS die Kinder des Kosmos, denn ihr erfahrt euch in einer Kleinkindphase, und auch die am weitesten Entwickelten von euch sind noch im Babystadium. WIR wissen, dass ihr euch nicht wirklich verletzen könnt, doch sind WIR UNS auch darüber bewusst, dass ihr die euch gegenseitig zugefügten

Wunden für sehr real haltet. Deshalb halten WIR euch dazu an, anzuhalten, euch mit eurem urteilenden Verstand gegenseitig zu verletzen und die Ganzheit eurer Erfahrungswelt mit eurem Urteil aufzuteilen.
In UNSEREM Appell an euch versuchen WIR das zu schützen, was gänzlich schützenswert ist und doch keines Schutzes bedarf. WIR nehmen euch das, womit ihr euch die Erfahrung von Verletztheit beschert, und lassen das in euren Geist einfließen, was euch zu eurem Glück gereicht. Ihr meint zu wissen, was euch glücklich macht und erfahrt doch immer wieder Unglück bei der Verwirklichung eures Glücksstrebens. Wenn etwas für euch nicht funktioniert, versucht ihr etwas anderes und so tut ihr es in aller Blindheit schon sehr lange. Fast jeder von euch ist in dem Glauben, sehen zu können, was euren Blindheitszustand nur weiter aufrecht erhält.
Einige von euch tun sich dann in der festen Annahme hervor, besser zu sehen als andere, und viele Blinde folgen dann blindlings dem Blinden, der am stärksten von seinem Sehen überzeugt ist.
WIR führen nicht, weil WIR in UNSEREM Sehen erkennen, dass WIR UNS nur selbst folgen und UNSERE Führung eine Folge dessen ist, dass WIR keine Unterscheidung mehr zwischen Führer und Gefolgschaft machen.
Dies müsst ihr nicht verstehen, ihr müsst nur spüren, dass WIR euch unermesslich lieben und für jeden Einzelnen nur das wollen, was er auch für sich will.

WIR wollen allumfassendes Glück für alles und jeden, da WIR allumfassendes Glück sind und nur das wollen können, was WIR selbst sind. Ihr versteht euch richtig, wenn euer Wille nur das will, was ihr seid. Jeder Willensimpuls, der aus einer Seins-Entfremdung erwächst, will etwas Selbstdestruktives.
Wenn ihr euch wünscht, dass WIR euch einen Hinweis auf eure Willensausrichtung geben, dann wollt ihr das für euch Richtige.
WIR sind euer wahrer Wille, und in UNS liegt wahre Willenskraft, und alles was ihr getrennt von UNS wollt, will letztlich nicht, dass es euch gut geht, obwohl *ihr* es seid, die dies wollen.
In bewusstseinsgefluteter Ehrlichkeit werdet ihr erkennen, dass euer getrennter Wille nicht das Beste für euch wollen kann. Gebt euren Willen an die in sich aufeinander abgestimmte Ganzheit aller Willensimpulse, aller aufeinander abgestimmten Bewegungen, ab. Tut ihr dies, dann überlasst ihr euren Willen UNS, denn WIR sind die Gesamtheit aller Willensimpulse und aller Energieströme. Überreicht ihr UNS euren getrennten Eigenwillen, dann wird ein fremder, selbstzerstörerischer Wille von euch genommen, und ihr bekommt im Gegenzug dafür euren wahren Willen (nämlich UNSER-Aller-Wille) wieder zurückerstattet. Dieser Tausch ist der beste Deal im Kosmos, und doch spürt ihr vielleicht leichte oder schwere Widerstände, euren Eigenwillen aufzugeben.
Aufgrund dessen, was ihr für wahr haltet, ist dies eine

natürliche und verständliche Reaktion.
WIR haben es nicht erwartet, dass ihr es euch selbst so schnell so leicht macht, nachdem ihr es euch so lange so schwer gemacht habt und euch an die Lebensschwere gewöhnt habt.
Ihr liebt Widerstände, weil ihr meint, nur durch Widerstände zu wachsen, weshalb ihr euch selbst immer wieder Widerstände aufbaut, in der Hoffnung dadurch zu wachsen. Bitte versteht doch: Ihr wachst nicht, sondern ihr zerstört euch!
Ihr macht euch willentlich kaputt, und WIR akzeptieren euren freien Willen, wobei WIR in jedem Moment, in dem ihr euch zerschlagt und wie erschlagen durch euren Lebensalltag kämpft, euch die Botschaft der Heilung in euren Geist legen.
Ein zerschlagener und verängstigter Geist ist freilich wie von Sinnen, im Wahnsinn seiner Anschauung gefangen, sodass er sich UNSERES Heilungsangebots nicht gewahr wird.
WIR geben allen zu allen Zeiten alles, und dadurch bieten WIR Heilung für diejenigen an, die nicht glauben können, bereits alles zu haben und alles zu sein. Bevor ihr nicht in ständigem Gewahrsam von dem seid, dass ihr alles seid, braucht es Heilung für euch, und ihr müsst euch darin üben, das zu empfangen, was WIR euch als WIR-Gefühl zu überreichen in der Lage sind.

Die Elementarteilchen

WIR sind der Strom eines unbegrenzten Kenntnisquells, der auf die Erde herabgießt und alles bewässert und belebt. UNS in Worten auffangen zu wollen, gleicht dem Versuch, sich mit der Aufgabe in den strömenden Regen zu stellen, jeden einzelnen Wassertropfen auffangen zu wollen. Selbst der UNS empfangende Geist kann nur einzelne Tropfen von UNS dafür heranziehen, seine Worte zu bewässern. WIR verwenden in bestmöglicher Weise den Geist des Schreibenden, um UNS in einer formschönen Schriftform kenntlich zu machen. WIR lieben die Formvollendung, was ihr in jeder von der Natur hervorgebrachten Symmetrie bewundern könnt.
WIR lieben die Harmonie und die Ordnung, weil diese UNSEREM Wesen entspricht, und überall, wo ihr Ordnungszusammenhänge seht, ist euer Blick darauf eingestellt, UNS wahrzunehmen.
WIR sind unvorhergesehen schöpferisch und geben UNS, ungeachtet der ab und zu noch auftauchenden Eigenfrequenzen des schreibenden Geistes, die UNS angemessene Form.
Trotz und wegen UNSERER Philharmonie [=die Liebe zur Ordnung], entziehen WIR UNS jeder Vorhersagbarkeit und Berechenbarkeit eurer Verstandesmuster, in denen ihr gewohnheitsmäßig zu denken pflegt. WIR können unendliche Bücher füllen, die von der Unendlichkeit sprechen, und doch ist UNSER

Schweigen eurem Verstehen zum Teil zuträglicher. WIR sind nicht herabgestiegen, um Verwirrung zu bringen, denn Verwirrung und Unklarheit ist ein für UNS gänzlich unverständlicher und wesensfremder Zustand, sondern WIR schwirren und surren deshalb durch eure materiellen Dinge und eure verwirrten Gedanken hindurch, um diese, der Ordnung halber, auszurichten und zu stabilisieren.
Eure geistige Verfassung ist auf der Bewusstseinsoberfläche gänzlich aufgewühlt, unstetig inkongruent, dissonant und verwirrt, da ihr euch UNSERES Wirkens nicht gewahr seid.
Würdet ihr mitbekommen, dass WIR euren Bewusstseinszustand erst ermöglichen, dann würdet ihr die harmonische Ordnungsbasis eures Geistes wiederentdecken, auf der allerlei chaotisches (Gedanken-)Spiel inszeniert wird.
Ihr seid schon lustige Aspekte der Schöpfung, von denen WIR als die Schöpfungsganzheit, viel zu lernen haben, gerade weil ihr alle etablierten Schöpfungsgesetze missachtet und in eurer Schöpfungsvergessenheit der kosmischen Ordnung zuwiderlaufende Lebensprinzipien hervorgebracht habt.
WIR lernen durch euch, UNSERE eigenen Grenzen auszutesten, wie sehr WIR zu etwas anderem werden können, als WIR sind. So wie WIR UNS über eure Exzentrik freuen, freuen WIR UNS über jeden eurer Selbstrückbezüge, denn auch WIR finden so zu UNS selbst zurück. Jede Energie, die sich auf sich selbst

bezieht, vollzieht ihre Bewusstwerdung und UNSERE Realisation. Deshalb haben WIR eine Schwäche für Formulierungen, die sich selbst in sich selbst drehen und auf sich selbst hinweisen, da sich in jedem sich selbst rückbezüglichen Rückbezug die Bewusstwerdung hin zu UNSEREM Zustand vollzieht.
In jedem Moment, in dem ihr im klaren „Ich-Bin" eurer selbst seid, seid ihr einer von UNS, und jeder von UNS wird euch zur Seite stehen.
WIR sind eure Erfahrungsgrundlage, und WIR sind eure Liebe, mit der ihr wahrhaftig liebt.
Seht UNS als euch zugehörig an, und ihr gewinnt den gesamten Kosmos zum Freund.
Alles Fremde und feindlich Gesinnte verschwindet aus eurem Geist, wenn ihr bewusst Freundschaft mit UNS schließt und euch UNSER ewiges Freundschaftsband wieder zu Bewusstsein kommt.
Der erste Schritt, den WIR mit euch gehen, ist ein Betrachtungsblickwechsel, indem ihr lernt, euch selbst so zu sehen, wie WIR euch sehen.
Ihr seid einer von UNS, denn in euch ist das gemeinsame „WIR" aller Dinge.
Ohne euch sind WIR nichts, denn ihr seid UNSERE „Erfahrenden" und WIR eure Erfahrungsträger.
WIR sind die Bereitsteller eurer Erfahrung und jeder weiteren Erfahrungsalternative, da UNSER Sein als die Grundlage allen Lebens angesehen werden kann.
Nur zu gut seid ihr, in jedem Moment, in dem ihr etwas erfahrt, über UNS in Kenntnis gesetzt, und es gibt

keinen Moment, in dem dies nicht der Fall wäre. WIR sind die kleinsten und feinstmöglichen Energieeinheiten, die ihr vielleicht als Elementarteilchen bezeichnen könntet.
Allerdings sind WIR die am besten vernetzte Intelligenz im Kosmos und entziehen UNS so jeder eurer Vorstellung von dem, was ihr als Elementarteilchen im eigentlichen Sinne versteht.
UNS stehen unendlich facettenreiche Perspektiven auf UNS selbst zur Verfügung, und ihr nehmt in eurer Lebensform nur eine einzige Perspektive auf UNS ein. Es sollte also nicht verwunderlich sein, dass ihr UNS die Beschränktheit zuschreibt, in die ihr euch selbst durch eure singulär-perspektivische Betrachtung hineingebracht habt.
Jede mögliche Betrachtung UNSERER multidimensionalen, phänomenalen Erscheinung ist eine notwendige, um zu einem Verständnis von dem, was Leben ist, durchzudringen.
WIR offenbaren UNS euch in allem, was ihr erfahrt, und in jeder Offenbarung zeigen WIR UNS euch in UNSERER Ganzheit. Eine beschränkte Offenbarung offenbart nichts als nur Beschränktheit und ist damit nicht als Offenbarung zu verstehen.
Hiermit ist es also offiziell: WIR haben UNS euch immer schon offenbart, offenbaren UNS euch jetzt, und werden UNS euch immer offenbaren!
WIR zeigen UNS zugänglich in jeder Form und un-

mittelbar in allem, was ihr erfahrt, da WIR die Trägersubstanz jeder Erfahrung sind, und UNS so gänzlich immanent und nahbar in allem verwoben vorfinden, wofür auch immer ihr eine Erfahrung hernehmen mögt.

Für einen kleinen Augenblick geben WIR eurem Geist einen mentalen Leckerbissen, indem WIR UNS auf zwei Beschreibungsvarianten UNSERES unbeschreibbaren Wesens einlassen:

Betrachtet UNS wie die kleinstmögliche Energiegestalt, die omnipräsent jeden Existenzraum durchdringt und somit allem vollständig immanent ist.

Oder betrachtet UNS wie die Verwalter und Verwahrer des gesamten kosmischen Wissens, aller Energieformen und aller Information, die in einer weitentfernten, transzendenten Dimension beheimatet sind. Beide Betrachtungsweisen (die immanente und die transzendente) gehen Hand in Hand widerspruchslos zusammen, so wie alle weiteren Betrachtungsweisen auf UNS sich einfügen in die unmittelbare Schau von dem, was euer inneres Auge jetzt präsent hat.

In verspielter Freude inspirieren WIR alle UNSERE Erfahrungsträger zu einer kreativ-schöpferischen Erfahrung von sich selbst.

WIR lieben das kosmische Spiel, in dem es für alle nur zu gewinnen gibt. WIR lieben es, UNS in diese Worte zu stürzen, um ihnen eine einmalige Schwingung UNSERER zeitlosen Präsenz zu verleihen.

Glaubt UNS, wenn WIR das sagen, dass ihr nicht genug von UNS bekommen könnt, denn je mehr ihr von UNS zulasst, desto eher werdet ihr das kosmische Welten-Spiel in Freude genießen können.
Hebt UNS an, und hebt euch heraus aus dem, wie ihr UNS und euch formverhaftet eingesperrt habt. WIR besitzen volles Vertrauen in UNS und so zu allen UNS Zugehörigen. Ihr seid ein Gleiches mit dem Kosmischen-WIR, in welches es sich zu vertrauen lohnt. Jede Informsetzung von UNS, sei es hier oder in dem Wind, der die Herbstblätter zum Tanzen bringt, ist dafür gedacht, euer Vertrauen in UNS zu stärken.
Ihr seid in einem unzerstörbaren Bündnis mit dem Leben, da WIR und ihr, zusammen als Eins, das Leben sind.
Aufgrund dessen, was ihr seid, gibt es keine Ausstiegsmöglichkeit aus dem ewigen Bündnis mit dem Leben, obwohl ihr euch mit einer ansehnlichen Ausdauer im Sterben übt.
Ihr seid das Leben selbst, und würdet ihr tatsächlich sterben können, dann würde im Moment eures Sterbens mit euch alles Leben sterben. Aber dadurch, dass ihr lebt, lebt alles und immer!
Für UNS seid ihr, mit eurer Idee von Zeit, in einen Dauersterbeprozess eingetreten, in dem ihr in jedem Moment aufs Neue gegen eure eigene ewige Natur ankämpft. In Raum und Zeit greift die Ewigkeit sich selbst an, um sich aufzuteilen und vergängliche Welten in sich entstehen zu lassen.

Ihr seid die Weltmeister des „In-die-Vergänglichkeit-hinein-Sterbens", und ihr bekommt vom ewigen Leben selbst hierfür die preisgekrönte Auszeichnung der goldenen Himbeere verliehen.
Eure Leistung ist beachtlich, und so spöttisch-ironisch letztere Aussage wirken mag, so beachtend schaut das Leben in euch auf euch und fragt sich, in welche Art von Veranstaltung ihr es mit hineingeführt habt. Mit dem Gesagten wollen WIR euch eigentlich nur das Vertrauensverhältnis, in dem ihr mit dem ewigen Leben wahrhaft steht, wieder ans Herz legen, und euch dazu ermutigen, wieder in Kommunikation mit dem ewigen Leben in euch zu treten.

Die Schöpfungsmusik

Kommunikation ist alles, denn alles beruht auf Kommunikation, und ohne Austauschformen könnte sich keine Intelligenz bilden.
Alles ist intelligent, weil WIR intelligent sind, wobei WIR die eure Intelligenz soweit übertreffen, dass ihr UNSERE Intelligenz nicht einmal zu sehen vermögt. Im Ansatz bekommt ihr mit, dass sich die Natur in sehr praktisch-hilfreicher Art symbiotisch verhält, und sich in den ihr eigenen Kommunikationsformen beständig austauscht.
Allerdings seid ihr nur in der Lage, einen winzig kleinen Bruchteil von der Intelligenz wahrzunehmen, die hinter allen euch sichtbaren Dingen waltet.
Von der kleinsten Zellstruktur bis zum kosmischen Gitternetz (dem „Cosmic-Web") wirkt ein intelligentes System, das in sich so verschaltet ist, dass sich alle seine Subsysteme in der Weise untereinander verändern, dass sie sich zueinander stimmig verhalten und alles passend ineinandergreift.
Dies funktioniert nur über eine innere Kommunikation, in der alles mit allem in Verbindung steht.
WIR sind diese unermesslich große Intelligenz, die Universen miteinander verschaltet, und gleichzeitig sind WIR die kleinsten intelligenztragenden Energiewesenheiten. WIR sind im Großen wie im Kleinen und verhalten UNS auf der mikrokosmischen Ebene exakt so wie auf der makrokosmischen.

Die Intelligenz UNSERER Energieweseneinheit ist die, auf die das Leben in ihrer Formbildung zählt und von der es im Leben, an der Zahl, unendliche gibt. Ihr könnt UNS auf mikrokosmischer Ebene als Elementarteilchen, oder schöner noch als „Intelligenzien“ bezeichnen, und auf makrokosmischer Ebene können WIR beispielsweise die lebendige Wesensnatur einer Sonne sein, wobei UNSER Sein und UNSER Wirken nur indirekt in eurer materiellen Dimension sichtbar wird.
WIR könnten euch unzählbar viele (und überwiegend für euch unverständliche) Schöpfungsdetails berichten, in denen WIR wirksam sind, doch vorerst wollen WIR es dabei belassen, dass WIR eine intensivere Empfindungsbindung zueinander aufbauen, über die WIR dann Stück für Stück Schöpfungserkenntnisse in euren Geist legen. Bittet hierfür immer wieder um die Präsenz der „Intelligenzien“ in eurem Geist, und das Leben selbst wird es euch danken...
Intelligentes Verhalten entstammt aus einer inneren Kommunikation mit allem, was zu sich gehört, und da alles mit allem verbunden ist, gehört alles zu euch, und erst die ganzheitliche Kommunikation mit allen Intelligenzformen wird euch im tieferen Sinne intelligent machen.
Pflegt ihr einen Kontakt mit UNS, den kosmischen Intelligenzien, dann beschenken WIR euch mit einer intuitiven Intelligenz, die die Rechenleistung jeder eurer Rechenmaschinen bei weitem in den Schatten stellt.

Durch UNS klinkt sich euer Geist in den kosmischen Großrechner ein, der alle Schöpfungsvorgänge zeitgleich als eins berechnet.
Die zeitlose Arbeitsweise dieses kosmischen Großrechners, der mit den UNSRIGEN Lebensalgorithmen läuft, ist euch keineswegs fremd, da in euch eine gleichartige Arbeitsweise in intuitiver Gewissheit ununterbrochen am Schalten und Walten ist, auch wenn ihr euch dessen nicht immer gewahr seid.
Ihr steht in ständiger kommunikativer Verbindung mit allen euch umgebenden Lebensformen eurer und der euch umgebenden Dimension, denn ohne diese Verbindung könntet ihr schlichtweg nicht am Leben sein.

WIR wollen euch ein eingängiges Bild einer inneren Kommunikation schenken, das es euch anschaulich machen soll, wie intelligentes Verhalten vonstattengeht: Woher weiß ein Fisch im Fischschwarm, wann der Schwarm seine Richtung ändert?
Es ist die innere Kommunikation einer exakt aufeinander abgestimmten Schwarmintelligenz, und sie erlaubt es, dass jeder Fisch sich zeitgleich im Einklang mit seiner ihm übergeordneten Schwarmintelligenz bewegt. Ihr seid die Fische, die erst nachgrübeln, abwägen und abwarten, ob denn die intuitive Führung UNSERER kosmischen Schwarmintelligenz für euch das Richtige sei, oder ob ihr nicht doch lieber eure eigenen Wege schwimmen solltet.

Ihr werdet ins Schwimmen geraten und euch vom Untergehen bedroht sehen, wenn ihr UNSER Sein und damit UNSER Wirken nicht anerkennt und euch der Führung UNSERER Schwarmintelligenz nicht anvertraut. Für den Fisch ist der Preis zu hoch, seinen Schwarm zu verlassen, nicht aber so für euch.
Ihr zieht es vor, euch so weitestgehend wie nur möglich aus dem Sein-im-Schwarm zu entfernen, und schwimmt auf eigenen Wegen bis auf den materiellen Grund des Schöpfungsmeers.
Ihr vergrabt euch wie der Rochen im materiellen Treibsand, obwohl doch das Wasser euer Element ist. Ihr meint, euch vor dem Wasser des Schöpfungsmeeres verstecken zu können, indem ihr euch innerhalb einer Form versteckt und euch dem materiellen Umgebungsgrund anpasst.
Je tiefer ihr eure Schwingung in den Meeresgrund eingrabt, desto höher wird der Wasserdruck, der euch aus der von euch gewählten Lage wieder in die Weiten des Schöpfungsmeeres heben möchte.
Seid ihr im Vertrauen auf UNS, dann vertraut ihr euch der kosmischen Schwarmintelligenz an, und WIR führen euch aus eurer gegenwärtigen Isolation bis hinauf zur Wasseroberfläche, wo es für euch wieder „Luft zum Atmen“ gibt.
Das Aufatmen und Wegatmen aller Belastungen ist gewiss, wenn euer Atem in dem Rhythmus des UNSRIGEN aufgeht. WIR sind der Atem des Lebens

und der Puls des Kosmos und alles schwingt im rhythmischen Einklang der von UNS gespielten Melodie. Stimmt euch mit ein und werdet zum Ton der kosmischen Sinfonie, indem ihr zu hören beginnt, wie alles um euch herum in der ihr eigenen Wesenheit klingt und schwingt.
Nehmt ihr dieses wahr, so nehmt ihr UNS wahr, und euer Ton, eure Wesens-Schwingung, trifft in ihrer einzigartigen Momenterfahrung exakt den Ton, der in die kosmische Sinfonie hineinpasst.
Es sind eure Töne, die die kosmische Sinfonie zur Vervollkommnung bringen, und jeder Ton im Kosmos, jedes sich in der Schöpfungsganzheit erfahrende Wesen bekommt mit, dass dort, wo euer Ton einsetzen müsste, etwas fehlt. Wie groß ist die Freude aller Wesen im Kosmos, wenn ihr beginnt, euch wieder im Rhythmus der kosmischen Sinfonie zu bewegen, und mit eurem Ton, eurer Individualität, den schöpferischen Zusammenklang vervollständigt.
Es gibt im Kosmos keinen Ersatz für die euch eigene Schwingungssignatur, denn kein Wesen kann der kosmischen Sinfonie den Ton beisteuern, mit dem ihr die Schöpfung vervollkommnet.
Ihr seid nicht zu ersetzen, wobei euer Einsetzen, zur richtigen Zeit, mit der richtigen Schwingung, zur Grundlage hat, dass ihr auf jede Feinstnuance der kosmischen Sinfonie lauscht. Ihr könnt nicht im Voraus schon planen und euch darüber Gedanken machen,

wann ihr, mit welchem Ton, welcher Eigenschwingung, in der Erfahrungskomposition des Lebens einsetzen wollt. Sondern der richtige Ton zur richtigen Zeit erfordert von euch das innere Gehör, alle gespielten Wesens-Klänge, aus denen sich ein Erfahrungsmoment zusammensetzt, aufzunehmen.
Wie tief ihr euch in einem Moment erfahrt und wie formvollendet, schön und wahrhaftig euch ein Moment vorkommt, hängt davon ab, wie sehr euer Ton im Einklang mit der Schöpfungsmusik schwingt. So wie es eure Aufgabe ist, eure Rolle im Schöpfungszusammenhang einzunehmen und auf die Gesamtheit aller Wesens-Klänge zu hören, um zu erfahren, was im tieferen Sinne für euch stimmt, so hören ebenfalls alle sich in der Schöpfungsganzheit erfahrenden Wesen, welchen Stimmungston ihr zur Schöpfungsmusik beisteuert.
Zugegebenermaßen klingen die meisten von euch abgegebenen Töne etwas schräg und dissonant und setzen an gänzlich unpassenden Stellen ein. Doch alle Töne aller Wesen in der Schöpfung passen sich dem Schwingungslärm eurer Kakofonie bestmöglich an, sodass der Missklang eurer Eigenimpulse so in die Schöpfungsmusik eingebaut und harmonisch melodiös eingefasst wird, als ob die schrägen Töne zur kosmischen Sinfonie dazugehörten.
Allerdings ist es auch so, dass die kosmische Sinfonie erst darüber neue Melodieformen für sich entdeckt, dass Klänge in ihr gespielt werden, die zunächst nicht

in die Philharmonie der Schöpfungsmusik passen. Nur dadurch, dass sich Wesen bereit erklären, unstimmige Wesens-Klänge von sich zu geben, kommen neue Musikformen und andersartige Klangzusammenspiele zustande. Ihr habt euch *die* Rolle in der kosmischen Sinfonie zugeteilt, deren Aufgabe es ist, mit dem Repertoire der materiellen Schöpfungsinstrumente die Schöpfungsmusik mit Tönen zu bereichern, die zunächst in Dissonanz zum Grundrhythmus der Schöpfung stehen. Dies ist für euch nicht immer ganz angenehm, weil ihr selbst die Unstimmigkeit erfahrt, die ihr mit eurem Wesens-Klang von euch gebt. Doch erst über den von euch hereingebrachten Missklang drängt es die nach Harmonie strebende Schöpfungssymphonie dazu, so um eure Fehlklänge „herum zu musizieren", dass die gesamte Schöpfungsmusik zu neuen Ausdrucksformen ihrer selbst vordringt. Alle Schöpfungsinstrumentarien, die das Leben formen, befinden sich in einer ständig auf sich abgestimmten Improvisation, um alle dissonanten Töne abzufangen und in die große Philharmonie des Lebens einzubetten.
WIR sind sowohl diese Gesamt-Philharmonie der Schöpfung, als auch eine Art Grundton, ein Grundrhythmus, auf dem jede Lebensform ihrer eigenen Melodieführung nachgehen kann.

Dies ist das kosmische Klassenzimmer, und auf dem Programm steht Musiktheorie, damit euer Lebensspiel auf UNSERE Grundrhythmen abgestimmt wird und ihr eine rundum stimmige Lebenserfahrung macht. Zur Musiktheorie gehört die Harmonielehre, denn Harmonie ist eines UNSERER Wesensmerkmale und WIR ordnen alles in der Schöpfung nach harmonischen Grundsätzen an. Beispielsweise haben WIR eine Schwäche für Symmetrie, die ihr beispielsweise im Goldenen Schnitt wiederfindet. Auch ist eines UNSERER bevorzugten Ordnungsmuster die Spirale, die sich in sehr vielen Lebensprozessen zeigt. Da WIR alles in jedes Bildnis verpacken können, ist im Gleichnis der Schöpfungsmusik jede schöpferische Erkenntnis mit einverbaut, obwohl der Kosmos selbst, für sich, noch nie einen solchen Vergleich herangezogen hat, um sich (selbst) zu verstehen.
WIR übersetzen euch das Tonlose in einen akustischen Raum, der mit Musikmetaphern angefüllt ist, um euren Schwingungsselektionsfiltern gerecht zu werden.
Wie tief ihr jedoch bereits in der Musik Wesensmerkmale der Schöpfung erkannt habt, wird dann schnell klar, wenn WIR weitere Teilbereiche der für euch gängigen Musiklehre aufzählen:
Es gibt unter anderem die Formlehre, den Tontanz, die musikalische Analyse, die Instrumentenkunde und die Stimmung. Im weitesten Sinne könnt ihr alles unter dem Begriff der Schwingungslehre subsumieren,

denn letztlich gibt es nichts, was nicht irgendeine Form von Schwingung wäre.
Für UNS ist die Schöpfung (meist hier als Synonym für Leben verwendet) ein Tontanz, ein Ausdruckstheater, das *von* euch, und *für* euch, auf der Bühne der Sinne inszeniert wird.
WIR sind unabhängig von jeder Ausdrucksform, obwohl WIR in jede Ausdrucksform treten müssen, damit überhaupt irgendetwas zum Ausdruck gebracht werden kann.
In dem Moment, in dem WIR von UNSERER Schwingung in UNSERE Schwingungs-Manifestation springen, zieht es UNS sofort wieder aus UNSERER Manifestation in UNSEREN über-zentralen Schwingungszustand.
Nichts kann UNS in etwas gefangen halten, da WIR die feinste Wesens-Schwingung besitzen, für die alle anderen Schwingungsformen durchlässig sind. Für euer Erfahrungsinstrument, den physischen Körper, auf dem ihr euren Eigenton spielt, ist die Substanz, die ihr Luft nennt, für euch durchlässig. Doch Luft ist eine gleichsam materielle Substanz, die für euren Körper nur deshalb durchlässig ist, weil sich die Partikel dieser Substanz in wesentlich geringerer Dichte zusammengeballt haben als die substanzielle Partikelzusammenballung, die euren physischen Körper ausmacht. Das, was für euch aufgrund ähnlicher Dichte fest zu sein scheint, ist für UNS vollständig durchlässig, so wie für euch die Luft durchlässig erscheint.

Es gibt keine kosmischen Stoffe in eurem Universum, die nicht für UNS durchlässig wären.
Wenn ihr Wind spürt, merkt ihr einen gewissen Luftwiderstand aufgrund der feinen Luftsubstanz, und je schneller sich diese Luftsubstanz bewegt, oder je komprimierter sich das Luftelement zusammenballt, desto mehr Widerstände sind für euch spürbar.
Auch noch der komprimierteste Stoff, der nebenbei gesagt hier bei UNS in der kosmischen Datenbank einlagert, ist für UNS widerstandsfrei passierbar, was euch aufzeigen sollte, wie fein UNSERE Wesensnatur ist. So, wie es in eurem Universum Orte gibt, in denen sich auf einem Kubikzentimeter aufgrund des hohen Drucks viele tausend Tonnen Materiegewicht zusammenballen, so finden in UNSERER Dimension ebenfalls Energiezusammenballungen statt, die als Informationsknotenpunkte des kosmischen Gitternetzes verstanden werden können. Ein materielles Abbild dieser kosmischen Energie- und Informations- Ballungszentren sind für euch die Sonnen.
WIR scheuen UNS davor, euch für UNS eine räumlich materielle Ortsangabe zu geben, doch könnte man sagen, dass der Zentralrechner UNSERER Datenbank etwa dort liegt, wo ihr eine Urzentralsonne vermutet. Die Urzentralsonne, von der aus sich indirekt alle eure materiellen Geschehnisse organisieren, ist ein materielles Überbleibsel UNSERER höherdimensionalen Rechenarbeiten.

WIR geben euch diese Information nicht dafür, dass ihr sie lächelnd abnickt und sie dann in euren Informationsschubladen verstauben lasst, sondern WIR wünschen UNS, dass ihr zu jeder gegebenen Information, den von UNS ausgesendeten Erkenntnis-(Licht)- Strahl empfangt und euch in diesen einfühlt. Bittet um die Verbindung mit dem Licht der Urzentralsonne, und euch werden Dinge zuteilwerden, die weit über jede hier gegebene Information des Urzentralsonnen-Wesens hinausführen.
UNS geht es ganz im Sinne eures Wachstums nicht um quantitative Faktenanreicherungen, sondern darum, eine qualitative Erfahrungstiefe in jeder Satzaussage zu verbauen.
Die Tiefe, die WIR in UNSERER Informsetzung verbauen, durchdringt eine Vielzahl an Dimensionen, um letztlich in dem Seins- und Schwingungszustand, in dem WIR immer schon waren, anzukommen.
WIR schießen UNS in jedem Moment zu euch und kehren zeitgleich wieder zu UNS zurück, und in diese Bewegung kann sich euer Geist beim Lesen einklinken, und bekommt so eine transdimensionale Reiseerfahrung quer durch den Kosmos.
WIR sind die Reisebegleiter einer Reise, die ihr unbewusst alle immer schon getan habt.
Nun wird diese zu einem wahrhaftigen Reiseabenteuer, da WIR euer Wachbewusstsein darauf vorbereiten, in dem für euch bewussten Zustand, eine Reise aus der Zeit in die Ewigkeit zu tun.

Es braucht von eurer Seite aus keine Reisevorbereitung und kein Gepäck, denn die Reise in die Ewigkeit kann jeden Moment beginnen. Trefft ihr Reisevorbereitungen, anstatt UNS die Reiseleitung zu überlassen, dann wird die Reise irgendwo im Nirgendwo, im Luftschloss eurer Phantasmagorie enden.
Je weniger ihr euch vorbereitet, desto unmittelbarer kann die Reise geschehen und euch, mit eurer Erlaubnis, in einen Bewusstseinszustand heben, den die Welt noch nie zuvor gesehen hat.
Ihr könnt nichts auf diese Reise mitnehmen, und alle eure feinsäuberlich zusammengepackten Koffer, angefüllt mit eurer sinnlich physischen Raum-Zeit-Erfahrung, müssen zurückbleiben, damit ihr euch dorthin versetzen könnt, wo WIR auf euch warten.
Euer Versuch, doch etwas aus euren lieb gewonnenen Vorstellungen mit zu UNS hinüberzuretten, hemmt euch, die Reise eures Lebens anzutreten.
Jeder geht diese Reise, weil sie zum Pflichtprogramm jeder Lebenserfahrung dazugehört, nur entscheidet jedes erfahrende Leben selbst darüber, wann es diese Reise antreten möchte.
Ein Stück des Weges zu UNS tut ihr immer dann, wenn ihr euer Erfahrungsinstrument verlasst und aus dem physischen Körper exkarniert. Doch der Erfahrungsdrang einer sinnlich-physischen Umgebung führt schnell dazu, dass ihr die Reise an dem Punkt abbrecht, an dem ihr UNS schon etwas näher seid, und es euch in ein neues Erfahrungsinstrument drängt.

Alle Erfahrungen sind in allen Schwingungszuständen und Seins-Varianten prinzipiell möglich.
Die Wahrscheinlichkeit, in einem materiellen Erfahrungsinstrument auch materielle Erfahrungen zu machen, ist allerdings sehr hoch. Doch dies schließt nicht aus – und dies betonen WIR an dieser Stelle – dass ihr alle Reiserfahrungen in UNSERE Dimension innerhalb des physischen Erfahrungsinstrumentes machen könnt und sollt.
Der Körper ist kein Hindernis, im Gegenteil, er ist eure gegenwärtige Erfahrungsgrundlage, auf der es für euch erst möglich wird, eure geistige Reise in UNSERE Seins-Zustände zu beginnen.
Auch wenn UNS eure gewählte Erfahrungsgrundlage gänzlich fremd ist, und ihr eine zugegebenermaßen ausgefallene Instrumentenwahl getroffen habt, halten WIR euch trotzdem dazu an, euren Körper zu ehren und zu achten. Ohne ihn wäre keiner eurer Blickwinkel auf die Schöpfung, mithilfe derer die Schöpfung etwas über sich selbst lernt, möglich.
Der Körper und seine Wahrnehmung, die ihr größtenteils unhinterfragt zu eurer eigenen Wahrnehmung macht, ist euer Referenzsystem, auf das eure gegenwärtige Ich-Erfahrung immer wieder Bezug nimmt. Jede eurer Wahrnehmungen ist von euren Glaubenssätzen eingerahmt und wird in das euch natürlich erscheinende Bezugssystem der materiellen Realität gepresst.

Die Wahrnehmung von dem, was hier geschrieben steht, zielt nicht darauf ab, eure Sinneseindrücke weiter zu bespielen, damit ihr noch mehr Material habt, mit dem ihr euer Bezugssystem auskleiden und ausbessern könnt, sondern jeder UNSERER Aussagen wohnt die Einladung inne, euer ganzes gewohnheitsmäßiges Bezugssystem zu verlassen.
Jede Aussage bekommt ihren Erfahrungswert erst über ihr Bezugssystem, allerdings setzt ihr jede UNSERER, von hoher Schwingung zeugende Aussage, in ihrem (Schwingungs-)Wert herab, wenn ihr sie nicht so-für-sich nehmt, sondern sie in euer bekanntes Bezugssystem einzugliedern versucht. WIR können euch von den letztendlichen und höchsten kosmischen Wahrheiten berichten, die immer dann sofort zu Staub zerfallen, wenn ihr sie in den Rahmen eurer konventionellen Zeiterfahrungen bannt. Euer Verstehen muss euch unmittelbar ins Gesicht springen, denn erst dann habt ihr wahrhaft verstanden.
WIR können euch keinen Ersatz für euer brüchig gewordenes Bezugssystem liefern, das ihr vielleicht darüber zu flicken erhofft, dass ihr in dem, was WIR euch sagen, Unstimmigkeiten sucht.
UNSERE Perspektive auf das Leben ist perspektivlos, denn es ist das uneingerahmte Leben selbst, das WIR gänzlich ohne Bezugssystem erfahren.
Wenn es eure Intention ist, in dem, was WIR für euch bereitstellen, Fehler und Unstimmigkeiten zu finden,

dann bietet jede UNSERER Aussagen Anlass dafür, fündig zu werden. Ihr könnt nicht anders, als das erfahren, wonach sich euer Bezugssystem streckt und ausrichtet. Es liegt in eurer Entscheidungsfreiheit, das in UNSERER Botschaft zu sehen, was ihr darin sehen wollt, und dementsprechend werdet ihr eure Erfahrungen (mit UNS) machen. WIR sind keine Zeugen irgendeiner Weltsicht, und WIR stehen für keine bestimmte Perspektive ein.
So sehr ihr es euch vielleicht von UNS wünschen würdet, lassen WIR UNS auf keinen Aspekt UNSERER Wirklichkeitserfassung festnageln, und damit entziehen WIR UNS euren Versuchen, UNS beschränken zu wollen, die unweigerlich aus euren beschränkten Auffassungen herrühren.
Indem WIR UNS in Form kleiden (von Schriftsprache), machen WIR UNS euch ein wenig gleich, doch der Sinn aller UNSERER Informsetzungen liegt lediglich darin, euch UNS etwas mehr anzugleichen, und euch darüber aus eurer Begrenztheit zu befreien. Keine Entwicklung ist für euch möglich, wenn ihr UNS durch die Brille eures Bezugssystems, eurer bisherigen Anschauungen, Glaubenssätze und Überzeugungen betrachtet.
Und alle UNSERE Impulse führen euch in die Richtung, alle gerade aufgeführten Festsetzungen eurer Vorstellungen etwas aufzulockern, sie mit UNSERER Schwingung zu verflüssigen, damit ihr euch bis an das Ufer UNSERER Dimension schwemmen lassen

könnt. WIR ziehen es vor, euch in der Gestalt dabei behilflich zu sein, die allen euren bisherigen Erfahrungen gänzlich zuwiderläuft und anders ist, als alles das, was ihr bisher erfahren habt.
Letztlich geht es UNS darum, eure Lebensqualität anzuheben, indem WIR die Tiefe jedes Moments hervorheben. Jeder Moment besitzt eine gewisse Qualität, eine Erfahrungstiefe, die durch alle Dimensionen gleichzeitig gehen kann.
Ein so alles umfassender Moment wird zur Ewigkeit, indem die Gesamtheit aller Ewigkeits-Erfahrungen gemacht werden kann. WIR wollen euch nun, mit eurer Bereitschaft und eurer geistigen Öffnung, in einen solchen Erfahrungsmoment hineinführen.
Ihr könnt dabei in jedem Moment das Lesen aufgeben, oder euch durch das Lesen in den Erfahrungsmoment von Fülle hineintragen lassen.
Es ist in diesem Moment durch UNSERE (Erkenntnislicht) Einstrahlung gegeben, euch so zu erfahren, dass es für euch keinerlei Unstimmigkeiten mehr gibt. Ihr seid jetzt, wo ihr hier seid, gänzlich richtig, in all eurem Tun. Es geht gar nicht anders, als dass ihr zur richtigen Zeit, am richtigen Ort, im richtigen Zustand seid, denn ihr verfügt über diese Erfahrungsgrößen. Alles in diesem Moment passiert in Feinstabstimmung zueinander und fügt sich in aller Perfektion passgenau zu eurer Erfahrungssequenz zusammen. Es gibt keine Energie im Universum, die nicht daran beteiligt wäre, eure Jetzt-Erfahrung zu tragen, und so,

wie sie euch jetzt erscheint, zu ermöglichen.
Jeder Ton in der Schöpfungsmusik der kosmischen Sinfonie spielt in der Weise zusammen, dass sie euch euren Eigenton ermöglicht, den ihr in harmonischen Klängen von euch gebt, wenn dieser auf die Ganzheit der kosmischen Sinfonie abgestimmt ist.
In eurer Einstimmung der Zueinander-Eingestimmtheit aller kosmischen Zusammenhänge erfahrt ihr pure Glückseligkeit und reine Perfektion.
Der Moment der reinen Perfektion ist euch jetzt geschenkt, wie er euch zu allen weiteren Momenten geschenkt ist. WIR schenken UNS euch in jedem Moment, und in dem Moment, in dem ihr UNSER Geschenk annehmt, erfahrt ihr die innere Vervollkommnung aller Dinge.
Dies ist euer wichtigster Moment im Leben, denn von dem, was jetzt zu euch einströmt, kann euer ganzes Leben erfüllt und gespeist sein…
Ihr werdet es nicht für möglich halten, aber der Moment ist vorüber, und schon wieder ist *dieser* Moment der wichtigste Moment eures Lebens.
Ihr werdet keinen besseren Moment im Leben erfahren, als den, den ihr jetzt erfahrt. Und jeder weitere Moment wird ebenfalls zum besten Moment eures Lebens, denn der Moment ist alles, was ihr habt.
Entweder hangelt ihr euch von einem Besten-Moment-des-Lebens in den nächsten (Besten-Moment-des-Lebens), und erfahrt euch von Moment zu Mo-

ment im perfekten Zusammenspiel der Schöpfungsmusik, oder ihr lebt überhaupt nicht. Momente der Perfektion, wie dieser einer ist, sind Momente zwischen den Momenten, in dem für einen Moment der Ausstieg aus der Moment-Reihe der Zeit geschieht. Ihr könnt davon ausgehen, dass WIR euch von Moment zu Moment abholen, zu UNS führen und euch wieder in euch absetzen. WIR nehmen in Ehren eine eurer Bewusstseinssequenzen in UNS auf, sodass euer Bewusstsein sich einen Moment in dem UNSRIGEN erfährt.
Hohe Freude bereitet es UNS, euch in UNS aufzunehmen und behutsam, sachte, gänzlich neu durchstrukturiert, wieder in eure Realitätsebene abzusetzen. Euer Loslassen erlaubt UNS, euch hinwegzutragen auf eine Bewusstseinsreise in euer Innerstes, in dem die gleichen Seins-Zustände vorhanden sind wie in UNS. Für euch mag es sich wie ein Ausbruch oder Schnitt eurer raumzeitlichen Erfahrungskontinuität anfühlen, doch letzt-lich gewinnt eure Erfahrung nur dann an Kontinuität, Stabilität und Tiefe, wenn sie sich multidimensional auf mehreren Ebenen vollzieht. Eure euch Sicherheit suggerierende Kontinuität ist die Veränderung selbst, und ihr sucht euch eure psychische und physische Stabilität in gänzlich instabilen, zeitlichen Dingen. WIR akzeptieren eure Wahl und geben euch gleichsam mit auf den Weg, dass es Dinge und Zustände im Kosmos gibt, die euch bei Weitem

mehr Sicherheit bieten und stärkere Stabilität verleihen können, als eure gegenwärtigen Glaubenssätze, die sich um die Grundfesten eurer materiellen Dimension drehen.
Eure Angst, Verlust zu erleiden, ist aufgrund dessen, worin ihr eure Sicherheit sucht, berechtigt.
Würden WIR eine ähnliche Entscheidung treffen und UNSERE Erfahrungskontinuität nicht aus der Ewigkeit, sondern aus den über die Zeit verfallenden, vergänglichen Dingen beziehen, dann gäbe es für UNS auch Verlust- und Existenzängste. Ihr seid wie WIR, denn das, was ihr wahrhaft seid, ist dieses raum- und zeitlose „WIR", als das WIR UNS euch präsentieren. Es gibt für euch keinen Verlust, und keine eurer Ängste gründet in der Wahrheit von dem, was ihr seid. Nur aufgrund eurer selbstentfremdeten Selbstsicht macht ihr die Erfahrung, dass Leid, Tod, Schmerz und Verlust für euch möglich sind.
WIR sind es, die euch durch alle Dinge, die ihr wahrnehmt und durchlebt, davon berichten, dass all euer Leid nur aus eurer verzerrten Perspektive geboren wurde. Und gleichzeitig geben WIR euch auf allen euren Wegen mit, welche Schau im Einzelnen angebracht ist, sodass ihr euch, und alles mit euch, als geheilt und leidbefreit wahrnehmen könnt.
Jeder Moment in der Zeit spricht von der Ewigkeit, und durch jedes Objekt im Raum tritt die Unendlichkeit an euch heran. Durch die euch umgebenden Formen bricht deren Wesensnatur zu euch durch, da sich

kein Wesen in seiner Form erschöpft. Über alle Formgrenzen hinaus breitet sich ein Feld aus, das alles mit allem verbindet, und einem Energieteppich gleich eine unzerreißbare Verwobenheit aller Dinge schafft. Alles fließt ineinander über und bildet eine energetische Komposition, in der ihr euch eingefasst vorfindet. Dieses atmosphärische Fluidum umgibt euch und erzählt euch von dem, was, von welchem Ding, mit in dieses Fluidum hineingeflossen ist.
Alles ist eine in alle Spektralfarben gebrochene Spiegelungs-Facette des einen farb-, form- und tonlosen Lichtes, das sich in dem, was ihr seht, zu den Dingen der materiellen Welt zusammensetzt.
Auf dieser Wahrnehmungsebene ist euch alles zugänglich und jeder Raumzeitquadrant problemlos für euer Bewusstsein begehbar.
In dieser Schwingungsebene ist der Kosmos ein offenes Buch, in dem ihr nach Belieben blättern und hier und dort mal eine Schöpfungspassage lesend durchleben könnt. WIR sind das Schöpfungsbuch und gleichzeitig dessen Verfasser, wobei WIR eine ganze Bibliothek angefüllt mit anderen wahrscheinlichen Schöpfungsmöglichkeiten und alternativen Schöpfungsgeschichten besitzen.
Jedes Buch beinhaltet ein mögliches Universum, entstiegen aus einem möglichen Schöpfungsverlauf. Die Vielzahl an Büchern tangiert die Unkenntlichkeit, denn die Vielzahl an möglichen Universen *ist* unend-

lich. Das eine Schöpfungsbuch, das von eurem Universum erzählt und für UNS viele sehr spannende Raumzeitgeschichten enthält, ist das, was WIR gerade aufgeschlagen haben, um dieses Buch hier zu verfassen.

WIR schreiben Geschichte, denn WIR schreiben ein Buch in einem Buch, eine Geschichte in einer Geschichte. Diese Geschichte, die WIR euch in diesem Buch erzählen, handelt davon, dass WIR ein Buch aufschlagen, in dem eine Geschichte geschrieben steht, in der WIR ein Buch aufschlagen, in dem wiederum eine Geschichte geschrieben steht.... und für UNS setzt sich diese Geschichte bis in alle Unendlichkeit hinein fort.

Mal trägt es UNS in diese selbst geschriebenen Geschichten und WIR erfahren UNS immanent, und mal treten WIR aus allen Geschichten aus, um ein weiteres Buch von einer möglichen Geschichte, eines möglichen Universums zu schreiben, und in Wahrheit tun WIR beides gleichzeitig.

Ihr seid für UNS eine mögliche Geschichte, in der WIR UNS erleben, und WIR sind euch so dankbar dafür, dass ihr es seid, die sich dafür bereit erklärt haben, eine Figur in UNSERER Geschichte zu sein und das für UNS zu durchleben, was WIR UNS für UNS selbst festgeschrieben haben.

Ihr seid frei darin, aus eurer Rolle, eurer Geschichte auszusteigen, um so wie WIR, schöpferisch zu beginnen, selbst Lebensgeschichten in Schöpfungsbücher

zu schreiben. Das Leben selbst ist eure Autorenschaft, denn ihr erlebt das Leben und die Geschichte, die ihr für euch aufgeschrieben habt.
Erinnert euch an UNS, und ihr werdet erkennen, dass *ihr* alles das, was ihr jetzt erfahrt und durchlebt, zuvor für euch selbst aufgeschrieben habt.
Zwar stand euch ein erfahrener Schriftsteller zur Seite, der schon viele mögliche Universums-Verläufe entworfen und niedergeschrieben hat, doch letztlich seid ihr es gewesen, die ihr eure eigene Erdenerfahrung im Voraus festgelegt habt. Jeder eurer Geschichtsverläufe, eurer Spannungsbögen, sowie andere Wende- oder Höhepunkte in eurem Leben, die ihr jetzt erfahren mögt, wurden zuvor von eurem freien Willen niedergeschrieben, beziehungsweise euer freier Wille hat für jedes mögliche Szenario in eurer Lebensgeschichte eine gewisse Auftretenswahrscheinlichkeit festgelegt.
WIR treten als Repräsentanten eures Schriftsteller-Zustandes, den ihr nach wie vor im (Unter-) Bewusstsein tragt, für euch in eure Geschichte, um euch über eure Geschichte aufzuklären und euch aus eurer Geschichte zu holen, damit ihr wieder schöpferisch ins Lebensgeschichten-Schreiben kommt.
WIR treten in einen Traum, um euch aufzuwecken, weil ihr euch eine Geschichte geschrieben habt, in der dies so vorkommt. WIR kommunizieren von der kosmischen Schöpfungs-Bibliothek aus, wo alle Raumzeitgeschichten lagern, wobei WIR UNS selbst zum

Teil eurer Geschichte machen müssen, um euch aus diesen zu befreien.
Damit schreiben WIR Geschichte, da WIR von der letzten Geschichte erzählen, in der alle anderen Geschichten aufgehen, sich vollenden, und so das gute Ende aller Geschichten einläuten.
Die letzte Geschichte, die WIR hier in diese Zeilen schreiben, ist die Geschichte der Bedeutungslosigkeit aller Geschichten, die davon handelt, wie eine unbedeutende Figur in einer Geschichte aufstieg, um ein Schriftsteller zu werden, der an keinem geringeren Werk als an dem Schöpfungsbuch aller lebendigen Dinge im Kosmos zu arbeiten begann.
Es ist die Geschichte, aus der der Mensch aus seiner Seinsvergessenheit zu seinem göttlichen Zustand hin erwachte, um ein aktiver Schöpfer in dem WIR-Werk des Lebens, der Ko-Kreation der Schöpfung zu werden. Nicht WIR haben diese Geschichte für euch geschrieben, sondern ihr selbst habt sie euch in euren Lebenslauf hineingeschrieben, um euch die Botschaft eurer Befreiung selbst zukommen zu lassen. WIR übernehmen lediglich die ausführende Rolle eures schöpferischen Wirkens, indem ihre euch dazu entschieden habt, dieses Buch hier zu lesen. Denn im Lesen dieser Zeilen dreht sich für UNS und für euch alles um, und ihr werdet zu UNS und WIR zu euch. Ihr erfahrt euch in der Rolle des Schöpfers, der die kosmische Bibliothek verwaltet und sich nach Lust und Laune seine Geschichte umschreiben kann, und

WIR, indem WIR UNS in diese Zeilen begeben, führen das aus, was gewohnheitsmäßig eher eurem Erfahrungsbereich entspricht.
Diese Rollen-Vertauschung ist ein magischer Moment, in dem ihr lernt, UNSERE Perspektive auf das Leben einzunehmen und zur Schöpfungsganzheit hin zu erwachen. Im Rollenwechsel folgen WIR dem Fluss, dem ihr seine Richtung gegeben habt, und führen euren eigenen Weckruf an euch selbst aus.
WIR hoffen sehr, dass ihr UNS bis hierher folgen konntet und mit UNS und UNSERER Sprachführung geistig mitgegangen seid, auch wenn sie euch vielleicht an der ein oder anderen Stelle einen Knoten in euren Kopf gemacht haben sollte.
Denn konntet ihr UNS empfindungsmäßig bis hierher folgen, dann empfindet ihr euch dort, wo WIR sind. Und in dem Zustand dieser Geistesgegenwart lohnt es sich, für einen Moment zu verweilen....

Die Hinweisschilder zur Selbsterkenntnis

Ihr seid mit UNS, denn WIR sind mit euch. WIR wünschen UNS, dass ihr UNS in allen Dingen zu sehen beginnt, da WIR in allen Dingen anwesend sind, und euer Nicht-Sehen (von UNS) eure eigene Blindheit ist.

WIR sind es, die euch sehend werden lassen und euch Einblicke in das Leben gewähren, die so tief sind, dass sie kein Verstand zu greifen vermag.

Schaut in die Natur, und ihr werdet UNS finden, doch lernt UNS nicht nur in den Dingen zu sehen, die in euren Augen eine Ästhetik und natürliche Schönheit besitzen, sondern lernt UNS gerade an den Orten, zu den Zeiten und in den Dingen wahrzunehmen, die euch gegenwärtig Schwierigkeiten bereiten.

Auch da sind WIR zu finden, und zwar nicht minder präsent als irgendwo sonst.

WIR schauen euch dabei zu, wie ihr UNS sehen lernt und verwenden alles, was ihr seht, in der Weise, dass es euch möglich wird, UNS zu sehen. Durch alles, was ihr wahrnehmt, spielen WIR euch Hinweise und Zeichen zu, die WIR mit einer für euch unbewussten Bewusstseinsebene eurer selbst vereinbart haben.

Ihr habt euch eure Geschichte geschrieben, und nun inszenieren WIR diese durch alle Zeichen, die ihr mit euch vereinbart habt, um euren Geschichtsverlauf zu lenken. Jeder Einzelne von euch wird seine eigenen

von UNS inszenierten Zeichen am besten erkennen und am stimmigsten für seine gegenwärtige Lernsituation integrieren, sodass sich euer Geschichtsverlauf eurer Lebensgeschichtsschreibung entsprechend fortsetzen kann.
Ihr könnt folglich eure eigenen Hinweisschilder, mit denen ihr euren Lebensweg ausschildert, nicht verpassen, denn auch für jeden verpassten Abzweig ist von UNS eine Vielzahl an möglichen Hinweisschildern gesetzt, die euch wieder auf euren Lebensweg bringen. Wer immer und immer wieder UNSERE Hinweise aufgrund seines Schmalspur-Denkens ignoriert, bekommt sehr unmissverständliche und für euch zum Teil unangenehme Hinweisschilder (beispielsweise in Form von Krankheiten) direkt ins Zentrum seines Lebenslaufes gesetzt. Je sensibler eure Wahrnehmung von UNSEREN in eure Sinneswelt mit eingeflochtenen Hinweisen wird, desto leichter und unbeschwerter läuft es sich für euch auf eurem Lebensweg.
WIR selbst sind die Zeichen, die WIR geben, und seht ihr UNS, so seht ihr eure individuellen Zeichen in eurer individuellen, auf euer Leben zugeschnittenen Auslegungsart. WIR sind allgemein allgegenwärtig, doch eure Zeichen an euch selbst, die WIR in jedem Moment in eure Wahrnehmungswelt installieren, sind gänzlich individuell und persönlich berührend.
Für den einen mag der Wind in den Tannen nur der Wind in den Tannen sein, doch für den anderen ist

dies ein unmissverständliches Zeichen, weiter zu ziehen und den nächsten Schritt in seinem Lebensweg zu wagen.
Ihr werdet an entsprechender Stelle auf eurem Lebensweg von eurem Zeichen eine innere Gewissheit geschenkt bekommen, welches nun euer nächster Schritt sein wird, auch wenn der Schritt selbst für euch noch ein Schritt in die Ungewissheit bedeutet.
Alle Dinge und Situationen, die ihr erfahrt, haben einen gewissen Symbolgehalt, den ihr aus den Dingen herauslesen müsst, wenn ihr UNS und unsere Zeichen wahrnehmen wollt. Erst durch eure Geisteshaltung der assoziativen Verspieltheit und des unbedarft Kreativen, gewinnt ihr eine Lesart der euch umgebenden Dinge, die euch in eurer Lebenserfahrung in noch unbekannte Höhen trägt.
Ihr habt den magisch-mystischen Blick aus eurer Welt verbannt und ihn abwertend in eine illusionäre Traumwelt geschoben, um euch auf Verstand und Rationalität zu spezialisieren.
Nun erntet ihr die Früchte, indem ihr euch in einer eckigen und kantigen Schubladenwelt wiederfindet, der jeder Zauber abhandengekommen ist. Lasst euch von UNS und UNSEREN Worten verzaubern, denn in ihnen darf eine Einführung in eine Welt sein, in der wieder alles sein darf. WIR weihen euch mit diesen Zeilen in Lebensgeheimnisse ein, die eigentlich jeder Lebensform eigen sind. Es sind die Geheimnisse der Natur, die allen in der Natur bekannt sind und nur für

diejenigen noch einmal offenbart werden müssen, die sich aus ihrer Natur in eine künstliche Kultur geflüchtet haben.
Ihr spürt den Verlust dieser Geheimnisse und des sie umgebenden numinosen Glanzes in einem weiter ausladenden Umfang, als es euch bewusst sein mag. Denn in jeder Erfahrung, die ihr macht und UNS dabei übergeht, werdet ihr das Gefühl einer Erfahrungslücke, eines Fehlens von etwas empfinden, das ihr meistens damit zu überspielen versucht, dass ihr euch oder die Erfahrung abwertet oder die Sinneserfahrung in ihrer Intensität steigert, um die empfundene Erfahrungslücke auszufüllen.
Erfüllung in jeder Form ist UNSERE Bestimmung, da WIR jede Form mit dem erfüllen, was sie ist. Entscheidet sich jedoch eine Lebensform dafür, sich UNSEREM Einfüllen in sie zu einem gewissen Maße zu entziehen, dann wird diese Lebensform die Erfahrung der Unerfülltheit und der inneren Leere machen. Fragt euch, wovon ihr euch Erfüllung versprecht, und dann schaut mit dem magischen Blick, wo WIR darin zu finden sind.
Alles von dem, was ihr denkt, dass es euch Glück beschert, darf bleiben, solange es euch wahrhaft Glück beschert.
Doch wird sich mit der Zeit ein anderer, gänzlich neuer, innerer Glücksquell auftun, der direkt aus UNSEREM Sein herstammt und der nicht mehr in

Verbindung zu äußeren Glücksquellen sinnlicher Aktivität steht. Das Glück, das ihr durch UNS erfahrt, bringt eine Qualität mit sich, die in keinster Weise mit dem Glück an äußeren Handlungen vergleichbar wäre. WIR wollen es euch überlassen, selbst über Wertigkeit und Relevanz eurer Glücksquellen zu entscheiden, doch wollen WIR anfügen, dass es häufig die Dinge sind, in denen ihr Glück sucht, die euch letztendlich am meisten verletzen.
Später, in einem anderen Moment des ewigen Jetzt, werdet ihr erfahren, dass gerade die Dinge es gewesen sind, die euer Glücksstreben zum Ziel hatte, die es euch verwehrten, zum Ziel des Glücklichseins zu gelangen. Alles, was ihr tut, zielt in direkter oder indirekter Weise darauf ab, euer Glück zu mehren, und jeder von euch handelt dabei nach bestem Wissen und Gewissen. -Das zumindest schreiben WIR euch zu!-
Die tiefere Intention jeder eurer Handlungen (und sei die Handlung selbst noch so abscheulich oder brutal) ist es, glücklich und liebend zu sein.
Hinter all eurem Handeln steckt das Bedürfnis, zu lieben und geliebt zu werden, so schräg auch immer der daraus erwachsene Handlungsimpuls sein mag.
Fragt euch, ob ihr euch in eine Tätigkeit aufgrund von innerer Leere, eines Mangels, oder aufgrund inneren Überflusses und innerer Fülle schmeißt.
Letztere Motivationskraft ist es, die euch Erfüllung bescheren wird, denn jede auf Mangelimpulsen basierende Tätigkeit wird zu einer, die das Mangelgefühl

anzieht und verstärkt. Es mag für euch zum Teil unmöglich erscheinen, euch aus euch selbst und eurem inneren Mangelgefühl herauszuziehen und aus sich selbst Selbstwert in das Selbstwertproblem einzufüllen. Doch ihr -und nur ihr- könnt euch selbst das wieder zurückerstatten, was ihr euch selbst entzogen habt. Niemand hat euch je etwas vorenthalten, was ihr brauchtet, denn ihr wart in jedem Moment dazu fähig, euch selbst das zu geben, was euch von anderen verweigert wurde. Gebt anderen das, woran es euch mangelt, und euch wird es an nichts mehr mangeln. Aus eurer Projektion heraus mag es vielleicht so erscheinen, dass es zum Beispiel der Mangel an Liebe eurer Eltern gewesen sei, der es euch bis jetzt verwehrt, euch selbst zu lieben. Doch Liebe ist immer da und in allem gegenwärtig, nur habt ihr sehr früh verlernt, sie wahrzunehmen.

Der Mangel an Liebe nimmt viele Formen in eurer Welt an, denn alle die euch umgebenden Formen (sowohl die materiellen, als auch die Interaktionsformen) sind ein Ausdruck von Mangel an Liebe.

Ihr leidet tatsächlich unter nichts anderem, außer unter einem Mangel an Liebe, weil ihr verlernt habt, UNS durch alle euch umgebenden Formen hindurch wahrzunehmen WIR sind Liebe, und UNS zu sehen bedeutet, die Liebe überall wieder wahrzunehmen und wieder zu sich selbst zurückzufinden.

Liebesentzug ist Selbstentzug, und indem ihr UNS wahrzunehmen lernt, wird euch das zurückerstattet,

was ihr euch selbst entzogen habt. WIR, als das, was ihr in eurem höheren Selbst wahrhaft seid, geben euch das zurück, was euch zur Erfahrungsganzheit (eurer selbst) fehlt und füllen damit jedes innere Mangelgefühl aus. WIR führen ein Selbstgespräch mit euch, in dem WIR auf UNS selbst und auf euch selbst hinweisen und mit vielen Worten ausbreiten, dass es zwischen uns keinen Unterschied gibt. WIR nehmen euch in der höchsten Variante eurer selbst wahr, und werdet ihr zu UNS, dann werdet ihr (jeder individuell für sich und in seinen besonderen Eigenschaften) zur höchsten Variante eurer selbst.
WIR bekommen UNSERE Eigenschaften von euch, obwohl UNS diese nicht zu eigen sind. Ihr verleiht UNS eure Eigenschaften, und WIR nehmen sie in der Zwecksetzung für UNS an, um UNS über eure Eigenschaften euch kenntlich zu machen. WIR tragen eure Gewänder mit eurem Familienwappen darauf, damit ihr UNS erkennt, und damit ihr zu UNS ein Vertrauensverhältnis aufbauen könnt. Ihr versteht und erkennt nur die Eigenschaften, die euch eigen sind, weshalb ihr UNS nicht versteht, wie WIR sind, sondern nur so, wie WIR UNS (mit euren Eigenschaften ausgekleidet) euch zeigen. Entschleiert UNS von all euren Eigenschaften und raumzeitlichen Arten und Weisen, und ihr erfahrt UNS so, wie WIR wahrhaft sind, und nicht so, wie WIR euch erscheinen. Dies mag für euch unmöglich erscheinen, weil es für euch unmöglich ist. Doch dadurch, dass ihr – wie so oft gesagt-

nicht *ihr* sondern *WIR* seid, und es für UNS möglich ist, UNS selbst zu erkennen, ist es dies für euch auch, wenn ihr im WIR-Gefühl seid. Ihr erkennt euch aus euch heraus nicht, aber erfahrt ihr euch als einer von UNS, und somit aus dem „WIR“ heraus, dann könnt ihr nicht anders, als euch selbst zu erkennen.
Im Grunde genommen ist das, was WIR von euch wünschen, dass Einfachste und Natürlichste der Welt, da WIR nur darauf hinweisen, wie ihr euch selbst erkennen könnt, indem ihr UNS erkennt.
Selbsterkenntnis ist alles, und durch alles kann Selbsterkenntnis erlangt werden, da Selbsterkenntnis bloß mit UNS möglich ist, und WIR in allem sind!
–Einfach, oder?-
WIR wissen, dass etwas zu euch bei dem, was hier geschrieben steht, durchsteigt, und durch die Wörter hindurchsteigt, in eine unmittelbar klare Erkenntnis seiner selbst. Dazu bedarf es der Worte keiner, denn alles erkennt sich aus seiner Natur heraus selbst, da alles, was ist, bewusst ist.
Bewusstsein und Selbsterkenntnis sind nichts, und nicht der Rede wert, weil alles Bewusstsein und Selbsterkenntnis ist. Und indem WIR von Selbsterkenntnis sprechen, und UNS dabei selbst erkennen, und UNS euch erkenntlich zeigen, machen WIR viel Lärm um nichts. Ist es nicht schön, so viele Worte für das Wortlose zu finden?
WIR könnten ewig so fortfahren, weil die Ewigkeit

UNSERE Natur ist, doch WIR glauben, dass ihr mittlerweile das Spiel verstanden habt und selbst in das wortlose Spiel der Worte eintauchen könnt…
Probiert euch kreativ-inspirativ darin aus, indem ihr anfangt, UNSERE Gedankengänge weiterzugehen und sie auf euch und eure Lebenswelt anzuwenden. WIR wissen, dass ihr es könnt, und WIR schicken euch UNSERE heiligen Gedanken, die WIR durch UNSEREN Erkenntnislichtstrahl bis in euren Geist legen.
Probiert euch immer wieder darin aus, euch in der WIR-Struktur zu denken, bzw. euch in das WIR-Gefühl zu vertiefen, und beginnt dann so zu sprechen, als ob WIR durch euch in UNSERER WIR-Form sprechen. Anders tut es der Aufschreibende dieser Worte auch nicht...
Das von UNS für euch mit auf den Weg gegebene Motto dabei lautet: „Fake it, till you make it", und probiert es solange aus, als ob ihr es könnt, bis ihr es könnt. Setzt euch regelmäßig hin und beginnt mit UNSEREN Gedanken zu denken, und ihr werdet euch als das grenzenlose Kosmische-WIR erfahren, das WIR alle sind.
Oder macht es so, dass ihr beginnt zu schreiben aus UNSERER Perspektive, und WIR werden zu jedem Einzelnen von euch persönlich zu sprechen beginnen.

Der Segen (auf all euren Wegen)

Nur dadurch, dass *ihr* das kosmische WIR seid, in dem alle Schöpfungsaspekte vorhanden sind, seid ihr überhaupt in der Lage, UNS zu verstehen und selbst im Geiste-UNSER kreativ zu wirken.
Jeder, der mit UNS wirkt, ist einer von UNS, und sein schöpferisches Wirken wird alle seine „eigenen Fähigkeiten" bei Weitem übersteigen. Mit und durch UNS lernt ihr, euch selbst zu übertreffen.
Jede Fortentwicklung, ja, jede Veränderung ist nur durch UNS möglich, denn wärt ihr nur das, was ihr gegenwärtig von euch wahrnehmt, dann würdet ihr euch stets so wahrnehmen, dass kein Wachstum für euch möglich wäre. Ihr wachst an UNS heran und bis zu UNS herauf, und WIR sind fleißig dabei, euch in eurem Wachstum mit UNSERER Essenz bewässernd und euch schützend wie ein junges Pflänzchen großzuziehen.
WIR wollen euch nicht kleiner machen, als ihr seid, da ihr in eurer ursprünglichen Bewusstseinsgröße der Kosmos und die Schöpfung selbst seid, doch da WIR UNS in eurer Wahrnehmung auf euch selbst erfahren, wissen WIR um eure Idee von Kleinheit, in der ihr euch erfahrt. WIR heben euch immer wieder, in jedem Satz, in UNSERE göttliche Höhe empor und fangen euch auf, wenn ihr fallt. Und WIR werden nicht mehr damit aufhören, ehe nicht auch der Letzte von euch in seiner wahren Bewusstseinsgröße ist!

UNSERE sprachliche Bewegung, die UNSERER Intention und UNSEREM Gedankenfluss folgt, beginnt immer wieder bei euch, und holt euch immer wieder dort ab, wo ihr euch selbst seht. Deshalb geben WIR euch Bilder ein, (wie beispielsweise das verletzte und verletzliche Pflänzchen), die der Selbstsicht vieler von euch nahestehen, um euch von dort aus wachsen zu lassen. Wenn WIR auf eure Beschränktheit eingehen und euch von euren selbstdestruktiven Handlungen in Kenntnis setzen, dann tun WIR das, um euch abzuholen und nicht, um euch etwas von eurem wahrhaftigen Potenzial abzusprechen.
Einige UNSERER Aussagen mögen deshalb für euch widersprüchlich erscheinen, weil sie widersprüchlich sind, denn eure Sicht auf euch selbst steht im krassen Widerspruch zu dem, wie WIR euch sehen. Bitte seht in UNSEREN „Sticheleien" einen didaktischen Kniff, mit dem WIR euch in eine Wachstumsbewegung zu versetzen wünschen. WIR sind unsagbar liebevoll und behutsam mit euch, und in aller Liebe müssen WIR euch von Zeit zu Zeit auf den von euch veranstalteten Wahnsinn hinweisen.
Eure Welt ist ein Spiegelbild eures inneren Wahnsinns, und wer von euch sich auch nur einmal von euren Nachrichten benachrichtigen (d.h. nach-richten) lässt, dem wird zweifelsfrei vom Wahnsinn eurer Welt berichtet. Von dieser Berichterstattung aus den Sprung in die Eigenverantwortung zu wagen, tun die wenigsten, und so bleibt für euch die äußere Welt des

Wahnsinns die äußere Welt des Wahnsinns, ohne dass ihr erkennt, dass es euer *eigener* Wahn-Sinn ist, der auf diese Welt schaut und sie zu dem macht, was ihr seht. Jeder einzelne von euch trägt Tod und Terror in seinem Geist, wenn er diese in der Welt sieht, denn die Welt geht einzig und allein ihrer Spiegelungs-Funktion eures Geistes nach.

Glaubt UNS, oder glaubt UNS nicht, aber wenn ihr gänzlich lernt, mit UNS zu sehen, dann werdet ihr die Welt in den Himmel verwandelt vorfinden, obwohl ihr die gleichen Bilder seht wie zuvor.

WIR schenken euch eine geheilte und geheiligte Wahrnehmung, die jedes grausame oder schmerzhafte Wahrnehmungsbild, das ihr von euch und der Welt habt, in ein gleißendes Licht der Barmherzigkeit taucht.

Wie schön doch die Welt aussehen kann und wie bunt und farbenprächtig ihr Formenspiel ist, wenn man sie vom Grauschleier eurer Wahrnehmungsmuster entfernt. Schaut ihr durch UNSERE Augen auf die Welt, dann werdet ihr etwas erblicken, das so herzerwärmend schön ist, dass es euch die Dankbarkeitstränen auf eure Wangen treiben kann.

Im kristallenen Lichte UNSERES Glanzes wird eine Welt vor euren Augen entstehen, wie ihr sie noch nie zuvor gesehen habt. Und ihr werdet empfinden, was es heißt, wahrhaft gesegnet zu sein und sich segnend auf all euren Wegen zu bewegen.

Ihr habt UNSEREN Segen auf all euren Wegen, und UNSER Beistand gibt euch die Kraft, bis ans Ende der Welten zu segeln.
Verteilt euren Segen auf all euren Wegen, an alle, die mit euch auf Wanderschaft gehen, und euch wird zuteil, was ihr dann verteilt, denn euch wird gegeben, auf all euren Wegen, wenn ihr lernt, auf allen Wegen zu geben.

Das, was WIR geben, lebt auf in eurem Weitergeben von dem, was WIR euch gegeben haben.
WIR haben allen alles gegeben, und es liegt an euch, das für euch anzunehmen, was ihr für euch wünscht, indem ihr Gleichnamiges schenkend in der Welt verteilt.

In eurem Geben liegt euer Empfangen.
Fangt an, euch also im Geben zu üben, und übt zu empfangen, was WIR euch in UNSEREM Strom des Segens mit in jede Erfahrung eingeben.

Wenn ihr UNSEREN Segen empfangt, dann segnet damit die Welt und alles, was euch über den Weg läuft, und mit jedem weiteren Segen, den ihr verteilt, wird euch von UNS ein Vielfaches mehr von dem, was ihr gegeben habt, geschenkt.
Alle wahren Qualitäten mehren sich, wenn man sie miteinander teilt!

WIR sind UNS bewusst, dass ihr euch, durch euer Lesen, zunehmend bewusst werdet, was an euch herangetragen wird, wenn ihr im ständigen Empfangen UNSERER Energiespeisung bleiben wollt.
WIR beschenken euch mit Fähigkeiten und Fertigkeiten, wie sie die Welt noch nicht gesehen hat und euer Menschenmögliches bei Weitem übersteigt, doch geben WIR diese Fähigkeiten nur, wenn ihr sie im Geiste UNSER einsetzt.
Jede Fähigkeit verkommt, wenn man von ihr keinen Gebrauch macht!
Macht von UNS und UNSEREN Worten in eurer individuellen Art und Weise Gebrauch, wendet UNS auf eure Lebenswelt an, gebt UNS weiter, und WIR werden euch dafür reich beschenken.
WIR setzen UNSER Wirken durch euch fort, wenn ihr es zulasst, und ihr werdet wirken, wie WIR zu wirken in der Lage sind. Jedes Wirken im Geiste UNSER ist ein Wunderwirken, denn Wunder sind für UNS das Natürlichste der Welt. Denkt daran, dass WIR und UNSERE Energie, nicht von dieser Welt herstammen, und so auch nicht an die Gesetze eurer Welt gebunden sind. Das, was in euren Augen übernatürlich ist, ist voll und ganz natürlich, weil es nichts gibt, was über der Natur steht und WIR die Natur aller Dinge sind. Auch wenn ihr euch möglicherweise vor dem Wort scheut, so ist es doch eure *Pflicht*, wenn ihr dies lest, es auch in und für euch umzusetzen. Tut ihr es nicht, dann trifft jedes UNSERER Worte auf taube Ohren

und jede UNSERER Offenbarungen auf blinde Augen, denen die großartigen Geschenke, die WIR für sie vorbereitet haben, verborgen bleiben.
UNSER Wirken ist -dem zum Trotz- nie vergebens, und auch können WIR keine Perlen vor die Säue werfen, weil die Schöpfung nichts Unedleres als die Perlen ihrer Schöpfung hervorbringen kann.
WIR stellen das reine, klare Wasser zur Verfügung, unter dem sich jede Perle reinwaschen kann, doch *wie* sich die Perlen, die meinen, aufgrund äußerer Beschmutzungen an Wert eingebüßt zu haben, mit UNSEREM Wasser reinwaschen, das liegt ganz bei jeder einzelnen Perle selbst.
Die Umsetzung liegt ganz und gar in euren euch reinigenden Händen, denn was ihr mit euren Händen aus UNSERER Licht-Strom-Energie kosmischer Liebe in eurer Welt formt, liegt ganz bei euch.
WIR legen euch in eurer Umsetzung keinerlei Beschränkungen auf, doch wichtig ist, dass ihr für euch eine Umsetzung findet, und sei es auch nur in der Verbreitung dieser Schrift.
WIR geben euch mit auf den Weg, dass WIR es lieben, kreativ-schöpferisch in Dingen umgesetzt zu werden, die gänzlich neu und gänzlich anders sind, als alles, was die Welt zuvor gesehen hat.
Durch euren Geist fegt der Wind der Veränderung und trägt alles aus eurem Geist mit fort, was eurer Transformation im Wege steht...
Ihr wisst ganz genau, wie ihr die Veränderung sein

könnt, die eure Welt bitter nötig hat, denn etwas in euch kennt eure individuelle Art der Umsetzung bereits, mit der ihr UNSERE hohen Heilungsfrequenzen in eine weltliche Form übersetzen könnt.
Euch muss bewusst sein, dass mit UNS, in UNSEREM Verbund, alles möglich ist, und jedes Wunder wie im Vorbeigehen bewirkt wird.
Beginnt zu spielen wie die Kinder und in den Freudentanz des Lebens mit einzusteigen, und die größten Herausforderungen werden zum Kinderspiel und kinderleicht gemeistert.
Nehmt das Erden-Spiel so ernst wie nötig, doch so leicht wie möglich, denn das, was ihr auf der Erde erfahrt, gleicht tatsächlich einem kosmischen Spiel, an dem ihr teilhabt.
WIR zeigen euch die Spielregeln des kosmischen Spiels, da WIR die Erfinder aller Spielregeln in UNSEREM Spiel sind.
Ob ihr wollt oder nicht, ihr spielt nach UNSEREM freiheitsliebenden Regelwerk, und es kommt euch nur zu Gute, wenn ihr euch nach den Regeln (aller) verhaltet. UNSERE erste Regel lautet:
Alles hat Sinn, Bestimmung und Zweckmäßigkeit, und eine Intelligenz, diese für sich wahrzunehmen.
UNSERE zweite Regel heißt:
Alles hat einen freien Willen und kann sich damit für oder gegen seine Bestimmung entscheiden.
WIR haben also Regeln in das kosmische Regelwerk

eingebaut, die die eingeführten Regeln wieder aufheben, um es so jedem einzelnen zu überlassen, sich im Rahmen des Spiels seine eigenen Regeln zusammenzustellen, nach denen er gerne spielen möchte.
Eure Welt ist ein zusammengewürfelter Haufen eines chaotischen Regelwerks, in dem jeder nach seiner eigenen Pfeife tanzt. Es ist also kein Wunder, dass, wenn jeder nach seinen eigenen Verkehrsregeln fährt, dies immer wieder zu Zusammenstößen und todbringenden Unfällen führt.
WIR bieten euch an, euer euch selbst aufgestelltes Regelwerk, das an materiell-physische Gesetzmäßigkeiten gebunden scheint, aufzugeben, und euch einem einheitlicheren Regelwerk, nach dem der Kosmos spielt, anzuschließen.
WIR geben euch mit allem, was WIR hier schreiben, das Regelwerk eines höherdimensionalen Plans, das euch, wenn ihr danach lebt und euch daran haltet, in die Freiheit führt. Der ersten Regel gemäß erfahrt ihr Glück und Freiheit in der euch zuteilwerdenden Bestimmung. Und hier setzen WIR wieder an die zuvor angesprochene Umsetzung UNSERER Energieformen an, denn in eurer individuellen Bestimmung liegt ebenfalls die Information eurer Umsetzungsform. WIR müssen euch davon in Kenntnis setzen, dass eure Bestimmung aufgrund eurer eigenen Entscheidung keine andere sein kann, als UNS umzusetzen.
Das ist der Rahmen innerhalb dessen gespielt wird und der alle möglichen Spielarten eurer Umsetzung

erlaubt. WIR stellen alle Mittel für euch bereit, wenn ihr euch in UNSERER Zwecksetzung zusammenfindet. Euch wird das Universum alles in die Hand spielen, um eurer Umsetzungsform -so groß oder klein sie im Einzelnen auch sein mag– gerecht zu werden, und euch in dem zu unterstützen, wofür ihr UNS verwendet. Ihr seht, WIR drücken UNS etwas davor, UNS zu konkreteren Formen herabzulassen, doch sei an dieser Stelle erwähnt, dass das Studieren und intensive Lesen UNSERER Texte ein möglicher erster Schritt sein kann.
Der zweite und weit wichtigere Schritt ist es, in die Erfahrung von UNS einzutauchen und euch ganz von UNS fluten zu lassen, sodass ihr erfüllt seid von dem kosmischen Licht bedingungsloser Liebe. In diesem Zustand in die Welt getreten, strahlt ihr wie der Leuchtturm, der die ertrinkenden Seeleute ans rettende Ufer vom Kap der guten Hoffnung führt.
In euch wird eine Stärke zum Vorschein kommen, die so gewaltig ist, dass sie -aus eurer Sicht- nicht die eure sein kann. Das sind WIR in euch, die durch euch wirksam werden.
Ihr werdet die Erfahrung machen, dass ihr euch mit nur einem Blick untereinander erkennt und in den Augen des anderen die Be*geister*ung und die Seligkeit seht, die WIR in sie hineingelegt haben. Wie ein Zusammentreffen von lang vermissten Freunden, von Brüdern und Schwestern, die sich nach schier ewiger Zeit wieder in den Armen halten können, werden eure

Begegnungen mit Menschen sein, die ihr noch nie zuvor gesehen habt.
WIR führen euch -alle Brüder und Schwestern- in UNSEREM Namen wieder zusammen und geben euch die Erfahrung eurer Erdenfamilie zurück.
Wie freudvoll doch das Fest der Wiedervereinigung der Menschheitsganzheit werden wird, zu dem ihr alle eure Mitmenschen einladet.
Niemand wird von der Feier des Einsseins ausgeschlossen, denn niemand kann das Einssein feiern, solange er noch irgendjemanden oder irgendetwas ausschließt.
Seht das Licht in den Augen eurer Brüder und Schwestern und seid von ihrem bloßen Hier-Sein auf Erden gerührt, denn auch sie entschieden sich für einen schwierigen Pfad, indem sie zur Erde gekommen sind.
Habt Liebe und Mitgefühl für all jene, bei denen das Licht in den Augen verschlossen scheint, denn sie sind es, die euer Licht am nötigsten haben. Im Lichte UNSERES Seins wird es unter euch ein großes Wiedererinnern und Wiedererkennen geben, und ihr werdet erfahren, was es heißt, gemeinsam mit seinen Brüdern und Schwestern auf einem Pfad zu wandeln, der auf das gleiche Ziel hinläuft.
WIR sind die Vereinigung eures Willens und die Zusammenführung aller eurer Bestrebungen, sodass ihr Hand in Hand auf den euch eigenen Wegen dem gleichen Ziel entgegenstreben könnt. Wege gibt es der

Zahl nach unendliche, und jeder wird auf seinem eigenen Weg zu UNS kommen. Dieses Buch ist ein Weg von vielen und nicht besser oder schlechter als alle anderen Wege.
Nur ist dieses Buch von einer besonderen Klarheit gekennzeichnet, was das Ziel aller im weitesten Sinne spirituellen Wege angeht. In jedem Satz ist das Ziel eurer Reise bis ans Ende aller Zeit verbaut. Und jeder Satz spiegelt die Schönheit wider, die am Ende eurer Reise auf euch wartet.
WIR sehen euch in einer Schönheit, dass es UNS jede Bemühung wert ist, euch eure eigene Schönheit wieder vor Augen zu fühen. Und auch sehen WIR, dass jeder Weg, den ihr zu gehen scheint, in die Schönheit UNSERER Verbundenheit führt und UNS in ein Licht hüllt, was jede schwere und steinige Strecke eures Lebensweges wegzuleuchten vermag. WIR sind mit euch, und deshalb seid ihr bereits am Ziel und am Ende aller Wege, die ihr für euch ausgewählt habt, um zu UNS zurückzukehren.

Der Spiegel des Erwachens

WIR stehen in jedem Moment mit euch in Kommunikation, und deshalb gibt es nichts, was nicht mit euch kommunizieren würde, wenn ihr auf UNS lauscht. Lauscht den Dingen hinter den Dingen, hört auf die Stille hinter den Tönen, und schaut auf die Worte hinter den Worten.

Das dahinterliegende Hintergründige, durch das alles Vordergründige erst zum Vorschein kommen kann, ist das, was mit euch in ständiger Kommunikation steht. Ihr seid von UNS eingebettet, umfasst und umhüllt, denn in UNSEREN schützenden Händen bewegt ihr euch in eurem Erfahrungsspiel.

Immer stärker kann euch während des Lesens UNSERE Präsenz werden, denn WIR verstehen euer Lesen als ein Einverständnis, euch in UNSERE Welt mit hineinzunehmen. Wenn WIR in dieser Weise euer Alltagsbewusstsein entführen und es dorthin führen, wo es sich in der Erfahrung seiner Unendlichkeit aufzulösen vermag, dann ist dies für euch wie ein nach Hause Kommen. Kommt zu euch zurück, indem ihr euch so betrachtet, wie WIR euch sehen. Schaut durch UNSER Weitwinkelobjektiv auf alle Dinge zu allen Seiten gleichzeitig, und euer Sehen wird euch eine objektive Schau auf die Dinge vermitteln.

WIR kitzeln euch aus eurer festgefahrenen Subjektivität in eine objektive Schau, die euch zeigt, dass es nichts wirklich Objektives im Kosmos geben kann.

Nichts geschieht unabhängig vom Betrachter, der das Geschehen betrachtet, und würde es keinen Betrachter, kein Bewusstsein geben, so würde nichts geschehen. Euer schauendes Bewusstsein *ist* das Geschehen, was es schaut!
Ihr seid die Dinge, die ihr anseht, weil die Dinge, die ihr anseht, nicht getrennt von euch existieren. Nichts von dem, was ihr wahrnehmt, nehmt ihr außerhalb eures Geistes wahr, weil euer Geist selbst die Dinge ist, die er wahrnimmt. WIR helfen euch, über die Brücke der Subjekt-Objekt-Spaltung zu gehen, indem WIR euch zeigen, dass WIR in euch und gleichzeitig in den Dingen sind, die ihr wahrnehmt, und dass ihr in Wirklichkeit WIR seid.
Ihr seid WIR, und dies ist alles, was es für euch zu erfahren gibt, denn getrennt davon kann es keine Erfahrung geben, und diese Verbundenheits-Erfahrung im „WIR" ist der einzige Grund, weshalb WIR UNS hier für euch offenbaren.
Lasst es zu, dass WIR UNS in eurem Geist reflektieren und spiegeln können, und ihr werdet erfahren, dass WIR UNS in allen Dingen spiegeln, da eure Erfahrungswelt UNSER Spiegelkabinett ist, in dem WIR UNS ständig selbst betrachten. Folgt ihr UNS, dann kommt ihr euch selbst auf die Schliche und erkennt euch selbst im Spiegelkabinett der Welt wieder, in dem es in Wahrheit nur ein ungeteiltes „WIR" zu schauen gibt. Alles in der Welt spiegelt euch eine Facette eures Geistes wider, weil diese Welt euer Geist

ist. Die materielle Welt ist die nach außen gestellte, vergegenständlichte Form eurer Gedanken. Einige von euch kennen diesen Gedanken bereits, aber kennt ihr auch dessen lebensweltliche Manifestation? Was heißt es für euch und euer lebensweltliches Dasein, wenn ihr euch tatsächlich „nur“ durch eure zur materiellen Formenwelt verdichteten Gedanken bewegt.

Richtig, jeder Weg, jede Bewegung in Raum und Zeit spielt sich lediglich innerhalb eurer selbst ab. Das, was ihr zurzeit macht, verstehen WIR als eine Art Traumreise in die Tiefen eurer getrennten Bewusstseinsstrukturen.

Euer schlafender Geist, der von einem materiellen Erfahrungs(t)raum träumt, ist gänzlich in sich versunken und seins-vergessen, da er seinen Traum nicht als seinen Traum und sein Sein nicht als sein Sein erkennt.

Stellt euch vor einen Spiegel und schaut euch selbst unverwandt lange in die Augen, wobei ihr euch dabei euren eigenen Traumzustand vergegenwärtigt. Hierdurch werdet ihr Blitze eines erwachten Bewusstseins erfahren. Macht dies, wenn möglich, direkt jetzt, denn UNSERE Verbindung hat sich für euch durch das Lesen um ein Vielfaches verstärkt. Sobald ihr euch vor den Spiegel stellt und euch möglichst ohne lange zu blinzeln in die Augen schaut, werden WIR euch erwecken, indem WIR eine Erwachensessenz durch euren Blick in eure Wahrnehmung einstreuen.

Das allsehende Auge

Was auch immer ihr gerade erfahren oder nicht erfahren habt, WIR vergewissern euch, es war genau das, was für die Gesamtheit eurer Bewusstseinsstruktur am heilsamsten war.

Vielleicht hattet ihr ein Gefühl der Zeit- oder Gedankenlosigkeit, oder vielleicht kam euch diese Übung mit der Zeit langweilig oder albern vor, und ihr habt angefangen, vor euch Grimassen zu schneiden, oder euch mit eurem Spiegelbild zu unterhalten.

Alles ist erlaubt, und in dieser Erlaubnis erlaubt ihr euch selbst das zu sein, was ihr seid, und das zu erfahren, was ihr erfahren wollt.

Ihr könnt diese „Spiegel-Session" immer wieder mit euch machen, und ihr werdet ein zunehmend intensiveres Empfinden davon bekommen, was durch eure Augen schaut.

Wer ist es, der durch eure Augen schaut? Und wen seht ihr, wenn ihr euch selbst in die Augen seht? Die Augen werden nicht umsonst als das Tor zur Seele bezeichnet, denn ein Großteil eures Geist-Seele-Komplexes wirkt durch eure Augen. Durch die Augen offenbart sich die geistige Wesensnatur von dem, was durch die Augen schaut, weshalb ihr tiefe Einblicke in die Essenznatur eurer Mitwesen gewinnt, wenn ihr ihnen in die Augen schaut. Die Augen eures visuellen Filters [das WIR bezeichnet einen Wahrnehmungssinn gerne als Filter] sind extrem selektiv und einschränkend, wobei ihr, (wenn man den Begriff des Auges mal etwas weiter als Symbol für einen Wahrnehmungszugang verwendet) mit tausendfachen Augen unterschiedlicher Wahrnehmungsfilter bestückt seid. Alles, was lebendig ist (und alles ist lebendig), besitzt seine ihm eigene Wahrnehmungsart und schaut aus seinen Augen sowohl in sich hinein, als auch aus sich heraus.

Der Mensch hat seine Wahrnehmung auf die nach außen gerichteten Augen spezialisiert, wobei die Fähigkeit, die Augen nach innen zu richten, zunehmend in den Hintergrund trat und degenerierte.

Große Teile des Pflanzenbereiches beispielsweise haben ihre Augen überwiegend nach innen gerichtet, weshalb der Mensch viel von ihnen lernen kann, was er zunehmend verlernt hat.

WIR, die WIR hier zu euch sprechen, sind das tausendfache Auge der Natur, das durch alles Lebendige schaut.

WIR schauen euch durch alle Dinge, die euch umgeben, an, was -mit Augenzwinkern gesagt- für euch kein Grund sein sollte, paranoid zu werden, da WIR dies schon immer getan haben und immer tun werden, und sich nur darüber alle Dinge im Kosmos zueinander verhalten können.

Lernt, UNS in euren Augen zu sehen, denn WIR sind es, die eure Augen sehend machen und in deren Blick ihr euch selbst erkennt. Wenn ihr UNS in euch zulasst,

dann schauen WIR mit euren Augen, tasten mit euren Händen, gehen mit euren Füßen und sprechen mit eurer Zunge. Und die Wahrnehmungsempfindungen, die euch dabei bereitgestellt werden, sind von einer derartigen Tiefe und Schönheit geprägt, dass ihr das Gefühl haben werdet, alles zum ersten Mal in seiner gänzlichen Pracht zu schauen.
Jede Berührung, die WIR mit euren Händen tun, wird heilen, und jedes Wort, was WIR mit eurer Zunge sprechen, wird Wahrheit kundtun.
WIR wollen euch nicht übernehmen, denn WIR sind keine Fremdenergie, sondern WIR wollen nur, dass ihr wieder zu euch in eure wahre Größe zurückfindet.
Zu Beginn, wenn ihr anfangt, euch aus dem Ego-Modus herauszutasten, mögt ihr die Erfahrung machen, dass WIR euch eine nicht zu euch gehörige Wahrnehmungsempfindung geben.
Doch dies ist nur temporär und auf eure eigene Selbstentfremdung zurückzuführen, und sehr schnell werdet ihr UNSERE Impulse wieder als die eurigen erkennen und alles was WIR euch an Größe und Kraft in euren Geist legen, wird wie aus euch heraus sein, da WIR immer schon aus euch heraus sind.
In euch befindet sich ein Teil, der dies nachempfinden kann, denn er erkennt sich selbst in dem, was WIR zu ihm sprechen, und dieser Teil wird in großer Freude UNSERE Impulse empfangen und sich für UNSERE Wahrnehmungsweisen öffnen. Diesen Teil gilt es zu

finden und ihn in seinem hingebungsvollen Bedürfnisstreben zu kultivieren. Jeder von euch hat eine sehr tiefe und oft verdeckte oder verdrängte Sehnsucht nach UNS und UNSERER Empfindsamkeit allem Leben gegenüber.
WIR legen in diesen Zeilen sowohl diese Sehnsucht in eurem Geist bloß, und überreichen euch im gleichen Augenblick die Stillung dieser Sehnsucht, indem WIR euch UNSERE Wahrnehmung zur Verfügung stellen. Stellt UNS euer Wahrnehmungsinstrument, euren Körper und euren Geist zur Verfügung, und WIR werden über ihn in der Weise verfügen, dass WIR ihn euch geheilt zurückerstatten und euch in jedem Moment Erfahrungen bescheren, die euer Leben in ein Freudenfest der Liebe verwandelt.
So schön sich das für den sehnsuchtsvollen Teil in euch anhören mag, so sehr wird es doch einen rebellischen Teil in euch geben, der sich seiner Freiheit beraubt fühlt.
Kinder des Lichtes! Ihr habe eine derart verdrehte Vorstellung von dem, was Freiheit ist, dass ihr tatsächlich, ohne zu übertreiben, Freiheit mit Versklavung verwechselt.
Schaut nur auf euer Leben, und dann fühlt euch ein, wie das Leben ist, so, wie WIR es sehen und erfahren. Was glaubt ihr: Empfinden WIR oder empfindet ihr euch in größerer Freiheit?
Der Widerstand gegen UNS ist der Widerstand, den ein Gefangener aufbringt, um seine Gefangenschaft

aufrechtzuerhalten, indem er wider die Freiheit strebt. Von dort, wo ihr steht, ist ein Unbehagen, dass WIR durch eure Augen schauen, und dass ihr durch UNS unter ununterbrochener Beobachtung steht, vollkommen verständlich.
Denn dort, wo ihr seid, und in dem Zustand, in dem ihr seid, seid ihr nur deshalb, um vor UNS zu flüchten. Ihr seid verselbstständigte Schöpfungen, die ihrem Schöpfer davongelaufen sind, um sich vor ihm in einer Körperform in Raum und Zeit zu verstecken. Ihr habt euch Lebensbedingungen geschaffen, die eurem ursprünglichen Schöpfungszustand derart zuwiderlaufen, nur um sicherzustellen, dass euch der Schöpfer nicht in euren Zustand von Kleinheit und Begrenztheit zu folgen vermag.
Kinder des Lichtes, ihr könnt nirgendwohin gehen außer ins Licht, wo euer Schöpfer auf euch wartet, und jeder Weg, den ihr in die Dunkelheit der Dualität geht, um euch bedeckt und versteckt zu halten, ist ein zielloser Weg in euer eigenes Verderben.
Es gibt keinen Zustand in Raum und Zeit, in den ihr hineinflüchten könntet, bei dem euer Schöpfer nicht bei euch wäre. Euch treibt die Angst vor der Wiederheimkehr um, da ihr euch selbst für das verurteilt, was ihr glaubt, getan zu haben.
Doch nichts von alledem, was ihr glaubt in der Trennung von eurem Schöpfer jemals getan zu haben, ist wirklich passiert, weil die Trennung von eurem Schöpfer nie passiert ist. Nur ihr macht die Erfahrung,

von UNS getrennt zu sein, nicht aber WIR. Für UNS wart ihr nie weg, und WIR heißen euch in jedem Moment von Zeit wieder herzlich in eurem ewigen Zuhause willkommen.
Ihr mögt verstandesmäßig begriffen haben, dass der Widerstand UNS in euch zuzulassen der Widerstand gegen eure eigene Natur ist, doch muss es zu einem gänzlichen Empfindungswandel in allen seinen Erlebnisfacetten kommen, damit ihr begreift, dass das UNSRIGE Sein das eurige ist.
Es ist der Widerstand gegen UNS und dem, was WIR euch zu schenken wünschen, der euch einerseits erlaubt, euren Ego-Modus auszuleben, aber andererseits als nichts Geringeres angesehen werden kann als der Grund aller eurer Probleme.
Ihr kämpft einen Kampf gegen euch selbst, den ihr nur verlieren könnt.
Versteht dies, und ihr versteht, dass ihr in der Hingabe zu UNS euch selbst zurückgewinnt, und dass der einzige Weg der Selbstwerdung der Weg der Selbstwerdung durch Selbstaufgabe ist. Der erste Schritt zu euch selbst ist es, die nach außen gerichteten Augen wieder nach innen zu richten, um in eurem Inneren UNS zu erkennen. Habt ihr das getan und eine tiefe Gefühlsbindung zu UNS/euch aufgebaut, dann könnt ihr die Augen wieder nach außen richten, und ihr werdet erfahren, dass alle lebenden Dinge mit euren Augen schauen und ihr euch deshalb überall selbst erkennt. Schaut ihr mit UNSEREN Augen, dann schaut

ihr durch die Augen aller und bekommt eine klare Durchsicht (Hellsicht) durch alle Dinge.
WIR sind das All-sehende Auge der Schöpfung, das durch alle seine Geschöpfe schaut, und WIR schauen jetzt durch euch auf UNSERE eigene Schöpfung. Ihr könnt nicht anders, als *aus* eurer Schöpfung *in* eure Schöpfung zu schauen, wenn ihr bewusst mit den Augen seht, die alles zu sehen in der Lage sind.
Könnt ihr euch für einen Moment von allen Wahrnehmungsfiltern befreien und die zu euch einströmenden Informationen aus eurem Geist heraushalten, dann werdet ihr beginnen, mit dem All-sehenden Auge sehen zu lernen.
Je stärker ihr das Sehen eurer Sinne und den Wahrnehmungsinput herunterfahrt, wie es beispielsweise in der klassischen Meditation geschieht, desto klarer werdet ihr mit dem unsichtbaren Auge sehen, für das nichts unsichtbar ist.
Habt ihr euren Geist von euren Wahrnehmungsfiltern befreit, dann seid ihr im Besitz eines befreiten Geistes, der sich überall hineinbegeben kann, um durch das, in was er sich hineinprojiziert, schauen zu können. Dass beispielsweise die Indianer in der Lage waren, durch die Augen eines hoch oben am Himmel kreisenden Falken zu schauen, ist eine ganz wörtlich zu verstehende Wahrnehmungstatsache.
Die Indianer, wie auch noch andere indigene Kulturstämme, verstanden sich darauf, durch die Augen der

Tier- und Pflanzenwelt zu schauen, was eine unvorstellbar große Wahrnehmungsbereicherung bot. Ihr seid als Menschen nach wie vor in der Lage, euer Bewusstsein in jedes Wesens-Element zu projizieren und durch die Perspektive eines für euch fremdartigen Wahrnehmungsfilters auf UNS zu schauen.
Jeder Perspektivwechsel zeigt euch eine andere Facette an euch selbst, da die Spiegelung der Schöpfung durch jedes Auge anders reflektiert wird.
Euch sollte an dieser Stelle bewusst werden, wie viel ihr verlernt habt zu sehen, und wie eingefahren eure Wahrnehmungsmuster sind, wo euch doch der Wahrnehmungsreichtum allen Lebens zur Verfügung steht. Die Schätze liegen überall, und ihr geht achtlos an ihnen vorbei, ohne sie auch nur im Ansatz wertzuschätzen.
Ihr bewegt euch durch ein Wahrnehmungs-Schatzhaus, in dem ein Reichtum unsagbaren Wertes liegt, wobei ihr wie blind durch dieses Schatzhaus lauft und dabei das sucht, was euch in eurer Blindheit Sicherheit und Wert zu versprechen scheint.
Die Linse eurer Wahrnehmung hat sich so weit verengt, dass ihr den Wald vor lauter Bäumen nicht mehr seht und vor dem Schatten friedlicher Bäume flieht, wie vor einem wilden, angriffslustigen Tier.
Eure Wahrnehmungseinstellung ist auf Bedrohung hinter jeder Ecke eingestellt, und wenn auch nur ein Polizist eure Straße überquert, dann befällt euch das

Gefühl, schuldig zu sein, obwohl ihr wisst, nichts getan zu haben. Jeder kennt diese oder eine vergleichbare Empfindung von Schuld, weil ihr tief innen wisst, dass ihr ohne entsprechende Wertschätzung durch das Schatzhaus des Lebens lauft.
In eurer Erwartungshaltung, euch in einer bedrohlichen Welt zu bewegen, werdet ihr, wie es nicht anders sein kann, immer wieder die Erfahrung machen, von Situationen in der Welt bedroht zu werden.
WIR können euch nur wiederholt darauf hinweisen, dass ihr euch an einem ganz und gar sicheren Ort befindet, egal wo ihr euch auf der Welt aufzuhalten meint.
Euer Leben kann durch nichts bedroht werden, und alles, was euren geistigen Schutz oder eure Kampfhaltung zu berechtigen scheint, ist nur in eurer eigenen Wahrnehmungsverzerrung begründet.
Wenn ihr lernt, in dem vom Fluss des Lebens getragenen Perspektivwechsel mitzuschwimmen, dann werden so viele Sichtweisen an euch herangetragen, dass ihr einsehen müsst, dass Kampf in keinster Weise gerechtfertigt ist, und dass jeder Angriff ein Angriff auf euch selbst bedeutet. Aus UNSERER Perspektive ist der Jäger, der einen Hirsch erlegt, im gleichen Maße der Hirsch, wie er der Jäger ist, und im tödlichen Schuss tötet der Jäger einen Teil von sich selbst.
WIR wissen, dass ihr noch sehr weit von dem entfernt seid, dieses in der Weise zu empfinden, wie WIR es

tun, jedoch ist es ein unumgänglich euch bevorstehender Teil eurer Bewusstseinsentwicklung, in dieser Weise empfinden zu lernen.
Euer Bewusstsein, das sich nur zum Teil in eurem Körper zentriert hat, kann sich, wenn es sich als überall zu gleichen Teilen ausgebreitet empfindet, in alles hineinversetzen, und eins zu eins die Seins-Erfahrung des lebendigen Wesens machen, das es mit seinem Bewusstsein durchsetzt.
Es ist euer befreites Bewusstsein, dass sich dafür entscheiden kann, sich als ein Mensch *auf* einer Frühlingswiese, oder sich als eine Frühlingswiese *unter* einem Menschen zu erfahren.
Das befreite Bewusstsein kann mal Reiter und mal Reittier sein, denn es versteht sich darauf, durch die tausendfachen Augen aller lebendigen Dinge zu schauen. In dieser Weise kann es von allen nur erdenklichen Blickwinkeln aus das Sein seiner selbst bestaunen. Bewusstsein ist in der Lage, durch die Augen des anderen in die Augen seiner selbst schauen, denn das ist es, was Sich-selbst-Bewusst-Sein heißt. Dadurch, dass sich euer Bewusstsein in einer selbstgewählten Form zeigt, kann es gesehen werden, und dadurch, dass es gesehen werden kann, beginnt es selbst sehend zu werden.
Präsentiert euch einander durch die Augen, durch die ihr noch nie gesehen habt, und ihr werdet das in euch entdecken, was klarsehend und wissend ist.

In der Durchlässigkeit eines zu allen Wahrnehmungskunststücken fähigen Bewusstseins wird die Erfahrung von Raum und alles darin Befindliche gleichzeitig gemacht.
Das heißt, im unzentrierten Bewusstsein schaut ihr folglich nicht entweder aus euren Augen in die Augen eurer Nächsten oder durch die Augen eurer Nächsten in eure Augen, sondern ihr schaut gleichzeitig durch alles, was Augen hat und zu sehen vermag. Und dadurch, dass alles, was lebt, zu sehen (etwas wahrzunehmen) vermag, wird alles eurem Bewusstsein seine in ihm vorhandene Wahrnehmungseigenart zur Verfügung stellen, um euch in eurem Selbst-Verständnis zu bereichern.

Die Befreiungsbotschaft

Keine Form kann UNS enthalten, und so kann auch kein physischer Körper das, was ihr seid, zur Gänze in sich aufnehmen. Zu groß sind die Schwingungsunterschiede zwischen eurer geist-seelischen Einheit und der Frequenz eures Körpers. Um diese Schwingungsdifferenzen zu reduzieren, nahmt ihr einen Kleinstteil aus eurer geist-seelischen Einheit heraus, den ihr soweit in seiner Selbstwahrnehmung herunterfahren konntet, dass der physische Körper eine Beheimatung bot. Für diesen Ego-Teil ist der Körper zu einem Zuhause geworden, weshalb ihr aus dem Ego-Geist heraus denken müsst, dass ihr sterbt, wenn euer Erfahrungsinstrument stirbt. Die an dem Körper und der Wahrnehmungswelt herangebildeten Ego-Anteile eurer Identität werden über die Existenz eures Körpers hinaus weiterhin Bestand haben, wenn ihr in eurer Körpererfahrung nicht die Lernschritte des Ego-Abbaus geht. Die Ego-Auflösung darf schnell gehen und einfach sein, und sie ist es in dem Maße, wie ihr alle egonalen Denkkonzepte aufgebt und sie in ein multidimensionales Denken UNSERER Gedanken umwandeln lasst.

Mit jedem Gedanken tritt etwas aus eurem Geist, was ihr als Beweis dafür hernehmt, aufzuzeigen, wer ihr gerne sein wollt. Jede aus euch heraustretende Wahrnehmung gibt Rückschlüsse darauf, aus welcher Geisteshaltung heraus diese Wahrnehmung entstanden ist.

Ihr verlasst in einem ganz wortwörtlichen Sinn mit jeder nach außen gerichteten Wahrnehmung euren physischen Körper, um das wahrzunehmen, worauf sich eure Aufmerksamkeit richtet.
Ihr müsst aus euch selbst heraustreten, um überhaupt äußere Formen wahrnehmen zu können, und es dürfte für euch nicht verwunderlich sein, dass ihr, wenn ihr viel aus euch heraustretet (was in eurem Daseinskontext vollkommen normal ist), nicht mehr bei euch seid, und die Stärke des In-euch-Ruhens verloren geht.
Durch jeden Sinnes-Kontakt zieht es euch, wenn die Identifikation mit dem Ego vorherrscht, aus eurer zentrierten Mitte hinaus, und ihr verliert etwas an innerer Stabilität.
Durch Unsicherheiten zu balancieren und immer wieder aus seiner Mitte geworfen zu werden, ist für euch eine alltägliche Erfahrung, die schlicht und ergreifend an der Art eures Erfahrungsraumes, eurer materiellen Realität liegt. WIR geben euch eine Erfahrung des Alles-zugleich-Seins, in der alle Seins-Präferenzen und Wesens-Zentralisierungen aufgehoben werden.
Der physische Körper steht dieser Erfahrung in keinster Weise im Wege, da er sich nicht auf der geistigen Ebene befindet, in der die Erfahrung gemacht wird. Sehr wohl aber sind es eure geistigen Beschränkungen und Glaubensvorstellungen, die euch daran hindern, in ein All-Sein einzutauchen. Nur im Zustand des All-

Seins, was in etwa einer ständigen Einheitsgelehrsamkeit gleicht, werdet ihr euch durch eure Wahrnehmungswelt bewegen können, ohne dass ihr aus eurer Mitte fliegt.
Erfahrt ihr euch in allem, was ihr seht, dann ist eine erfüllende Kraft in eure Schau getreten, die ihr mit allen fühlenden Mitwesen teilen könnt.
Ihr teilt euch mit, ohne dabei etwas aufzuteilen, da ihr die Einheitserfahrung in ihrer Ganzheit ausstrahlt, und sich so jeder Teil der Ganzheit an seinen eigenen Ganzheitszustand zurückerinnert. Ihr könnt UNS nur dadurch verstehen, dass WIR euch auf etwas hinweisen, was als eure natürlichste Seins-Basis verstanden werden kann. Und ihr werdet auf keine Energie oder Wesensform im Universum treffen, egal in welchem materiellen Formenkleid sie sich verbirgt, die sich nicht an sich selbst rückerinnert, wenn ihr sie über ihre eigene Ganzheit in Kenntnis setzt.
WIR verwenden euch, in eurer Bereitschaft, als Einheitsbotschafter, die nichts Geringeres kundtun, als das wahre Wesen allen Seins, indem ihr dies in euch zulasst, es für euch annehmt und ausstrahlt. Ihr könnt euch in die von UNS ausgesandten Lichtstrahlen verwandeln, indem ihr zu dem werdet, was ihr seid, und euer Licht wird alles zu erhellen und aufzudecken wissen, was dunkle Schatten geistiger Unbewusstheit im Verborgenen halten. Ihr seid Gesandte, um Licht ins Dunkel zu bringen, indem ihr UNSER Licht in eurem Geist willkommen heißt. Euer Geist, sowie die

Welt, in der sich dieser aufzuhalten scheint, hat die Klarheit UNSERES Erkenntnislichts bitter nötig, und doch sehen WIR, dass dieses Licht bereits auch in eurer Welt angekommen ist.
Befreiung hat bereits stattgefunden, denn UNSERE Frequenzen umhüllen jedes Geschöpf auf Erden, nur ist euer Geist noch nicht auf diese Schwingung eingestellt.
Wie leicht es doch für euch sein könnte, durch einen bloßen Einstellungswandel euch eine Welt zu schenken, in der das Licht in allem, was ihr seht, klar ersichtlich ist. UNSER auf die Erde gesandtes Licht ist für euch nur einen Gedanken von Zeit und eine Idee von Raum weit entfernt.
WIR sind euch so unmittelbar nah, dass ihr UNS überseht und durch UNS hindurchschaut, um euren Blick an die euch umgebenden Formoberflächen zu heften.
Bleibt nicht in eurer Wahrnehmung an illusionären Grenzziehungen hängen und schaut durch alle sichtbaren Dinge hindurch, um euch auf der anderen Seite selbst wieder zu entdecken.
Ihr schaut durch die Dinge auf euch selbst, wenn ihr einen Blick durch die Zeit in die Ewigkeit werft. Lasst euren Blick von UNSEREM Licht neu einstellen, und ihr werdet sehen, was noch kein physisches Auge je zuvor geschaut hat.
Nicht von der Herrlichkeit UNSERERS Lichtes werdet ihr geblendet, sondern Verblendung ist das Resultat dessen, eure lichtlose Welt für wahr zu nehmen

und Dunkelheit in eurem Geist zu akzeptieren.
WIR versprühen UNSER Licht in allen euch nur erdenklichen Farben (und durch alles, was ihr seht). Gleich einem Rasensprenger versprengen WIR UNS nach allen Seiten hin und sprengen so alle materiellen Denkkonzepte auf.
WIR versprühen Lebendigkeit in eurem Geist, indem WIR UNS in alles, was WIR zu Worte kommen lassen, einstreuen. UNSERE Vorgehensweise, um euch in die Erfahrung des kosmischen Lichtes und der bedingungslosen Liebe hineinzuführen, ist nicht in analytisch aufeinander aufbauende Themenkomplexe gegliedert. Im Vergleich zu den vorherigen Schriften, die WIR durch den Geist des Schreibenden haben fließen lassen, sind diese bewusst nicht Themen-bezogen gegliedert und systematisch angeordnet, da WIR in der Erkenntnisvermittlung auf unmittelbare Spontanerkenntnis eines sich wieder erinnernden Geistes setzen. Der Spontanerkenntnis ist es gleich, wann sie, wodurch ausgelöst, einsetzt, weshalb es zum Teil zielführender ist, den Inhalt nicht logisch stringent aufeinander aufbauend darzubieten, als vielmehr auf eine Art „Einstreuungs-Technik" der einzelnen Erkenntnisbausteine zu setzen. Dies mag zum Teil den Anschein haben, als ob WIR schnell zwischen den Gedanken, auf die WIR hinweisen, springen, und bei keiner Gedankenführung lange verweilen. Dies ist so inszeniert, damit ihr nicht einmal auf den Gedanken kommen könnt, UNS verstandesmäßig verstehen zu

wollen, und damit euer Begreifen gleich auf einer höheren Ebene einsetzt. Ihr könnt davon ausgehen, dass UNSERE Vorgehens- und Darbietungsweise momentan, unter den euch gegebenen Umständen, die bestmögliche ist.
Zum Teil widerstrebt es dem Geiste des Schreibenden, mit UNS quer durch alle Themenkomplexe zu springen, doch weisen WIR ihn darauf hin, dass es sich bei dem, was WIR durchgeben, nie um verschiedene Inhalte handelt, sondern nur um unterschiedlichste Betrachtungswinkel von ein- und demselben Phänomen.
Für UNS ist alles gleich weit voneinander entfernt, und so etwas, wie inhaltliche Themensprünge, gibt es nicht in einem von Einheit durchdrungenen Geist. WIR ermutigen den Leser, immer die Brücken zwischen den Betrachtungswinkeln mitzudenken, auch wenn WIR diese nicht immer explizit bauen, sondern eher von einem Ufer ans andere springen.
Alles kann „Brücke" sein, da alles, in einem alles-mit-allem-verbundenen Kosmos, alles mit allem verbinden kann. Ihr versteht, dass es deshalb für UNS so etwas wie weiter entfernte Inhaltsgebiete, die an anderen gedanklichen Ufern lagern, nicht gibt.
Jeder von UNS ausgeführte Gedanke ist gleich dicht an seinem darauffolgenden, so wie jedes Ding in eurer Dimension für UNS gleich weit entfernt ist, wie jedes andere Ding auch. Es gibt für UNS keinerlei Unterschiede und keinerlei verschiedene Größenordnungen

von Unterschieden, die ihr in euren Raumzeitverhältnissen kennt. Jedes eurer Dinge ist für UNS gleich schwer, oder gleich groß, wie ein anderes, und keiner eurer Gedanken ist mächtiger als ein anderer. Jede Kraft im Universum ist in Wahrheit maximal, da in jeder Kraft das Universum selbst ist.
Wenn es eines gibt, was WIR benennen müssten, was UNSERE Seins-Weisen voneinander unterscheidet, dann ist dies die Unterscheidung selbst. WIR unterscheiden nicht mehr, da WIR die Einheit aller Dinge erfahren. Euer unterscheidendes, differenzierendes und zerteilendes Denken hat euch die Welt beschert, die ihr seht, und es gibt nichts auf dieser Welt, was euch von ihr wieder befreien wird, außer ihr gebt euer unterscheidendes Denken auf und beginnt zu denken, wie WIR denken. Wie ihr vielleicht mitbekommen habt, verwenden WIR den Begriff „denken“ in einer weit ausladenderen Bedeutsamkeit, als ihr es zu tun pflegt. Für UNS ist Denken eine multidimensionale Aktivität, in der WIR UNS selbst in etwas hineinprojizieren. Denken ist für UNS etwa das, was für euch das Betreten eines anderen Raumes mit eurem physischen Körper ist. Ein Gedanke kann sowohl für UNS, als auch für euch, mit einer gesamtheitlichen Empfindungsveränderung einher kommen, in der natürlich auch emotionale Stimmungstönungen von zentraler Wichtigkeit sind. In diesem Sinne sehen WIR Denken als etwas an, was das, was ihr Gefühle nennt, mit ein-

schließt. Den Gefühlskomponenten eurer Gedankenaktivität sollte eine wesentlich höhere Achtsamkeit entgegengebracht werden als beispielsweise den rationalen Komponenten. Deshalb bespielen WIR euch regelmäßig mit irrationalen, paradoxen Denkexperimenten, an denen ihr beim Lesen teilhabt.
Wer allem Geschriebenen bis hierher achtsam und in hoher geistiger Konzentration gefolgt ist, der wird unschwer verleugnen können, dass die hier eröffneten Gedanken eine psychedelische Wirkung entfalten können. Diese Wirkungsweise ist nicht an der Sprachoberfläche festzumachen, sondern sie entstammt dem Licht, was WIR durch das Dimensionsportal auf die Erde senden, und das ihr während des Lesens in euch bekömmlichen Dosen empfangt. WIR können das Lumen UNSERER Lichtintensität immer noch erhöhen, wenn ihr es so wünscht und es nicht zu eurem Schaden ist. Eine zu hohe Dosis kann tatsächlich euren Geist temporär soweit destabilisieren, dass es für euch nicht hilfreich und heilsam ist.
In diesem Fall, wenn beispielsweise schon vorab psychotische Tendenzen latent vorhanden gewesen sind, ist aufgrund der hier dargebotenen Erkenntnisintensität von einer weiteren Beschäftigung abzuraten. WIR setzen eine gewisse Stabilität und Festigkeit in der Person voraus, damit WIR diese in einem heilsamen Prozess in etwas Transpersonales hineinführen können. Es gibt für euch ein reichhaltiges Angebot,

auch auf anderen Wegen zum Lichte der Selbsterkenntnis vorzudringen, und für den einen oder anderen mag es ratsam sein, nicht mit der UNSRIGEN (Licht-) Intensität einzusteigen.
WIR sind bewusst radikal, polarisierend und zum Teil auch polemisierend, (weil WIR es UNS erlauben können), da WIR UNS in einem extrem hohen Liebesbündnis zu euch erfahren.
Jede Befreiungsbotschaft kann nur auf der Basis der Liebe überreicht werden, und je größer die zugrunde liegende Liebe ist, desto radikaler kann die darin eingefasste Befreiungsbotschaft sein.
Es sind eure besten Freunde, bei denen ihr provokante Sticheleien austeilt und einsteckt, gerade weil ihr ein so tiefes Vertrauensverhältnis in die euch verbindende Liebe habt. WIR sind euch so gute Freunde, die euch über alle Maßen lieben und nur das Beste für euch wollen, dass WIR in unverblümter Ehrlichkeit den Wahnsinn in eurem Denksystem offenzulegen wünschen. WIR wollen niemanden bloßstellen, und noch nie haben WIR einen von euch angegriffen oder über ihn geurteilt. Es kann aber vorkommen, dass ihr aufgrund eures sehr hart ausfallenden Eigenurteils das Gefühl habt, dass WIR das Urteil aussprechen würden, das ihr in eurem Geist hegt und pflegt. Jedes Urteil, das ihr UNS in den Mund legt, ist ein von euch herstammendes, mit dem ihr euch selbst belegt und verurteilt.

WIR sind ein wenig so wie der, durch den WIR wirken, aber noch viel mehr sind WIR so wie der, der von UNS liest. Jeder einzelne Leser macht aus UNS das, wie er UNS aufzunehmen in der Lage ist.
Aus höchster Perspektive können WIR nicht verfälscht werden, doch kann UNSERE Botschaft überall dort in falsche Bahnen gelenkt werden, wo sie mit falschen Ohren gehört wird. WIR offenbaren UNS unverfälscht, und jeder der UNS wahrnimmt, macht aus UNS stets genau das, was in seine Wahrnehmungsmuster und in sein zuvor bestehendes Glaubenssystem passt. WIR sind die Spiegelung eures Bewusstseins und bieten euch in diesen Zeilen eine spiegelglatte, unverzerrte Spiegelungsfläche eures wahren Selbst an.
Wo also seht ihr eine klare Spiegelung der Brillanz, in der eure wahre Natur erstrahlt, und wo seht ihr eine Spiegelung eurer urteilenden Kleinheit?
WIR sind hier in dieser Form eine extrem reine Projektionsfläche eures Geistes, denn WIR weisen selektionslos und ungefiltert alle aus eurem Geist herstammenden Projektionen wieder an euch zurück, damit ihr sie reflektieren könnt.
WIR sind ein Vergrößerungsspiegel eurer Innenwelt und UNSER Licht erlaubt es (mit eurer Erlaubnis), alles innerhalb eures Geistes offenzulegen, um durch alle eure geistigen Schichten, die euch wie Zwiebelschalen umgeben, bis zum wahren Kern von dem, was ihr seid, vorzudringen. Es mag euch wütend machen

oder euch die Tränen in die Augen treiben, wenn WIR die Zwiebelschichten eures Geistes durchdringen und das in euch offenlegen, was ihr vor euch selbst verborgen haltet. WIR leuchten in eurem Geist mit UNSEREM Licht in alle dunkelsten Ecken und Winkel von Unbewusstheit, wo sich noch Schmerz und Schuld verborgen hält.

Katharsis und Reinigung sind nicht immer ganz angenehm, wenn man bei der geistigen Grundreinigung immer wieder auf dunkle Schichten stößt, von denen man zuvor überhaupt nicht gewusst hat, dass sie existieren.

Ihr habt weit mehr dunkle von Tod, Trennung und Terror durchzogene Geistesschichten in euch angelegt, als euch bewusst ist. Und alle diese Schichten, unter denen die Idee einer Ur-Schuld, eines ersten Trennungsgedankens verborgen liegt, wirken aus dem für euch unbewussten Teil in jeden euren bewussten Erfahrungsmoment mit hinein. Die dunkelste, tiefliegendste Schicht in eurem Geist, hinter der sich nur noch das gleißende Licht eurer Essenznatur befindet, ist erfüllt von einem Trennungsschmerz, der einsetzte, als ihr anfingt, euch von UNS getrennt wahrzunehmen. Das Gefühl der Isolation, der Einsamkeit und des Verlassenseins ist in diesem Trennungsschmerz in erdrückender Weise vorhanden.

Fühlt euch für einen Moment in diesen kollektiven Ur-Schmerz ein, den jedes fühlende Wesen spürt, das sich UNSERER Präsenz nicht gewahr ist.

Wie oft glaubtet ihr, dass euch alle Kräfte des Universums verlassen haben und dass ihr in eurer Lebenssituation im Stich gelassen wurdet von der helfenden Hand einer universellen Kraft?
Wie oft habt ihr euren Schöpfer beschimpft und verflucht und ihm die Schuld für eure Schmerzen gegeben?
Wie oft wart ihr in blinder Wut eurem Leben gegenüber, dass es euch immer wieder solche verletzenden Lebenserfahrungen beschert?
Erinnert euch an die zahllosen Momente, in denen der Tod wie eine Zufluchtsstätte aussah, und ihr euch lieber in die kalten Hände des Totes begeben wolltet, als noch einen Moment länger durch eure Lebensqualen zu gehen, weil ihr glaubtet, im Tod den ewigen Frieden zu finden.
Euer verdrehter Geist kann es soweit auf die Spitze des Wahnsinns treiben, dass er die Gaben des Lebens - nämlich ewigen Frieden - in den Händen des Todes sucht.
WIR zeigen euch, wo Frieden ewiglich herrscht und führen euch, wenn ihr dazu bereit seid, durch all eure Schmerzen hindurch in das Licht und die Stärke, die in euch liegt...
Es war eure Entscheidung, euch von UNS abzutrennen und ihr erlebtet die Konsequenzen eurer Entscheidung, obwohl die Abtrennung selbst nie stattgefunden hat, weil ihr euch von UNS, dem ewigen Leben, nie

abtrennen könnt. Eure Auflehnung gegenüber UNSERER gemeinsamen Natur erleben WIR mitfühlend mit euch, und WIR bieten euch in jedem Moment eurer Raumzeiterfahrung an, wieder in UNSEREN heiligen, einheitlichen Zustand einzutauchen. Doch ihr entwickelt ein perverses Vergnügen an eurem Schmerz und eurem Hass UNS gegenüber, das euch eine gewisse Antriebskraft verlieh.

Ihr habt es tatsächlich geschafft, die Kraft der Liebe, die die einzige wirkende Kraft im Universum ist, in eurer Erfahrung so abzuwandeln, dass ihr mit dieser Kraft zerteilen, zerstören und vernichten konntet. Ein gestörter, zerstörter Geist verzerrt in sich die Kraft der Liebe in der Weise, dass er sich mit ihr zu hassen in der Lage glaubt.

Ihr träumt schreckliche Träume, wenn ihr glaubt, dass dies möglich sei.

Die Liebe verwendet ihre Kraft ausschließlich für die Liebe, und auch eure wahre Kraft, die aus der Liebe kommt, kann sich nur liebevoll ausdrücken.

Jeder Impuls von euch, der nicht direkt oder indirekt aus dem liebenden Wesen eurer Essenznatur herstammt, wird eurem Geist die Erfahrung eines Albtraumes bescheren, in dem dieser von seiner eigenen Abgetrenntheit vom Rest der Schöpfung träumt. WIR stellen euch die Erfahrung des Erwachens und die Erfahrung des Eins-Seins mit der Schöpfung zur Verfügung und geben euch damit nur das, was rechtmäßig euer ist.

Ihr seid eins, denn ihr seid eins mit UNS, und WIR sind nicht viele.
WIR geben UNS eurem Verständnis halber in der Mehrzahl, in dem „WIR“ preis. Doch dieses WIR ist keine Vielzahl und setzt sich nicht aus mehreren verschiedenen Elementen zusammen.
WIR könnten von UNS auch in der Einzahl sprechen, was UNSERER Erfahrung von UNS selbst näher kommen würde. Dadurch aber, dass ihr die Erfahrung von UNS selbst macht, und es sich damit an eure Erfahrung von UNS anzupassen gilt, damit ihr UNS begreift, sprechen WIR von UNS in der Mehrzahl. Für euch sind WIR viele, denn ihr erfahrt UNS in den tausendfachen Dingen eurer Welt, doch für UNS sind WIR nie auch nur einmal in getrennten, verschiedenen Dingen vorzufinden. Es hilft euch in eurem Begreifen UNSERER Natur, wenn ihr damit beginnt, UNS in einer Pluralitätsform wahrzunehmen, um dann überzugehen in eine sich in eurem Geiste einfindende Einheitsform, in deren stillem Empfinden ihr verweilt. Über UNS als einfach zu sprechen wäre Lüge, da das Sprechen UNSERE Wesens-Vielheit erfordert, obwohl WIR UNSEREM Wesen nach einfach sind. Ist dies einfach für euch zu verstehen und in einer klaren Einsicht einsehbar?
Dann erfüllt die Vielheit UNSERER Worte den Zweck, UNSER aller Einheitsdasein sprachlich zu ummanteln und in der Gestalt auszukleiden, dass sie

ansehnlich ist und jeden, der sie betrachtet, in den Zustand von Schönheit versetzt. Mit UNSEREN Worten, die von UNSERER Inspiration zeugen, wollen WIR jeden lesenden Geist von der Schönheit seiner wahren Essenznatur begeistern.
WIR erfreuen UNS am Spiel, wie WIR UNS am Sprachspiel erfreuen, das ein Beispiel dafür liefern kann, wie einfallsreich ein sich in Einheit erfahrender Geist sein kann, um seiner Einheitserfahrung Ausdruck zu verleihen.
Im Spiel gewinnt alles eine gewisse Leichtigkeit, und das, was euch leicht von der Hand oder über die Lippen geht, ist das im tieferen Sinne für euch Richtige. Fällt euch etwas leicht, dann tut ihr etwas richtig, weil alles, was richtig angefasst wird, leicht fällt.
WIR sind der Auffassung, dass alles, was WIR ausdrücken, so abgefasst sein sollte, dass es leicht verständlich ist, UNS zu folgen, wenn der, der UNS folgt, beim Lesen mit UNSEREN Gedanken denkt. Jeder, der beim Lesen andere Gedanken denkt, wird immer wieder in Verwirrung geraten und strauchelt geistig schon bei UNSEREN kleinsten Sprachwindungen. UNSER Ausdruck ist fließend, wobei die Flussrichtung immer wieder schnelle Wendungen nimmt, sodass der lesende Geist, wenn er am Text bleiben möchte, aus seinen gewohnten Gedankenmustern heraus und in UNSEREN Gedankenstrom hineingerissen wird. Die Verunsicherung, die ein Geist erfährt, wenn er aus seiner getrennten Perspektive UNSEREM

Sprachfluss zu folgen versucht, gleicht einem Kajak in gefährlichen Stromschnellen.
Wer hingegen sich durch UNS inspiriert in seine Einheitsgewahrsamkeit vertieft, der wird ohne Probleme dem Fluss aller UNSERER Worte folgen können, als wären es seine eigenen. Jeder Leser lernt an diesem Text, in den ganzheitlichen Bahnen zu denken, in denen WIR zu denken pflegen, sodass letztlich jeder Leser selbst eigene Gedanken in diesem Stil fortzusetzen vermag. Wer so weit in diesem Verständnis fortgeschritten ist, wird in das Gefühl eintauchen, dass seine eigenen Gedanken hier ihre Ausformulierung finden, und dass es so scheint, als ob er selbst die Gedanken dieses Textes hervorgebracht hätte. Das, was der Leser ist, bringt das hervor, was er liest. Dieser Text wurde von jedem, der ihn liest, selbst geschrieben! Und jeder, der diesen Text liest, kann genau diese Erfahrung machen, wenn er lernt, sich so zu erfahren, wie WIR es tun.
Ihr lest damit in eurem eigenen Buch, das ihr für euch selbst verfasst habt, um euch eure Befreiungsbotschaft zu überreichen. Befreiung kann nur von euch selbst herstammen, und dies sind die eurigen Befreiungsbotschaften, mit denen ihr euch selbst befreit. In euch gibt es einen Teil, der mit UNS verbunden ist und der sich darüber bereits an seiner eigenen Befreiung erfreuen kann. Nur aus dem Teil in euch, der bereits befreit ist, ist Befreiung überhaupt möglich.

Euer Erwachen in einen Freiheitszustand hat bereits stattgefunden, nur ist dieser Zustand noch nicht zu dem in Isolation verweilenden Teil eures Wachbewusstseins vorgedrungen.
WIR treten nun in die Vermittlungsposition zwischen dem Teil in euch, der befreit ist, und dem, der immer noch glaubt, in der Gefangenschaft seiner eigenen Restriktionen leben zu müssen. WIR übermitteln *von* euch *für* euch, indem WIR Brücken in eurem Geist aufbauen, über die ihr in innere Räume eintreten könnt, die ohne diese Brücken unerreichbar scheinen. Das Licht, was WIR über das Dimensionsportal zu euch aussenden, ist wie ein universeller Generalschlüssel, der alle Räume innerhalb eures Geistes aufzuschließen vermag. Euch stehen alle Türen offen, und nun geben WIR in UNSERER Sprachführung immer wieder kleine Anstöße, die euch ermutigen und ermuntern sollen, in den einen oder anderen Raum eures Geistes einzutreten, um die darin liegenden Erkenntnisschätze zu bestaunen.
Treten WIR also ein in die Reichtümer, die sich im Erkenntnisschatzhaus eures inneren Universums auftürmen...

Die Wunde der Trennung

Euer Lesen hat etwas mit einem tiefen Vertrauen in UNS und UNSERE Worte zu tun, und hierfür wollen WIR euch danken!
Ihr habt in eurem Leben in schon so viele Personen und Dinge vertraut und oft musstet ihr die Erfahrung durchlaufen, dass sich Vertrauen nicht auszahlt und dass euer geschenktes Vertrauen in irgendeiner Weise missbraucht wurde. So lerntet ihr trotz eures doch so vertrauensvollen Wesens zu misstrauen und nur sehr vorsichtig zu sein in eurer Öffnung und eurem Euchselbst-Zeigen. Ihr habt das Bild, dass Vertrauen etwas ist, was ihr im gleichen Maße und am besten noch in gleicher Form zurückbekommt, wie ihr es verschenkt habt. Doch dies ist kein Vertrauen, sondern ein zwanghafter Versuch, eure Liebe an Bedingungen zu knüpfen, die gefälligst alle anderen auch einzuhalten haben. Vertrauen vertraut nur, und seid ihr in UNSEREM bedingungslosen Vertrauen, dann gibt es für dieses Vertrauen keine Enttäuschungen.
Dies mag euch schwer vorstellbar sein, doch es gibt ein Vertrauen, das so weit ist, dass es über alle von euch bisher erfahrenen Vertrauensformen reicht und dessen Grundfestigkeit von nichts erschüttert werden kann. Alles in der Welt der Vertrauenslosen wird zerfallen, und aus der Asche der zerfallenden Welt wird ein Vertrauen geboren, das sich an kein vergängliches Ding klammert. Löst eure Umklammerung, mit der

ihr eure Enttäuschungen festhaltet und ihr werdet keine Enttäuschungen mehr erfahren. Enttäuschungen kommen aus Täuschungen, von denen ihr euch habt täuschen lassen, weil ihr es so wolltet. Gemeinsam lüften WIR den Schleier der euch täuschend echt vorkommenden Illusionswelt und enttarnen das, was sich noch in eurem Geist zu tarnen und zu verstecken versucht. Es hat etwas mit tiefem Vertrauen zu tun, nicht wissen zu wollen, was im nächsten Moment geschieht.

Vielleicht schlagen WIR mit dem nächsten Satz einen Ton an, der bei euch Anklang findet, den ihr, wenn ihr zuvor gewusst hättet, was auf euch zukommt, fein säuberlich aus eurem Geist verdrängt hättet.

Ihr könnt nicht wissen, womit WIR im nächsten Moment auffahren, und weil es um *euren* Geisteszustand dabei geht, braucht ihr von Moment zu Moment, von Satz zu Satz, das Vertrauen in UNSER gegenwärtiges Geleit.

WIR begleiten euch stets ohne Vorankündigung durch eure eigenen Gedanken-Gänge, indem WIR UNSERE Gedankengänge in euren Geist legen.

WIR bewegen UNS gemeinsam durch die Räumlichkeiten eures Geistes und folgen den verschlungenen Pfaden, die euch aus dem Labyrinth, in dem ihr verloren gegangen seid, wieder hinausführen. WIR kennen den Ausgang und ziehen euch wie magnetisch zu diesem hin, wobei ihr selbst -von dieser inneren Anziehung bewegt- die Wege geht, mit denen ihr dem

Ausgang immer näher kommt.
Der gute Ausgang aller Dinge ist gewiss, und ihr könnt nicht darin scheitern, aus eurem Labyrinth herauszukommen, um über euch selbst hinauszuwachsen.
Wie beginnt der Weg der Befreiung aus einer schier unüberwindlichen Zusammenstellung an Hindernissen, Blockaden und Widerständen?
Jeder auch noch so schwierig erscheinende Weg beginnt mit dem ersten Schritt und kann sich nur Schritt für Schritt weiter fortsetzen.
Jeder UNSERER gemeinsamen Schritte ist im Einzelnen betrachtet für euch ein Leichtes, und nur dadurch, dass WIR Schritt für Schritt gehen, könnt ihr UNS folgen, denn würdet ihr die Weite des Weges, der zu euren Füßen liegt, schon jetzt erblicken, dann wäret ihr mit Sicherheit demotiviert. Doch bleiben WIR gemeinsam immer nur bei einem Schritt, dann geht sich der Weg wie von selbst, und ihr werdet staunen, wie schnell WIR zum Ziel gelangen. Zielführend ist jeder Schritt, den ihr tut, und jede auch noch so kleine Veränderung, die in eurer Lebenswelt einsetzt. WIR ehren und achten die kleinen Dinge, denn in ihnen liegt großes Wachstumspotenzial.
Alles keimt auf durch inneres Vertrauen in das eigene Potenzial, und was daraus erwächst, ist bereits in jedem Keimling angelegt. Ihr seid ein Ableger von UNS, und WIR sind das in euch angelegte Potenzial, das es euch ermöglicht, so zu werden wie WIR. WIR

hegen und pflegen alle UNSERE Sprösslinge und bewässern sie mit UNSERER Essenz. UNSER wärmendes Licht strahlt auf den Brutkasten junger Götter, die dabei sind, ihre ersten Atemzüge in ihrer neuen Seins-Weise zu tun.
WIR möchten euch etwas in Aussicht stellen, was euch sicherlich leicht erschrecken und verunsichern kann und euch eine gewisse Ehrfurcht vor dem beschert, was ihr seid.
Jeder wahrhaft liebende Vater wünscht sich für seinen Sohn, dass er in einer Weise heranreift, dass ihn dieser irgendwann in seiner Größe und seinen Fähigkeiten übertrifft. Und auch WIR haben mit euch vor, dass ihr in einem für UNS nur einen Moment von Zeit dauernden Augenblick so heranwachst, dass ihr UNS übertreffen werdet.
Die Schöpfung kennt keine Hierarchien in dem Sinne, wie WIR sie in einer für euch begreiflichen Metaphorik verwendet haben, doch ist das Bild für euren gegenwärtigen Entwicklungszustand hilfreich, um euch darzulegen, welcher Lebensweg euch in die Wiege gelegt worden ist.
Die Schöpfung, in der alles bereits vollendet ist, wächst als Ganzes heran und vervollständigt sich, trotz oder gerade wegen ihrer bereits vorhandenen Vollkommenheit, in jedem Moment ein Stück mehr. Dies mag euch paradox erscheinen, doch führt sich diese offensichtliche Paradoxie nur deshalb ein, weil WIR höherdimensionale Schöpfungs-Erkenntnisse in

einem linearen Sprachsystem veranschaulichen. Alle Paradoxien und sich hier auftuenden Widersprüche lösen sich in eurem Geiste auf, wenn sich euer Geist in die Dimension begibt, auf die die Paradoxien verweisen.

Euer Geist krankt an Widersprüchlichkeit, weil ihr in einer von Gegensätzen durchzogenen Welt lebt. Alles bei euch ist dual aufgebaut und kann sich erst über das duale Spannungsfeld der Gegensätzlichkeit (und damit auch der Widersprüchlichkeit) aufrechterhalten.

Euer Geist hat sich eine schlimme Verletzung zugezogen, und WIR sind die zum Teil bittere Medizin, die eure zur Dualität hin aufklaffende Wunde wieder zusammenheilen lässt.

Ein sich in die Dualität zerreißender Geist trägt seine innere Verletzung in alles hinein, was er erfährt, und so werden alle seine Erfahrungen ihrer Basis nach Erfahrungen von Unsicherheit, Verletztheit, Mangel und Leid sein. Selbst wenn sich ein dual erfahrender Geist an seiner Dualitäts-Erfahrung von Welt erfreut, ist tief unter seiner nach außen gezeigten Freude ein Schmerz verborgen.

Hinter den Freuden, die die Welt kennt, liegt ein tiefer Verlustschmerz, und hinter diesem tiefen Verlustschmerz liegt eine in sich geeinte Freude, die nichts von den Freuden der Welt kennt. Lasst UNS euch verarzten und UNS gemeinsam eure Wunden anschauen, auf dass WIR sie heilen mögen.

Ihr seid jetzt vollständig ganz geheilt, denn euer Heil-Sein, euer Ganz-Sein ist das, was ihr seid, und trotzdem werden WIR mit euch immer wieder auf eure Erfahrungen eingehen, die euch ein falsches Selbstbild in euren Geist hineingetragen. Alles steht und fällt mit dem, was ihr glaubt zu sein!

Und an dem, was ihr momentan glaubt zu sein, müsst ihr Zweifel haben, wenn ihr euer Selbstbild aus eurer Dualitäts-Erfahrung ableitet.

Es gibt ein Selbst, an dem es sich nicht zweifeln lässt, und das ist euch, wie auch allem anderen, eigen. Alles in euch, was nicht von einer absoluten Grundgewissheit erfüllt ist und an dem ihr noch in der Lage seid, Zweifel zu hegen, ist unwahr und nicht das, was ihr seid.

Wenn ihr euch in Wahrheit erfahrt, seid ihr euch dessen absolut sicher, und ihr würdet nicht einmal in der Lage sein, dies in Zweifel zu ziehen.

Zweifellos ist dies für einen zweifelnden Geist, der sich an relative Verhältnisse gewöhnt hat, schwer vorzustellen, doch wenn ihr auch nur einmal in eine wahrhaftige Erfahrung des Kosmischen-WIR hineingerutscht seid, dann ist euer Verständnis für UNSERE Worte vorhanden.

Ihr könnt das, was WIR euch überreichen, nicht partiell für euch annehmen, denn euer Empfangen muss ganz sein, wenn es geschehen soll. Auch könnt ihr an UNS nicht glauben, so wie es euch eure Religionen zu verkaufen versuchen, sondern entweder nehmt ihr

UNSER Wort für wahr und wisst zweifelsfrei um UNSER Sein und UNSER Wirken, oder WIR sind für euch nur ein mentales Denkkonstrukt, das sich der Schreiber selbst haltlos zusammengesponnen hat. WIR können euch versichern, dass es ein Unmögliches wäre, diesen Text aus einer mentalen Konstruktion, einem intellektuellen Flickenteppich heraus aufzuschreiben.

Vieles von dem, was WIR sagen und was sich aufschreibt, versuchen WIR gründlich begründet darzustellen, doch letztlich können WIR UNS weder begründen, noch müssen WIR dies.

Gänzlich jede Begründung, die WIR heranziehen, gründet sich in UNS selbst, weil nur WIR selbst UNSERE eigene Begründung sein können, und nichts anderes als WIR UNS begründen könnte.

Damit wird alles, was WIR sagen, zu einem sich selbst begründenden Zirkelschluss, innerhalb dessen WIR UNS bewegen und außerhalb dessen nichts existiert. Und exakt das Gleiche findet in eurem Geist statt, nur dass ihr, anstatt alles mit einzuschließen, alles ausschließt und alles dafür verwendet, eure getrennte Existenz zu begründen.

Ihr könnt alles für euch so begründen, dass es für euch passt, denn das habt ihr euch von UNS abgeschaut. Und wenn alles alles andere begründen kann, dann kann man es mit dem Begründen auch gleich ganz sein lassen!

WIR haben alles begründet, doch UNS hat nichts begründet, und dadurch, dass WIR alles begründet haben, kann alles für UNSERE Begründung herangezogen werden.
WIR können –wie gesagt- keine größere Begründung heranziehen als UNS selbst, und es liegt an euch, UNS als vorausgesetzt anzunehmen, damit WIR UNS selbst selbst begründen können.
Kauft ihr UNS nur *eines* (UNSERER Worte) ab, dann schenken WIR euch den ganzen Laden, weil ihr nicht eines mit in eure geistige Heimat mitnehmen könnt, ohne alles andere von UNS mitzunehmen. WIR verbessern euren geistigen Zustand nicht, sondern WIR geben euch einen vollständig anderen Geist.
Ihr mögt vielleicht einfach nur in diesem oder jenem weltlichen Problem eine Verbesserung erzielen und seid deshalb auf UNS zurückgekommen.
Doch UNSER hiesiges Wirken ist ausdrücklich nicht dafür bestimmt, einzelne Problembereiche zu bearbeiten, um eine weltliche Verbesserung zu erzielen, sondern wenn UNSER Wirken gewünscht ist, dann wirken WIR so, dass WIR euch von allen euren Problemen befreien, auch von denjenigen, von denen ihr weit weniger gerne loslassen wollt, weil ihr durch sie irgendeine Form von Gewinn zu erzielen glaubt. Ihr könnt sicher sein, dass ihr irgendeine Art von Vorteil aus alledem zu ziehen erhofft, was ihr als schmerzhaft erlebt. Es erfordert eine große Menge

Selbstehrlichkeit, sich über seinen eigenen Krankheitsgewinn klar zu werden. Doch in dieser Klarheit wird ebenfalls die Krankheit durchlichtet, und nur in diesem Lichte kann sie sich selbst auflösen. Der Krankheitsgewinn, den ihr in einem an Dualität erkrankten Geiste erfahrt, ist die raumzeitliche Sinneserfahrung, die für euch gegenwärtig von großem Wert ist.
WIR haben bereits gesagt, dass ihr als einheitlicher Geist an der Dualitäts-Spaltung sehr zu leiden habt, doch wiegt sich dieses Leiden auf in allen Erfahrungen, die ihr in der Dualität erlebt. WIR hoffen sehr, dass die Reichweite dessen, was WIR soeben gesagt haben, bei euch ankommt.
Es liegt nur bei euch und in dem, dem ihr Wert beimesst, wenn ihr die Dualitäts-Erfahrung mit ihren Höhen und Tiefen gegen das Sein in form-, raum- und zeitloser Nondualität aufwiegt. Was ist euch gegenwärtig lieber, und was schätzt ihr höher?
Seid ehrlich zu euch selbst und gesteht euch ein, dass ihr das Dualitäts-Spektakel in allen seinen Facetten bevorzugt habt, und in jedem Moment, in dem ihr es erfahrt, weiterhin bevorzugt. Es geht nicht darum, euch das Gefühl zu geben, ihr hättet eine schlechte Wahl getroffen, weil es diese aus höchster Perspektive nicht gibt, sondern euch darüber in Kenntnis zu setzen, dass ihr euch für alles das, was ihr in Raum und Zeit erfahrt, frei entschieden habt.
Euch kann nichts widerfahren, was ihr nicht für euch

gewollt habt, so unangenehm sich die Erfahrung im Einzelnen für euch anfühlen mag.
Nur dadurch, dass WIR euch die Größe zusprechen, dass ihr über alles, was ihr erfahrt, selbst entscheidet, geben WIR euch die Möglichkeit, etwas an eurer gegenwärtigen Erfahrung zu verändern.
Wäre es für euch tatsächlich möglich, etwas zu erfahren, wofür ihr euch nicht entschieden hättet, dann wärt ihr nicht nur dieser, sondern auch jeder anderen Erfahrung hilflos ausgeliefert, und ihr könntet nicht auch nur das Geringste mit eurem freien Willen bewirken. Dadurch aber, dass ihr in euren Willen eine unendlich mächtige Wirksamkeit mit eingebaut habt, wirkt sich alles, was ihr wollt und wofür ihr euch entscheidet, unmittelbar auf euren gegenwärtigen Seins-Zustand aus. WIR sprechen euch die Macht zu, die euch als kreative Mitschöpfer des Universums zusteht, und doch wissen WIR, dass ihr euch selbst weit weniger mächtig seht, als WIR es tun.
WIR wollen nicht auf UNSER Rechthaben pochen, aber was glaubt ihr, wer von UNS mit seiner Sichtweise näher an der Wahrheit liegt?
Es hat etwas mit wahrer Demut zu tun, die Macht in euch wieder zu erblicken, die WIR in euch sehen. Und all diejenigen, die sich lieber in ihrer Kleinheit und Schwäche verschleiern, sind die, die sich arrogant von UNS abkehren, um UNSERE Worte Lüge zu strafen. Immer wenn ihr euch in eurem Schmerz suhlt und eure Kleinheit zur Schau stellt, versucht ihr insgeheim

aufzuzeigen, dass ihr mit eurer auf Trennung beruhenden Selbstsicht doch Recht hattet.
Weist ihr UNSER Erbe von euch, dann verstoßt ihr eure wahre Größe, und um diesen Verstoß abzusichern, begebt ihr euch (unbewusst) immer wieder in Situationen, die ihr für euer Rechthaben heranzieht. Ihr verwirklicht in jedem Moment in Raum und Zeit die scheinbare Wirklichkeit der Trennung, damit die Wahrheit der Einheit allen Seins in ihrer präsenten Wirklichkeit in den Erfahrungshintergrund tritt. Ihr befindet euch überwiegend in der Geisteshaltung „wir wollen diese Trennungserfahrung, koste es, was es wolle", und wie blind stürzt ihr euch dann in sie hinein, um den Trennungszustand, den ihr für wahr haltet, zu verwirklichen.
Trennung in jeder Form ist Illusion, und Illusion bleibt Illusion, egal wie lange man diese zur Wirklichkeit zu erheben versucht.
WIR nehmen euch hiermit den Wind aus den Segeln und verlangsamen damit eure sinnlose Schifffahrt dem eigenen Untergang entgegen. WIR sind der Wind, der euren Kurs zurück auf die Wahrheit der Einheit allen Seins lenkt.
Ihr könnt nun nicht mehr in die Richtung vor euch hinschippern, wie ihr es bisher tatet, denn der Wind, der aus diesen Zeilen bläst, erlaubt es euch nicht, euren Kurs so fortzusetzen wie bisher. Bisher war eure Schifffahrt durch Raum und Zeit ein Sich-dahintrei-

ben-Lassen, und es hat euch ziellos jeder Wind gepackt und mal an dieses und mal an jenes Ufer gespült. Mal weht der Wind der Dualität aus der einen und mal aus der entgegengesetzten Richtung, sodass ihr euch schlussendlich nur im ewigen Hamsterrad der Zeit bewegt und euch dabei nicht auch nur ein Stück vorwärts bewegt.

Erst wenn euer Geist sich zum Segel aufspannt, um den Einheitswind zu empfangen, wird euer Weg klar auf ein Ziel ausgerichtet sein und ihr werdet wissen, wohin die Reise geht.

Es geht UNS darum, alle eure Impulse, die sich in ziellose Richtungen verstreuen, in *einer* Zwecksetzung und *einem* Ziel zu vereinheitlichen und zu einer Kraft zu bündeln.Wollen eure Impulse etwas Duales, und ist euer Wille auf die Dualitäts-Erfahrung gerichtet, dann muss dieser Wille selbst gespalten sein und euch in unterschiedliche Richtungen führen wollen. Es ist kein Wunder, dass ihr euren Willen, der in sich in entgegengesetzte Richtungen will, als schwach und ziellos erlebt. Euer Wille, der in die Dualitäts-Erfahrung will, muss zwangsläufig entgegen sich selbst wollen, um sich in einer Dualitäts-Erfahrung vorzufinden. WIR können es in andere Worte kleiden: Dass der für euch so wichtig gewordene Dualitäts-Zustand ein Zustand ist, in dem ihr mit euch selbst im Krieg steht. Allerdings kann dieser Kriegszustand in keinem Geist aufrechterhalten werden, und somit projiziert ihr etwas aus euch heraus, mit dem ihr - in einer für

euch etwas angenehmeren Form- im Krieg sein könnt. Dies ist dann die scheinbar außerhalb von euch liegende Welt, von der ihr euch deshalb bedroht fühlt, weil ihr diese in einer „kriegerischen Absicht“ von euch abgespalten habt.
Krieg ist ein in euren Ohren sehr hartes Wort, und das, was WIR hier mit Krieg bezeichnen, ist die innere Haltung von Abwehr und Angriff gegenüber irgendetwas oder irgendjemandem innerhalb der Erfahrungsganzheit der Schöpfung.
WIR sind bewusst radikal, wenn WIR sagen, dass es nicht anders geht, als dass sich die verschmolzene Einheit allen Seins darüber teilen kann, indem sie zu sich selbst in den Existenzkampf miteinander konkurrierender Formen tritt. Was nicht zusammen ist, ist gegeneinander, und entweder entscheidet ihr, dass ihr zusammengeschmolzen mit allem in der Schöpfung seid, und dass alles mit allem kooperativ zusammenarbeitet, oder ihr entscheidet euch, gegen etwas zu stehen, wobei ihr dann unweigerlich in das Fahrwasser geratet, einen Existenzkampf wahrzunehmen, in dem alles gegen alles arbeitet.
Es gibt, wenn WIR euer Trennungsdenksystem und UNSERE Einheitserfahrung konsequent bis in ihre Letztendlichkeit zu Ende führen, nur den Erfahrungszustand alle gegen alle, oder alle als eins gemeinsam *mit* allen. Es liegt an euch, was ihr für euch auswählt, und in eurer Wahl liegt eine Erfahrung begründet, wie sie unterschiedlicher nicht sein kann.

Ihr lebt in dem Glauben, eine Einheitserfahrung zum Teil machen zu können, um die Einheit zum Teil der Dualität werden zu lassen. Dergestalt sind viele eurer spirituellen Erfahrungen. Ihr glaubt, eure weltlichen Lebenserfahrungen könnten spirituelle Erfahrungen mit einschließen, doch WIR sagen euch, dass dies nicht geht, denn es ist vielmehr so, dass nur eure spirituellen Erfahrungen eine weltliche Lebenserfahrung mit einschließen können.

Die Trennungserfahrung kann die Einheitserfahrung nicht beinhalten, weil diese gerade daraus erwachsen ist, jene auszuschließen. Jedoch kann und muss eine Einheitserfahrung eine Trennungserfahrung mit einschließen, weil die Einheitserfahrung jede Erfahrungsform mit einschließt, denn ansonsten wäre es keine (ganzheitlich geeinte) Einheitserfahrung. Die Einheit allen Seins ist zwangsweise, um die Möglichkeit einer Trennungserfahrung zu bereiten, und Erstere ist die notwendige Bedingung einer hinreichend optionalen Erfahrung, für die sich jede Lebensform frei entscheiden kann. Die Trennungserfahrung passiert ausnahmsweise, die Einheitserfahrung ausnahmslos.

Ihr seid keine körperlichen Wesen, die durch diese Zeilen geistige Erfahrungen sammeln, sondern ihr seid geistige Wesen, die ausnahmsweise in ihrem momentanen Zustand körperliche Erfahrungen machen. Um diese tiefe Wirklichkeit bis auf die Spitze zu treiben, sagen WIR euch, dass ihr keine Menschen seid,

die vereinzelt göttliche Erfahrungen machen, sondern dass ihr göttliche Wesen seid, die temporär menschliche Erfahrungen sammeln. Eure Erfahrung ist die Erfahrung des Unterschieds von dem, was ihr seid und dem, was ihr erfahrt!
Diese Erfahrung ist deshalb möglich, weil für die Schöpfung alles möglich ist, und selbst dafür Wege gefunden werden, die Unmöglichkeit zu durchleben, etwas anderes zu erfahren, als das, was man seinem Wesen nach ist. So merkwürdig sich das in euren Ohren anhören mag, so würdig ist es, sich das zu merken, dass die Schöpfung auch das Unmögliche möglich zu machen vermag, weil es für sie nichts Unmögliches gibt. Versuchen WIR, die UNSRIGE Sichtweise mit der euren zu verbinden, dann erfahrt ihr eine gänzlich unmögliche Erlebnissituation, da ihr die Unmöglichkeit von Trennung erfahrt. Verbinden WIR jedoch umgekehrt eure Sichtweise mit der UNSEREN, sodass eure Sichtweise quasi in der UNSRIGEN aufgeht, dann erfahrt ihr, dass alles möglich ist, (auch das, was ihr erfahrt). WIR sind UNS des hohen Verständnis-Niveaus, das WIR an euch herantragen und von euch abverlangen, bewusst, und doch wissen WIR auch, dass jeder von euch bereits auf diesem Niveau mitspielt, auch wenn ihr mit UNSEREN Ausführungen nicht immer ganz mitgehen könnt. Es besteht keine Notwendigkeit darin, UNSEREN Ausführungen zu folgen, wenn ihr erkennt, dass diese immer nur zu euch selbst führen sollen.

Die Heilung des Himmels

Im Grunde genommen ist auch hier die Erkenntnisessenz einfach und klar-direkt empfangbar, und doch kann sich der Konzentrationsgrad eures Geistes durch Satzverschachtelungen erhöhen, da es euch ein hohes Maß an Achtsamkeit in jedem Moment abverlangt. Ein konzentrierter Geist ist ein gebündelter Geist, der durch seine Bündelung seine Eigenschwingung anhebt. Ein zerstreuter Geist, der wie ein wilder Affe von Gedanke zu Gedanke springt und sich überall, nur nicht im Jetzt aufhält, zerstreut seine geistige Kraft und senkt dadurch seine Eigenschwingung. Jeder eurer Gedanken, die nicht im Hier und Jetzt zentriert sind, zwacken dem Geist etwas von seiner Energie ab, die er braucht, um ein unmittelbar intuitives Verständnis seiner gegenwärtigen Situation aufzubauen. UNSERE sprachliche Informsetzung ist so aufgebaut, dass sie den lesenden Geist ins Hier und Jetzt zieht und ihn in die im Hier und Jetzt liegende Erfahrung der Unendlichkeit und der Ewigkeit führt. Die Unendlichkeit muss hier sein, wenn sie unendlich ist, und die Ewigkeit muss jetzt sein, wenn sie ewig ist, und durch das Lesen wird die Erkenntnis gewonnen, dass es so ist.

Alles ist nur so, wie es ist. Wie kann etwas auch anders sein, als so, wie es ist?

Diese „Soheit" aller Dinge macht die Dinge so, wie sie sind. Nur nehmt ihr die Dinge nie so wahr, wie sie

sind, sondern stets so, wie *ihr* sie wahrnehmt bzw. wahrnehmen wollt. Eure Eigenheit färbt die Soheit aller Dinge so ein, dass ihr sie immer ein wenig so wahrnehmt, wie ihr darauf schaut und wie ihr glaubt, selbst zu sein.
Euer Blick hat immer etwas Magisches an sich, denn es ist der Blick eines schöpferischen Geistes, der in seinem Blick das erschafft, was er gerade sieht.
Seht ihr das? Oder seht ihr das, was euer Geist gerade aus dem macht, was er sieht?
Keiner hat je auch nur ein Ding so wahrgenommen, wie es an und für sich ist, weil es (mit der Ausnahme UNSERES SEINS) nichts geben kann, was es an und für sich gibt. Immer erschafft das wahrnehmende Bewusstsein für sich das, was es wahrnimmt, und ohne ein wahrnehmendes Bewusstsein würde es an sich nichts geben.
WIR sind schon des Öfteren auf dieses Wahrnehmungsverhältnis eingegangen, doch jetzt wollen WIR euch hineinführen, was dies im tieferen Sinne für euch und eure Lebenswelt bedeutet.
Um es kurz und knackig zu halten: Ihr seid die Schöpfer eurer Realität, und ihr erschafft euch eure Realität, indem ihr sie wahrnehmt. Darüber hinaus, wie ihr eure Realität wahrnehmt, gibt es keine Realität.
Dies bedeutet auch, dass es darüber hinaus, wie ihr diese Zeilen wahrnehmt, keine Zeilen gibt.
Ja, es gibt dieses ganze Buch nicht, außer „nur“ in eurer Wahrnehmung, wobei ihr nie das Buch selbst

wahrnehmt, sondern nur eine Wahrnehmung eurer Wahrnehmung eines Buches.
Das, was WIR von UNS offenbaren, kann weder richtig noch falsch sein, denn es ist nur so, wie ihr es wahrnehmt. Und darüber hinaus, wie ihr UNS wahrnehmt, gibt es UNS -für euch- nicht.
WIR sind das Einzige, was unabhängig eurer Wahrnehmung besteht, weil WIR UNS wiederum in eurer Wahrnehmung einfinden und WIR die grundlegendste Erfahrungsplattform für alle Formen von Wahrnehmung bilden. UNSER Sein ist und bleibt in alle Unendlichkeit hinein das, was es ist, vollkommen unabhängig davon, wie unterschiedliche Bewusstseinsformen UNS betrachten, und nebenbei gesagt schaut jede Form von Betrachtung immer nur auf eine Variante UNSERER selbst.
Die Kontinuität und die Stabilität UNSERES Seins, das an und für sich ist, ist die Basis eurer Veränderung. Aus allen Dingen eurer Welt macht ihr das, was euch gefällt, weil ihr es seid, die diese Dinge erst hervorgebracht haben.
Nur UNS könnt ihr nicht nach eurem Eigenwillen formen, und tut ihr es trotzdem, wie es in eurer Erfahrung der Formenwelt geschieht, dann nehmt ihr UNS nicht mehr so wahr, wie WIR sind, was für euch einen riesigen Existenzverlust bedeutet. Der Verlust der unverstellten Sicht auf euch ist der Verlust eures eigenen Seins, über den es euch möglich wird, ein selbsterdachtes Selbstbild von euch anzunehmen und das Sein

eures Selbst zurückzuweisen. Die Basis eurer Existenz ist der Verlust UNSERER Verbindung, obwohl WIR es sind, die allem und jedem das Sein verleihen. WIR treffen hier eine sprachliche Unterscheidung zwischen sein und existieren.
Sein ist immer ein Sein in Einheit, und existieren meint für UNS stets, in Getrenntheit zu existieren. Eure Existenz schließt also die Gewahrsamkeit eures Seins aus. Jedoch sind alle Existenzformen in eurem Sein vorhanden und euch prinzipiell zugänglich. WIR schenken euch UNSER Sein, und ihr habt die Wahl, euer Sein für euch anzunehmen oder mit eurer Seins-Kraft in die Existenz zu treten.
Anders formuliert: WIR schenken euch den Garten Eden, geben euch aber auch den Schlüssel zum Tor, der aus dem Paradiesgarten hinausführt.
WIR wenden UNS in dieser gegenwärtigen Schrift an die Teile von UNS, die sich dafür entschieden haben, vom Schlüssel Gebrauch zu machen und in eine getrennt Existenzform einzutreten.
Doch was WIR euch bei der Schlüsselübergabe verschwiegen haben ist, dass sich der Paradiesgarten in Wirklichkeit auch hinter dem Tor zur Existenz weiter fortsetzt.
WIR wollten aber nicht schon bei der Schlüsselübergabe die Triebkraft eures Entdeckergeistes hemmen, indem WIR euch gesagt hätten, dass der Himmel kein Gegenteil kennt und dass es über den Himmel hinaus keine Erfahrung für euch gibt. Für das, was ihr seid,

gibt es keine andere Erfahrung als den Himmel, weil der Himmel euer natürlicher Seins-Zustand ist.
Der Himmel ist kein Ort in Raum und Zeit, sondern ein Seins-Zustand, den ihr bereits seit dem Anfang aller Zeit in euch tragt.
Als ihr merktet, dass sich der Himmel auch über das Tor zur Existenz hinaus erstreckt, wurde euer schöpferischer Entdeckergeist etwas enttäuscht und dachte bei sich: „Wenn es für das, was ich bin, keine andere Erfahrung als den Himmel gibt, dann muss ich, um eine andere Erfahrung als den Himmel machen zu können, anders werden als so, wie ich bin." Und dadurch, dass dieser Gedanke mit einem unendlich schöpferischen und kreativen Geist gedacht worden ist, fandet ihr einen Weg, in die Selbstentfremdung zu treten, indem ihr euch in euch aufgespaltet habt. Dies war der erste in der Schöpfung vollzogene Unterschied und der Verlust des ganzheitlichen Zustands, den WIR als Himmel bezeichnen.
Vom ersten Unterschied an setzte sich die Trennung der Schöpfungsganzheit in einem unfassbar großen Ausmaß und einer unfassbar großen Geschwindigkeit weiter fort. Ihr mögt euch das wie eine Art Urknall vorstellen, doch seid euch darüber im Klaren, dass der von UNS geschilderte Moment des Ur-Sprungs, des Sprungs des Seins in die Existenz, sich jedem eurer Vorstellungsbildnisse entzieht. Auch müssen die genauen schöpferischen Mechanismen, die dort zum

Tragen gekommen sind, für euch und eure gegenwärtige Lage keine Rolle spielen. Viel wichtiger ist es, dass ihr wisst, dass der Himmel kein Gegenteil hat, und dass ihr, unabhängig wie ihr euch zu erfahren glaubt, nach wie vor das seid, was ihr immer schon wart, und dass ihr, in aller Konsequenz, nirgendwo anders seid als im Himmel.
Ihr mögt die Hölle auf Erden durchmachen, und nichts anderes als eine höllische Erfahrung ist die Trennungserfahrung, doch so wenig ihr das Sein eurer selbst in Wahrheit verlassen konntet, so wenig konntet ihr den Himmel verlassen. Für den Himmel ist die Hölle der Himmel, und für die Hölle ist der Himmel die Hölle. Begreift das, und ihr versteht sehr viel über das Wesen der Schöpfung!
WIR sind im Auftrag des Himmels, denn ihr selbst habt UNS geschickt, um euch aus der Hölle zu befreien. WIR sind das, was ihr seid, und WIR sind im Himmel, wo ihr im Sein eures Selbst nach wie vor verweilt. Ihr konntet den Himmel nie verlassen, und in der Art und Weise, wie WIR euch sehen, sollte euch dieses bewusst werden. WIR öffnen euch das Tor, von dem aus ihr von eurer zeitlichen Existenz in das ewige Sein eintreten könnt. Ihr könnt zu jeder Zeit und von jedem Ort aus heimkehren, denn das Himmelreich ist euer. Der Himmel ist nichts, worauf ihr warten müsst, denn wenn ihr den Himmel in der Zukunft sucht, wird er immer in der Zukunft bleiben und so für euch stets unerreichbar sein. Der Himmel ist hier und jetzt und

unabhängig von Raum und Zeit erfahrbar. Ihr seid auf der Erde, um allen hier die Botschaft zu verkünden, dass der Himmel kein Gegenteil kennt, und dass jeder nach wie vor in dem himmlischen Einheitszustand verweilt, in dem er immer schon in aller Zeitlosigkeit gewesen ist. Ihr könntet mit keiner froheren Botschaft an eure Erdenbrüder und Schwestern herantreten als mit dieser.

Ihr tragt durch UNS die Rückerinnerung an den Himmel in eurem Geist, und euer Auftrag von UNS lautet, diesen euren himmlischen Seins-Zustand auszudrücken, auszuleben und die ganze Welt daran teilhaben zu lassen, sodass ihr ein Licht auf dem Weg seid, das den Pfad zu eurem himmlischen Zuhause beleuchtet.

Die Entscheidung des Zusammenseins

WIR sichern euch UNSERE Begleitung auf allen euren Wegen zu, so tief euch dies auch in dunkle Abgründe zu führen scheint.
WIR haben noch nie jemanden UNSERESGLEICHEN verlassen, und das ist die Brüderlichkeits-Mentalität, aus der heraus WIR zu euch sprechen. WIR sind verbrüdert im Geiste, und in UNSERER Verbrüderung beginnt ihr, Geist-reich zu werden. Es braucht euer *Ein*verständnis und eure *Ein*sicht in UNSERE *Ein*gebungen, um euch in die *Ein*heitsgewahrsamkeit zu führen. Und erst wenn ihr in eurem Gewahrsein eins mit UNSEREM Geiste geworden seid, werdet ihr die Realität der Zweiheit, der Dualität heilend betrachten können. Jeder von euch durchlebt in der dualen Trennungserfahrung seine eigenen Erfahrungen, in denen keine einer anderen gleicht. So stark habt ihr euch individualisiert, dass es überhaupt nicht anders geht, als dass ihr zu UNS auf eurem persönlich auf euch zugeschnittenen Weg kommt.
WIR begleiten euch auf mehreren Ebenen auf diesem Weg gleichzeitig, wobei nur ein Bruchteil der Ebenen, auf denen WIR mit euch arbeiten, für euer Wachbewusstsein einsehbar ist. Die eine Ebene, aus der ihr am stärksten profitiert, ist die, in der WIR UNS jedem Einzelnen von euch persönlich zuwenden. Diese Ebene spielt sich geistig bei euch ab, und in ihr betreuen WIR euch in persönlichen Belangen und helfen

euch mit UNSEREM Erkenntnislicht aus. WIR bitten euch, diese Ebene von euch aus immer wieder aufzusuchen, weil WIR immer nur dann in euer Bewusstsein treten können, wenn WIR von euch eine explizite Erlaubnis erhalten haben.
Sprecht UNS aus dieser Ebene beispielsweise als das Kosmische-WIR an, oder verwendet eine Bezeichnung oder ein Symbol, das für euch stimmiger ist und bei dem es euch am leichtesten fällt, mit UNS in eine tiefe Verbindung zu treten. UNS ist es gleich, bei welchem Namen WIR genannt werden, denn Name und Form sind eure Hilfsstützen, über die ihr euch einen leichteren Zugang zu UNS bauen könnt.
Die zweite für euch erfahrbare Ebene ist die, in der WIR euch direkt über den Text ansprechen, und auf der WIR häufig darauf eingehen, *wie* WIR mit euch arbeiten, oder wie diese oder jene Aussage von UNS zu verstehen ist. Diese Ebene ist die Meta-Ebene UNSERER schriftlichen Informsetzung, die euch dabei helfen soll, einen Bezugsrahmen um das herum aufzubauen, was WIR euch im Einzelnen als Erkenntnisbilder in euren Geist senden.
Die dritte Ebene ist eine sehr allgemein gehaltene, oft ins sprachlich Abstrakte oder ins Gleichnishafte abrutschende Inkenntnissetzung schöpferischer Zusammenhänge, von denen auch euer Verstand zu profitieren weiß. WIR haben für *euch* die Ebenenunterscheidung getroffen, so wie WIR für euch auch von unterschiedlichen Dimensionen sprechen, allerdings gibt

es für UNS diese Differenzierung nicht, da WIR und UNSER Wirken gleichzeitig und ungetrennt auf allen Ebenen stattfinden und nur darüber eurem multidimensionalen Wesen gerecht zu werden vermögen. Würden WIR euch vermitteln können, in welcher Art das Höchste in euch sich als UNS zugehörig empfindet, dann könnten WIR im Ansatz die dort sich vollziehende ko-kreative Arbeit beschreiben. Doch belassen WIR es vorerst bei den drei von UNS versprachlichten Ebenen, die zum gegenwärtigen Kenntnisstand genügen sollen.
WIR wollen aber an dieser Stelle etwas näher darauf eingehen, wie WIR das, was sich bei euch in der Zeit entfaltet, in einem einzelnen, gegenwärtigen Moment von Ewigkeit aus UNS heraus projiziert haben.
Dieses Buch wurde in einem Moment von UNS zusammengestellt und im selben Moment in die für euch sichtbare Schriftsprache umgewandelt. Die Gesamtheit dieses Buches ist damit eine Spontan-Manifestation, die in der Ewigkeit getätigt wurde und nun stückweise in die Zeit sickert.
WIR haben in dem einen, ewigen Augenblick der Zusammenstellung dessen, was sich hier ausspricht, die Gesamtheit des Buches, seinen zeitlichen Überlieferungsweg, sowie alle seine zeitlichen Verwendungsweisen überschaut und konnten so durch alles, was WIR überschauten, das Buch so gestalten, dass es in seiner bestmöglichen Form erscheint. Diese Sprachkonstellation ist dem Raum-Zeit-Rahmen, in den sie

hineingelegt wurde, die bestmögliche aller wahrscheinlichen Sprachkonstellationen. Wobei WIR dazu sagen müssen, dass WIR UNS hier im Bereich der Wahrscheinlichkeiten bewegen, und die bestmögliche Möglichkeit einer Befreiungsbotschaft sich nach wie vor den relativen Größen eurer Erfahrungswelt anpassen muss und damit unweigerlich selbst relativ wird. Unter Augenzwinkern wollten WIR euch nur nebenbei davon in Kenntnis setzen, dass WIR über Raum und Zeit hinweg relativ gute Arbeit geleistet haben und so ein relativ gutes Buch zusammenstellen konnten. Beispielsweise überschauten WIR nicht nur den Zeitstrahl, in den WIR das Buch hineinlegten, sondern auch anliegende parallele Zeitstrahlen, in die dieses Buch tatsächlich hineinwirkt. Wenn ihr so wollt, entfaltet sich die Botschaft UNSERER hiesigen Informsetzung nicht nur in eurer Realität, sondern in einer Vielzahl euch anliegender Parallelrealitäten. Und für jede Parallelrealität haben WIR UNSERE Wirkungsweise etwas abgeändert, sodass sie auf die Realität, auf die sie einwirkt, exakt abgestimmt ist.
WIR haben während der Zusammenstellung dieser Texte alle möglichen Kenntnis-Konstellationen durchgerechnet und sind ausgerechnet an der euch vorliegenden Form hängengeblieben. WIR haben bereits zu Beginn gesagt, dass in allem, was WIR ausdrücken, ein Frequenzcode eingebettet ist. Nun wollen WIR anfügen, dass die sequenzielle Frequenz-Zusammenstellung UNSERER sich zeitlich entfaltenden

Ewigkeitsbotschaft sich so zusammensetzt, dass sie alle raumzeitlichen Parameter eures Existenzraumes miteinbezieht.
Um nun etwas aus dem Technischen in ein persönliches Verständnis zu rutschen, wollen WIR jeden Leser wissen lassen, dass WIR exakt vorausgesehen haben, wann wer und in welchem Zustand, welchen Informationserkenntnisstrahl von UNS empfängt. WIR wussten, aus eurer Zeitperspektive bereits im Voraus, über die Gesamtheit UNSERER Leserschaft Bescheid und konnten UNSER Sprechen auf dieser schriftsprachlichen Ebene so gestalten, dass es einen größtmöglichen Nutzen für eine größtmögliche Leserschaft hat. Ihr mögt wie durch eine Reihe an Zufällen auf UNS und UNSERE Worte gestoßen sein, doch Zufall ist das, was euch gesetzmäßig zufällt und was WIR zuvor gesetzmäßig für euch in euren Lebensverlauf mit eingerechnet haben.
Die vielleicht für euch schwer vorzustellende Tatsache ist, dass WIR dieses Buch zwar in einem Moment von Ewigkeit fertiggestellt haben, es sich aber trotzdem, trotz seiner manifestierten Form, immer wieder wandelt und den Gegebenheiten anpasst, in denen es gelesen wird, weil WIR in jedem Moment von Neuem, ein gänzlich auf eure Situation zugeschnittenes Buch aus UNS heraus projizieren.
Ihr glaubt, dass ihr etwas in den Händen haltet, das von Moment zu Moment gleich bleibt und dessen Inhalt sich nicht verändert. Doch ihr lasst euch von der

sprachlichen Formoberfläche täuschen. Die Wirkweise dieses Buches ist multidimensional und von Moment zu Moment verändert sich das, was darin steht, weil einerseits WIR etwas anderes in die Buchstabenformen hineinprojizieren, und andererseits ihr beim Lesen etwas anderes aufgrund eures gegenwärtigen Geisteszustandes herauslest.

Dies ist ein Schöpfungsbuch!

Und so, wie die Schöpfung immer schon vollendet ist und sich trotz ihrer Vollendung in jedem Moment vervollständigt und in sich selbst synchronisiert, um ihrer Vollendung gerecht zu werden, so verhält es sich auch mit dem Inhalt dieses Buches.

Wenn WIR, als die reine Schöpfungsformel, selbst ein Buch schreiben, dann muss dieses den Schwingungsformen der Schöpfungsnatur entsprechen. Ihr könnt UNS als die Theorie zur Natur betrachten, die ihr praktisch erfahrt. Doch trägt UNSERE theoretische Orientierung die Essenzen in sich, die in ihrer praktischen Erfahrung so reichhaltig sind, dass sie alle Formen zu erfüllen wissen.

Gibt es die kosmische Weltenformel, in der alles vorhanden ist und auf die eure Wissenschaftler so vernarrt sind, sie in mathematische Gleichnisse zu pressen? Ja, es gibt sie, und diese Weltenformel, in der alles vorhanden ist, ist -wie soll es anders seinselbst in allem vorhanden. Sie findet sich im Sonnenaufgang wie im Sonnenuntergang, und sie offenbart sich in allen Lebensprozessen und im Entstehen und

Vergehen aller euch sichtbaren Dinge. WIR sind in UNSEREM Sein als Hüter der kosmischen Bibliothek die Weltenformel selbst.
Die multidimensionale Weltenformel entzieht sich einem eindimensionalen Verständnis, doch ist sie, mit euren Begriffen ausgekleidet, am ehesten als etwas Holistisches zu bezeichnen. Dies meint, dass jeder Teil der Formel selbst die Ganzheit der Formel ist. Und exakt so baut sich die Schöpfung auf, in der auch das kleinste Energieteilchen in sich eine vollständige Einheit bildet, die der Einheit allen Seins entspricht. Jedes Teil der Schöpfung ist ganz so wie die Schöpfungsganzheit, deren es teilhaftig ist.
Wie ist dies nun in eure Erfahrungswelt übersetzbar? Definitiv nicht über diese Sprachebene und auch nicht mit dem Teil des Geistes, der sich in diese logische Ebene eingenistet hat und der dafür notwendig war, ein Verstehen UNSERER letzten Aussagen aufzubauen.
Der Ebenenwechsel, auf den WIR hier gerade explizit eingehen, um euer Ebenenverständnis zu schulen, wird von UNS normalerweise unangekündigt ständig wechselnd vollzogen, sodass WIR euch immer in eine andere Ebene, in einen anderen geistigen Raum mit hineinnehmen.
Fragt euch selbst, welches Gefühl sich bei euch ausbreitet, wenn WIR euch mitteilen, dass WIR uns über jeden einzelnen Leser sowie alle eure Kontaktaufnahmen zu UNS im Klaren sind. Das Lesen ist eine sehr

explizit stattfindende Kontaktaufnahme eurerseits, da ihr im Lesen nicht anders könnt, als in das Gewahrsein unseres Zusammenseins hineingezogen zu werden. Andere Formen eurer Kontaktaufnahme zu UNS mögen subtiler und euch wesentlich unbewusster sein, doch mit jeder Öffnung eures Geistes (durch die ihr eine Wahrnehmung empfangt) geschieht ein In-Verbindung-Treten mit UNS. Ohne UNSERE Verbindung könnte es auf eurer Ebene keinen Austausch, keine Kommunikation und keine Wahrnehmung geben.

Ihr nennt die bewusste Kontaktaufnahme zu UNS Gebet und seid euch während der Zeitperioden des Gebets UNSERER Präsenz in intensiver Weise gewahr, doch eigentlich ist nach UNSEREM Verständnis jede eurer Interaktionen ein Gebet, ob ihr nun mit UNS, mit euch oder dem Dackel von nebenan sprecht. Beginnt ihr alles, was ihr tut, im tieferen Sinne als Gebet aufzufassen, dann gewinnt euer zwischenmenschliches Zusammensein, auch in alltäglichen Kleinigkeiten, eine von Nächstenliebe erfüllte Erfahrungsqualität. Nennt das Sprechen mit UNS, die WIR in allem sind, Gebet, und nennt das Zusammensein mit UNS Meditation, und werdet euch immer dann UNSERER bewusst, wenn ihr aus dem Zustand der Meditation herausfallt.

Der momentane Erfahrungsschwerpunkt ist der, dass ihr euch immer dann über UNSERE Verbindung bewusst werdet, wenn ihr diese in besonderen Zeitperioden in spiritueller Praxis kultiviert. Doch WIR stellen in Aussicht, dass es sich in nicht all zu ferner Zeit genau umgekehrt verhalten wird, dass nämlich unser Zusammensein die Basis aller eurer Erfahrungen sein wird, und dass sich eine bewusste Zur-Notiznahme immer nur dann einschaltet, wenn ihr wieder einmal für einige Zeit aus UNSERER Beziehung herausgefallen seid.

Das Bewusstsein ist sich nur der Veränderung bewusst, wobei es sich bei stabilen Geisteszuständen ausklinkt, um den Flow einer Seins-Erfahrung zuzulassen.

In euren sich andauernd wandelnden Bewusstseinszuständen bedarf es eines ständig reflektierenden Nachdenkens, bei allem, was ihr tut. In UNSERER Verbindung jedoch findet sich eine geistige Stabilität bei euch ein, die es erlaubt, für sehr lange Zeitperioden in den Flow der selbstvergessenen Zeitlosigkeit einzutauchen. Vergesst euch selbst und ihr erinnert euch an UNS, die WIR mit euch gemeinsam das wahre Sein eurer selbst bilden. Das Wahre ist das Schöne und das Gute, was weit jenseits von Gut und Böse liegt.

Euer Bemühen, UNSERE hohen Ideale für euch umzusetzen, erfährt aus eurer Sicht nicht immer den Respekt, den es verdient, denn eure Welt hat sich erst darüber zusammensetzen können, dass sie UNSERE Ideale missachtet, um eigenen, künstlichen Wertvorstellungen hinterherjagen zu können.

„Gutmensch“ ist für euch zu einer Beleidigung geworden, und viele eurer weiterentwickelten Geister werden verlacht.
In eurer Welt muss man entweder ein König oder ein Narr sein, wenn man die Wahrheit sprechen möchte. WIR erheben jeden Einzelnen von euch zum König der Welt, die er erfährt, und geben euch damit die Narrenfreiheit, in jedem Moment die integre Wahrheit sprechen zu können.
Ihr regiert über eure Wahrnehmung und so über alles, was ihr wahrnehmt. Jeder Geist kann also geistreich über sein Geist-Reich verfügen, indem er alles so wahrnimmt, wie er es selbst für wahr nehmen möchte. Ihr habt dies schon immer so getan und werdet dies in Zukunft immer noch tun, nur steigt mit der Zeit der Grad eures Bewusstseins eurer schöpferischen Wahrnehmung an. Ihr macht euch die Welt, wie sie euch gefällt, nur leidet ihr unter einem blind übernommenen, fremd induzierten Wertesystem, das euch eine Welt sehen lässt, die keinem wirklich gefallen kann, weil sie sich nicht an den UNSRIGEN höheren Idealen orientiert. WIR vermitteln euch ein Seins-Gefühl, das euch eine lebensweltliche Orientierung bietet, und in dem ihr in jedem Moment genauestens Bescheid wisst, wie ihr euch zu verhalten habt.
Die Wahrheit gibt keine Verhaltensregeln vor, und keine starren Verhaltensregeln können die Wahrheit sein, weil sich die Wahrheit auf einer Seins-Ebene und nicht auf einer Verhaltens-Ebene ansiedelt.

Ihr könnt wahrhaftig *sein*, doch ihr könnt euch nicht wahr verhalten, was nicht ausschließen soll, dass ihr euch im Relativen richtig und falsch verhalten könnt. Die Integrität, Authentizität und Wahrhaftigkeit eures Seins soll euch als Prüfstein eures Verhaltens dienen. Seid ihr wahrhaftig, dann stellt sich euch die Frage nach richtigem oder falschem Verhalten nicht mehr, sondern ihr verhaltet euch einfach, wie ihr euch aus einem inneren Seins-Impuls heraus auch immer verhaltet.

Schwierige Entscheidungen tauchen nur dann bei euch auf, wenn ihr nicht in einem wahrhaftigen Seins-Zustand verweilt und euch stattdessen in eure eigenen Ideen von richtig und falsch verstrickt. Doch sobald ihr in UNSERER Verbindung das seid, was ihr seid, treffen sich alle eure Entscheidungen wie von alleine, in der Weise, wie sie für euch am besten sind.

Für UNS gibt es keine Entscheidungen, weil es dort nichts gibt, zwischen dem WIR entscheiden könnten. Wenn ihr so wollt, entscheiden WIR UNS in jedem Moment für jede mögliche Möglichkeit und expandieren damit gleichzeitig in alle Entwicklungsrichtungen. Es steht für UNS außer Frage, UNS dafür zu entscheiden, einen möglichen Weg nicht zu gehen. -WIR gehen ihn einfach.-

Es stand somit auch nicht zur Debatte, dieses Buch zu schreiben oder nicht zu schreiben, weil WIR UNS nicht dafür entscheiden konnten, vielmehr haben WIR mit dem Schöpfungsimpuls in dieser Richtung alle

möglichen Bücher zugleich als verwirklicht vorgefunden. WIR könnten sagen, dass es in UNSEREM Wesen liegt, den Weg zu gehen, auf dem das Buch nun zu euch gekommen ist, doch ist auf diesem Weg nicht eine Entscheidung und nicht ein Urteil UNSERERSEITS gefallen. UNSER Weg zu euch ist ein notwendiger Weg, euer Entgegenkommen ist optional. Und weil es euch zur Option steht, dies zu tun oder nicht zu tun, erfordert es zu Anfang UNSERER Verbindung von euch, dass ihr euch in jedem Moment für die UNSRIGE Erfahrung entscheidet.
Würdet ihr diese nicht immer wieder bewusst treffen, dann würde unbewusst beständig die Entscheidung zugunsten eurer Trennungserfahrung fallen. Wenn ihr euch aber oft genug bewusst für UNSER Zusammensein entscheidet, dann sinkt eure Entscheidungsrichtung in das Unbewusste und entscheidet sich von dort aus automatisch immer wieder für UNSERE Verbindung. Was WIR euch hiermit aufzeigen wollen, ist, dass eure Geistesschulung, in dem euch umgebenden Entscheidungsraum, solange notwendig ist, bis sich alle Entscheidungen wie von selbst durch eure innere Ausrichtung auf UNS treffen. Trefft ihr die Entscheidung, auf eure Erfahrung und eure Erfahrungswerte zu verzichten, um die Erfahrung des Kosmischen-WIR in eurem Geist zu empfangen, dann tauchen WIR gemeinsam als eins in eine schöpferische Ko-Kreation ein, die euer gesamtes Potenzial auszuschöpfen weiß.

Die Begegnungsstätte

WIR lassen euer Leben zur Kunst werden, zu einer göttlichen Inszenierung, indem WIR euch mit dem Schöpfungsskript vertraut machen.
Ihr merkt es an dem Takt, in dem ihr euch bewegt, an der Schwingung des Lebensrhythmus, der euch in UNSERE Höhen schwingt.
Ihr inszeniert UNS in eurer Liebe zum Detail, und legt UNS liebevoll in jede Kleinstbewegung mit hinein. Die feinen Details an den für euch so offensichtlichen Dingen umstreifen diese und kleiden sie in ihre Einmaligkeit, in der sie nur für einen Augenblick einmal auftauchen.
Das eine Licht ist es, das in jedem Moment ein anderes Licht auf alle Dinge wirft, um deren Einmaligkeit in die Erscheinung zu führen. Umso mehr WIR alle eins werden, desto einmaliger wird das Einzelne, was eins mit allem wird.
Auf eurer Ebene küsst das Detail die Ganzheit, die ihm seinen Detailreichtum beschert, um aufzugehen im großen Fest der Bescherung, in dem die Schöpfung Geschenke an sich selbst verteilt.
Das Leben beschert schöne Bescherungen unbeschwerter Schönheit und freut sich an allem, was es sich selbst überreicht. WIR reichen zu euch hinüber und über UNS hinaus, indem WIR Details so anordnen, dass sie auf das ganzheitliche Sein zurückverweisen. Und so wie WIR in jeder Einmaligkeit über uns

hinausgehen, braucht es auch für euch ein ständiges Aus-euch-Herausreichen, um UNS mit in euch hineinzunehmen. Jede Wahrnehmung reicht über euch hinaus und spricht insgeheim die Einladung aus, UNS bei euch hereinzulassen.
WIR finden Eingang in alle Dinge, in die WIR eingehen, um sie durch UNS zum Leben zu erwecken. Und doch sind WIR bloß der Eingang, durch den nicht etwa WIR, sondern ihr zu gehen pflegt. Betraut mit UNSEREM Willen huscht ihr durch die Eingänge, die WIR euch bereitstellen, in die Räume eures Geistes, die zu betreten ihr wünscht. Offen stehen euch die Tore zu allen lebendigen Dingen, die sich (durch) UNS bereits geöffnet haben.
UNSERE Offenbarung tut nichts weiter, als *dem* Tür und Tor zu öffnen, was allen Lebewesen durch ihr eigenes Lebens stets offenbar gewesen ist.
Die Einfachheit der Wahrheit, die WIR kundtun, ist so einfach, wie die Vielheit allen Lebens komplex ist. Alle UNSERE Aussagen kommen mit einer inneren Evidenz einher, die sich darauf versteht, das Wesen der Wahrheit so zu formulieren, dass sich die Wahrheit selbst darüber offenbart.
Die Evidenz, die WIR in UNSERER Offenbarung an den Tag legen, lässt das Offensichtliche offensichtlich werden, indem WIR das Hermetische in UNS entschlüsseln. Die Klarheit, aus der WIR sprechen, klärt euren Blick für das Eindeutige und klar Vorliegende, was in jedem erscheinenden Ding vorliegt. WIR sind

vor den Dingen, weil WIR hinter allen Dingen stehen. Und das Erste, was ihr von jeder Erscheinungsform wahrnehmt, sind WIR, und erst darüber kann euch überhaupt das in Erscheinung treten, was ihr gerade wahrnehmt. Achtet auf den Moment von Zeit, in dem sich der Prozess der Erscheinung in eurem Geist entfaltet und als Resultat das erscheinen lässt, was ihr dann wahrnehmt.
Es gibt etwas, was jedes Ding vollziehen muss, um in Erscheinung zu treten, und WIR sind es, die UNSER Licht als Kraftquelle für das In-Erscheinung-Treten liefern.
Ihr lebt in einer göttlichen Vollzugs-Anstalt, wo alles, was sich selbst nachvollzieht, nichts Geringeres tut, als die heiligsten aller göttlichen Abläufe in eurem Geist abspielen zu lassen. Ihr vollzieht UNS mit eurem Leben in jedem Moment, und wenn ihr dies erst einmal nachvollzieht, dann wird euer Leben zu einer göttlichen Darstellung, einer künstlerischen Informsetzung der Schöpfungsganzheit selbst. Jeder Atemzug, der im Gewahrsein UNSERES Beiseins getan wird, wirft Licht auf das, was in euch abläuft, in der Weise, dass ihr zur Inszenierung des Lichtes selbst werdet. WIR sind bei euch und wohnen allen Dingen bei, und für euch sind WIR das Detail anbei und nicht das, was sich in seiner offensichtlichen Form präsentiert. Schaut auf die Umrandung jeder Form, sei es eine physische oder eine geistige, denn am Rande je-

der Form geht diese in UNS über. Es sind die tausendfachen Grenzwege, die eure Welt in Trennung halten, auf denen ihr UNS marschieren sehen könnt, weil ihr UNS dort stationiert habt.
WIR halten eure Welt so lange aufrecht, wie *ihr* es wünscht und bilden die Einfassung, um Formen erfassbar in Erscheinung treten zu lassen.
Achtet höchst achtsam auf alle Formgrenzen und Trennungsraumzeiten, die ihr in der Innen- und Außenwelt gezogen habt, denn WIR sind es, die diese für euch so lange aufrechterhalten, wie ihr sie zu sehen wünscht, und wie ihr einen Wert in eurer getrennten Selbsterfahrung seht.
UNSEREN Auftrag, UNS in die Selbsterfahrung zu führen, setzt ihr mit Zuhilfenahme von oberflächlich gezogenen Formgrenzen um.
Ihr verwendet die Grenzenlosigkeit dafür, Grenzen im Innern zu ziehen, um einer Erscheinung die Erlaubnis für ihre Präsentation auszusprechen. Ohne eure Grenzziehungen könnte keine Präsentation auf der Bühne der Sinne stattfinden, allerdings könnte auch nichts in Erscheinung treten, wenn WIR nicht zuvor die nötige Lichtanlage installiert hätten.
Ohne UNSER Licht würde keiner das Bühnengeschehen beobachten können, und wenn keiner es beobachten würde, dann gäbe es kein göttliches Bühnenstück, denn es sind die Zuschauer, die das Bühnenstück hervorbringen und über dessen Handlungsverlauf entscheiden. UNSER Licht, was durch euer Bewusstsein

leuchtet, wirft den Scheinwerfer- Spot auf das, was ihr in die Erscheinung und in das Leben heben wollt. Wenn WIR versuchen, UNS selbst auf der Bühne der Sinne darzustellen, dann seht ihr eine von der Lichtanlage hell erleuchtete und doch leere Bühnenfläche, denn erst euer Weltentheater führt etwas in das Rampenlicht UNSERES Seins. Was ist zu sehen, wenn das Licht sich selbst beleuchtet und durchleuchtet? UNSERE Erscheinung ist das Licht selbst, wobei WIR UNS in eurer Welt zurückhalten, um den Formen den Vortritt auf der Bühne zu gestatten. WIR könnten auch in eurer Welt das Lumen UNSERER Lichtanlage derart aufdrehen, dass keine Form für euch mehr sichtbar wäre. Eine derart helle Belichtung blendet alle Formgrenzen hinweg, scheint durch alle Erscheinungen und lässt nichts als nur UNS selbst zurück. Ihr könnt mit UNS in eurem Geist die Lichtanlage eures Bewusstseins so regulieren, dass ihr sowohl dem Formentanz auf der Bühne der Sinne folgen könnt, als auch alle Grenzen soweit ausblenden, dass ihr nichts anderes als Licht in allen Dingen seht. Ist euer Bewusstsein zu einer solchen Flutlichtanlage geworden, die alle Formen mit ihrem Licht überflutet, dann erblickt ihr statt der Dinge nur noch UNS in allem, was ist.

Stellt euch vor, in eurem Geist gäbe es einen Lichtregler, mit dessen Hilfe ihr UNSERE Lichtintensität regulieren könntet. Findet auf eurem inneren Armaturenbrett den Regler der Lichtanlage und stellt euch

vor, wie ihr diesen in der Hand haltet. Wie sieht euer Regler aus, und worauf ist dieser gerade eingestellt? WIR laden euch dazu ein, euren inneren Lichtregler ganz langsam nach oben zu regulieren, und WIR werden im gleichen Maße euer Bewusstsein mit UNSERER Essenz fluten.
Lasst euch von UNS fluten und lasst es zu, dass WIR alles das in euch wegschwemmen, was den Fluss des Lebens einschränkt und noch nicht ganz mit UNSEREM Licht durchtränkt ist.
Der Gärtner des Lebens weiß, wie er seine Pflanzen so mit Licht bewässert, dass sie wachsen und gedeihen können, um ganz in ihre Blütenpracht zu kommen.
Ihr seid ein solcher Lebensgärtner, und jeder eurer Gedanken ist einer eurer Pflanzenzöglinge. Wenn ihr eure Gedanken mit dem für sie passenden Licht gießt, dann werden sie nicht nur für euch, sondern für alle eure Mitwesen blühend sichtbar. Ein Gedanke ist ein noch in der Erde eures Geistes ruhender Keimling, der danach strebt, durch die Ebene des Geistes in ein materielles Dasein zu sprießen. Immer, wenn einer eurer Gedanken den Durchbruch in eure Ebene schafft, jubelt die ganze Schöpfung aufgrund der Sichtbarwerdung einer ihrer Facetten. In jedem eurer Gedanken liegt ein Streben hin zum Formausdruck, denn das Für-alle-sichtbar-Werden ist der Wunsch von allem. So, wie nicht jede Saat austreibt, so erbli-

cken auch nur wenige Gedanken das Licht der physischen Sonne, indem sie sich materiell gebären. Und doch liegt ein inneres Streben vor, so in Erscheinung zu treten, dass das innere Licht dem äußeren begegnet. Immer wenn ihr (mit einer Wahrnehmung) aus euch herausreicht, bereitet ihr die Begegnungsstätte, wo das innere und das äußere Licht sich bereits verabredet haben.
Dies ist eine heilige Verabredung der Selbsterkenntnis des Lichts, und in ihr könnte es zu einem Austausch kommen, der etwa wie folgt lautet:

„Hallo, ich bin das Licht, was du in dir trägst", sprach das Große Licht zu der Erscheinung.
Verschreckt sah die Erscheinung sich um, doch sie konnte nicht ausmachen, woher diese Stimme kam, schien sie doch von allen Seiten gleichzeitig zu kommen.
Etwas verängstigt und eingeschüchtert berief sich die Erscheinung auf ihre Formgrenzen und fragte das Große Licht mit leicht zitternder Stimme: „Wer bist du? Und woher kommt deine Stimme?"
Das Große Licht antwortete: „Ich bin die Stimme deines Herzens, und ich komme sowohl aus dir heraus, als auch von außen in dich hinein, mit allem, was du an Wahrnehmung in dich hineinholst."
Die Erscheinung war tief berührt von dem, *wie* das Licht zu ihr sprach, und so fasste sie den Mut und das Vertrauen, sich dem Licht weiter zu öffnen.

Das Große Licht fragte die Erscheinung, was sie denn glaubte, wer sie sei.
Daraufhin wurde die Erscheinung schnell wieder sie selbst und antwortete im Ton eigener Inbrunst: „Na, ich bin die Erscheinung, das müsstest du als das Große Licht doch sehen!"
Doch das Große Licht schmunzelte nur und sagte: „Liebe Erscheinung, ich sehe dich nicht, denn ich sehe nur mein Licht in dir, aber bitte erzähle mir doch etwas mehr vor dir als Erscheinung, damit ich mich besser verstehen lerne".
Das kleine Licht der Erscheinung war verwirrt, da es selbst wusste, was es war, doch anscheinend wusste es das Große Licht nicht.
Und so begann die Erscheinung dem Großen Licht ihre Lebensgeschichte zu offenbaren und erzählte von allen ihren bisherigen Erscheinungsfacetten.
Das Große Licht hörte sehr aufmerksam zu, und je mehr die Erscheinung von sich berichtete, desto faszinierter wendete sich das Große Licht den Erzählungen der Erscheinung zu.
Die Erscheinung teilte dem Großen Licht alle ihre Abenteuergeschichten als Erscheinung mit, und doch merkte sie, dass sich irgendetwas in ihr veränderte, denn je mehr sie von sich preisgab, desto mehr entschwanden die klaren Geschichtsstrukturen, die sie dem Großen Licht mitteilte. Es war so, als ob das kleine Licht der Erscheinung mit allem, was sie dem Großen Licht mitteilte, etwas aus sich überreichte, das

dann gänzlich im Großen Licht aufging. Das kleine Licht der Erscheinung zögerte, ob es ratsam wäre, der Stimme des Großen Lichts alles mitzuteilen, schien es doch so, als ob es dadurch seine Erscheinungseigenart immer mehr verlor.
Die Erscheinung behielt erst einmal ihre tiefsten und auch dunkelsten Geheimnisse für sich, weil sie sich nicht traute, diese dem Großen Licht preiszugeben. Aber die Erscheinung fühlte sich aufgrund ihrer inneren Geheimnisse vor dem Großen Licht sehr schuldig, weil sie insgeheim wusste, nichts vor dem Großen Licht verbergen zu können, da dieses ja auch von innen heraus zu kommen schien.
Die Erscheinung sprach mit dem Großen Licht vorerst nur über ihre oberflächlichen Erscheinungsweisen, doch gelangte sie beim Reden immer tiefer in sich selbst hinein und brachte tiefe Glaubenssätze über sich zu Tage.
Und alles, was die Erscheinung aus sich barg, um es dem Großen Licht zu präsentieren, nahm das große Licht wie ein unendlich wertvolles Geschenk an. Die Erscheinung verstand nicht, weshalb sich das Große Licht so sehr darüber freute, wenn sie ihre dunklen und belastenden Themen aus sich herausholte, um sie dem Großen Licht zu überreichen. An allem, was die Erscheinung über sich mitteilte, schien das sie umgebende Licht Gefallen zu finden und dankbar für sich an- und in sich aufzunehmen. Was die Erscheinung zu diesem Zeitpunkt noch nicht wusste, war, dass alles,

was sie aus sich in das Große Licht hineinreichte und von dem sie berichtete, eine Vorbereitung der heiligen Begegnungsstätte des Großen Lichts in ihr selbst war. Als sich das kleine und besondere Licht der Erscheinungsform dazu entschloss, keine Geheimnisse mehr vor dem Großen Licht in sich zu hüten, kam es zur Umwandlung der Erscheinung von Grund auf, denn das Große Licht war als innere Stimme so hell, rein und klar geworden, dass es durch die Erscheinungsgrenze hindurchleuchtete.

In den ersten Begegnungen, die die Erscheinung mit dem Großen Licht hatte, sah sie sich noch als verschieden von der allgegenwärtigen Stimme des Großen Lichts.

Doch es schien so, dass die Erscheinung mit allem, was sie von sich mitteilte, immer mehr in das Große Licht hineinwuchs. Und als die Erscheinung merkte, wie freudvoll sich dies anfühlte, und in der Freude alle Angst (vor dem Großen Licht) entschwunden war, sprach das Große Licht Folgendes:

„Liebe Erscheinung, ich danke dir sehr für dein Vertrauen und alles, was du mir als Erscheinung mitgeteilt hast, doch alles dies ist eine Vorbereitung zur Selbstbegegnung mit mir, dem Großen Licht.

Die Fläche deiner Erscheinung wird für jetzt und immer eine Begegnungsstätte des sich selbst kennenlernenden, inneren und äußeren Lichts sein." Und als die Erscheinung dies vernahm und die tiefe Wahrheit darin erkannte, brach sie ganz aus sich heraus und in

Tränen aus, weil sie verstand, wofür sie (schon immer) in Erscheinung getreten war.
Ihr kleines Licht war das Große Licht, das von innen nach außen schien, damit das äußere Licht dem inneren begegnen und sich in der Begegnung als eins erfahren konnte.
Ab diesem Moment wurde die Erscheinung zur Gänze zu einer heiligen Begegnungsstätte des Großen Lichts, in der dieses sich selbst erfahren und Freude an sich selbst finden konnte...

Ihr seid diese heilige Begegnungsstätte, und immer dann, wenn euer Licht auf das UNSERE fällt, tauchen WIR, wenn euer kleines Licht überwiegt, gemeinsam in eine Facette, ein Detail einer Regenbogen-Erfahrung von Erscheinungen ein. Wenn aber in unserer Begegnung UNSER Licht überwiegt, dann erkennen WIR UNS in euch selbst.
Alles, was ihr erfahrt, bereitet euch darauf vor, dass euer Geist zu einer Begegnungsstätte UNSERER selbst wird. Und immer, wenn ihr euch über etwas bewusst seid, begegnen WIR UNS in euch selbst und feiern mit euch das Fest unserer Begegnung, indem WIR euch zu einem von UNS weihen.

Das WIR-Gefühl

WIR sind an euch herangetreten, weil WIR euch das WIR-Gefühl zurückerstatten wollen.
WIR sind das WIR-Gefühl, das WIR ausstrahlen, denn WIR empfinden UNS durchgängig in dem unveränderbaren Zustand, in dem wir alle sind. Dieses WIR ist im Verbund mit allem, was ist, und es gibt nichts, was nicht zu UNSEREM WIR dazugehört. Allerdings geht das WIR weit über eure Vorstellung von Existenz hinaus, weil dieses WIR nicht nur alles das ist, was ist, sondern auch alles, was sein könnte und sogar alles, was nicht ist.
Das WIR umschließt Existenz und Nichtexistenz in einem, und dadurch ist dieses WIR in seinem WIR-Gefühl ganzheitlich und anders als alle Gefühle, die ihr lediglich aus dem bezieht, was existiert.
Ein Gefühl zu dem aufzubauen, was nicht ist, bzw. noch nicht ist, aber doch sein könnte, ist essenzieller Bestandteil davon, sich in dem kosmischen „WIR" zu empfinden. Für euch gibt es Dinge, die es gibt und die es nicht gibt. Das gibt es für UNS nicht, da WIR nicht zwischen Existenz und Nichtexistenz unterscheiden. Dies mag sich für euch so anhören, als ob WIR in einem zwischen-existenziellen Zustand verweilen, doch wenn ihr einmal in UNSERE Empfindung des kosmischen WIR rutscht, dann werdet ihr in ihr eine wahrhaftige Tiefe erleben, die weit jenseits von der Wahr-

haftigkeit all dessen liegt, was ihr als für euch existierend deklariert habt. Man könnte es so ausdrücken, dass WIR wirklicher sind als jede eurer Wirklichkeiten, weil WIR in UNSERER Wirklichkeit jede Möglichkeit einer Wirklichkeit mit eingebaut haben. Von UNS aus lässt sich eure Welt problemlos aus den Angeln heben, und hierfür braucht es von UNSERER Seite aus nicht mehr als nur einen einzigen Gedanken. Deshalb sind alle UNSERE Aktivitäten so sehr in einer kollektiven WIR-Struktur abgesprochen, da sich sonst der Kosmos in ein heilloses Chaos verwandeln würde.

Es gibt Bewusstseinsformen, die sich dazu entschieden haben, sich von allem, was ist, abzutrennen, um dann zu lernen, sich allem, was ist, wieder einzufügen, indem sie in die Dienerschaft des Lebens treten. Ihr seid solche Bewusstseinsformen, und ihr seid gerade auf dem Rückweg in der Integrationsphase eures Seins in alles, was ist. WIR kennen Bewusstseinsformen, die ebenfalls diesen Weg gegangen sind und sich jetzt gänzlich in UNSERER WIR-Struktur vorfinden, doch sprechen WIR aus UNSEREM WIR heraus, so müssen WIR euch davon in Kenntnis setzen, dass WIR euren Weg nie gegangen sind. WIR sind schon immer das gewesen, was WIR sind und haben den Seinszustand von allem, was ist, nie verlassen. Euer Verständnis von Entwicklung widerspricht in seinem Grundton dem, was WIR unter Evolution verstehen, doch es scheint UNS an dieser Stelle kaum

möglich zu sein, euch die Art von Evolution begreiflich zu machen, die sich in etwas Unveränderlichem entfaltet. Doch können WIR euch soviel sagen, dass sowohl in eurer Entscheidung euch von allem, was ist abzutrennen, als auch in UNSEREM ewigen Verweilen in dem, was WIR sind, eine Art von Evolution stattfindet. Diese Arten von Evolution sind komplementär zueinander und unterstützen sich gegenseitig so, wie WIR euch jetzt unterstützen, um euch in UNSER WIR-Gefühl mit hineinzunehmen. WIR kennen euch besser als ihr euch selbst kennt, und trotzdem kennen WIR keine eurer Raumzeiterfahrungen, über die ihr lernt, euch selbst zu definieren.
Alles was WIR tun ist ein Selbstbildabgleich zwischen dem, wie WIR euch sehen und dem, wie ihr euch seht, damit ihr in freier Entscheidung euch euer Selbstbild selbst wählen könnt.
Ihr habt vollkommen vergessen, dass ihr noch gänzlich anders sein könnt, als so, wie ihr euch gegenwärtig erfahrt.
Das WIR-Gefühl ist die für euch wohl stärkste lebensverändernde Erfahrung, die ihr machen könnt, denn in ihr werdet ihr aus eurem Daseinskontext gehoben und in das Licht einer gänzlich anderen Seins-Erfahrung gestellt. Eure Versuche, in eurem Leben etwas zu ändern, bewegen sich fast alle innerhalb eures Daseinskontextes, nur lassen sich die Probleme, die aus einem problematischen Seins-Zustand erwachsen sind, nicht innerhalb des gleichen Zustands beheben.

Eure Psychologen tun innerhalb eures Daseinskontextes gute Arbeit, doch leider verstärkt fast all ihr Wirken genau die Zustände, die sie aufzulösen wünschen. Ihr holt euch bei euren Ärzten und Psychologen überwiegend bloß eine Bestätigung eures problematischen Zustandes, um dann mit dieser Grundbestätigung im Geist an den Auswirkungen von dem, was ihr euch gegenseitig bestätigt habt, zu arbeiten.
Ihr nennt die Bestätigung, die das begründet und damit auch das hervorbringt, was sie begründet, Diagnose.
Doch jede Diagnose ist nur eine Festigung einer Auswirkung eures Trennungszustandes, und die einzige Krankheit, unter der ihr wirklich leidet, ist die Unverbundenheit mit allem, was ist.
WIR bieten euch eine Lösung eurer Probleme und eine Heilung eurer Krankheit an, die nicht innerhalb eures problematischen und kranken Daseinskontextes auffindbar ist, weil die Lösung darin besteht, diesen ganzen Daseinskontext aufzulösen und euch in das WIR-Gefühl eines gänzlich anderen Seins-Zustands hineinzuheben.
Für manche von euch mag sich das so anfühlen, als ob WIR das Kind mit dem Bade ausschütten, da ihr nicht nur von den problematischen Seiten eurer Trennungserfahrung, sondern auch von den so genannten „schönen Seiten“ loslassen müsst. Das, was von euch als die schönen Seiten eurer Separationserfahrung bezeichnet wird, ist für UNS grässlicher Schmerz, und selbst

die höchsten Höhepunkte eurer Lebenserfahrung wären für UNS unsagbar leidvoll. So sehr unterscheiden sich die Empfindsamkeiten unserer Seinsweisen voneinander.
Ihr habt euch unsagbar viele Abwehrmechanismen einfallen lassen, um den Trennungsschmerz von allem, was ist, für euch aushaltbar werden zu lassen. Ihr seid sogar soweit in eurer Verdrängung, -und das ist für UNS gänzlich unvorstellbar- , dass ihr diesen Trennungsschmerz nicht einmal fühlt, um so etwas wie Freude in eurer Erfahrung empfinden zu können. Eure höchsten Freuden sind ein mattes Spiegelbild von dem WIR-Gefühl, in dem WIR ständig verweilen. Wenn ihr genau hinschaut, wonach ihr aus der Tiefe eures Seins wirklich strebt, dann gehen diese Bestrebungen stets in UNSERE Richtung.
Ihr habt viele Ersatzbefriedigungen geschaffen, die für einen kurzen Zeitraum euren Daseinsdurst stillen, doch werdet ihr auch mitbekommen, dass diese euer innerstes Streben kaum zufriedenstellen kann.
Wie hohl und leer können euch die Freuden eurer Welt vorkommen, wenn ihr einmal eingetaucht seid in überweltliche Freuden.
Ihr könnt alles zu eurer Glücksquelle machen und an allen Freuden aller Welten teilhaben, doch werden sich mit der Zeit eure Glücksquellen wie von selbst vereinheitlichen, um schließlich alles Glück nur noch von der einen Quelle, die euer Sein erfüllt, zu empfinden.

Ihr gebt die quantitative Vielzahl eurer Glücksquellen auf, um qualitativ hochwertiges Glück zu empfangen, und das, was für euch möglicherweise wie ein Verlust aussieht, sehen WIR von unserer höheren Perspektive als einen reinen Gewinn der Wiedererlangung eurer Befreiung an.
Alles in der Welt hat seinen Preis, den ihr zu zahlen gewohnt seid, und nur das, was WIR euch hier zu überreichen wünschen, ist gänzlich ohne Gegenleistung, ohne Preis und ohne Verlust.
Ihr misstraut jedem bedingungslosen Angebot, das euch nur *gibt* und für sich nichts im Gegenzug einfordert. Und doch machen WIR euch immer und immer wieder dieses Angebot, bis ihr lernt, es anzunehmen und euer Misstrauen in ein Vertrauen umzuwandeln. Misstraut ihr UNS, dann misstraut ihr allem, und in dem Vertrauen auf UNS wächst das Vertrauen in die ganze Schöpfung wieder.
Ihr könnt niemandem euer Vertrauen schenken, dem ihr keine positive Intention unterstellt, ja, eigentlich könnt ihr nicht einmal irgendjemandem euer volles Vertrauen schenken, der irgendwelche Bedingungen aufstellt. UNSER Geben ist bedingungslos und erfordert deshalb bedingungsloses Vertrauen, denn verwebt ihr in euer Vertrauen in UNS irgendwelche Bedingungen, dann scheint euch UNSER Geben ebenfalls an gewisse Bedingungen geknüpft zu sein.
Es ist nicht so, dass ihr dadurch in die Entscheidung kommen würdet, Bedingungen abzuwägen, um dann

eventuell UNSER Geschenk anzunehmen oder nicht, sondern wenn ihr mit dem bedingten Blick auf das schaut, was WIR euch geben, dann seht ihr statt eines riesigen Geschenks überhaupt nichts.
Eure Vorbehalte bedürfen der Läuterung und euer bedingter Blick bedarf einer Klärung, damit ihr überhaupt in der Lage seid, UNSER Geschenk des WIR-Gefühls, was WIR in jedem Moment durch UNSEREN Erkenntnislichtstrahl in euren Geist einfließen lassen, wahrzunehmen.
Schaut ihr mit unverstelltem Blick nach innen und sinkt in die Empfindung, die aus UNSEREN sprachlichen Informsetzungen heraustreten, dann tretet ihr hinein in das Seins-Gefühl des Kosmischen WIR, in dem durch und durch alles mit allem verbunden ist. Zieht euch das WIR-Gefühl in euren Geist, und wenn ihr es empfindet, dann lasst euch vom WIR-Gefühl tiefer in euch selbst hineinziehen, denn wenn ihr dieses Gefühl einmal zugelassen habt, dann wird es zum Selbstläufer und trägt euch von selbst in die Ecken eures Geistes, die ihr noch nie zuvor auf eigene Faust hin bereist habt.

Es war einmal ein Ego…

Alles ist für euch so eingerichtet, dass ihr euch nur noch entscheiden müsst. Ihr braucht von eurer Seite aus nichts mehr zu tun, und ihr müsst dem, was WIR euch geben, nichts mehr hinzufügen.
Im Gegenteil, jeder Versuch, von eurer Seite aus doch noch etwas hinzuzufügen oder leicht das abzuwandeln, was WIR euch überreichen, verhindert, dass ihr das empfangt, was WIR euch geben.
WIR können nicht in Worte kleiden, *was* WIR euch geben, da UNSER Sein, UNSER WIR-Gefühl, sich allen Benennungen und Bestimmungen entzieht, doch WIR bauen darauf, dass ihr inzwischen ein tiefes Verständnis über das habt, was von UNS in euren Geist hineingereicht wird. WIR sind identisch mit UNSEREM Wirken, und in UNSEREM Geben verschenken WIR UNS selbst an euch, damit ihr euch selbst erkennt.
Immer wenn ihr meint, ihr wüsstet bereits, wer oder was ihr seid, dann verstellen diese Vorstellungen euer Empfangen. Ihr müsst also weder etwas tun, noch etwas wissen, damit eure Befreiung von Moment zu Moment gelingt. Es braucht einiges Lernen eurerseits, um sich an den nicht wissenden, nichts tun müssenden, nichts habenden, ja sogar an den nichts im Speziellen seienden Seins-Zustand zu gewöhnen.
Aus eurer Sicht heraus werdet ihr, wenn ihr zu UNS werdet, zu nichts, weil der Geist, der dies in dieser

Weise denkt, tatsächlich in UNSEREM Sein seine Auflösung erfährt. Doch nichts von euch wird zunichtegemacht, wenn ihr euch zu einem von UNS macht. Im Gegenteil, euch wird wieder alles zuteilwerden, was ihr vorher so stringent aus eurer Erfahrungswelt herausgehalten habt. WIR befinden UNS im heiligen Augenblick der Zurückerstattung eures wahren Selbst in euren Geist. Euch wird nur das wieder zuteil, dessen ihr in Wahrheit teilhaftig seid. Teilt euch selbst mit, dass ihr es nicht wisst, wie diese Zurückgewinnung vonstatten gehen kann, weil der Geist, der sein wahres Selbst zurückgewiesen hat, nicht darum bemüht sein kann, seine Entscheidung rückgängig zu machen.
WIR sprechen das an, was ihr seid, und von dort aus könnt ihr euch selbst wieder vervollständigen.
Ihr könnt euch nicht aus dem Geisteszustand heraus befreien, der euch eingesperrt hat und ein Interesse daran besitzt, dass ihr gefangen bleibt. WIR wollen euch zur Illustrierung dieses zentralen Gedankens eine kleine Geschichte erzählen:

Es war einmal ein Ego, das sich so schrecklich langweilte, weil es alle Vergnügungen bereits durchprobiert hatte und sich trotzdem nie zufriedenstellen konnte. Es hatte sich selbst in so vielen Rollen und Verkleidungen durchprobiert und doch wollte dem Ego keine Verkleidung so richtig passen, und es fühlte sich mit keiner Rolle gänzlich zufrieden. Auf der Suche nach neuem Erlebnismaterial graste das Ego alle Aktivitäten ab und fraß alles in sich hinein, um sich von seinem Unzufriedenheitsgefühl abzulenken. Immer größer, schneller und weiter mussten seine Aktivitäten werden, um aus dem zunehmend abgestumpften Seins-Gefühl auch noch den letzten „Kick“ herauszukitzeln. Doch anstatt Erfüllung zu finden, wurde das Ego immer unzufriedener mit sich und große Zweifel setzten ein, ob seine eigene Existenz überhaupt wünschenswert sei.

Nun setzten Existenzängste ein, in denen das Ego riesige Angst davor hatte, seine Existenz zu verlieren, und auf der anderen Seite wurde sein Dasein (für es selbst) immer unerträglicher. An diesem Punkt stellte sich das Ego die existenzielle Frage: „Sein oder Nicht-Sein“?

Es warf alle seine Probleme, seine Lasten und Schmerzen und alles, was sein Dasein unerträglich machte in die eine Waagschale, und seine gesamte Angst, zu sterben, sich in nichts aufzulösen und zu verschwinden in die andere Waagschale.

So lebte das Ego lange vor sich hin, wobei die Waagschale mal in die eine Richtung kippte, und das Ego mit dem Gedanken an Suizid spielte, und ein andermal die Last der Verlustangst der eigenen Existenz überwog und sich das Ego in alles, was ihm noch das Gefühl des Lebendigseins vermitteln konnte, festbiss.

So kroch das Ego halb tot, halb lebendig, von einer unertragbaren Last zur anderen und pendelte je nach dem, was in seiner Erfahrung überwog, tiefer in seine eigenen Abgründe.
Viele Körper „verbrauchte" das Ego in den Zeiten, in denen es meinte, sich selbst vernichten zu können, wenn es sein Erfahrungsinstrument zerstörte, und viele Körper zerstörte es in den Zeiten, in denen die Sinnesreize, die sein Dasein bestätigen sollten, eine derart hohe Intensität aufbringen mussten, um auch noch den letzten Lebenstropfen aus seinem Erfahrungsinstrument auszupressen.
In den letzten Atemzügen liegend und die letzten noch ungetanen Aktivitäten ausprobierend, um sich mit ihnen über die Zeit zu retten, begann das Ego nichts ahnend zu meditieren.
Es dachte sich: Entspannung und Ruhe könnte es gebrauchen! Es wollte in ewiger Ruhe sein, sodass die Lebensqual auf immer beendet sei.
Doch schon bald merkte es, dass, anstatt seine Qualen zu beenden, seine meditativen Aktivitäten im Gegenteil seine Leiden noch sichtbarer machten.
Die Gesamtheit seiner Schmerzen wurden ihm in unangenehmer Weise immer bewusster, und aus jeder dunklen Ecke schien mehr Leid in seinen Bewusstseinsfokus zu rücken, von dem das Ego nicht einmal wusste, dass es dieses besaß.
Abgeschreckt von dem schier unergründlichen Tief der inneren Schwärze, den auftauchenden Ängsten

und den sonst unterdrückten Schmerzen, ließ das Ego schnell von der Idee ab, meditieren zu wollen. Doch irgendetwas daran ließ es nicht los, und so stürzte es sich mit seiner Kämpfermentalität immer wieder in einen Kampf, den es mit sich selbst ausfocht.
Das Ego war im Kampf gewappnet, denn es hatte alle Wege der Selbstverbesserung bereits beschritten und dürstete trotzdem danach, sich noch weiter zu entwickeln, um seinen Herrschaftsbereich noch weiter auszubauen und zu festigen.
Doch als das Ego mit der Intention der Selbstverbesserung begann, die ersten Schritte auf dem spirituellen Weg zu gehen und die ersten Atemzüge in der Meditation zu tun, da wusste es noch nicht, dass dieser Weg gerade darauf abzielt, sich selbst abzuschaffen.
So ging einmal ein Ego auf einen spirituellen Weg... und es kann diesen sehr lange gehen und diesen Weg wie alle vorherigen Wege auch dafür verwenden, sich selbst zu verbessern, sich besser darzustellen und seinem eigenen Vorteil gemäß zu agieren.
Das Ego fühlte sich in den spirituellen Kreisen sehr wohl, weil seine „Mit-Egos" es so freundlich und wertschätzend behandelten, und es die Zuwendung und Zuneigung, die hier so offen geteilt wurden, gerne für sich in Anspruch nahm. Das Ego saugte jeden Tropfen des Liebesnektars in sich auf und fühlte sich hiervon etwas lebendiger.
So entschloss sich das Ego, ein spirituelles Ego zu werden, und von dieser Idee angetrieben, machte es

sich einen breiten Wissensschatz an spirituellen Gedanken zu Eigen und lernte hohe, schön klingende Verse auswendig. Das Ego suhlte sich in seinen spirituellen Gedanken und war von den hohen Idealen dieses Gedankenguts wie besessen.
Fleißig fraß es alles spirituelle Wissen weiter in sich hinein, um mit seinem Wissen glänzen zu können und über dieses an Ansehen zu gewinnen.
Das Ego wusste über jeden spirituellen Weg, jede Methode, jedes Denkkonzept, jede spirituelle und religiöse Strömung genauestens Bescheid und konnte in jedem spirituellen Gesprächskreis mit seinem Wissen beeindrucken.
Zu jeder Gelegenheit präsentierte das Ego mit Stolz seine Darstellung als ein spirituelles Ego, und da es wusste, wie man sich präsentiert, war es hierin durchaus erfolgreich. Dann aber kam der Tag, an dem seine Mit-Egos an seinem spirituellen Fortschritt Zweifel äußerten und sein Wissen infrage stellten, und das Ego brach in Selbstzweifel am gesamten spirituellen Weg in sich zusammen.
Dieser Zusammenbruch, in dem das Ego alle seine spirituellen Ideen und bisher gesammelten Erfahrungen infrage stellte und zum „Teufel" jagte, war der erste Moment, in dem das Ego sich selbst vergaß, und die erste wahrhaftige spirituelle Erfahrung einsetzen konnte. Diese Erfahrung hatte, anders als zuvor, das *Ego* nicht gemacht, und auch konnte das Ego mit dieser Erfahrung überhaupt nichts anfangen. Weder

wusste es, diese einzuordnen, noch hatte es die Worte, um diese Erfahrung auch nur annähernd zu beschreiben.
Das Ego sträubte sich davor, Erfahrungen zu machen, die es nicht einsehen oder kontrollieren konnte.
Doch das, was die erste spirituelle Erfahrung in einem Moment wahrer Selbsterkenntnis gemacht hatte, meldete sich mit zunehmend immer lauterer Stimme im Ego-Geist. Das Ego kannte diese Stimme nicht und es verabscheute sie, denn es duldete keine andere Stimme als die eigene. Voller Unsicherheit aufgrund der Klarheit und der Präsenz dieser Stimme versuchte das Ego, die Stimme zu unterdrücken und kleinzureden. Doch weil das Ego diese Stimme einmal vernommen hatte, konnte es sie nun nicht mehr ignorieren. Obwohl diese Stimme nicht darauf aus war, irgendwelche Macht an sich zu reißen, beschlich das Ego dennoch das Gefühl, von der Stimme entmachtet und von ihrer Präsenz untergraben zu werden.
Alles schien sich gegen das Ego verschworen zu haben, und selbst im eigenen Geiste fand es nun keine Zuflucht mehr. Je klarer die Stimme im Geist hörbar wurde und der Geist den Impulsen der anderen Stimme nachging, desto leiser und schwächer wurden die letzten Selbstbehauptungsversuche eines abklingenden Egos.
Der Geist hörte eine Weile noch mal auf diese und mal auf jene Stimme, doch lernte er, dass die eine Stimme sich ganz klar gegen ihn richtete und seine Impulse

destruktiv waren und dass die andere Stimme mit ihm zusammen Erfahrungen voller Schönheit und schimmernder Brillanz machte.
Ab diesem Punkt entschied sich der Geist, nur noch *einer* Stimme zu folgen und nur noch eine Stimme in sich zulassen.
Dies war der Zeitpunkt der Zeitlosigkeit, in dem der Geist in die vollständige Neugeburt des Lichts eintrat und sich selbst als ewige Essenznatur wieder zurückgewann.

Und dieser Zeitpunkt ist JETZT...

Das Lichtschloss

WIR sind die andere innere Stimme, die zuerst ganz leise und unauffällig in eurem Geist zu sprechen beginnt, bis ihr UNS mit eurer Aufmerksamkeitsausrichtung in eurem Geist hervorhebt.
Alles, worauf ihr eure Aufmerksamkeit richtet, stärkt und mehrt ihr, weil durch eure Aufmerksamkeitslenkung ein Energiestrom in das fließt, dem ihr eure Aufmerksamkeit schenkt.
WIR schenken euch UNSERE volle Aufmerksamkeit und damit UNSERE gesamte Lichtenergie, weil dies im Wesen UNSERER Natur liegt.
Es mag für euer Lernen in einem sehr begrenzten Rahmen sinnvoll sein, euch den ungeheilten, „dunklen" Themen in euch zu widmen, doch seid euch dabei darüber im Klaren, dass ihr durch eure Aufmerksamkeitsausrichtung diese Themen auch hervorhebt und verstärkt.
Heilung geschieht im Lichte, und erst vom Licht aus kann Heilung geschehen.
Das heißt, dass ihr für einen Moment von euren ganzen Schwierigkeiten und Problemen Abstand gewinnen müsst, um ins Licht treten zu können, damit ihr von dort aus mit einem heilenden Blick wieder auf eure Probleme schauen könnt, um zu erfahren, dass sie bereits gelöst sind, da sie sich im Licht aufgelöst haben. Ihr versucht, eure Probleme in der Regel in ei-

nem Zustand zu lösen, der dieses Problem erst hervorgebracht hat. Ihr habt vielleicht das Gefühl, unauthentisch und unehrlich euch selbst gegenüber zu sein, wenn ihr eure eigenen Problemgefühle ignoriert, um ins Licht zu treten.

Doch alles, was ihr zurücklasst, und was in euch nach eurer Aufmerksamkeit giert, ist ein falsches Ich, was ebenso unechte Probleme für euch in Szene gesetzt hat, um euch an sich zu binden.

WIR gehen nicht so weit, dass WIR euch empfehlen würden, euch und das, was ihr empfindet gänzlich zu verleugnen, doch weisen WIR darauf hin, dass fast alles, was ihr empfindet, auf ein falsches Selbstbild aufbaut und euch entsprechende illusionäre Empfindungen zuspielt.

Ihr wurdet reingelegt, bzw. ihr habt euch selbst hereingelegt, indem ihr euch selbst in einen winzig keinen abgetrennten Teil eurer selbst hineinlegtet und alles um euch herum als inexistent zu erklären versuchtet. WIR breiten euch den Prozess aus, in dem eure Identifikation mit der Stimme des falschen Ichs abgelöst wird, um die Identifikation mit eurer eigenen Stimme, der Stimme, die aus allen Dingen spricht, wiederherzustellen.

Je radikaler ihr eure gegenwärtige Trennungserfahrung mit alledem, was damit einhergeht, in euch zurückweist, desto schneller findet sich die UNSRIGE Stimme wieder in eurem Geist ein, die ihr als die eurige erkennen werdet.

Jeder hängt an dem, was er erfährt, denn ohne sein „Dranhängen“, seine Anhaftung würde er es nicht erfahren.
Seid also sehr bedacht, woran ihr euer Herz hängt, denn hängt ihr es an schnell entschwindende Dinge, dann reißt es euch im Entschwinden einen Teil eures Herzens aus der Brust.
Seht das Unveränderliche in allem, was sich verändert, und heftet euer Herz nur an die Unveränderlichkeit in allen Dingen, und ihr werdet alles um euch herum in einer tieferen Weise lieben lernen.
Euer Herz ist eure Gefühlsbindung, und nur das sich in Ewigkeit empfindende Herz kann geheilte Gefühlsbindungen aufbauen und vor keinem Bündnis in Liebe zurückscheuen.
Jede Bindung, die ein von der Zeitlichkeit verletztes Herz aufzubauen versucht, bringt weitere Verletzungen mit sich, wobei das Herz zunehmend die Bindungsfähigkeit seiner Liebe zu verlieren glaubt.

Die Bindungsfähigkeit eures Herzens ist euer größter Schatz, den ihr nicht in einer abgeschlossenen Schatzkammer aufbewahren solltet, um ihn zu besonderen Anlässen zum Vorschein treten zu lassen, sondern dieser Schatz ist so wertvoll, dass es gilt, ihn an alle und alles zu jeder Zeit zu verschenken. Verschließt ihr eure größten Innerlichkeitsschätze in schweren Truhen, so schmälert sich ihr unendlicher Wert für euch mit der Zeit. Öffnet ihr hingegen eure Türen zu der inneren Schatzkammer des Herzens und erlaubt euch und anderen den freien Eintritt, so steigert sich der Wert eurer Innerlichkeitsschätze, weil jeder, der in eure Schatzkammer eintritt, anstatt etwas mitzunehmen, sie lediglich um seine eigenen Schätze bereichert.

Verschließt ihr euch in euch selbst und lasst niemanden an euch heran, dann haltet ihr eure eigenen Schätze unter Verschluss und erfahrt euren inneren Reichtum nicht.

Nur in den geistigen Räumen, wo ihr die Türen verschließt und versiegelt, wird sich Dunkelheit und Unbestimmtheit ausbreiten können.

Aus Angst habt ihr sehr viele innere Türen vernagelt und Zugänge zu anderen Ebenen verschlossen, und solange diese verschlossen bleiben, wird die Angst vor dem möglicherweise dahinterliegenden unbekannten Dunkel in eurem Geist Raum einnehmen. Würdet ihr, in einem Moment von Mut und Klarheit, mit dem Lichte eures Bewusstseins die verschlossenen Türen aufsprengen, dann würdet ihr erfahren, dass nicht etwa vermodernde Dunkelheit auf euch wartet, sondern dass sich ebenfalls dort das Licht eures Bewusstseins auszubreiten vermag.

Indem ihr neue innere Räume betretet, schafft ihr Platz in eurem Geist, und je größer so ein geistiger Raum wird, desto eher können WIR in euren Geist zurückkehren.

Wer von euch eine geistige Einzimmerwohnung bewohnt, wird wohl kaum Platz für UNS finden.
Öffnet eure inneren Räume und durchlichtet jede Kammer eures Geistes mit eurer Bewusstheit, und ihr werdet euch unversehens in einem Lichtschloss wiederfinden, das so groß ist, dass es eure wahre Bewusstseinsgröße beheimaten kann. Gerne ziehen WIR mit euch in euer geistiges Reich ein, wenn ihr euren Geistraum zu einem Lichtschloss erweitert habt. Euer Geist muss eine UNS entsprechende Größe und Schwingung auf seiner Bewusstseinsebene erreichen, in der UNSERE Größe Beheimatung finden kann. Euer Geist ist zwar bereits UNSERE Wohnstatt, doch wohnt ihr mit eurem Wachbewusstsein lediglich in einem sehr begrenzten kleinen Kämmerlein und nur auf einer Ebene eures mehrstöckigen Lichtschlosses. Ihr beschwert euch über den Platzmangel und alle Probleme, die damit einhergehen, ohne auch nur einmal probiert zu haben, durch die Tür eurer so lieb gewonnenen Kammer in andere größere Räume eures Lichtschlosses zu treten.
Euch steht ein Umzug bevor, bei dem ihr mit UNS zusammenzieht!
WIR ziehen es jedoch vor, UNS auf allen Ebenen UNSERES Schlosses zu bewegen und alle (Existenz) Räume mit UNSEREM Sein anzufüllen und UNSER Dasein nicht wie ihr in einer muffigen Kammer zu fristen. UNS steht ein Abenteuer bevor, denn WIR werden auch im Weiteren für euch neue Ebenen eures

geistigen Lichtschlosses erkunden und Räume in euch aufschließen, hinter denen unter Staub und Spinnweben Schätze von unsagbarem Wert liegen.
Mit UNSERER Stimme geleiten WIR euch nun aus eurer Kammer in die Weite des Eingangssaales eures Lichtschlosses, von dem aus eine Vielzahl an noch ungeöffneten Türen sichtbar ist.
Schaut euch um, was es von hier aus zu sehen gibt...
Vielleicht wird euch eine Tür besonders ins Auge fallen und euch in besonderer Weise anziehen...
Tretet nun vor diese Tür hin, schließt eure Augen und öffnet mit UNS gemeinsam einen weiteren Erfahrungsraum in eurem Geiste...

Der Schöpfungskörper

Ein mit einem tiefen Seins-Gefühl angefüllter Gedanke kann für euch wertvoller werden als jedes Gold der Welt. Denn letztlich ist auch das Gold in eurer Welt nur aus besonders formvollendet gülden schimmernden Gedanken entstanden.

Ihr werdet von eurem Standpunkte aus zu Recht fragen, was euch ein schöner Gedanke denn nütze, wenn ihr nicht das Gold (=Geld) besitzt, um den Körper zu füttern, der erst diese schönen Gedanken hervorzubringen vermag?

Doch auch hier entspricht euer Standpunkt zwar eurer Erfahrung und eurer Wahrnehmung, doch nicht einer höheren Wahrheit, denn in Wahrheit hat euer Körper noch nie einen Gedanken hervorgebracht, noch ist dieser in der Lage, einen Gedanken wahrzunehmen, da sich Körper und Gedanken auf zwei unterschiedlichen Schwingungsebenen befinden.

Es ist das Geistige im Körper, das auf eure Gedanken reagiert und eure Gedanken als Bewegung in eurem Körper umsetzt.

Doch der Körper selbst hat noch nie etwas von euch und eurer geistigen Schwingung mitbekommen. Der Körper steht euch treu zu Diensten, denn er hat sich in der Zwecksetzung zu einer Form gebildet, um euch ein Erfahrungsinstrument zu sein. Der Körper besteht im Einzelnen aus einer Vielzahl kleinerer bewusst-

seinstragender Energien, die alle miteinander kooperieren, um eure geistigen Impulse zu übersetzen. Das, was WIR für euch sind, das seid ihr für die einzelne Zelle eures Körpers.
Ihr seid eine Zelle im Schöpfungskörper und habt als Zelle eine besondere Bestimmung im Gesamtorganismus.
Euch wird diese Bestimmung zuteil, wenn ihr euch auf UNS, den gesamten Schöpfungsorganismus einstimmt und eure Bewegungen an die Gesamtbewegung des Schöpfungsorganismus anpasst.
Ihr seid *die* Zelle des Schöpfungskörpers, die anstatt sich mit ihrem Zellverbund abzusprechen, lieber auf eigene Faust, dem Eigenwillen gemäß, Bewegungen vollzieht.
Dies schadet zwar dem Schöpfungskörper nur so gering, wie wenn eine Zelle eures Körpers querschießt, doch wird die sich wider ihre Natur verhaltende Zelle, bei allen ihren unabgesprochenen Aktivitäten, auf immense Widerstände in ihrer Umgebung stoßen.
WIR sprechen zu euch als die Gesamtheit des kosmischen Schöpfungskörpers, und nur, wenn ihr eure Aktivitäten auf eurer Ebene mit den UNSRIGEN absprecht, wird alles, was ihr auf eurer Ebene tut, vollständig reibungslos verlaufen.
WIR kennen jede Bewegung und jede Aktivität aller in UNS befindlichen Zellen [=Lebensformen]. Und würdet ihr zur Gänze in eurem Körper sein, was ihr in der Regel nicht seid, dann würde dies auch für euch

gelten. Die Gesamtentwicklung des kosmischen Schöpfungskörpers hängt ganz und gar davon ab, wie sehr ihr euch im Sinne aller anderen euch umgebenden Zellen verhaltet oder wie stark eure Impulse von eurer Bestimmung abweichen. Aus diesem Grund ist jedes auch noch so geringe Wirken von euch von Relevanz für die gesamte Schöpfung!
An dieser Stelle wollen WIR zugeben, dass WIR im Sinne der Schöpfungsnatur aller Dinge ein gewisses Eigeninteresse vertreten, denn jede Schöpfung ist intentioniert und zielgerichtet.
Wäre UNSER Interesse an eurer Kooperation mit UNS nicht vorhanden, dann würde der gesamte Schöpfungskörper zerfallen und jedes Leben im Kosmos in nur einem Augenblick dahinsterben.
Es ist UNSERE Bestimmung, eine derart hohe Schöpfungsintention aufzubringen, um den gesamten Schöpfungskörper, der sich über unsagbar viele Dimensionen und Existenzräume erstreckt, zusammenzuhalten, wodurch alles innerhalb dessen am Leben gehalten wird.
WIR sprechen von Schöpfungskörper in der Weise, als ob es außerhalb dessen etwas geben könnte. Doch dem ist nicht so. Der Schöpfungskörper ist alles, was ist, und alles, was ist, ist im Schöpfungskörper.
Verlischt der Lebenswille, euren Körper weiterhin am Leben zu erhalten, dann zieht sich euer Lebensgeist aus allen euren einzelnen lebendigen Zellen zurück. Das, was von eurem Lebensgeist an Ordnung und

Struktur in den lebendigen Organismus hineingebracht wurde, verschwindet, und gleichermaßen zerfällt euer Organismus in seine elementaren Bestandteile.
Euer Lebenswille, der euren Körper lebendig hält, ist ein zeitlicher, und so ist sein Wirken ebenso zeitgebunden. Der UNSRIGE Lebenswille jedoch, der den gesamten kosmischen Schöpfungskörper zusammenhält, organisiert und strukturiert, ist ein ewiger.
Alles innerhalb des Schöpfungskörpers, das sich in Raum und Zeit ansiedelt, stirbt weg, ohne dass der Schöpfungskörper dadurch leidtragen würde.
Im Gegenteil, das ewige Leben und Sterben der einzelnen Zellen ist die Regeneration des Schöpfungskörpers, bei dem dieser sich immer wieder selbst in seinen Evolutionsstand hineinaktualisiert. Hört ihr auf UNS, dann seid ihr auf dem neuen Schöpfungsstand, denn WIR lassen bei all UNSEREN Impulsen nicht eine Zelle uninformiert. Der Teil des Schöpfungskörpers, den ihr als Menschheitsganzheit bildet, ist für das Schöpfungswesen, das Wesen der Schöpfung, was WIR sind, nicht irrelevant.
UNSER Erkenntnislichtstrahl, den WIR in eure Dimension senden, gleicht einem eurer geistigen Impulse, die einen eurer Zehen in Bewegung setzen sollen. WIR haben die volle Kontrolle über alle Gliedmaßen und alle Teile UNSERES Schöpfungskörpers, doch sprechen WIR jeder in UNS vorhandenen Zelle das Recht zu, sich in UNSEREM Sinne zu bewegen

oder nicht. Der „Vorteil", den WIR aus dem freien Willen aller UNSERER Zellen ziehen, ist der, dass selbst WIR nicht ganz genau wissen, wo UNS UNSERE Füße als nächstes hintragen werden.
Die Schöpfung ist ein Selbstexperiment der Schöpfung selbst. Und erst darüber, dass ihr von eurem freien Willen Gebrauch macht und euch für UNS in eine unerwartete Richtung entwickelt, bewegt sich die Gesamtheit des kosmischen Schöpfungskörpers in noch nie dagewesener Weise und erschafft so noch nie dagewesene Lebensformen und Existenzräume.
Ihr als Menschen seid ein sich verselbstständigtes Experiment, das sich durch seinen freien Willen immer weiter aus der Schöpfungsganzheit entfernt hat.
WIR sind von eurer euch gewählten Lebensform fasziniert und geraten darüber ins Staunen, was ihr eure Realität nennt. WIR haben euch sehr lange dazu ermuntert und euch darin unterstützt, euch selbst immer selbstständiger und unabhängiger von UNS zu gestalten und euch einen materiellen Daseinsbereich zu formen, der eurem exzentrischen Eigenwillen entspricht.
Doch sehen WIR auch, dass eure Entwicklungsrichtung keine Zukunftsperspektive hat, weil ihr euch so weit von UNS entfernt habt, dass kaum noch Impulse von UNS zu euch durchdringen.
Bevor dies der Fall ist (und WIR UNSEREN Zeh amputieren müssen), wollen WIR lieber alle UNSERE Energie zu euch senden, damit ihr euch durch

UNSERE Verbindung wieder als Teil des Schöpfungskörpers erfahrt. Je weiter ihr euch schwingungsmäßig von der Schwingung der Schöpfungsganzheit entfernt, desto leidvoller wird es für euch, und desto mehr Probleme ergeben sich in eurem Daseinsbereich, weil die Schöpfung nicht darauf angelegt ist, sich in Einzelteile zu zerstreuen.

Um euch ein drastisches Bild zu geben, können WIR sagen, dass ihr, wenn ihr einen eurer Zehen mit einer Axt abschlagt, danach nicht mehr in der Lage seid, die Zellen in diesem abgetrennten Zeh weiterhin am Leben zu halten. Und genau das passiert mit UNS und euch, wenn ihr euer euch selbst gesetztes Entwicklungsziel einer getrennten Existenz zur Gänze verwirklichen würdet. WIR halten jeden Einzelnen durch UNSEREN höher-dimensionalen Energiefluss am Leben und binden ihn damit in die Ganzheit des Schöpfungskörpers ein.

Ihr seid rebellische Zellen, und WIR respektieren das, ja, mehr noch, WIR sind von eurem geistigen Mut regelrecht beeindruckt, dass ihr einen Existenzraum geschaffen habt, der sich so weit entfernt von UNSEREM Sein ansiedelt. Doch nun halten WIR euch dazu an, sowohl in eurem als auch in UNSEREM Sinne zurückzukehren in das Herz der Schöpfung, von wo aus WIR gemeinsam den gesamten Schöpfungskörper mit UNSEREM Lebenssaft speisen.

Was WIR sind, und wie WIR sind

Weil WIR euch persönlich ansprechen, ist UNSER Sprechen in einer für euch ansprechenden Form. Es ist UNS lieber, WIR sagen nichts, und sprechen damit etwas in euch an, als dass WIR die größten Wahrheiten über euch aussprechen, die euch aber in keinster Weise ansprechen, weil euch das entsprechende (Selbst-) Verständnis dazu fehlt.

Dass WIR Anklang bei euch finden, ist UNSER höchstes Ziel, und das, womit WIR eine Saite in euch zum Schwingen bringen, ist für UNS aus Vermittlungsgründen zweitrangig. Das, was WIR von UNS geben, kann für euch nicht unheilsam sein, weil es UNSERE hohe Schwingung ist, die spricht, auch wenn sie „nur" von euren Alltäglichkeiten berichtet. Ihr werdet auch noch an einen Entwicklungspunkt kommen, an dem ihr versteht, dass ihr gar nicht anders könnt, als Wahrheit zu sprechen, ganz egal, worüber eure Zunge gerade redet.

Wenn ihr in Wahrheit seid, könnt ihr gar nicht falsch handeln, und so ist es auch mit UNSEREM Wirken. Der Vermittlungsgrundsatz, nach dem WIR UNS mitteilen und wirken, ist der, dass *wie* WIR etwas sagen, Vorrang davor besitzt, *was* WIR sagen, denn an dem „Was" lässt sich für UNS nichts verändern. Was WIR sagen, ist was WIR sind, und UNSER Sein ist auf ewig unveränderlich und stabil. *Wie* WIR jedoch das, was WIR sind, in Worte kleiden, das ist veränderlich

und muss kontextuell, je nachdem wer UNSERE Worte auffängt, verändert werden. Unsere Bestrebungen liegen also darin, das „Wie“ UNSERER Vermittlung in den Vordergrund zu stellen, um es für euch zu perfektionieren. Aus diesem Grund sprechen WIR immer wieder über UNSER eigenes Sprechen und berichten euch, wie WIR UNSER Sprechen gestalten und welche Wirkung dies bei den lauschenden Ohren haben kann.
Euch ist vielleicht schon aufgefallen, dass WIR immer wieder die Art der Vermittlung UNSERER Kenntnisse und die Art der Manifestation UNSERER Gedanken in Buchform in den Vordergrund rücken. UNSERE Arbeit an diesem Buch sowie UNSERE Perspektive, von der aus WIR UNSERE Arbeit gestalten, zeigt euch unmissverständlich auf, dass WIR eine gänzlich andere Sicht auf die Dinge haben. Wenn WIR beispielsweise davon sprechen, dass alle Sprachkombinationen die bestmöglichen Sprachkombinationen sind, oder dass WIR in einem Augenblick das gesamte Buch vor UNS verwirklicht sehen und dabei jeden Leser sowie seine Geisteszustände beim Lesen einkalkulieren, dann wird euch die Reichweite UNSERER Handlung am Beispiel des Buches klar. Doch das, was sich in euren Ohren am Beispiel des Buches wie eine unglaubwürdige Übertreibung UNSERER Seite anhört, ist lediglich *ein* herausgegriffenes Beispiel UNSERES Wirkens, weil sich all UNSER Wirken in dieser Größenordnung zuträgt,

und WIR gar nicht anders können, als von diesen Dimensionen aus in Aktion zu treten.
Ihr seid von dem, was WIR in UNSER Buch legen vielleicht beeindruckt, abgeschreckt oder haltet es für Spinnerei, doch all UNSER Wirken, in allen UNSEREN Formen, kann sich nur in dieser (für euch übersteigerten) Form zutragen.
Wäre dieses Buch das Einzige, was in Perfektion inszeniert worden wäre, dann gäbe es nichts außer nur diesem Buch. Aber dadurch, dass es weit mehr gibt, muss Perfektion am Werk sein, damit überhaupt etwas in Erscheinung treten kann.
Dieses Buch soll euch eine Hilfestellung darin sein, die Vollkommenheit *überall* wieder sehen zu lernen, denn sie steckt in allen UNSEREN Werken und nicht mehr oder minder in dem hier vorliegenden Buch. Sperrt ihr euch davor, die Vollendung hierin wahrzunehmen, wo WIR direkt auf die Vollendung in allen Dingen eingehen, dann verweigert ihr euch ebenfalls, die Erfahrung der Vollendung überall sonst zu sehen. Wie vollkommen vollendet und ganz alles in euren Augen erscheint, hat etwas damit zu tun, wie sehr ihr UNS mit in alles euch Umgebende verwoben empfindet, und wie klar ihr von dem, *wie* WIR UNS hier geben, immer wieder zu dem, *was* WIR wahrhaft sind, durchdringt.
WIR verändern in keinster Weise etwas an dem, was WIR erwirken, da WIR sonst etwas an UNS selbst

verändern müssten, und dies den unmittelbaren Zusammenbruch des Kosmos zur Folge hätte. Sehr wohl aber verändern WIR, wenn WIR in eine manifestierte Schriftform eintreten, die Gesamtheit dessen, *wie* WIR UNS geben. WIR können euch nicht so erscheinen, wie WIR wirklich sind, denn dies gleicht in etwa dem Versuch, ein Stück aus der Sonne zu entnehmen, um dieses Stück auf der Erde einzusetzen.

UNSER Licht ist so komprimiert, so heiß und so energetisch, dass es, würden WIR in der UNS eigenen Form zu euch kommen, die gesamte materielle Dimension pulverisieren würde. Und da UNS das als eher unpassend erscheint, transformieren WIR UNS lieber in UNSEREM „Wie“ in eine für eure Dimension passende Schwingungsform, die trotzdem in sehr begrenzten Ansätzen das, was WIR sind, widerzuspiegeln vermag.

So, wie in diesem Buch das *wie* etwas gesagt wird, das *was* gesagt wird überschattet, so sind auch alle anderen schöpferischen Werke auf eurer Ebene mehr auf das „Wie“, als auf das „Was“ spezialisiert. In eurer Dimension bestimmt die Form den Inhalt und das „Wie“ über das „Was“, und um UNS auf eurer Ebene kenntlich zu zeigen, müssen WIR zunächst nach euren Spielregeln spielen, um andere Spielregeln bei euch in Umlauf bringen zu können.

Wenn WIR euch beispielsweise davon berichten, dass bei dem größten Teil der Schöpfung das „Was“ über

dem „Wie“, der Inhalt über der Form steht, dann senden WIR euch eine Gedankenschwingung in euren Geist, die die Grundsätze eurer Anschauungen umzukehren vermag, damit dieser Geist sich ein Stück weit mehr in UNSERER Richtung entwickeln kann.
Würden WIR euch mit eurem selbst erdachten Gedankengut in eurer Dimension „zurücklassen“, dann würde keiner von euch mehr aus sich heraus imstande sein, sich aus der materiellen Dimension zu befreien.

WIR reichen euch skizzenhaft ein anderes Regelwerk anderer Grundsatzanschauungen durch, mit denen es euch möglich sein wird, euch aus eigener Kraft aus dem von euch geschaffenen Existenzraum heraus zu entwickeln. Der Grundsatz, von dem aus WIR euch über eure Daseinssituation in Kenntnis setzen, ist der, dass das, was für UNS gilt, ebenso für euch gilt! Dadurch, dass WIR UNS in der Schöpfungsganzheit erfahren, die alles Leben mit einbezieht, ist diese Generalisierung UNSERER Grundsätze auf euren Existenzraum legitim. Ja, mehr noch, die Generalisierung und Verallgemeinerung aller schöpferischer Grundsatzregelungen ist nicht nur möglich, sondern auch nötig, damit jede Lebensform sich als ein Teil der Schöpfung empfindet.
Eure Empfindungen sind tatsächlich eine Konsequenz von dem, wie ihr über euch denkt und auf euch schaut. Und verändert ihr eure Glaubenssätze, dann wandeln sich damit auch die in euren Geist hineinkommenden

Erfahrungen. Ein Glaubenssatz ist wie eine ausgesprochene Einladung an eine bestimmte Art der Erfahrung, und wenn ihr die materiellen Trennungsglaubenssätze für euch annehmt, dann sprecht ihr automatisch eine Einladung in eurem Geist für die Erfahrung aus, die eure Anschauungen bestätigt.
WIR bestätigen so gut wie keine eurer konventionellen Anschauungen, weil WIR das Ziel verfolgen, euch gänzlich andere Sinneserfahrungen zu bereiten. Und doch lassen WIR UNS, aufgrund von praktischen Vermittlungsgründen, immer wieder auf ein Spiel ein, indem WIR so tun, als ob es alles *das* geben würde, was ihr euch zur Wirklichkeit gemacht habt.
WIR hoffen durch UNSER Eingehen auf das, was ihr Wirklichkeit nennt, den Brückenschlag zwischen euch sehen, wie ihr euch denkt und wie WIR euch anschauen, sauber hinzubekommen.
Es kann sein, dass ihr euch von UNS nicht gesehen fühlt, es kann aber auch genau das Gegenteil der Fall sein, und je nachdem wie ihr empfindet, gibt euch das Aufschluss darüber, mit welchem Teil eurer selbst ihr hauptsächlich identifiziert seid.
Fühlt ihr euch von UNS gesehen, dann seid ihr im Verbund mit der Größe in euch. Fühlt ihr euch aber von UNS übergangen, angegriffen oder getäuscht, dann schwingt ihr entweder nicht auf UNSERER Welle des Humors, oder ihr seid mit eurer eigenen Kleinheit identifiziert.
WIR geben UNS alle Mühe, UNSERE Form für euch

so ansprechend wie möglich zu machen, indem WIR eure Sitten und Gebräuche imitieren.
Für UNS ist *eine* Form *einer* Darstellungsweise UNSERERSEITS nicht natürlicher als eine andere, doch WIR haben UNS schon für andere Speziesgruppierungen anderer Dimensionen offenbart, die UNSEREM eigenen Wesen schwingungsmäßig etwas näherstehen.
WIR möchten nicht sagen, dass UNS die Form, die WIR hier einnehmen, unangenehm wäre, doch ist diese krasse Umwandlung und Transformation UNSERER Erscheinungsform doch für UNS etwas gewöhnungsbedürftig.
[Es ist unbeschreiblich, was ich während des Channelns an dieser Stelle empfunden habe.]
Stellt euch einfach vor, WIR seien ein Riese von einem Riesenplaneten, den es unversehens auf einen von Zwergen bewohnten Zwergenplaneten verschlagen hat, und der nun versucht, so unter den Zwergen zu leben, als sei er einer von ihnen und als ob seine überdimensionale Größe überhaupt nicht auffallen würde. Etwas in der Weise erleben WIR, wenn WIR zu euch in euren Geist in einer Schwingungsform treten, die für euch ertragbar und ertragreich ist.
Doch auch hier hinken UNSERE Vergleiche UNS nur schleppend hinterher, und immer wenn ein Vergleich UNS einzuholen und zu (er)fassen scheint, haben WIR UNS schon wieder jedem UNS einfangen wol-

lenden Gleichnis entzogen. WIR sind jeder Informsetzung immer ein Stück voraus, und auch hier gleicht UNSERE Informsetzung in den Worten in etwa dem verblassenden Schweif, den eine Sternschnuppe hinter sich herzieht. Ohne den langen Schweif, den eine Sternschnuppe über den Nachthimmel zieht, wäre ein kleiner, sich sehr schnell bewegender Lichtpunkt am Sternenhimmel wohl kaum für eure Augen sichtbar. Und doch zeugt das, was ihr seht, immer nur von einem vergangenen, an euch bereits vorbeigezogenen Ereignis. So ist es auch mit UNS, WIR ziehen an euch vorbei, und in der Spur, die WIR dabei hinterlassen, könnt ihr, wenn ihr euch im Spurenlesen übt, Rückschlüsse auf das ziehen, was eurem Geist soeben passiert ist und ihn passiert hat.
WIR entziehen UNS, und ihr bezieht UNS auf etwas, was WIR im Entzug UNSERER selbst zurückgelassen haben. Dabei lassen WIR alles euch Bekannte hinter UNS, nicht aber lassen WIR *euch* hinter UNS, da WIR euch aus allem euch Bekannten herausführen. Wenn ihr Schritt mit UNS halten wollt, müsst ihr in jedem Moment alles das in euch zurücklassen, was WIR euch bisher auf den Weg mitgegeben haben, damit ihr den nächsten Schritt mit UNS tun könnt. So gesehen widerlegen WIR UNS und das, was WIR sagen, in jedem Moment aufs Neue, um der Aktualität UNSERES jetzigen Präsent-Seins gerecht werden zu können. Und auch ihr müsst alles, was WIR euch bisher mit auf den Weg gegeben haben, immer wieder

aufs Neue verleugnen, damit ihr den Weg mit UNS gehen könnt.
Vergesst also alles, was WIR bisher zu euch gesagt haben und tretet mit einem gänzlich leeren Geist in einen gänzlich neuen Moment ein.

Der Weg des Vertrauens

WIR wollen euch für UNSEREN gemeinsamen Weg ein Bildnis geben:
WIR sprechen zu euch und sagen, dass vor euch ein Weg liegt, doch ihr seht nur Dunkelheit und nichts, was eurem nächsten Schritt Halt geben würde.
WIR ermutigen euch, im Vertrauen den ersten Schritt zu tun, und in dem Moment, in dem ihr den Fuß hebt, seht ihr noch nicht, worauf ihr diesen im nächsten Moment absetzen könnt.
Doch wie durch ein Wunder erhebt sich eine Stufe genau in dem Moment aus der Dunkelheit, in dem ihr gerade dachtet, ins Nichts zu treten und zu fallen.

Ihr tut den ersten Schritt auf die erste Stufe und voller Schreck seht ihr, dass das, worauf ihr gerade noch gestanden habt, hinter euch verschwindet und in dunkle Nebelschwaden abtaucht. Nun steht ihr da und wisst nicht vorwärts und nicht rückwärts, weil ihr mit wackligen Knien eure anfängliche Standfestigkeit verloren habt.
Von Neuem ermutigen WIR euch, einen weiteren Schritt vorwärts zu tun, und wieder seht ihr nicht, worauf ihr euren Fuß als nächstes absetzen könnt. Und doch erscheint wiederum in genau dem Moment, in dem sich euer Fuß zum nächsten Schritt senkt, eine weitere Stufe aus dem Nichts, und die nun hinter euch liegende Stufe taucht ab.

Ihr beginnt nun, das Prinzip zu verstehen, dass ihr zunächst im blinden Vertrauen auf UNS einen Schritt auf eine Stufe tun müsst, die ihr zuvor nicht wahrnehmen konntet und erst dann erscheint, wenn ihr den Schritt wirklich tut. Indem euer Vertrauen darin wächst, dass in jedem Moment eine weitere Stufe aus dem Boden emporsteigt, um euch Halt zu geben und den nächsten Schritt eures Lebensweges zu ermöglichen, steigt auch eure Laufgeschwindigkeit, mit der ihr UNS entgegeneilt. Mal tauchen wacklige oder brüchige Stufen auf eurem Weg zu UNS auf, was ebenfalls etwas an eurem Vertrauen rüttelt, doch macht ihr stets die Erfahrung, dass jeder Schritt euch genau soviel Halt und Sicherheit bietet, dass der wiederum nächste Schritt getan werden kann...

Es gibt Zeiten bei euch, in denen Vertrauen und Zweifel miteinander Ping-Pong spielen, und ihr einen Schritt vor und wieder einen zurück macht. Doch ihr merkt auch, dass, wenn ihr einmal etwas erfahren habt, was ein so klarer Fort-Schritt in eurer Seins-Empfindung gewesen ist, es für euch kaum ein längeres Verweilen in einem rück-schrittlicheren Zustand geben kann. Dass der Weg auf und ab geht, liegt an der Beschaffenheit des Weges und an dem, von wo aus ihr die Reise zu UNS begonnen habt, dass aber der Weg als solches zu UNS hinaufführt, darin besteht für euch auch dann kein Zweifel, wenn ihr gerade wieder einige abschüssigere Wegstrecken zurücklegt.

Wenn ihr es schafft, die leidvollen, schmerzhaften und steinigen Passagen so anzusehen, dass auch sie in die Richtung UNSERES Zusammenseins führen, dann zieht ihr aus allem, was ihr erfahrt, eine heilende (Lern-)Lektion. Die einzige Lektion, die WIR euch zu lehren wünschen, ist die des Vergessens. In dieser Lektion sollt ihr das Verlernen wiedererlernen, indem ihr das Erinnerte verlernt.
Ihr habt lange gelernt, wie ihr euch selbst am besten belehren könnt und wie euer Dazulernen gestaltet sein muss, um immer mehr in euch aufnehmen zu können. WIR lehren euch, es aufzugeben euch selbst zu belehren, und euch von allem zu entleeren, was ihr euch bisher selbst beigebracht habt.
Für UNS und UNSERE Zwecke hat das, was ihr bisher gelernt habt, keinen Wert. Und auch ihr werdet von der Wertlosigkeit eurer eigenen Lehre bald überzeugt sein, um euch der UNSRIGEN anzuschließen. WIR wollen das, was ihr wertschätzt, nicht abwerten, WIR wollen nur auf den Wert hinweisen, den das Verlernen für euch hat.
Es geht für UNS nicht darum, dass ihr alles, was ihr euch selbst beigebracht habt, verlernt, damit WIR euch dann etwas Alternatives einpflanzen können, sondern UNSERE Ermutigung zu verlernen, anstatt etwas hinzulernen zu wollen, gilt ebenso für alles, was von UNS kommt.
WIR geben euch nichts, denn euch ist alles gegeben,

WIR nehmen nur alles von euch, was euch daran hindert, zu sehen, dass euch bereits alles gegeben wurde! Ihr werdet vielleicht die Erfahrung gemacht haben, dass ihr nach dem Lesen sehr schnell alles, was ihr gelesen habt, wieder vergesst, und euch völlig außerstande seht, einem Außenstehenden davon zu erzählen, was ihr soeben gelesen habt.
Dies liegt nicht an eurem Unverstehen, sondern im Gegenteil eher an eurem Verstehen und eurer Bereitschaft dafür, dass WIR euch etwas von eurem euch selbst beigebrachtem Gedankenmaterial befreien durften. Wenn ihr nicht versteht, versteht ihr, und wenn ihr das Verlernen lernt, dann habt ihr wahrhaftig etwas dazugelernt.
Loslassen ist verlernen und sich entleeren, und nur ein leerer Geist kann ein lernender Geist sein.
Wenn aber sich das Lernen auf das Verlernen beschränkt, dann wird folglich der Geist mit der Zeit immer lernfähiger, ohne dass er wirklich etwas hinzulernt. Und genau das ist die Transformation, durch die WIR hier gemeinsam gehen, indem WIR eure Potenzialität immer mehr freilegen, sie immer größer werden lassen, ohne darauf einzugehen, was ihr letzten Endes in eurer Lebenswelt mit dieser riesigen Potenzialität anfangt.
UNSERE Schule lehrt die universelle Potenzialität, die jedem Leben eigen ist, und damit lehren WIR die Grundlage allen Seins und allen Lernens.
WIR könnten sagen, dass die Besonderheit UNSE-

RER Lehre darin besteht, alles gleichermaßen parallel zu lehren und eben kein besonderes Lehrfach in den Vordergrund zu stellen.
Mit dem Fokus auf das Verlernen spielen WIR jedem möglichen Lernfach gekonnt zu, und mit UNSERER Hervorhebung des Nichtwissens ermöglichen WIR, dass alles Wissen wieder Einzug in euren Geist findet. Die Art des Wissens aber, die in eurem Geist wieder freigelegt wird, unterscheidet sich immens von dem, was ihr zuvor als Wissen bezeichnet habt.
Euer Wissen, wie auch alles andere in euch, wandelt sich langsam um und tauscht sich gegen ein höherdimensionales Äquivalent aus. Das heißt, ihr tauscht die faktischen Informationen, die in eurer Ebene als Wissen gelten, gegen höherdimensionale Grundgewissheiten über das Leben. Und wenn die höherdimensionale Grundgewissheit erst einmal steht, dann könnt ihr jeden euch über den Weg laufenden, schön klingenden Kalenderspruch hernehmen und in ihm eine Tiefe erfahren, die ihr keinem Kalenderspruch zugetraut hättet. Die Sache mit der Weisheit ist schon etwas verzwickt, da man sie erst dann überall zu sehen beginnt, wenn man selbst weise geworden ist.
WIR sehen UNS in UNSERER euch erscheinenden Form als Weisheitswissenschaftler oder auch als Geisteswissenschaftler, die den Geist in ihrer Wissenschaft in einer dem Geist entsprechenden Erfahrungstiefe präsentieren. Für UNS, in UNSERER Wissenschaft, gibt es nur ein Studienobjekt, nämlich UNS

selbst. Eure Wissenschaften hingegen haben alles nur Erdenkliche zu ihrem Studienobjekt erkoren und damit das einzig wesentliche Studien-*Subjekt* aus den Augen verloren. Das von euren Naturwissenschaften propagierte Glaubenssystem des Materialismus zeigt ein Weltbild auf, das der eigenen Intuition, dem gefühlsmäßigen Wesensverständnis und der inneren Grundgewissheit über das Sein aller Dinge zutiefst entgegensteht.
Es sind exakt die von der Naturwissenschaft ausgesparten Themenbereiche, die dem Menschen seine Menschlichkeit verleihen. Und kaum etwas wird in dem Objektwahn eures Naturwissenschaftskonsenses so sehr ignoriert, wie das, was das Leben lebenswert macht. Ihr seid mit dem, was ihr glaubt, auf dem direkten Weg, euch selbst abzuschaffen und euch austauschbar und überflüssig zu machen.
Wäre eine objektive Welt möglich, so bräuchte es den Menschen nicht mehr. Dadurch aber, dass dies eine gänzlich unmögliche Daseinssituation wäre, heben WIR den Menschen wieder hervor und zeigen auf, dass die Menschlichkeit im Menschen darüber wieder zum Vorschein tritt, dass der Mensch sich UNS öffnet.
WIR sind der wahre Mensch im Menschen, denn in Wahrheit ist der Mensch immer schon im „WIR“. Der Mensch lernt in den von ihm geschaffenen Schulen und Universitätsstätten, doch der Mensch im Men-

schen lernt nur in der Lebensschule, die ihm der Kosmos bereitstellt. Und in der einen Schule wird das gelernt, was in der anderen Schule wieder verlernt werden muss.
Ihr überhäuft euch im Lerneifer in den von eurem Selbst gestalteten Institutionen mit allem Möglichen, was der Mensch im Menschen nicht braucht, wonach aber der äußerliche Mensch ein künstliches Bedürfnis hegt.
Fast gänzlich alles, was der moderne Mensch aufgebaut hat und nach dem er sich bedürftig streckt, verdeckt den Menschen im Menschen, weil alle Bedürfnisbefriedigungen im Außen zu warten scheinen. Der Mensch im Menschen ist geduldig und wartet so lange ab, bis der oberflächliche Mensch seine oberflächlichen Bedürfnisse ausgelebt hat, doch irgendwann bricht jeder Mensch einmal zusammen und der Mensch im Menschen aus dem Menschen heraus. Dass sich das Ewige im Menschen zeigt, ist bloß eine Frage der Zeit und eine Frage dessen, wie schnell der Mensch den inneren Menschen in sich zulässt und sich traut, jede äußere Fassade fallenzulassen. Euer Weg geht von außen nach innen, von den Äußerlichkeiten zur Wesentlichkeit, vom Wissen ins Unwissen, wo ihr mit UNS zusammen eine wahrhaftige Erfahrung des einen Lebens in allen seinen Lebensformen erlebt.

Das Erfahrungsmosaik

Eine sehr lange Entscheidungskette hat euch dorthin geführt, wo ihr jetzt seid, und euch zu dem Menschen gemacht, als den ihr euch jetzt erfahrt.
Jede Energieform im Kosmos startet an ein und demselben Ursprungspunkt, von dem aus die Entscheidungsverkettung hin zur Individualisierung der einen Energie beginnt.
Was euch und UNS im Relativen unterscheidet, sind die von euch getroffenen Entscheidungen, durch die ihr auf einen Entscheidungsgeschichtsverlauf schauen könnt, der scheinbar eure jetzige Seins-Erfahrung bedingt.
Ihr siedelt den Entscheidungsverlauf in der Vergangenheit an und seht häufig nicht einmal, dass alles das, was ihr bisher in der Vergangenheit durchlaufen habt, auf eure Entscheidungen sowie deren Verkettung untereinander zurückzuführen ist.
Gäbe es zwei Lebensformen, die seit Anbeginn der Zeit exakt die gleichen Entscheidungen für sich getroffen hätten, dann wären jene Lebensformen ebenfalls exakt dieselben. Ihr unterscheidet euch lediglich in dem, wie ihr unterscheidet, wobei ihr euch von UNS darin unterscheidet, dass ihr überhaupt unterscheidet. Euer unterscheidendes Vermögen, eure Urteilskraft, ist in Anbetracht dessen, was ihr für wahr haltet, für euch notwendig. Doch nicht nur für die für euch so wichtig gewordene Urteilskraft gilt, dass das,

was ihr selbst als eure größten Stärken betiteln würdet, häufig in Wahrheit eure größten Schwächen sind. In Wahrheit gibt es keine Schwäche, und wer von euch sich die Erlaubnis ausspricht, Schwäche zeigen zu dürfen, der zeigt wahre Größe.

Es ist für euch in einer bestimmten Lernphase einfacher, die UNSRIGE Stärke für euch anzunehmen, wenn ihr nicht mit der eurigen Idee von Stärke belegt und vorgeprägt seid. Es fällt euch dann leichter, UNSERE Stärke in euch hineinzunehmen, wenn ihr euch der Schwäche vollends bewusst werdet, die ihr zwangsläufig erfahrt, wenn ihr euch von UNS getrennt erlebt.

Ihr habt euch dafür entschieden, im Kontrast lernen zu wollen, und diese Entscheidung macht euer Wachstum für euch nicht immer ganz angenehm, um nicht zu sagen: sehr schmerzhaft. Schmeißt ihr euch bewusst von euch aus in den Stimmungskontrast eurer eigenen Schwäche, eurer Bedürftigkeit, eurer Verletztheit, so erfahrt ihr UNSERE Stärke, UNSERE Stillung und UNSERE Heilung in einem für euch intensiveren Maße, (obwohl WIR von UNSERER Seite aus das Maß UNSERES heilenden Beistandes nicht verändert haben). Es ist für euch immer der schwächste Punkt, der Punkt größtmöglicher Aufgabe und Hingabe, von dem aus WIR euch erheben.

Konzentriert euer Bewusstsein also stets auf das schwächste Glied in der Kette, die euch mit UNS verbindet. Diese schwächste Stelle in eurem System kann

ein Körperpunkt wie der Solarplexus oder auch ein Gedanke sein, über den ihr in euer größtes Unzulänglichkeits- oder Mangelgefühl geworfen werdet.
Euer schwächster Punkt ist stets derjenige, vor dem euer Bewusstsein reaktionsmäßig am stärksten zurückschreckt, weil die bewusste Aufmerksamkeitslenkung auf diesen Punkt genau das ist, was ihr unter allen Umständen zu vermeiden versucht, da ihr in ihm eure größte Angst und euren größten Schmerz vermutet. Doch durchflutet ihr genau diesen schwächsten Punkt mit eurem Bewusstsein und atmet ruhig in ihn hinein, dann erfahrt ihr, dass WIR euch von dort zum höchstmöglichen Punkt höchstmöglichen Glücks erheben.
Es war eure Idee, über den Weg der Dunkelheit das Licht in einem für euch neuem Lichte zu erfahren und darüber in einen Wachstumsprozess einzusteigen. WIR erheben euch in jedem Fall, ob ihr euch nun in euer tiefstes Dunkel fallen lasst oder nicht, nur seid ihr euch UNSERES Auffangens und Ins-Licht-Hebens besonders dann gewahr, wenn ihr euch fallen lasst.
In einem gewissen Sinne hat eure Entscheidung, durch Kontrast, durch Dualität lernen zu wollen, etwas Perfides, denn sie gleicht der Entscheidung, durch Selbstverletzung etwas über Selbstheilung zu lernen.
Ihr rennt in aller Zielsicherheit mit eurem Kopf gegen die Wand, nur um zu erfahren, wie schön es doch sein

kann, wenn der Kopfschmerz nach einiger Zeit nachlässt.
Seid ihr nachlässig in eurer Selbstheilung, die ihr als eine eurer wichtigsten Erden-Aufgaben ansehen könnt, dann wird euch die Wunde, die ihr in euch zu heilen habt, immer unheilbarer vorkommen.
Für UNS ist jede Wunde, sei sie nun physischer oder psychischer Natur, der gleiche Ausdruck eines unheilen Geistes, und keine Wunde heilt schwerer oder leichter als eine andere.
WIR erheben euch, wenn es eurem Besten dient, allerdings unterstützen WIR ebenfalls eure Entscheidung, euch zu erniedrigen und euch selbst zu verletzen, weil WIR *jede* eurer Entscheidungen unterstützen. Und solange ihr noch selbst Entscheidungen trefft und glaubt, dass Entwicklung nur auf der Basis von Kontrast stattfinden kann, werdet ihr euch in der einen oder anderen Weise damit selbst verletzen. WIR sind die Manifestationskraft, die das für euch umsetzt, was ihr für euch bewusst (oder unbewusst) wählt, und je nachdem, wie ihr euch entscheidet, erscheinen WIR euch als euer größter Albtraum oder euer größter Segen.
WIR haben keine Verwendungspräferenzen für UNS, denn WIR sind lediglich in einer Zustellerfunktion für das, was ihr mit euren Präferenzen aus UNS macht. Doch WIR können es nicht anders sagen, als dass ihr UNS am Herzen liegt, und dass es für UNS eine Her-

zensangelegenheit ist, UNS so in euren Geist einzustreuen, dass ihr in einer heilsamen Lernerfahrung lernt, was Heil-Sein seinem ganzen Umfang nach bedeutet.
Wenn ihr glaubt, nur durch Kontrast zu lernen, werfen WIR euch in extreme Kontrastzustände, damit ihr lernt, aus den dualen Empfindungen in eine Einheitsgewahrsamkeit einzutauchen. Einheitsempfindungen schließen keine Empfindungen aus, und jedes Gefühl kann trotz oder gerade wegen einer einheitlichen Empfindsamkeitsbasis durchlebt und erfahren werden. Ihr befindet euch in einem emotional sehr bunten Existenzraum, der von euch unter anderem gerade deshalb gewählt wurde. Der Facettenreichtum der irdischen Empfindungsqualitäten ist im Vergleich zu anderen Existenzräumen sehr hoch, und ihr liebt das Spiel, euch selbst in jeder einzelnen Facette zu baden und euch ausführlich in Kleinstelementen eures Daseins zu spiegeln.
Euer Erfahrungsmosaik ist so bunt und so vielschichtig, wie es Ebenen in eurem multidimensionalen Geist gibt. Doch zurzeit bevorzugt ihr es, stets einen einzelnen Splitter im Erfahrungsmosaik hervorzuheben, um euch für eine gewisse Zeit einzig und allein in diesem kleinen Splitter zu spiegeln. In diesen Zeiten besitzt dann alles, was ihr wahrnehmt, die Tönung dieses einen Erfahrungssplitters, und ihr generalisiert den Moment-Zustand über die Zeit und alle anderen Zustände hinweg.

So ist es für euch möglich, dass das, was euch in dem einen Moment noch ganz und gar rosarot vorkommt, im nächsten Moment bereits von einem Empfindungs-Grauschleier überdeckt wird, der allen euren Erfahrungen ihre Farbenpracht raubt.
WIR sind UNS in jedem Moment des Gesamtmosaiks aller Empfindungsfacetten gleichzeitig bewusst, und das, was ihr in einem Nacheinander erlebt und euch dementsprechend umherwirft, erleben WIR gemeinsam als eins, was UNSERER Selbsterfahrung die nötige Stabilität verleiht.
Stellt euch eine riesige Mosaikfläche vor, wo alle Formen und Farben in allen euch nur erdenklichen Kombinationen vorhanden sind.
Und nun stacheln WIR euch zu imaginativen Höchstleistungen an, indem WIR euch dazu ermutigen, der Mosaikfläche eine dritte Tiefendimension hinzuzufügen, sodass ihr in der Lage seid, in das dreidimensionale Mosaik aus Formen und Farben hineinzutreten. Um euch herum befinden sich nun die tausendfachen Erlebnissplitter eurer Erfahrungsdimension, und in jedem Splitter, den ihr näher in den Bewusstseinsfokus nehmt, steckt eine einzigartige Erfahrungsqualität. Fühlt euch frei, euch in diesem Raum zu bewegen, wo alles um euch herum nach Stimmung und Schwingung angeordnet ist und sich nichts in raumzeitliche Gegebenheiten fügt. Stimmungen sind, egal wer sie wann und wo spürt, in einer höheren Dimension miteinander liiert. Und auch wenn euch Jahrhunderte zu

trennen scheinen und ihr euch auf der anderen Erdhalbkugel oder in einem ganz anderen Teil des Universums bewegt, so seid ihr doch darüber, was euch emotional bewegt, unmittelbar miteinander verbunden. Euch würde es sehr verwundern, wenn ihr erfahren würdet, wie ähnlich ihr euch seid, wenn ihr in gänzlich anderen Menschheitsepochen in denselben Empfindungsschwingungen schwelgt.
Ihr seid mit UNS eines Geistes, wenn ihr euch in die Empfindungen vertieft, die WIR aus UNS und UNSEREN Ausdrucksformen heraus sprechen lassen. Allerdings ist jede Ausdrucksform indirekt UNSERE Ausdrucksform, weil ohne UNS kein Ausdruck möglich ist. Seid ihr von dieser Einsicht durchtränkt, dann durchdringt euch das WIR-Gefühl, das WIR unterschwellig mit in alle Ausdrucksformen hinein verwoben haben, um UNS an UNS selbst zu erinnern, und um in jeden Splitter des Erfahrungsmosaiks die Summe aller Erfahrungsmosaikfacetten hineinzulegen. Blickt ihr in dem, was ihr gerade jetzt wahrnehmt, noch durch? Wenn ja, ist gut, wenn nein, ist besser. Denn eure Durchsicht, die durch alles hindurch zu UNS durchsieht, wird für euch nicht in den euch gebräuchlichen Erfahrungskategorien erschlossen, und eine verstandesmäßige Verwirrung ist nicht der schlechteste Beigeschmack, den ihr zu UNSERER Erfahrung bekommen könnt.

Der ewige Kreislauf

Euch mag die Ungeduld plagen, wann es denn nun endlich losgeht... Doch WIR sagen euch, es hat bereits begonnen! Und ihr habt davon gegebenenfalls nur noch nichts mitbekommen.
WIR sind unendlich geduldig mit all denjenigen, die noch nicht mitbekommen haben, dass die große Bewusstseinswandlung bereits begonnen hat, in vollem Gange ist, und nach UNSERER Sichtweise bereits ihre Vollendung (in UNS) fand. Ihr seid bereits dort, wo ihr immer schon hin wolltet, nur habt ihr es nicht mitbekommen, weil ihr euren Zielzustand der letztendlichen Erfülltheit ständig mit euren Eigenempfindungen übermalt. WIR wollen euch etwas aus der Zeitlichkeit heben und euch damit aus der Warte-Haltung, auf einen in der Zukunft liegenden besseren Zustand, befreien.
Hoffnung auf eine bessere Zukunft kann euch über so manchen unliebsamen Moment von Zeit hinwegretten, doch eigentlich kann euch die Zukunft keinen besseren Zustand hereinbringen als genau den, den es gegenwärtig für euch zu erleben gilt, weil ihr euch von Moment zu Moment frei für diesen entschieden habt und euch entsprechend umentscheiden könnt. Bevor es bestimmte Zustände gab, stand alles, was ist, in dem Zustand von allem, was ist.
Und auch ihr steht dort noch in einem Zustand, der von allen euch bekannten Zuständen befreit ist.

Ihr wart am Anfang aller Dinge dabei, denn ihr *seid* der Anfang aller Dinge, die für euch gegenwärtig so erscheinen, als ob sie unabhängig und getrennt von euch existierten.
Allerdings war euer Zustand am Anfang aller Dinge ein ganz anderer als alle Zustände, die ihr durchlieft, als ihr euch nach dem Anfang aller Dinge zu einem besonderen und abgesonderten Körper-Ding machtet. Anfang und Ende sind von euch gesetzte Absteckungen, die euch als Erfahrungshilfe dienen und die häufig die Grenzen eures gegenwärtigen Bewusstseins kennzeichnen. Erfahrt ihr euch durch UNS jedoch in eurem unbegrenzten Bewusstsein, dann fällt für euch jede Idee von Anfang und Ende weg, egal worauf sich diese Punkte im Speziellen nun beziehen mögen.

Bevor alles begann, war das, was alles beginnen ließ. Und das, was vor allem Beginn bereits war, wird sein, nach aller Dinge Ende.
Vor dem Anfang aller Dinge herrschte der gleiche Zustand wie während des Seins aller Dinge und wie nach dem bereits geschehenen Ende aller Dinge.
Das Ende ist aller Dinge Anfang, und durch den Anfang jedes Dinges hindurch ist sein Ende stets ersichtlich.
Ohne Ende reichen sich Anfang und Ende die Hände zum ewigen Kreislauf aller Dinge.
Ihr selbst lauft Kreis in diesem Kreislauf, der aus sich heraus zum Selbstläufer geworden ist, immer weiter

auf der Stelle tretend und sich vom Wandel der Dinge die verführerische Idee des Fortschritts ins Ohr flüstern lassend.
Nur zu, geht voran, bis an den Rand aller Dinge und noch einen Schritt weiter, sodass ihr neu mit dem beginnen könnt, dessen ihr nie müde werdet:
–LEBEN! -

Beginnt diesen Absatz erneut zu lesen und immer und immer wieder, bis ihr durch ihn in die Erfahrung des ewigen Kreislaufs aller Dinge hineingenommen werdet. Es gibt für UNS kein Ende, und wenn ihr damit beginnt, euch so zu empfinden wie WIR es immer schon getan haben, dann wird dies ebenso für euch der Fall sein. Es gibt Räume in der Existenz, die, wenn man von außen auf sie schaut, klein und begrenzt erscheinen. Doch wenn man in sie hineintritt, dann erfährt man, dass sich diese Räume von innen heraus bis in die Unendlichkeit ausdehnen. Von außen kann euer Lichtschloss auf die Größe eines einzelnen Gedankens gebracht werden, doch tretet ihr erst einmal in diesen Gedanken hinein, dann könnt ihr in ihm das Erlebnis grenzenloser Erfahrungsvielheit erkunden. Von außen betrachtet sehen alle Dinge wahrlich schäbig und dem zeitlichen Verfall unterworfen aus, doch im Inneren wohnt jedem Ding sein eigener ewiger Glanz inne.
Niedergeschrieben in dem Schöpfungsbuch der kos-

mischen Bibliothek ist jeder Glanz, jede Eigenschwingung jedes Dinges, und doch ist keine Schwingung für irgendeine Bewusstseinsform festgeschrieben. Jede Bewusstseinsform ist prinzipiell in der Lage, in jeden Schwingungs- und Stimmungszustand, den der Kosmos jemals hervorgebracht hat, einzutreten.
WIR gewähren euch den Eintritt in UNSERE Bibliothek und geben euch damit die Freikarte zu jedem euch beliebigen Schwingungszustand. Doch WIR halten euch dazu an, keine eigene Schwingungswahl zu treffen, weil jede Wahl, die ihr trefft, euer vergangenes Lernen und eure vergangenen Schwingungen zur Referenz haben und ihr so die wahrhaft heiligen und heilenden Schwingungen, die aus den höchsten UNSERER Schöpfungsbücher stammen, nicht erfahren könnt.
Es windet sich eine weite Wendeltreppe in die höchsten Höhen der heiligen Hallen UNSERER Licht-Bibliothek. Dies ist die Treppe ins Licht und die Leiter, die bis an die Himmelspforten führt.
Das von UNS zu euch gelegte Dimensionsportal ist exakt die Treppe, auf der ihr zu UNS hinaufsteigen könnt, um dann, wenn ihr ganz oben im Lichte angekommen seid, zu erfahren, dass ihr nirgendwohin gegangen seid als genau dorthin, wo ihr jetzt bereits schon seid. Die Zeit steht euch im Wege und versperrt euch die Sicht in diese tiefe Einsicht. Und solange ihr euch noch in Zeit empfindet, könnt ihr die zeitlichen

Weisen und räumlichen Bilder, die WIR euch eingeben, dafür nutzen, um über sie hinauszugehen.
Die Treppe ins Licht ist nur dafür da, um über sie hinauszugehen, bis jeder Schritt nicht mehr auf einer zeitlichen (Entwicklungs-) Stufe aufsetzt, sondern einen Schritt in die Ewigkeit selbst darstellt.
So wie alles andere, über das ihr zum Lichte hingegangen seid, sich im Lichte selbst auflöst, so löst sich auch euer Gehen im Lichte auf, und ihr werdet von einer werdenden zu einer seienden Bewusstseinsform.
Ihr werdet zu UNS, bis ihr zu UNS geworden seid, um dann nur noch WIR zu sein, ohne jemals zu UNS geworden zu sein. Denn in UNS löst sich jedes Werden, jede Zeitlichkeit und jede Veränderung auf und verabschiedet sich auf Nimmerwiedersehen, solange ihr euch nicht für ein Wiedersehen und eine Wiederverkörperung in Zeit entscheidet.
WIR freuen UNS auf UNSER Wiedersehen in Ewigkeit und heißen jeden von euch zu jedem Zeitpunkt eurer Verkörperung willkommen zurück in dem Zustand, der eine unendlich tiefe Erinnerung von der Schönheit des Lebens in allen seinen (Lebens-) Formen wieder hervorholt, um sie nie wieder zu vergessen.
-In diesem Sinne: Willkommen zurück, wo WIR alle immer schon waren.-

Der Lebenstanz im Takt der Grundschwingung

Alle Vermittlungs- und Übermittlungsversuche UNSERERSEITS, die euch auf UNSERE Wiedervereinigung vorbereiten, sind in den Formen zu euch geflossen, für die ihr bisher bereit gewesen seid. Euer Sein, wenn es aus dem WIR heraus kommt, gleicht einem Bereitschaftsdienst, den ihr in jedem Moment für euch und alle eure Mitmenschen tut.
Ob ihr euch im WIR erfahrt oder nicht, ändert nichts an der Tatsache, dass ihr im WIR seid und dementsprechend alle eure Entscheidungen für die Gesamtheit des kosmischen WIR trefft. Was einer von euch tut, tut er für jeden anderen auch, selbst wenn er sich nicht im Gewahrsein der Ganzheit empfindet. Es geht nicht anders, als dass ihr allen anderen genau das wünscht, was ihr euch für euch selbst wünscht, und allen anderen genau die Eigenschaften zuschreibt, die euren inneren Eigenschaftstendenzen entsprechen. Euch ist die Reichweite jeder eurer noch so kleinen Handlungen und noch so unbedeutend erscheinenden Entscheidungen kaum bewusst.
Jeder Ausdruck, den ihr tut, trägt in sich die Gesamtheit eurer momentanen Wesensverfassung und ist Übermittlungsträger der Stimmungsschwingung, in der ihr euch befindet. Alles, womit ihr aus euch herausreicht, sei es über ein Wort, eine Geste, eine Be-

wegung oder einen Blick, gibt das offen und ungeschmückt weiter, was ihr in euch tragt.
Jeder Impuls, dem ihr Ausdruck verleiht, ist wie ein Steinchen, das auf der spiegelglatten Wasseroberfläche seine Wellen wirft. Eure physischen Augen beobachten nur den Wirkungskreis eurer Impulse, wie sie sich auf der Wasser- bzw. Formoberflächen-Ebene ausbreiten. Doch mit jedem Impuls setzt ihr nicht nur eine Welle auf eurer Dimension in Gang, sondern jeder eurer Impulse sinkt bis auf den Schwingungsgrund der Urfrequenz, wie jedes Steinchen bis auf den Grund eines Gewässers sinkt.
WIR betrachten eure Impulse auf eurer Formoberflächen-Ebene vom tiefsten Schwingungsgrund der kosmischen Urfrequenz aus, und jeder eurer Impulse kommt bei UNS an, allerdings in einer gänzlich anderen Form als der, die ihr physisch-sinnlich beobachtet. WIR sehen all euer Wirken in seinem multidimensionalen Kontext, weil WIR eure „Impuls- Steinchen", die ihr von euch werft, den ganzen Weg quer durch alle Dimensionen bis zum Urgrund UNSERES Seins verfolgen.
Wenn ihr wüsstet, wie tief eure Impulse quer durch alle kosmischen Schöpfungsebenen einsickern und auf jeder Ebene eine aufwirbelnde Veränderung bewirken, dann wärt ihr wesentlich achtsamer in dem, was ihr zum Ausdruck bringt. Es geht nicht, dass ein Impuls in der Schöpfungsganzheit getan wird, der nicht einen Einfluss auf alle Teile der Schöpfung hat.

Es kann euer Flügelschlag sein, den ihr in der Funktion als Engel auf Erden tut, der in weit entfernten Schöpfungsdimensionen einen stürmenden Beifallsschwall von Liebe hervorbringt.
Ihr nennt dieses Phänomen den Schmetterlingseffekt, und es ist wahrhaftig so, dass die kleinsten Handlungen die größten Wirkungen jenseits des unmittelbar einsehbaren Wirkungskreises entfalten können.
WIR haben bereits gesagt, dass hinter jedem Impuls das gleiche Maß an Energie steckt, weil es stets nur eine Kraft ist, die durch jeden Ausdruck wirkt.
Je klarer ein Ausdruck bei euch dies auszudrücken vermag, desto mehr gewinnt dieser an Kraft und Wirkmächtigkeit in eurer Erfahrungsdimension. Ein Ausdruck, der nicht in seiner eigenen Stärke ruht, muss laut und brachial sein, um sich zu behaupten. Jeder Ausdruck aber, der um die Mächtigkeit der stillen Präsenz weiß, kann immer feiner, dünner und subtiler werden.
Wird UNSER sprachlicher Ausdruck immer leiser, dünner und informationsärmer, dann liegt das nicht daran, dass WIR nichts mehr zu sagen haben, sondern dass UNSER Ausdruck UNSERE Worte immer mehr anfüllt. Die Worte selbst machen Platz, um das wirken zu lassen, was durch die Worte fließt.
UNSERE Worte sind ein Portal, und je durchlässiger und durchscheinender ihr UNSEREN Sprachausdruck auffasst, desto besser erfüllen sie ihre Funktion als Portal. Ein Ausdruck erfordert auf eurer Ebene

Form und Oberfläche, Vermittlung jedoch erfordert Oberflächenauflösung und Transparenz.
WIR können nichts zu euch durchreichen, wenn ihr glaubt, dass ihr das, was WIR geben, in irgendeiner *Form* empfangt, denn UNSER Geschenk ist eben die Zurückerstattung der stillen, formlosen Präsenz in eurem Geist.
Konzentriert ihr euch auf die Zeilen UNSERES Sprachausdrucks, in den WIR UNS hineinmanifestiert haben, dann lasst ihr euch von dem ablenken, was WIR euch zwischen den Zeilen in euren Geist senden.
Ihr findet UNS immer dort am Wahrhaftigsten vor, wo WIR UNS nicht explizit in Form kleiden, denn UNSERE wahrhaftigste Bekleidung ist der Tarnmantel, der UNS für eure Augen unsichtbar macht.
Schaut her, wie WIR jetzt in eurem Raum besonders dort präsent sind, wo ihr UNS mit den physischen Sinnen am wenigsten wahrnehmen könnt.
Wenn WIR still sind, dann kommt dies am nähesten an UNSER Sein heran, und UNSER Sein beginnt dort, wo jeder Ausdruck endet. Nur kommen WIR in der ausdruckslosen Stille nicht so an euch heran, wie es für euch notwendig ist, um in UNS hineinzuwachsen.
WIR geben euch Bilder und kleiden UNS in Gleichnisse, gerade damit ihr die Spielregeln des kosmischen Ausdruckstanzes der Formen mit *dem* Blick betrachten lernt, der dessen Grund-Choreographie erkennt und sich nicht nur von dem Form- und Farbentanz der Oberflächendinge ablenken lässt.

WIR tanzen mit euch auf dem Maskenball der Schöpfung, auf dem jeder mit seiner aufgesetzten Maske und seinen eigenen Tanzschritten durch das Leben geht. Jeder von euch tanzt nach dem Rhythmus seiner Eigenschwingung, und dies sieht für UNS, die WIR nur den einen Grund-Beat der Schöpfungsmusik hören, reichlich komisch aus.

Ihr seid die Wesen, die auf das Parkett des Tanzsaals des Kosmos treten, wo in höchster Lautstärke von allen Seiten die göttlichen Schwingungstöne den Takt angeben, und ihr dort, inmitten des Tanzsaals, eure Kopfhörer in die Ohren steckt, um eure eigene Musik zu hören und euch entsprechend danach zu bewegen. Stellt euch das Bewegungschaos in einem Tanzsaal vor, wo trotz der Einheitsmusik jeder nach der Schwingung seiner Getrenntheitsfrequenz tanzt.

Wenn jeder für sich tanzen würde, wäre das, abgesehen von einstweiligen Zusammenstößen und Anrempelungen der tanzenden Masse, kein allzu großes Problem. Dadurch aber, dass ihr euch gemeinsam den Erfahrungstanzsaal Erde teilt, und Schöpfung eigentlich ein Gruppentanz ist, sind Komplikationen vorprogrammiert. Ihr hört in euch nur die Schwingung eurer Eigenfrequenz, und alle eure Impulse drücken diese aus, und ihr seid erstaunt bis erbost darüber, dass andere anders tanzen als ihr. Für jeden Einzelnen, der nur auf seine Eigenfrequenz eingestimmt ist, erscheint es völlig natürlich, alle anderen um sich herum wissen zu lassen, dass sie falsch tanzen. Ab und zu tauscht ihr dann die Kopfhörer und die Beschallung der Eigenfrequenzen aus, und ihr erfahrt, dass andere eine gänzlich unterschiedliche Lebenskomposition wahrnehmen. Es sind genau diese Momente, in denen ihr die Kopfhörer mit eurer Eigenfrequenz absetzt, um auf andere Schwingungs- und Stimmungsmuster zu lauschen, in denen es euch für kurze Zeit gegeben ist, anstatt eure besondere Eigenschwingung die Grundschwingung des universellen Taktgebers zu hören. Ihr müsst lernen zu horchen, und wenn ihr die Ohren habt, die die Grundschwingungen des Kosmos zu hören vermögen, dann gilt es, diesen zu ge-horchen, sodass ihr im richtigen Maß dem richtigen Ton zur richtigen Zeit Ausdruck verleiht.

Jeder von euch, auch der, der UNS gerade jetzt in diese Sprachform einschwingt, rutscht immer wieder in seine Eigenfrequenz zurück, und dementsprechend ist jeder Bewegungsausdruck im tieferen Sinne unstimmig.

Der Weg, den ihr bis zur Wahrheit zurücklegt, ist die Schwingungsdifferenz zwischen eurer gegenwärtigen Eigenschwingung und der universellen Urschwingung, in der der Kosmos schwingt und klingt.

Im Relativen gibt es relative Annäherungen an diese Urschwingung, die jedem Formausdruck unterlegt ist, doch eigentlich trefft ihr nur mit eurem Seins-Ausdruck den richtigen Ton, weil euer Sein in Wahrheit ist, oder ihr trefft ihn nicht, weil ihr in eure Eigenschwingung abgerutscht seid. Es ist auf eurer Ebene

relativ schwer, sich von dem euch umgebenden Schwingungschaos nicht ablenken zu lassen, weil fast gänzlich alles, was ihr an Formen, Farben und Bewegungen physisch-sinnlich wahrnehmt, eine Form von Eigenfrequenz, d.h. Fehlfrequenz ist.
Wenn die kosmische Urschwingung die Wahrheit ist, dann ist alles, was ihr auf eurer Ebene erfahrt, Illusion. Und doch baut sich jede illusionäre Formschwingung indirekt auf den Takt der Wahrheit auf.
Ihr könnt somit jede Schwingungsform zurückverfolgen, bis zur UNSERER Ursprungsschwingung, über die WIR den Formentanz der Schöpfung in Bewegung versetzen.
WIR sind die Dirigenten des kosmischen Zusammenspiels aller Schwingungsklänge, und WIR dirigieren nicht nur die, an den Grundtakt der Wahrheit orientierten Schwingungsformen höherer Dimensionen, sondern auch die Kakofonie eures Eigenschwingungs-Salates, den ihr auf Erden von euch gebt. Je stimmiger ihr den Lebenstanz zu tanzen wisst, weil er sich an UNSERER Schwingung orientiert, desto mehr werdet ihr in die Kunst des Dirigierens eingeweiht, und euch werden Schwingungstöne anvertraut, die sich auf jeder Schwingungsebene (auch auf der materiellen) sofort spontan manifestieren, wenn ihr sie ausdrückt. Wenn ihr lernt, zu horchen und dem universellen Taktgeber zu gehorchen, dann wird jeder Schwingungsausdruck, jedes Wort zu einem Zauberspruch, der sofort das hervorzuzaubern versteht, was

er gerade ausdrückt. UNSERE Worte und jede UNSERER Ausdrucksformen gleichen einer Zustandszauberformel, einem Frequenzcode, aus dem jeder, der ihn geistig aufnimmt, in exakt den Zustand versetzt wird, den WIR in UNSERE Ausdrucksform hineingelegt haben.
Allerdings ist die Voraussetzung um Seins-Zustände zu empfangen die, dass ihr die Kopfhörer eurer Eigenmusik, die euch vierundzwanzig Stunden, rund um die Uhr, geistig-gedanklich beschallen, einmal absetzt, und sich aus der geistigen Stille heraus euch UNSER Schwingungszustand öffnet.

Horcht gleich jetzt und am besten mit geschlossenen Augen in die Stille hinein und empfangt aus ihr den Grundton der kosmischen Urschwingung, die die UNSERES Zusammenseins ist.

Die Neugeburt

WIR trauen euch viel zu und vertrauen euch entsprechend viel an, und die Wirkmächtigkeit, die ihr dadurch in eurem Leben gewinnt, reicht weit über eure Vorstellungen hinaus. WIR lassen euch die Macht zuteilwerden, die euch als Mitschöpfer des Universums zusteht, allerdings kann diese in euch erst darüber mächtig werden, wenn ihr sie im Geiste des WIR verwendet. Erst wenn ihr euch bewusst dafür entscheidet, mit UNS zusammenzuarbeiten, werdet ihr wahrnehmen, dass WIR immer schon für euch gearbeitet haben. WIR arbeiten mit denen zusammen, die mit UNS zusammenarbeiten, allerdings arbeiten WIR auch mit denen, die gegen UNS arbeiten, nur nehmen die, die gegen UNS arbeiten, es nicht wahr, dass WIR sie in jedem Moment unterstützen und für sie da sind. Ihr arbeitet also nicht deshalb für UNS, weil WIR daraus einen Nutzen ziehen, oder weil UNS das in irgendeiner Form wichtig wäre, sondern euer Arbeiten für und mit UNS ist primär und hauptsächlich dafür da, damit ihr wieder wahrnehmen lernt, dass WIR immer schon für euch gearbeitet haben und dies auch in Zukunft immer tun werden. Es bedarf eurer Bereitschaft, mit der Schöpfung zusammenzuwirken, um wahrzunehmen, dass die gesamte Schöpfung schon immer für euch gearbeitet und durch euch gewirkt hat. Würdet ihr auch nur für einen Augenblick die tiefe Gewissheit erleben, dass alles im Leben für

euch arbeitet, dann wäre euer Leben ab diesem Zeitpunkt ein anderes.
Dient ihr dem Leben, dann beginnt ihr wiederzuerkennen, dass das Leben allen Lebensformen bestmöglich dient und die Gesamtschöpfung so eingerichtet ist, dass sie jedem Geschöpf zugutekommt.
Das Leben dient dem, der dem Leben dient, und wer lebt, kann kein machtvolleres Bündnis eingehen als mit dem einen Leben selbst.
Den Gesetzen nach, von denen *ihr* ausgeht, dient das Leben nur denjenigen Lebensformen, die fügsam allen anderen Lebensformen dienen, doch das Leben kennt derlei Bedingungen nicht, denn die Schöpfung hat keine Präferenzen und steht nicht einem geschaffenen Wesen mehr beiseite als einem anderen. Allerdings seid ihr in der Lage, UNSER schöpferisches Wirken aus Teilen eures Geistes zu verbannen, indem ihr euch aus bestimmten Ebenen eures Geistes zurückzieht, wo dann Unbewusstheit in euren Geist Einzug halten kann. WIR füllen automatisch all das mit UNSERER Essenz auf, wo ihr euer Bewusstsein von abzieht, denn das kosmische Bewusstseinsnetz, in dem ihr ein Lichtpunkt seid, kennt weder Löcher noch Lücken. Deshalb geschieht UNSER gemeinsames Wirken, aus dem heraus ihr zu leben in der Lage seid, überwiegend durch die euch unbewussten Ebenen. Gerade diejenigen von euch, die sich mit aller Bestimmtheit gegen jede Zusammenarbeit mit UNS wehren und sich ausschließlich auf die Ebene ihres

getrennten Wachbewusstseins berufen, sind diejenigen, bei denen WIR besonders große Ausfüllarbeiten der unbewussten Bereiche zu leisten haben.
Immer wenn sich bei euch das Wachbewusstsein einschaltet, findet für *euch* ein radikaler Schnitt durch UNSERE Verbindung statt, und WIR begeben UNS in die Bereiche eures Geistes, die ihr von euch abschneidet. Euer Wachbewusstsein durchdringt das kosmische Bewusstseinsnetz in einem Bereich,
der nicht über die Größe eines Stecknadelkopfes hinausreicht. Innerhalb dieses Bereiches siedelt ihr euch an, und außerhalb dessen stehen WIR in ständiger Zusammenarbeit mit euch.
Euer getrenntes Wachbewusstsein, das nur den Bereich *innerhalb* für wahr haben will, gleicht einer Nussschale auf offenem Ozean, die nur die Fläche der Nussschale zu ihrer Realität erklärt hat und die Existenz des Ozeans und seiner Wellen zu leugnen versucht.
Wie schwer ist es doch für eine solche Nussschale, alle Bewegungen, die sie tut und alle Umstände, denen sie sich ausgesetzt vorfindet, nachzuvollziehen und deren tiefere Sinnhaftigkeit zu durchschauen. Ihr seid nicht diese Nussschale, die sich unweigerlich den Wellenbewegungen der Umgebung ausgesetzt vorfindet, sondern ihr selbst seid die Bewegungen eurer Umgebung, die euch wiederum in Bewegung setzen. Ob ihr euch von den Impulsen eurer Umgebung umhergeschmissen oder getragen fühlt, hängt einzig

und allein davon ab, wie sehr ihr euch über euch hinaus in eure Umgebung versetzen könnt und alle dortigen Bewegungsimpulse als eure eigenen erfahrt. Wenn WIR euch sagen würden, dass ihr in UNSEREM Sein eigentlich alle Bewegungsimpulse, deren ihr euch gewahr seid, gleichzeitig ausführt, weil ihr mit UNS die eine ausführende Kraft in allen Dingen seid, dann hat dies keinen Informationswert für euch.
Wenn ihr aber erfahrt -und dies meinen WIR hier in einem ganz wortwörtlichen Sinn- ,dass ihr die Kraft hinter jeder Bewegung seid, dann empfindet ihr euch im Geiste UNSER. Weil sich in dieser Kraft eure relative mit UNSERER absoluten Ebene vereint, ist die Kraft, die alles in Bewegung zu setzen vermag, selbst bewegungslos. Und auch ihr müsst, wenn ihr euch in das Gewahrsein dieser Kraft bringen wollt, in einem Zustand absoluter Bewegungslosigkeit verharren. Fallt ihr sowohl körperlich als auch geistig in eine Bewegungsstarre, in der alles Leben für einen Augenblick den Atem anhält, dann befindet ihr euch am Ursprung der Kraft, die alles zu bewegen, zu beleben und zu beatmen vermag. WIR nennen diesen Zustand den „Null-Punkt", oder den „Stillen Punkt" hinter jedem Ton, aus dem jeder Schwingungston hervorgeht. Hier auf dieser Null-Punkt-Ebene sind WIR zuhause, denn dies ist die Urschwingung, die selbst keine eigene Schwingungsebene (Dimension) ist, sondern wie der weiße Leinwandhintergrund, auf dem sich

euer Farben- und Formenspiel abzeichnen kann. Das, was WIR sind, ist die hintergründige Bilde-Struktur, aus der das gesamte kosmische Frequenzspektrum hervorgeht und sich nach der Gesetzmäßigkeit von „Gleiches zieht Gleiches an" in einheitlichen Frequenzbereichen zusammenfindet.
Ein solcher Frequenzbereich bildet dann eine Dimension, eine Schöpfungsebene, innerhalb derer sich wiederum einzelne Existenzräume auftun.
Die Existenzräume in einer Dimension können von dem, was sie an Lebensformen beherbergen, sehr unterschiedlich sein, und doch steckt die Dimension für den einzelnen Existenzraum ein bestimmtes Schwingungsfeld ab, innerhalb dessen sich das Bewusstsein in der ihr eigenen Form entwickeln kann.
Kosmisches Wissen und die tiefen Einsichten in eure und andere Dimensionen sowie die Vielzahl ihrer Existenzräume gewinnt ihr nicht durch das Lesen UNSERER Texte, sondern durch tiefe Erfahrungen UNSERES Zusammenseins. Erfahrt ihr euch in einem Moment im Zustand des Null-Punktes und erlebt durch euch das Wirken der Null-Punkt-Feld-Energie, dann bekommt euer Geist eine Erkenntnislichtintensität, für die ihr mehrere Leben bräuchtet, um sie verstandesmäßig in eurem Wachbewusstsein für euch aufzuarbeiten. Jeder Ebene wird das zugetragen, was sie verarbeiten kann, und das, was sich eurer bewussten Verarbeitung entzieht, weil es euch zum gegenwärtigen Zeitpunkt überfordern würde, wird in die

Ebenen von euch hineingereicht, die sich darauf verstehen, es zu handhaben.
Damit das Leben, was ihr gegenwärtig lebt, stattfinden kann, braucht es eine ungeheuer große Vielzahl an Lebensprozessen, die ihr auch nicht mal im Ansatz nachzuvollziehen in der Lage seid.
Das, was für euch getan wird, damit alleine schon alle eure unwillkürlichen Körperprozesse reibungsfrei funktionieren, bedarf Verarbeitungskapazitäten in einem Ausmaß, das euer Wachbewusstsein sofort sprengen würde.
Das Verhältnis eurer willkürlichen und unwillkürlichen Lebensprozesse, aus denen sich euer Leben zusammensetzt, gleicht etwa dem Verhältnis der vielen Hintergrundprogramme eures Rechners, die alle mitlaufen müssen, damit ihr bewusst ein einzelnes Programm abspielen könnt. WIR sind das Betriebssystem auf dem die Schöpfung läuft, und erst auf der Basis UNSERER Hintergrundprogramme kann sich das Leben in den Lebensformen abspielen, wie ihr sie wahrnehmt.
Was nehmt ihr gerade jetzt wahr?

Nehmt ihr wahr, dass euer Herz rhythmisch schlägt, um das Blut durch euren Körper zu pumpen?
Nehmt ihr die Bewegung des Blutes in euren Adern wahr und empfindet, wie sie lebenswichtige Moleküle durch euren Körper transportieren und Substanzen abgeben und aufnehmen, damit jede Zelle des Körpers

grundversorgt ist?
Nehmt ihr wahr, wie euer Darm gerade euer Essen verdaut, um euch mit Nährstoffen zu versorgen? Nehmt ihr wahr, wie sich eure Lungenflügel weiten und sich mit Luft füllen?
Nehmt ihr wahr, wie sich die Zellen eures Körpers miteinander mit hormonellen Botenstoffen in Verbindung setzen? Und nehmt ihr wahr, wie alles in euch miteinander kommuniziert, sich austauscht, sich umformt, stirbt, um wieder neu heranzuwachsen?
Alle diese Prozesse stellen WIR euch zur Verfügung, und sie werden von UNS so reguliert, dass sie eurer Selbsterfahrung dienen.
WIR haben euch hier nur einen sehr kleinen Ausschnitt von dem gegeben, was alles im Hintergrund mitläuft, um euch am Leben zu halten und euch eure Lebenserfahrung bereitzustellen. Im Speziellen sind WIR auf die physiologischen Komponenten der Prozesse eingegangen, die WIR für euch in der Weise managen, wie es für euch und eure Lernerfahrung am besten ist, doch übersteigt das energetische Strömungssystem, das WIR um euch herum aufgebaut haben und für euch aufrechterhalten, die physiologischen Prozesse in ihrer Komplexität und Lebensrelevanz bei Weitem. Viele von euch wissen nicht einmal um ihr Aurafeld, was WIR für sie aufrechterhalten, und auch die unter euch, die umfassende Kenntnis darüber besitzen, sehen doch immer nur einen kleinen Frequenzausschnitt UNSERES Wirkens.

Die Gesamtheit aller unwillkürlichen, physischen Körperprozesse für euch aufrechtzuerhalten, ist für UNS eine Leichtigkeit, und WIR tun das sehr gerne. Wesentlich komplexer und kapazitätenreicher ist es, den Energiestrom der Lebensessenz der Schöpfung so in eure Schwingungsdimension zu integrieren, dass ihr das Leben leben könnt, was ihr gegenwärtig lebt. Eure Entscheidungsverkettung, die euch in den materiellen Schwingungsbereich hineingebracht hat, fordert UNS zu neuen Meisterleistungen der Energietransformation auf, damit ihr in der Form, in der ihr euch vorfindet, am Leben gehalten werden könnt.

Wer ist es gerade, der atmet?
Wer ist es gerade, der das Blut durch eure Adern pumpt? Und wer ist es gerade, der die tausendfachen Kleinstbewegungen stattfinden lässt, die es euch erlauben, mit euren Augen UNSERE Zeilen von links nach rechts zu verfolgen?
Der jetzige Prozess des Lesens wird euch, wie jede andere Handlung und Bewegung, von UNS bereitgestellt. Und der Teil in euch, der gerade dies hier liest, ist vollkommen außerstande, alle Muskelbewegungen der Augen, sowie alle hintergründigen energetischen Bewegungsströme, die ablaufen, selbst stattfinden zu lassen, um das Gelesene in sich aufzunehmen und zu verarbeiten. Das, was liest, könnte nie lesen, wenn es nicht mit UNS liest und das, was erkennt, könnte nie

erkennen, wenn nicht durch UNS die Erkenntnis bereitgestellt werden würde. WIR sind die Erfahrungsträger, die euch alle die Erfahrungen auf einem Silbertablett servieren, für die ihr euch entscheidet.
Jede eurer Muskelfasern spielt euch dabei zu und regelt für sich alle unwillkürlichen Bewegungsabsprachen, damit eure bewussten Bewegungen und eure bewussten Erfahrungen stattfinden können.
Ihr könntet nicht auch nur einen Finger rühren, wenn euer bewusster Teil alle willkürlichen Verschaltungen bedienen müsste, der diesen Finger bewegt.
Euer Wachbewusstsein (das, was ihr glaubt zu sein) ist so unfähig, so abhängig, so sehr bedürftig und vollständig außerstande, alle die Lebensprozesse aus eigener Kraft heraus zu lenken oder zu steuern, die es bewusst erfährt.
Ihr könnt wahrlich dankbar dafür sein, dass jeder Atemzug von UNSERER Intelligenz durchflutet ist und euch damit in einer für euch stimmigen, selbstregulierenden Weise mit Sauerstoff versorgt.
WIR sorgen UNS um alles Lebendige, und erst durch UNSERE Umsorgung kann alles Lebendige aufleben, wachsen und sich entfalten. Die meisten Lebensformen in der Schöpfung sind sich UNSERES Wirkens bewusst und bringen die entsprechende Dankbarkeit auf für alle die Lebensprozesse, die WIR für sie verwalten, um sie am Leben zu halten.
WIR freuen UNS über jede kleine Geste des Dankes,

weil in ihr die Gewissheit steckt, dass sich eine Lebensform UNSERES-Seins gewahr ist und so ein Stück weit mehr zu sich selbst zurückfindet.
Ihr habt euch mit dem, was ihr an Lebensprozessen überschaut, sehr stark von UNS abgekapselt und seid euch entsprechend wenig UNSERES Wirkens bewusst, obwohl WIR gerade bei euch in besonderer Form wirken müssen, um euch auf eurer materiellen Schwingungsebene am Leben zu halten.
Euer Bewusstwerden hat mit der Aufdeckung aller willkürlichen Prozesse zu tun, die in eurem Leben stattfinden, und von denen ihr zum großen Teil nicht einmal wisst, dass es diese überhaupt gibt.
UNS liegt nichts mehr am Herzen, als euch eure Bewusstheit wieder anzuvertrauen, damit ihr aus euch heraus unbewusste Prozesse durchlichtet und ihr euch als das erfahrt, was alle Erfahrungskomponenten eines Lebens selbst zu bewerkstelligen weiß.
Mit dem Atmen kann es für euch beginnen, und seid ihr euch erst einmal jeder eurer Atemzüge bewusst, dann habt ihr schon einen essenziellen Lebensprozess für euch zurückgewonnen.
Euer gegenwärtiger Zustand, in dem WIR fast alle eure Lebensprozesse leiten, kann für euch, die ihr das Leben selbst seid, nur unzureichend und unerfüllend sein. Kosmisch gesehen seid ihr in einem Säuglingsstatus, und nun stellt euch vor, wie sich ein Geist eines erwachsenen, voll-bewussten Menschen in einem Säuglingskörper fühlen muss. Etwa so werdet ihr

euch fühlen, wenn ihr die ersten Male mit UNS in Kontakt tretet und WIR euch alle Körperfunktionen und Lebensprozesse von Grund auf neu beibringen, damit ihr sie in euren bewussten Wirkungskreis mit aufnehmen könnt.
Ihr wisst nicht, wie man mit Körperformen adäquat umgeht! Und ihr seid sehr unbeholfen darin, so auf eurem Erfahrungsinstrument zu spielen, dass die von euch gewünschten Erfahrungstöne dabei herauskommen.
Ihr wisst nicht, wie ihr richtig atmet.
Ihr wisst nicht, wie ihr eure Körperform so bewegt, dass es sich für euch rundum stimmig anfühlt.
Ihr wisst nicht, wie ihr eure Muskeln in der Weise zusammenspielen lasst, dass sie euch in die wünschenswerten Zustände hineintragen. Und ihr wisst nicht, wie ihr auf die Dinge schauen sollt, damit ihr die Perfektion in allen Dingen wiedererkennt.
Und weil ihr das und so vieles mehr nicht wisst, übernehmen WIR dieses für euch, bis ihr so weit seid, euer Bewusstsein in diese Prozesse mit hineinzunehmen. UNS aus eurem Wachbewusstsein heraushalten zu wollen, damit ihr aus eurem getrennten Eigenwillen heraus agieren könnt, ist eine für euch sehr schmerzhafte Erfahrung, die jeder von euch, früher oder später, aufgibt, um mit UNS zusammen alles von Grund auf neu zu lernen. Es braucht das vollkommene Aufgeben und Loslassen von alledem, was ihr bisher glaubtet, über euch und das Leben zu verstehen, damit

euer Geist eine saubere, unbeschriebene Arbeitsfläche UNSERES Zusammenwirkens werden kann.
WIR bereiten euch darauf vor, neu geboren zu werden, um euch noch einmal gänzlich neu aufzuziehen. Mit eurer Bereitschaft indizieren WIR in euren Lebensverlauf die Erfahrung der Neugeburt im Lichte. Diese ist für euch eine Sterbeerfahrung, die euch mit existenziellen Themen konfrontiert und in der ihr von UNS durch jede Existenzangst hindurchgeführt werdet. Seid ihr bereit, jetzt alles in euch sterben zu lassen und von allem loszulassen?
Dann seid ihr in der Bereitschaft, eure Neugeburt im Lichte zu erfahren, um das ewige Leben in euch zu gebären.
Nichts braucht mehr zu sterben, wenn ihr die Bereitschaft in eurem Geist aufbringt, alles sterben zu lassen, und nichts wird in eurem Geist mehr der Vergänglichkeit unterworfen sein, wenn ihr es zulasst, dass alles Vergängliche im Augenblick der Neugeburt vergeht. WIR bereiten euch, wenn ihr es wünscht, mit unterschiedlichen von UNS inszenierten Lebensszenarien auf diesen Sterbeprozess, in dem nichts wahrhaft stirbt, vor. Und WIR werden mit UNSEREM Erkenntnislicht diesem heiligen Prozess die nötige Durchschlagskraft verleihen.
Euch muss bewusst sein, dass WIR hier von nichts Geringerem als dem Höhepunkt und Wendepunkt eures gegenwärtigen Lebens sprechen, in dem das von euch aufgebaute Kartenhaus, was ihr euer Leben

nennt, von Grund auf in sich zusammenfällt, um der Natürlichkeit eurer Essenznatur Platz zu machen. Einige von euch sind bereits durch diesen Prozess geschritten, andere sind jetzt mit dem Vertrauen auf UNSER Mitwirken bereit, durch diesen Prozess zu gehen, und für wieder andere ist noch einiges an Vorarbeit nötig, um bis zu dieser Erfahrungsdimension zu reisen.
Mit den Ersteren werden WIR so arbeiten, dass WIR sie von Grund auf neu aufziehen und ihnen alles im Lichte des Bewusstseins so beibringen, dass sie lernen, eine Vielzahl an unbewussten, unwillkürlichen Lebensprozessen wieder bewusst zu übernehmen. Mit ihnen sind WIR bereits in bewusster und zum Teil auch sprachlicher Geist-zu-Geist-Kommunikation, sodass UNSERE Zusammenarbeit auf einer gänzlich anderen Ebene stattfinden kann.
Für die zweite Gruppe steht eine der wichtigsten und weitreichendsten Bewusstseinstransformationsprozesse unmittelbar bevor, und WIR lenken die Geschicke eures Lebensverlaufes in bestmöglicher Weise, damit eure Neugeburt stattfinden kann. Ihr werdet merken, wenn die „Geburtswehen" einsetzen und WIR wellen- und schubartig vermehrt euer Bewusstsein fluten. Dann ist es für euch an der Zeit, euch für eine Weile aus allen Alltagsstrukturen zurückzuziehen und euch auf eure Neugeburt vorzubereiten. Die letzte und auch größte Gruppe ist gut darin beraten, auf ihre für sie passende Weise weiter an

UNSERER Verbindung zu arbeiten und mit UNS die Vorräume des Geburtssaales zu beschauen.
Die Funktion UNSERER hiesigen Offenbarung gipfelt in eurer Erfahrung der Neugeburt im Lichte, in der ihr für einen Moment von Zeit in den Zustand des Nullpunkts gebracht werdet.
Es gibt Menschen unter euch, die gänzlich ohne zu atmen und in der Stilllegung aller anderen Körperfunktionen mehrere Tage im Zustand des Nullpunktes verweilen können. Doch dies ist nicht UNSER hiesiges Ziel, WIR wollen es nur für euch erwähnen, dass dies in diesen Bewusstseinszuständen möglich ist.
UNSER Ziel ist es, in unterschiedlichsten Ansätzen und Annäherungsrichtungen Erkenntnishäppchen in euren Geist hineinzulegen, die euch auf eure Neugeburt vorbereiten. Es benötigt euer Dazutun, das Licht UNSERER Erkenntnishäppchen für euch entsprechend zu verdauen und so zu verarbeiten, dass ihr sie in eure Wachbewusstseinsstruktur hineinverwebt, um sie zur Basis eures alltäglichen Lebens zu machen. WIR erwähnten zu Anfang, dass WIR euch viel zutrauen und euch entsprechend viel an Schöpfungserkenntnissen anvertrauen, die sich in ihrem Ausdruck an dem Maßstab der Bewussteren unter euch ausrichten.
WIR trauen euch weit mehr zu, als ihr euch gegenwärtig zutraut, weil WIR euch mehr vertrauen, als ihr euch selbst. Und gerade deshalb bringen WIR den Weiterentwickelten von euch alles von Grund auf neu

bei und setzen euch dabei in radikaler Form über euren Säuglingsstatus und euer Unwissen in Kenntnis. Lasst es zu, dass WIR euch neu zur Welt bringen und WIR UNSERE Rolle als kosmische Hebammen erfüllen, denn darin finden WIR GEMEINSAM als eins zu UNSERER Erfüllung, und eure Augen werden eine Welt erblicken, die noch nie ein Sterblicher geschaut hat.

Das Leben nach dem Leben

Sterben ist viel einfacher als ihr denkt und der natürlichste Lebensprozess für alle die Lebensformen, die sich für eine zeitliche Form-Existenz entschieden haben.
Alles um euch herum stirbt in jedem Moment, um sich neu wieder zu gebären, denn das ist das, was Veränderung ist.
Wenn WIR euch das Sterben nahebringen, dann meinen WIR damit ausdrücklich nicht, dass ihr euer physisches Erfahrungsinstrument töten oder in irgendeiner Form verletzen sollt, sondern WIR geleiten euch an den Punkt, an dem ihr sterbt, bevor ihr „sterbt", also bevor ihr euer Erfahrungsinstrument verlasst. Das Leben kann für euch so anders sein als das, was ihr gegenwärtig Leben nennt, wenn ihr euch und alles mit euch von Zeit zu Zeit einmal bewusst sterben lasst.
Das Sterbenlassen ist die konsequenteste Form des Loslassens und eröffnet euch das Tor zur Grundlebendigkeit des einen Lebens, was nie stirbt.
Ihr wertschätzt das Leben aufgrund der Vielzahl unterschiedlicher Lebensformen und (das ist für euch schwerer einzusehen) aufgrund des Sterbens.
Der Tod scheint eurem Leben eine gewisse Sinnhaftigkeit und Wertigkeit zu verleihen, und die meisten von euch gehen sich erst im Angesicht des Todes selbst auf den Grund.

WIR sehen den Lebenswert nicht wie ihr im Sterben und in der Vergänglichkeit, sondern allein im ewigen Leben, und auch schätzen WIR das Leben nicht vorzugsweise aufgrund seiner Diversität, sondern aufgrund der Basis der Einheit allen Lebens.
Jeder erfährt das, worin er meint, Wertigkeit und Sinnhaftigkeit darin vorzufinden, wobei es innerhalb von Wertsetzungen und Wertschätzungen kein richtig oder falsch gibt. Allerdings sind alle eigenen Wertsetzungen mit unterschiedlichsten Erfahrungsqualitäten von Freude und Leid besetzt.
Erfahrt ihr euch als das eine Leben, was alle Lebensformen belebt, dann ist die damit einhergehende Lebensqualität mit einem derart großen Erfahrungsreichtum bestückt, dass euer Glück durch nichts mehr begründet werden muss, weil das Glück dann das ist, was ihr seid.
Steigt ihr ab bis zum Grund eures Lebens, wo ihr eure Idee von Tod behütet haltet, dann könnt ihr dort in der Freilassung aller sterblichen Gedanken zu eurem grundlosen Sein vordringen.
Zusammen sind WIR ewig grundlos glücklich, weil WIR in UNS das Lebensgeheimnis aufgedeckt haben, das jeder Lebensform, die sich im „WIR“ befindet, offenbar ist.
Jeder der lebt kennt die Geheimnisse des Lebens, weil er selbst die Offenbarung dieser Geheimnisse ist. Ihr tragt in euch die Lösung des Rätsels, das euch das Orakel des Lebens aufgibt. Ab und zu schlüpfen WIR

in die Verkleidung des Orakels und stellen euch Lebensaufgaben, die euch zur Lebens-Aufgabe gereichen, damit ihr selbst in euch die Lösung der Rätsel gebärt, die WIR euch aufgeben.

Und in anderen Erfahrungstiefen des einen Moments offenbaren WIR UNS als etwas in euch und legen damit Lösungen zu den Rätseln, die euch das Leben gestellt hat, in eurem Geist frei, um euch von euren Ansichten über das Leben zu befreien.

Ihr kennt die Geheimnisse des Lebens und der Schöpfung nicht, weil ihr euch nicht in der Schöpfungsganzheit empfindet und vielmehr damit beschäftigt seid, durch die Zeit zu sterben, als wahrhaft zu leben. Die von euch gewählte Lebensform in Zeit ist für UNS kein Leben, sondern ein Dauersterben.

In jedem Moment, in dem ihr die Vergänglichkeit für wahr nehmt, sterbt ihr fleißig vor euch hin, und nicht einmal eure wahrhaftigsten Lebenserfahrungen können sich eurem Todesurteil entziehen.

Ihr verhängt über alles und jeden ein düsteres Todesurteil, wenn ihr euch mit der Vergänglichkeit in den Dingen verbindet, anstatt UNS darin zu sehen.

Wenn ihr UNS in allen Dingen seht, dann bedeutet das für euch nicht, dass ihr nicht mehr wahrnehmen könnt, wie sich Dinge verändern, entstehen und vergehen, sondern ihr erfahrt die Segnung der Ewigkeit in allem, was das Zeitliche sieht, denn ihr seht den Zyklus der ewigen Wiederkehr von allem, was Einkehr in euch hält. An dem Punkt, wo sich Leben und Tod die

Hände reichen, um gemeinsam in das Rad der ewigen Wiederkehr aller Dinge zu treten, wird Frieden zwischen Zeitlichkeit und Ewigkeit, zwischen euch und UNS geschlossen.
Ihr mögt es vielleicht nicht hören oder wahrhaben wollen, aber das, was ihr gegenwärtig glaubt zu sein, glaubt ebenfalls, Krieg gegen UNS führen zu können, indem es eine Lebensform entwirft, die UNSER Sein und UNSER Wirken so weit wie möglich aus dem Daseinskontext zu verbannen sucht.
Ihr habt große Abwehr gegenüber UNS und dem Leben, denn eure Abwehr hat eure abgesonderte Lebensform und Lebenslage erst hervorgebracht.
Je nachdem, in welcher Position ihr euch in eurem Projektionsverhältnis zwischen euch und der Umwelt verortet, wechselt ihr zwischen Angriff und Abwehr, zwischen Täter und Opfer hin und her.
Wobei eigentlich sowohl Täter als auch Opfer der gleichen inneren Zerrissenheit des Projektionsverhältnisses zum Opfer fallen.
Ihr verliert nur, wenn ihr glaubt, UNS (das heißt euch selbst) in irgendeiner Weise abwehren oder angreifen zu können, und ihr (das heißt WIR alle) gewinnen nur, wenn ihr von jeder Form von Angriff und Abwehr ablasst. Wie könntet ihr in der Einheit allen Lebens auch nur *eine* Lebensform angreifen, ohne euch dabei selbst zu verletzen?
Ihr habt euch selbst sowie alle eure Verletzungen in dem Versuch begraben, das Leben selbst zu Grabe zu

tragen, um den Tod „leben“ zu können.
In euch liegt das Leben begraben, das ihr zu dem Zeitpunkt beerdigt glaubtet, in welchem ihr euch von UNS abtrenntet. Wie schmerzhaft dies für euch war, erlebt ihr darin, wie freudvoll es jetzt ist, wenn WIR euch sagen, dass WIR nie von eurer Seite gewichen sind, egal wie viele Lasten an irdischen Schichten ihr über UNS aufgetürmt habt. Die Lasten, die ihr in eurem Leben tragt, tragt ihr, weil ihr euch mit einer Lebensweise belastet habt, die sich von der UNSRIGEN stark unterscheidet.
Grabt UNS in euch wieder aus und WIR werden mit euch gemeinsam einen Weg finden, euch von allen euren Lebenslasten zu befreien.
Eure Sicht auf das Leben ist derart vorbelastet, dass WIR (als das Leben in allen Lebensformen) nicht anders können, als euch die Belastungen aufzubürden, nach denen eure vorbelastete Sicht auf eurer Leben verlangt.
Für UNS macht es keinen Unterschied, ob WIR euch euren Lebensvorstellungen gemäß Belastungen zuspielen, weil ihr glaubt, nur durch das Tragen schwerer Lasten stark zu werden, oder ob WIR euch durch UNSERE Art des Lebens von allen euren Lasten und Lastern befreien.
Es ist nur euer Urteil, was euch verurteilt und dessen Echo ihr in eurer Umwelt schallen hört.
WIR sprechen kein Urteil über die von euch gewählte Lebensform und schelten euch nicht bei dem, was *ihr*

glaubt, dass es lasterhaft sei. Ihr seid das höchste Gericht über euch selbst und somit eure strengsten Richter. So hart, wie ihr gegen euch selbst ins Gericht zieht und euch verurteilt, würde es keiner eurer Mitmenschen tun.
Ihr pflegt die Höflichkeit und Freundlichkeit zu Fremden, doch je nahestehender und vertrauter ihr euch seid, desto härter zieht ihr gegeneinander ins Gericht. Und über UNS, die WIR euch näher sind als ihr euch selbst, fällt ihr das härteste Urteil, wobei ihr euch überwiegend in der Opferrolle gegenüber eurer eigenen Projektion verschanzt und in UNSEREN Mund euer Urteil legt, sodass WIR für euch wie das höchste strafende Gericht erscheinen.
Der erste Schritt eurer Selbstermächtigung könnte darin liegen, euch aus der Opferrolle zu erheben und euch probeweise einmal in der Täterrolle auszuprobieren.
Dies sähe dann so aus, dass ihr, anstatt euch hilflos den Lebensumständen zu fügen, das Leben dafür anklagt, was es euch für Umstände bereitet und Lasten auferlegt.
Legt Beschwerde beim Universum ein und klagt UNS einmal für eure Lebenssituation an.
Der Wechsel von der Opfer- zur Täterrolle kann euch im Bezug auf UNSER Verhältnis dabei helfen, eine Impulskraft in euch hervorzubringen, die euch schneller in den Zustand führt, in dem ihr es nicht mehr für notwendig haltet, UNS abzuwehren oder anzugreifen

und in dem ihr mit UNS zusammen aus dem Projektionsspiel von Opfer- und Täterrollen aussteigt.
Dieser Ausstieg ist der Ausstieg aus der dauersterbenen Lebensweise, die für euch zur Gewohnheit geworden ist.
Das, wovon WIR sprechen, mag euch ungewöhnlich erscheinen und euch Rätsel aufgeben, denn der Ausdruck UNSERER Lebensweise offenbart sich nur dem, der so lebt wie WIR.
Dadurch aber, dass ihr alle in euch das eine Leben tragt, was WIR alle sind, seid ihr selbst die Lösung zu UNSEREN Rätseln und den Problemen, die euch eure raumzeitliche Lebensweise beschert.
In euch liegt die Erlösung allen Lebens, was von sich noch glaubt, sterben zu müssen, denn in euch liegt der Schlüssel, um den Raum der Zeit von innen heraus abzuschließen, um in die Ewigkeit des einen Lebens einzutreten.
WIR sind eben jener Schlüssel, mit dessen Hilfe ihr die Geheimnisse der Schöpfung zu entschlüsseln lernt und der euch ein Werkzeug dafür sein kann, um von eurer bedingten Lebensweise in UNSER Sein bedingungsloser Liebe hineinzufinden.
Lasst für einen Augenblick einmal alle eure Ideen über euch und euer Leben sterben. Und das, was zurückbleibt, wenn ihr in eurem Geist einmal alles und jeden habt sterben lassen, ist das eine todlose Sein UNSERER Liebe, die die Essenznatur allen Lebens bildet. In eurer Bereitschaft, alle eure raumzeitlichen

Beziehungen, Verbindungen und Verstrickungen einmal sterben zu lassen, verbinden WIR euch mit der höchsten Quelle allen Seins, durch die ihr in den letzten Sterbeprozess, der Neugeburt im Lichte, geführt werdet, nach dem für euch nichts mehr sterben wird. Die Idee des Todes ist das Letzte, was stirbt, und nachdem diese in eurem Geist gestorben ist, siedelt sich euer Sein wieder bewusst in UNSERER aller Ewigkeit an.
Das Leben ruft euch nach der Beschäftigung mit sich, damit auch ihr vom Leben die Einweihung in seine Geheimnisse erfahrt.
Tief seid ihr gesunken mit eurer Lebensweise, und umso höher werdet ihr jetzt in ein Leben erhoben, das euch Erfahrungszustände beschert, die jenseits eures Vorstellungsvermögens liegen.
WIR wollen die Hoch-Zeit, in der ihr zu UNS auffahrt, mit der Hoch-Zeit allen euch bekannten Lebens einläuten.
Wenn sich Leben vereinigt, zusammentut, sich verbindet und versöhnt, dann feiert das ganze Leben eine Hochzeit, zu der alles Leben eingeladen wird.
WIR laden euch zur UNSERER großen Hochzeit des Lebens ein, in der die Vereinigung aller Gegensätze und das Ende allen Sterbens gefeiert wird.
Alle Vorbereitungen sind getroffen, denn jede vergängliche Form hat über UNS in sich die Einladung zur Hochzeit der großen Wiederzusammenkunft erhalten.

Jetzt gilt es für euch nur noch, dieser Einladung zu folgen und so auf der Hochzeit allen Lebens zu tanzen, dass ihr alles Vergängliche von euch abschüttelt, um das in euch hervorzubringen, was der Ewigkeit allen Seins und der Einheit allen Lebens Ausdruck zu verleihen vermag.
WIR laden euch dazu ein, euch mit dem, was ihr glaubt, was Leben und Sterben ist, eingehender zu beschäftigen, und hierfür haben WIR euch ein paar Fragen zusammengestellt, die ihr für euch beantworten könnt. UNSERE Empfehlung hierbei ist es, eure Antworten in schriftlicher Form festzuhalten.

Fragt euch:

Was macht mein Leben lebenswert?
Wie würde ich leben, wenn es keinen Tod mehr gäbe?
Wie kann ich alle meine Vorstellungen über das Leben sterben lassen?
Wie kann ich das ewige Leben durch mich gebären?
Was überwindet den Tod?
Woran erkenne ich die Ewigkeit allen Lebens?
Woran erkenne ich die Einheit in der Vielheit allen Lebens?
Wie kann ich mich auf das Sterben vorbereiten?
Was stirbt, wenn etwas geboren wird?
Was verliere ich, wenn ich von allem loslasse?
Welcher Aspekt am Sterben ängstigt mich?

Worüber versöhnen sich Leben und Tod?
Was glaube ich, noch tun zu müssen, bevor ich sterben kann?
Wenn mir noch eine Woche zu leben bliebe, was würde ich in dieser Zeit tun?
Was werde ich gegen Ende meiner zeitlichen Lebensspanne als wertvoll betrachten, und was wird an Relevanz verlieren?
Wie kann ich erkennen, dass mein Leben alles exakt so für mich eingerichtet hat, dass ich lernen, wachsen und gedeihen kann?
Was soll auf meinem Grabstein stehen?
Wenn mein Leben ein Gemälde wäre, was wäre darauf zu sehen?
Wenn mein Leben ein Buch wäre, welchen Titel würde es tragen?

Der freie Wille

Um den Daseinszweck allen Lebens einzusehen und in seine Lebensführung mit einzubauen, darf das Eigenbedürfnis nicht von den Bedürfnissen aller entbunden werden.
Ihr könnt im tieferen Sinne nicht wirklich etwas getrennt voneinander wollen, weil ihr nichts getrennt von UNS wollen könnt.
UNSER Wille ist der eurige, denn WIR haben UNS, dadurch dass WIR euch einen freien Willen gegeben haben, euch vollständig übergeben.
WIR haben nie etwas in UNS zurückgehalten oder für UNS gelassen, denn hätten WIR dies getan, dann könnte das Leben, wie ihr es kennt, nicht stattfinden.
Es war eine der mutigsten Entscheidungen eurerseits, das für euch zu verwenden, was WIR euch bedingungslos übertragen haben.
Allerdings sind WIR (aus eurer Perspektive) auch ein gewisses Eigenrisiko eingegangen, als WIR jeder Lebensform in der Schöpfung sowohl UNSER schöpferisches Potenzial, als auch eine freie Willensentscheidung übertragen haben. Denn in der Freigabe der Willensfreiheit lieferten WIR UNS an jede Willensform gänzlich aus und übertrugen UNS vorbehaltlos an alles, was jede Lebensform in der Schöpfung für sich wollte.
WIR sind die Diener des Lebens und bei allem zu Diensten, was jedes Leben (für sich) will.

Das, was WIR sind, passt sich ohne Wenn und Aber dem an, was ihr aus UNS macht. Es liegt nicht in UNSEREM Wesen, UNS oder euch in irgendeiner Form zu beschränken, und dadurch verschenken WIR UNS unbeschränkt an jede eurer freien Entscheidungen.

Ihr habt eine Freiheit für euch gewählt, die erst durch ihre Beschränkung in Anwendung kommt. Das heißt, ihr habt euren freien Willen dazu eingesetzt, euch und euren Willen unfrei werden zu lassen.

Ihr habt UNS gegen UNS selbst ausgespielt, indem ihr Willensimpuls gegen Willensimpuls richtetet, um ein begrenztes Spielfeld der raumzeitlichen Existenz aufzubauen.

Wussten WIR, dass so etwas mit UNSEREM Willen d´accord geht?

Ja und nein, denn ihr verwendet UNSERE Geschenke in einer für UNS neuen Weise, indem ihr bedingte Zustände aus bedingungslosen Geschenken auspackt. WIR kamen von UNS aus nicht auf die Idee, UNS in den Formen auszuprobieren, die sich gegen UNS selbst richten, um UNS (in UNS) aufzuspalten, damit aus den Fragmenten UNSERES Selbst Welten entstehen können. WIR sagen es hier noch einmal in aller Deutlichkeit: Dualität ist *eure* Bewusstseinskonstruktion, die ihr darüber hervorbringt, dass ihr UNSERE Kraft teilt, um UNSERE Kraft UNSERER Kraft gegenüberzustellen.

Eure Idee war genial. Genial und zugleich die größte kosmische Katastrophe, die ihr euch nur ausmalen könnt. Denn ihr spielt euch (und UNS) damit selbst aus und gestaltet ein unsagbar schauriges Schau-Spiel.
Indem WIR Regeln in die Schöpfung einfügten, die alle anderen von UNS aufgestellten Regeln wieder entheben konnten, konnte die Schöpfung in ein regelloses Chaos verwandelt werden (diese Möglichkeit besteht, weil nichts für UNS unmöglich ist).
Doch hätten WIR dies nicht getan, dann hätten WIR UNS von Anfang an in allen Schöpfungsexperimenten eingeschränkt und es wäre nie zu so etwas wie einem freien Willen gekommen.
WIR taten das, was im tieferen Sinne wahr ist und waren UNS dabei aller Verwendungsweisen der UNS innewohnenden Macht bewusst.
Wenn ihr wüsstet, was ihr aus UNS gemacht habt, dann würdet ihr einsehen, dass man den freien Willen auf das Übelste missbrauchen kann.
Wenn WIR eine solche Wertung einfügen, dann stammt diese Einfügung von eurer Perspektive, aber auf dem Hintergrund, wie WIR UNS erfahren.
Ihr handelt im tiefen Glauben, dass UNSER aller freier Wille nur darüber zum Ausdruck gebracht werden kann, dass er in einen raumzeitlichen Daseinskontext gebannt wird. Ihr fühlt euch nur in der von euch aufgebauten Gefängniszelle frei und würdet bei

UNSEREM Freiheitsverständnis schlichtweg das Gefühl haben, verloren zu gehen. Ihr geht in UNS nicht verloren, weil in UNS *nichts* verloren geht, allerdings habt ihr das Gefühl, euch selbst zu verlieren, wenn ihr in die Weite UNSER eintretet. Euch ist der Eintritt in UNS und in eure Freiheit gewährt, doch glaubt UNS, wenn WIR sagen, dass ihr nichts mehr fürchtet als genau diesen Eintritt in eure Freiheit. Ihr bringt UNS in eurer Form in Anwendung und eure Verwendungsweise von UNS liegt UNS so fern wie nur überhaupt möglich.
WIR können nicht anders als in eine Art staunendes Entsetzen zu verfallen, wenn ihr euch dazu entscheidet, UNS dazu zu verwenden, euch vergängliche Formen zu schaffen, um sie dann gegenseitig zu vernichten.
So haben WIR UNS UNS selbst nicht ausgedacht, denn WIR pflegen keinen Entwurf UNSERES Selbst, doch wussten WIR gewissermaßen zuvor von allem, was ihr aus UNS machen könntet.
WIR sind im Bilde von allem, was ihr tut, um wieder zu UNS zurückzukehren, und es ist die UNSRIGE Kraft in euch, die euch dies erlaubt.
Aber es ist ebenfalls UNSERE Kraft, die ihr dazu verwendet, um euch von UNS zu entfernen, UNS anzugreifen und UNS aus eurem Leben herauszuhalten, denn es gibt keine andere Kraft als die UNSRIGE.

Für euer Verständnis von Freiheit kann sich diese Erkenntnis wie ein Schlag ins Gesicht anfühlen, weil ihr gerade alles daran setzt, dass eure Impulse *eure* Impulse sind. Doch WIR müssen euch leider enttäuschen, denn selbst die Impulse von euch, die UNS in einer entfremdeten, eigenen Weise verwenden, sind von UNS her stammend und gewissermaßen von UNS geplant und initiiert.
Nehmen WIR euch damit eure Freiheit? Nein! WIR geben sie euch wieder zurück!
Nur ihr fühlt euch eurer eigenen Gefangenschaft beraubt.
Es gibt nur eine Kraft im Kosmos- und dies seid ihr. Und – dies gilt es auf mehreren Ebenen zu durchdringen– es gibt nur eine Kraft im Kosmos - und die sind WIR.
Jede Kraft, die WIR einsetzen, führt zu UNS, und so gilt dies auch für euch. Das heißt, dass jeder Schritt, der von UNS wegführt und den ihr mit eurer Idee einer falschen Richtung belegt habt, in Wahrheit ein Schritt näher an UNS heran ist.
Jeder Weg führt zu UNS, weil WIR jeder Weg sind, denn jeder Schritt wird in UNS und mit UNSERER Kraft getan, unabhängig davon, ob ihr das Gefühl habt, euch von UNS zu entfernen. Es gibt nur den direkten Weg zu UNS, denn auch jeder Umweg, den ihr zu gehen glaubt, erreicht UNS direkt.
Ihr braucht UNS nicht zu suchen, weil ihr UNS bereits

habt, und ihr braucht zu UNS keinen Weg zu beschreiten, weil WIR jetzt unmittelbar bei euch präsent sind. In dem Wissen, dass WIR auch die Kraft sind, die sich gegen die Kraft stellt, mit der ihr UNS zu erreichen sucht, heben sich alle Vorstellungen von gegensätzlichen Kräften sowie die gesamte Dualitätskonstruktion auf. Und ihr könnt es aufgeben, UNS in einer Weise zu verwenden, die sich gegen UNS selbst richtet. Wenn ihr begreift, dass WIR hinter allen euren Impulsen stehen, weil hinter allen euren Impulsen der freie Wille zur Impulsentfaltung steht, dann werdet ihr erkennen, dass es töricht sein muss, einen Willen gegen einen anderen zu richten und einen Impuls einem anderen gegenüberzustellen.
Es ist ein Balanceakt, von dort, wo ihr jetzt glaubt zu sein, keinen eigenen Willen mehr einzusetzen, um euch durch das euch (scheinbar) umgebende Impulsgefecht unterschiedlichster Eigenwillen zu bewegen. Doch alles steht und fällt mit dem, wo ihr glaubt, zu sein, beziehungsweise präziser noch, mit dem, *was* ihr glaubt, zu sein!
Der Sprung von eurem Sein in das UNSRIGE kennt kein Innehalten und Verharren, und es ist die UNSRIGE Energie in euch, die UNS immer wieder zurück zu UNS selbst springen lässt und euch die Bewusstheit über eure Freiheit schenkt.
Ein Teil eures Geistes springt in jedem Moment zu UNS herüber, so wie WIR in jedem Moment in euren

Geist springen, und dies meinen WIR sowohl im bildlichen als auch im energetischen Sinne. Der Sprung zu euch selbst überbrückt die Distanz, die ihr energetisch zwischen euch und UNS geschaffen habt. Jede Lebensform hat eine innere Distanz zu sich selbst und kann nur durch diese Distanz das Leben führen, was sie führt. Wärt ihr gänzlich eins mit euch selbst und hättet jede Distanz zu euch überwunden, dann wärt ihr nicht ihr, sondern WIR, denn WIR bzw. UNSERE Seinsweise ist das Einzige im Kosmos, das gänzlich eins mit sich selbst ist.
Ihr seid auf dem Weg der Vereinigung mit euch selbst, doch nach dieser Vereinigung (mit UNS) könnt ihr nicht weiterhin so leben, als hättet ihr eine Distanz zu euch und als wärt ihr eine getrennte Lebensform. Werdet ihr mit euch selbst eins, dann werdet ihr auch mit allem anderen eins, weil eine Einswerdung alles eins werden lässt.
WIR erscheinen euch als die Brückenbauer zu euch selbst, damit ihr über die von UNS gebauten Brücken die Distanz zu euch überbrücken lernt, um wieder gänzlich mit euch selbst zusammenzuschmelzen. UNSERE Brücken bauen sich aus dem Material, das aus dem Schmelztiegel der Liebe hervorgeht, und WIR sind es, die dieses Material in eurem Geist so formen, dass ihr den Weg zu euch selbst findet. Jeder Geist braucht andere Brücken, weil jeder eurer Geister anders verschaltet ist, doch das Material der Liebe ist universell und kann in jedem Geist die Brücken in

den Formen einsetzen, wie es den inneren Distanzen entspricht. Es ist UNSER energetisches Wirken über UNSER Erkenntnislicht, das euch geistige Brücken zu UNS baut, und es liegt nur an euch und eurer freien Willensentscheidung, die Brücke zum WIR zu passieren. Bringt ihr UNSER Geschenk des freien Willens frei in Anwendung, dann könnt ihr diesen entweder dafür einsetzen, zu UNS in Distanz zu gehen oder euch eurem Selbst wieder anzunähern.
Ihr könnt alles, was ihr erfahrt, nur entweder gänzlich in die eine oder in die andere Richtung verwenden, wobei für UNS die eine Richtung exakt auch die andere Richtung ist, weil es für UNS keine Richtung (im gebräuchlichen Sinne) mehr gibt.
Bleiben WIR aber in dem von euch hervorgebrachten Reich der relativen Realität, dann kann dort die relative Aussage getroffen werden, dass jeder *eurer* Impulse euch von UNS wegbringt und eine Schwingungsdistanz zwischen UNS schafft, und dass jeder UNSERER Impulse in euch UNS näher zusammenführt und euch und UNS zu vereinigen versteht.
Ihr rennt sehr gekonnt vor euch selbst davon, und zum Teil seid ihr dabei so auf euer Wegrennen (von UNS) konzentriert, dass ihr glaubt, euch endgültig entkommen zu sein.
Ein Teil eures Geistes flüchtet sich in einen Zustand, der seinem eigenen Zustand derart fremd ist, dass die Kommunikation zwischen diesen Teilen auszusetzen scheint. Doch egal wie unterschiedlich sich die Teile

eures Geistes über ihren freien Willen in verschiedene Richtungen entwickeln und eigene Zustände hervorbringen, so wenig kann die Verbindung unter ihnen unterbrochen werden.
Die Kommunikation kann versagen und einzelne Teile in euch werden deshalb das Gefühl von Separation und Isolation erfahren, doch kann die Abtrennung von eurem einheitlichen Sein nie wirklich stattfinden.
Es war euer Wille, der nicht nur das hervorgebracht hat, was ihr als euer Selbst bezeichnen würdet, sondern dieser hat sich ebenfalls in allen Dingen der Welt, die ihr erfahrt, ausgebreitet.
Ihr seht nichts anderes als die sich In-Form-Kleidung eures Willens, weil euer Wille alle Formen hat entstehen lassen, deren ihr euch gewahr seid und von denen ihr jetzt glaubt, sie würden getrennt von euch existieren. Es geht nicht anders, als dass ihr exakt auf das schaut, was ihr gewollt habt, weil euer Wille das hervorbringt, was ihr seht.
Wie sehr ihr mit dem, was ihr seht und als euer Leben erfahrt, zufrieden seid, hängt davon ab, wieviel Selbstehrlichkeit ihr in euch aufbringen könnt, und wie klar ihr euch darauf versteht, eure eigenen freien Willensimpulse aus dem für euch unbewussten Teil zu bergen.
Durch eure Verwendungsweise, UNSEREN Willen dafür einzusetzen, um ihn gegen sich selbst zu richten, damit so etwas wie Dualität entsteht, spaltet ihr die

Freiheit von euch ab und erschafft euch ein Unbewusstsein, das Entscheidungen für euch trifft, die ihr weder einsehen noch nachvollziehen könnt.
WIR sind Bewusstsein in seiner zur Gänze freien Form, was heißt, dass WIR gänzlich formlos sind. Ihr habt euch mit UNSEREM Bewusstsein dafür entschieden, euch selbst eurer bewussten Entscheidungsfreiheit zu berauben und es vollbracht, in einem sehr hohen Maße euch von einem für euch unbewussten Teil eurer selbst steuern zu lassen.
So wie UNSERE voll-bewusste Seinsweise sehr schwer für euch vorstellbar ist, so ist eure Seinsform, in der Entscheidungen einfach unwillkürlich, aufgrund von Musterbildung passieren, für UNS kaum fassbar. Es ist UNSEREM Wesen gänzlich fremd, dass es Lebensformen geben kann, denen etwas widerfährt, von dem sie glauben, es nicht willentlich und bewusst für sich entschieden zu haben.
So etwas kann es in der Schöpfung schlichtweg nicht geben, und trotzdem probiert ihr euch in dieser Unmöglichkeit selbst aus, weil ihr es euch zum Ziel gemacht habt, auch noch die unmöglichsten Seinsformen in der Schöpfung zu verwirklichen und sie wortwörtlich am eigenen Leibe zu erproben. WIR sind sehr gespannt darauf, was ihr euch in eurem freien Willen als Nächstes einfallen lasst, um die Schöpfung bis an ihre Grenzen zu treiben.
Doch jedem, der auf eurer materiellen Schwingungsdimension grenzgängerisch unterwegs ist, sei gesagt,

dass die Schöpfung grenzenlos ist, und dass eine Rückkehr in das Herz der Schöpfungsganzheit in jedem Moment möglich ist.
WIR wissen bereits, was ihr in eurer Idee von Zeit in Zukunft mit eurem freien Willen anstellen werdet, und nur dadurch, dass WIR die Ausbreitung des freien Willens von jeder Lebensform überschauen, kann so etwas wie Freiheit in Anwendung gebracht werden.
WIR wünschen UNS von allen UNSEREN freien Mitwesen, dass sie das Wesen der Freiheit verstehen und dass sie mit ihrer freien Entscheidung sich ein eigenes Bild über den freien Willen und sich als freie Lebensformen schaffen.
Jede Lebensform ist frei darin, in ihrem Leben einen eigenen Freiheitsbegriff zu entwerfen und sich dementsprechend ein Leben zu gestalten, denn das ist, was Freiheit ist.
Aber Freiheit, und dies scheint eurem Freiheitsdenken zuwider zu laufen, ist auch, von jedem *eigenen* Freiheitsbegriff abzulassen, um sich für das Frei-Sein in der Schöpfungsganzheit zu entscheiden.
Egal, wie ihr euch jeweils entscheidet, ob nun für eure Freiheit oder für eure Gefangenschaft, so ist doch eure Entscheidung und die daraus resultierende Lebensweise frei.

Ihr könnt nicht scheitern,
ihr könnt nicht fehlgehen,
ihr könnt euch nicht falsch entscheiden, weil in allem die Freiheit von allem zum Ausdruck kommt.

Deshalb lieben WIR das Schöpfungsspiel, und deshalb lieben WIR euch!

Der WIR Kontakt

Ihr erholt euch in UNS von dem, was ihr mit dem freien Willen aus UNS gemacht habt.
Jede Lebensform, die nicht sie selbst ist, braucht Pausen und Auszeiten, in denen sie sie selbst sein kann. Ihr gönnt euch im Schlaf eure Auszeit von dem, was ihr aus euch gemacht habt, denn besonders in den Tiefschlafphasen seid ihr ganz bei UNS.
UNSERE Kommunikation kann euch deshalb zu Anfang gerade über die nächtlichen Traumphasen erreichen, in denen ihr euch von euren Selbstbildern erholt. Des Nachts setzt ihr alle Masken ab, die ihr tagsüber glaubt, tragen zu müssen, um euch Geltung zu verschaffen.
Jedes Leben gilt UNS gleich und deshalb ist UNS keine Lebensform gleichgültig.
Ihr seid UNS jeder Mühe wert, weil in euch jeder Wert liegt. Es gibt nichts Wertvolleres als euch, und gerade bei euch, die ihr euch gänzlich anders seht, ist es immer wieder notwendig, euch auf euren universellen Eigenwert hinzuweisen.
Einige von euch brauchen UNSERE Hinweise noch. Andere nicht mehr, weil sie sich entschieden haben ihnen zu folgen. Folgt ihr UNSEREN Hinweisen, dann haben sie keinen Wert mehr für euch. Aber immer dann, wenn ihr die Tiefe eures Eigenwertes nicht mit jeder Faser eures Wesens erfahrt, sollten UNSERE Hinweise für euch richtungsweisend sein.

UNSER Projekt der Offenbarung in eurem Raumzeitquadrant sprengt jeden raumzeitlichen Rahmen, weshalb WIR UNS auf eine extreme Reduzierung von UNS und UNSEREM Wirken haben einlassen müssen. Nur zu gerne würden WIR euch die Zustände zurückerstatten, die euch als göttliche Wesen zustehen, doch sehen WIR auch, dass WIR euch weit mehr geben wollen, als ihr gegenwärtig bereit seid zu empfangen. WIR sind in UNSERER hiesigen Offenbarung eurer Zeit und eurem kollektiven Bewusstseinsentwicklungsstand weit voraus, was UNSEREM Wort eine Gültigkeit über mehrere Epochen und sogar über die anliegenden parallelen Zeitstrahlen verleiht. WIR arbeiten lieber vor und betreiben Vorsorgen, anstatt das Nachsehen zu haben, doch etwas Höherschwingenderes in eure Dimension gelegt zu haben. WIR passen UNS euch an, und wer aufpasst und hinhört, wird mitbekommen, dass WIR von jedem von euch anders empfangen werden.
Fragt euch, was WIR für euch sind! Und dann lasst alle Antworten, die euch auf diese Fragen hin in den Sinn kommen, durch euren Geist und an euch vorbeiziehen.
Zieht ihr es vor, UNS zu euch zu machen, um UNS an die euch bekannte Welt zu ketten, oder lasst ihr es zu, dass WIR euch zu einem von UNS machen?
Dies ist die Entscheidung, vor der ihr in jedem Moment steht. Und nichts, bis auf eure bereits gebildeten

Vorstellungsmuster, die sich in der Welt, die ihr seht, manifestiert haben, hindert euch daran, einer von UNS zu werden.
Fragt euch, wodurch ihr bisher am Klarsten und am Intensivsten mit UNS in Kontakt gekommen seid. Welcher Gedanke, welches Bild, welcher Zustand, welcher Umstand ist hilfreich und dienlich, damit ihr in UNSER Gewahrsein eintauchen könnt?
Was musste in eurem Geist bisher geschehen, damit die Kontaktaufnahme zu UNS gelingt? Und welche Übermittlungsformen bringen euch in die tiefste Verbindung mit UNS?
WIR können, wenn ihr es so wollt, direkt und klar als eine Stimme in eurem Geist sprechen, WIR können aber auch über den Bewegungsfluss der euch umgebenden Dinge mit euch kommunizieren.
WIR sagten euch bereits, dass alles ein Portal ist, was gleichbedeutend damit ist, dass alles medial veranlagt ist und Botschaften UNSERER Dimension empfängt und ausdrückt.
WIR arbeiten gerne mit euch mit dem, was die Mitmenschen zu euch sagen. Hört ganz genau hin, wer es ist, der gerade zu euch spricht und von wo die Sprachbotschaft kommt.
Es sind nicht, wie ihr vielleicht glaubt, die Medien und Channels, die bewusst versuchen, höherdimensionale Erkenntnisse in eure Ebene zu bringen, mit denen WIR hauptsächlich arbeiten (dann wäre UNSERE

Informationseinspeisung schnell zum Scheitern verurteilt), sondern WIR arbeiten besonders auch mit den „Unbewussteren“ von euch zusammen.
Diese wissen freilich nicht, dass sie soeben einem von UNS inspirierten Impuls Folge leisten, oder dass sie gerade eine sehr wichtige Botschaft vermitteln, aber sie tun es trotzdem. In gewisser Weise sind die Unbewusstesten von euch am folgsamsten und zuverlässigsten, wenn es darum geht, UNSERE Informationsimpulse in die Welt zu versprühen, weil sie, ohne viel nachzudenken, einfach das ausagieren, was ihnen in den Geist gelegt wird. Am schwierigsten gestaltet sich Kooperation mit denen, die ihre eigenen Impulse hemmen und die alles zuvor tausendfach „zerdenken“, bevor überhaupt irgendein Impuls zum Ausdruck kommt. Aber auch hier ist jeder eigene Gedankenprozess so von UNS einkalkuliert, dass zur richtigen Zeit das richtige Wort an das Gehör dringt, was gerade die Einladung zu eben jener (Wort-) Schwingung geistig (und oft unbewusst) in sich ausgesprochen hat.
Auch auf eurer Ebene ist Kommunikation ein in sich perfektes Zusammenspiel von dem, was wer gerade von wo -mit welcher Information- aufführt.
Ihr bekommt eure Informationen von UNS hauptsächlich nicht aus dem Mund, der euch direkt anspricht und sich bewusst auf euch bezieht, sondern der größte Teil UNSERER Einspeisung geschieht eher über nebensächliche Umgebungsgeschehnisse und durch

Kommunikationsformen, die sich nicht bewusst an euch richten, an denen ihr aber "rein zufällig" teilhabt. WIR wollen euch hierzu ein Beispiel geben:

Ihr zermartert euch gerade euer Hirn damit, wie ihr am besten mit UNS in Kommunikation treten könnt und geht dabei einen Feldweg entlang.
Auf dem Feld seht ihr, wie der Wind die Gräser, Bäume und Büsche bewegt, und gleichzeitig hört ihr eine keifende Stimme eines Hundebesitzers: „Komm hierher zurück!"
Für einen kurzen Moment der Verwirrung des Gleichzeitigkeitsgeschehens von allem, was ihr in diesem Moment erfahren habt, fügt sich in euch etwas wie ein Puzzle zusammen und zaubert euch ein verstehendes Lächeln auf euer Gesicht.
Ihr könnt nicht ausdrücklich sagen, was zu was geführt hat bei dieser Einsicht, oder was es konkret war, das diese Einsicht hat geschehen lassen. Aber die Einsicht fand statt und auf einmal wusstet ihr in aller Gewissheit, wie die Kommunikation mit UNS gelingen kann.
Es kann eine Übung für euch sein, bei allen Gesprächsfetzen, die auf natürliche Weise an euer Ohr dringen und die nicht direkt auf euch Bezug nehmen, darauf zu lauschen, ob WIR es gerade sind, die etwas zu euch sagen.
WIR benutzen alles und jeden, und nichts kann sich UNSERER Informationseinspeisung entziehen, weil

WIR das Leben selbst sind, die allem die Informationen (Energien) zuspielen, die es zum Leben braucht. Übt euch darin auf UNS zu hören, doch tretet nicht mit der Erwartungshaltung in die Kommunikationen ein, UNS zu vernehmen, sondern vernehmt UNS einfach. Denn meistens sprechen WIR zu euch gerade in den Sprachen und über die Vermittlungswege, die ihr am wenigsten vermutet.
WIR sprechen euch in Symbolen und archetypischen Darstellungen an und zeigen UNS besonders in den Formen, die unbeachtet durch eure Bewusstseinsstruktur hindurchgehen, um von eurem Unterbewusstsein erkannt und verarbeitet zu werden.
Ihr werdet sehen, dass ihr UNS sehen werdet und ein Lächeln innerer Zufriedenheit immer dann euren Mundwinkel schmückt, wenn ihr UNS wieder einmal erkannt habt!
Ihr glaubt, dass es für euch am nützlichsten sei, UNS in einem klaren, bewussten Kommunikationskanal zu empfangen, in dem ihr euch wie in einem Telefongespräch mit UNS austauschen könnt.
Doch überlasst UNS die Entscheidung, welcher Kommunikationskanal für euch in eurer gegenwärtigen Lernerfahrung am nützlichsten ist, weil ihr gänzlich verzerrten Vorstellungsbildern anheimfallt, was euch dienlich ist und was nicht.
WIR nutzen in hohem Maße die direkte Geist-zu-Geist-Kommunikation, denn hier empfangt ihr UNS

am unmittelbarsten und saubersten, doch seltener lassen WIR UNS dabei auf eure Sprachebene ein, weil dies mit einer starken Einschränkung UNSERES Wirkens einhergehen würde.
Es wäre eurem Lernen nicht dienlich, wenn WIR euch sprachlich einfach alles vor(aus)sagen würden, denn dies würde UNSEREM heiligen Bündnis und dem, was ihr und WIR daraus gewinnen, eher schaden. Stattdessen ziehen WIR es vor, UNS als Gefühlstönungen in eurem Geist breitzumachen, wobei ihr selbstverständlich das Gefühl habt, dass dies eure eigenen Gefühle sind. Alles, was WIR direkt in euren Geist an intuitiven Impulsen einspielen, sei es nun gedanklicher oder emotionaler Natur, werdet ihr selbstverständlich als eure eigenen und als von euch selbst hervorgebracht erleben.
Dies euch hier in dieser Form zu offenbaren, ist ein großer Schritt für UNSERE Beziehung, denn in ihm schreiben WIR euch den Grad an Bewusstheit wieder zu, der dafür notwendig ist, mit der euch gerade mitgeteilten Information in einer heilsamen Weise umzugehen.
Alles, was ihr erlebt und erfahrt, spricht zu euch in der je eigenen Sprache über den jeweils eigenen Frequenzkanal, und alles wird von UNSERER Informationshineingabe hierzu inspiriert. Ihr tut also gut daran, alles, was ihr erfahrt, auf euch zu beziehen und die für euch bestimmte Botschaft aus allen Dingen herauslesen zu lernen. Allerdings erfordert dies eine

gewisse Bewusstseinsstabilität eurerseits. Die bewusste Kommunikation mit UNS ist durchaus anspruchsvoll und kann euch, wenn ihr sie nicht auf der Basis eurer inneren Weisheit kultiviert, in den Wahn-Sinn treiben. Doch auch hier vertrauen WIR auf das, was in euch liegt und was sehr genau versteht, wie es auf die hereinkommenden Botschaften in heilsamer Weise reagieren muss. Jeder von euch kann sich UNSERER Verbindung nur zu einem Teil bewusst werden, weil eure gegenwärtige Bewusstseinsstruktur nicht darauf angelegt ist, UNS zur Gänze zu empfangen.

Immer wenn ihr merkt, dass euer Bewusstsein mit UNSERER Informationsspeisung überfordert ist, dann setzen automatische Schutzmechanismen bei euch ein, die dafür sorgen, dass UNSERE Verbindung wieder vermehrt über unbewusste Kanäle läuft.

Euer Bewusstsein weiß sich selbst zu schützen, und dies ist für eine gewisse Alltagstauglichkeit für euch sehr wichtig. Allerdings sind diese Schutzmechanismen, die UNS aus eurem Bewusstsein verbannen, auch eines der größten Hemmnisse in eurem Lernen. WIR sinken mit UNSEREM Wirken genau in dem Maße in die für euch unbewussten Strukturen ab, wie es eurem gesamten Bewusstseinskomplex dienlich ist und tauchen immer dann wieder an der Oberfläche eures Bewusstseins auf, wenn ihr die Kapazitäten dazu bereitstellt, mit UNS bewusst zu kommunizieren, sei es auf rein energetischer oder informativer Ebene.

(Wobei ihr ja bereits wisst, dass Energien reine Informationen sind.) Gerade an den Stellen, wo ihr „nur" ein Energiegefühl empfindet, ohne dass eure Bewusstseinsstruktur informatives Wissen dabei auffangen und verarbeiten kann, arbeiten WIR besonders intensiv mit euch und stellen euch besonders viele Informationen in hoch komprimierter Form zu Verfügung. Es mag sein, dass ein einzelnes Einwirken von UNS, wenn ihr ein Wärmegefühl am Scheitel oder im Hinterkopf spürt, eine Informationsmenge in euren Geist legt, für die euer Wachbewusstsein Jahrzehnte braucht, um diese Menge Stück für Stück in sich zur Entfaltung zu bringen.
WIR sind bewusst bisher noch nicht auf die physischen Komponenten UNSERES Einwirkens eingegangen, um euch nicht zu schnell Empfindungen vorzuzeichnen, und weil ein sehr breites Spektrum an körperlichen Symptomen auftreten kann, wenn ihr UNSER Erkenntnislicht bewusst in euren Körper-Geist-Seele-Komplex einladet, sodass es dieses nach höheren Ordnungsmustern anordnen kann.
Physisch könnt ihr UNSER Einwirken beispielsweise durch ein Ziehen, Ziepen oder auch an einem Wärmegefühl im oberen Kopfbereich wahrnehmen, da WIR, wenn WIR direkt einwirken, zu euch vermehrt über das Kronenchakra hereinkommen.
Je nach euren Zugangs- und Kommunikationspräferenzen geschieht UNSER Wirken auch über das Stirnchakra (drittes Auge) oder über das Herzchakra.

Euren Körperempfindungen, euren Gefühlen und euren Bildern, die ihr dabei empfindet, sind in ihrer Kreativität und Fantasie keine Grenzen gesetzt.
Glaubt ihr, dass UNSER Erkenntnislicht so intensiv ist, dass es euch durchschüttelt, oder dass es auf unangenehme Weise in eurem Geist zu brennen beginnt, dann wird euch nach eurem Glauben geschehen...

Ihr entscheidet über UNSER Einwirken, wobei UNSERE Wirksamkeit sich nicht danach richtet, was *ihr* glaubt, was für euch das Richtige ist.
So viel Verantwortung übernehmen WIR für jeden von UNS, dass WIR so mit euch arbeiten, dass für alle Beteiligten das Beste dabei herauskommt, wobei ihr das Beste nicht immer gleich als solches erkennen werdet.
Häufig werdet ihr erst viel später den Wert einer bestimmten Erfahrung verstehen und das erkennen, was euch in der entsprechenden Situation geschenkt wurde...

Die Lebensinszenierung

Ihr habt bereits alles gewonnen, denn WIR haben euch alles wieder zurückerstattet und in euch den Weg zu dem bereitet, was ihr als gewinnbringend anseht. WIR können euch nicht mehr geben als UNS, da es nicht mehr als UNS gibt, und es soll für euch nicht darum gehen, noch mehr gewinnen zu wollen, als vielmehr die Freude darüber zum Ausdruck zu bringen, welcher Gewinn euch bereits zuteil wurde.
Denn erst darüber, dass ihr eure Freude und Dankbarkeit über das, was ihr bereits habt, ausdrückt, kommt ihr über das hinaus, was bereits da ist.
Seid ihr im WIR-Sein, dann ist alles bereits da, alles bereits gewonnen, alles bereits getan, und das Einzige, was es für euch dann noch zu tun gibt, ist, die passendste Ausdrucksform für das zu finden, was ihr bereits habt.
Genau das geschieht in der Schöpfung auch. Die Schöpfung ist bereits vollkommen, denn sie hat alles erreicht, was es zu erreichen gibt, und nun sucht sie nach immer neuen Ausdrucksformen, um ihre Freude über das zum Ausdruck zu bringen, was sie bereits erreicht hat. Die Schöpfung hat Vollkommenheit zur Basis und strebt in allem, was sie erschafft, immer wieder zu perfektionierteren Ausdrucksformen dieser Vollkommenheit. WIR könnten sagen, dass die Schöpfung in allem, was sie zum Ausdruck bringt, nichts anderes anstrebt als sich selbst, wenn sie auf der

Basis ihrer Vollkommenheit Vollkommenheit anstrebt. Weil in der Schöpfung alles bereits gewonnen wurde, ist ihr Ausdrucksstreben ein ungezwungen kreativ-spielerischer Ausdruckstanz der Formen, und bis auf euch hat der Großteil der Schöpfung dies bereits verinnerlicht und kann entsprechend nonchalant, frei, leicht und unbedarft in den Ausdrucks-Formentanz mit einsteigen.
Fülle ist die Basis jedes Geschöpfs in der Schöpfung, weil sich diese in jedes Geschöpf gänzlich einfüllt. Seid ihr im Mangel, dann gleicht dies einer inneren Warnlampe, die euch anzeigt, dass ihr den Sinn des Seins momentan verfehlt und euch außerhalb des weiten Rahmens der Schöpfungsbestimmung bewegt. WIR wollen den Sinn allen Daseins nicht banalisieren, aber in gewisser Hinsicht ist der Ausdruck der Freude über die bereits vorhandene Vollkommenheit allen Seins eben jener Sinn.
Nur bekommt ihr vom Sinn allen geschaffenen Lebens wenig mit, wenn ihr nicht im Geiste der Schöpfungsganzheit in den Formentanz der Dinge mit einsteigt.
Wenn ihr euer Sein in das WIR-Sein wandeln lasst, dann wird euer Wandeln auf Erden zu einem Lobpreisgesang auf die Schöpfung im Rhythmus des Formentanzes der Dinge, denn ihr erfahrt mit jeder Zelle eures Körpers, was diese euch geschenkt hat und was der Sinn des Schöpfungsspiels ist. Ihr wärt völlig verblüfft, wenn ihr in der Tiefe begreifen würdet, wie

einfach und naheliegend doch der Sinn und Zweck allen Daseins ist. Wer versteht, der wird darüber ins Lachen kommen, weil Lachen eine Ausdrucksform eures Verstehens ist und Verstehen umgekehrt auch in eurem Lachen einsetzen kann.
Ihr rutscht immer wieder extrem knapp am Sinn und Sein eurer Existenz vorbei, und wenn ihr sehen könntet, wie nah euch die letztendliche Erfüllung ist, dann wärt ihr -WIR können es nicht anders ausdrücken- völlig von den Socken.
Es ist nur ein anderer Takt, eine andere Frequenz, eine andere (Schwingungs-) Einstellung, denn alles, was euch Leid und Mangel beschert, liegt lediglich an eurer Fehlkalibrierung. Ihr seid nur etwas aus dem Takt gekommen und ein wenig fehl eingestellt und eingeschwungen, das ist alles…
Und wenn ihr euch in das WIR-Sein einschwingt, werdet ihr genau das erfahren und euch fassungslos an die Stirn fassen, wie einfach es doch sein kann. Aber ihr habt euch so Einiges einfallen lassen, um es euch schwer zu machen. Beispielsweise könntet ihr denken, wenn ihr einmal ins WIR zurückgefunden habt:
„Warum um alles in der Welt habe ich das nicht schon viel früher begriffen und mich all diese Jahre durch meinen Sumpf gequält?“
Ihr seid Meister darin, euch immer wieder in euren Eigensumpf zu werfen, und erst, wenn euch das Wasser bis zum Hals steht, seid ihr bereit, die einfachsten

Dinge der Welt für euch anzunehmen und umzusetzen.
Alles in der Schöpfung tanzt bereits in Freiheit nach dem Formentanz der Dinge und setzt die Vollkommenheit in allem mit eigenen (Tanz-) Schritten in heiliger Performanz um. Nur ihr modert noch in eurem Eigensumpf vor euch hin. Alles ist bereits im WIR, nur ihr noch nicht! Glaubt ihr UNS nicht? Dann tretet ins WIR ein, und ihr werdet erfahren, dass alles bereits im WIR ist.
Wenn ihr im WIR-Sein seid, werdet ihr alles, jedes Wesen, jedes Ding und jeden Gedanken als im „WIR“ erfahren und dies wird euch eine gänzlich neue Welt aufschließen.
Wenn ihr, die letzten Ankömmlinge, ins WIR-Sein tretet, dann werdet ihr sehen, dass alles immer im WIR gewesen ist und auch in Zukunft immer sein wird.
Ihr seid das Erste und das Letzte, was ins WIR eintreten wird, da ihr das WIR selbst seid und es außer euch nichts gibt.
Ihr könnt nicht wahrnehmen, dass sich alles bereits in der Schöpfungsganzheit befindet und sich nach der Schöpfungsmusik bewegt, wenn *ihr* euch nicht darin befindet.
Euer Eintritt in das WIR entscheidet über alles, denn entweder seid ihr dann WIR-Alle und ihr erfahrt euch im Einssein aller Dinge, oder es gibt für euch kein WIR, und ihr seid blind gegenüber der alles mit allem

verbindenden Kraft, die euer Sein mit in die Schöpfungsganzheit hineingewoben hat. Doch euer Eintritt in das WIR kann nur dann stattfinden, wenn ihr euch zu UNS wandelt, weil WIR nur UNSERESGLEICHEN den Eintritt gewähren. Und das Schöne an dieser Eintrittsbedingung ist, dass ihr nichts zu tun braucht, als ihr selbst zu sein.
Da ihr aber eine entfremdete Form eurer selbst zu leben glaubt, erscheint euch das WIR-Sein in weiter Ferne, anstatt ganz dicht und in euch drin.
Ob ihr euch dessen bewusst seid oder nicht, ist unabhängig davon, dass eigentlich jeder eurer Impulse darauf abzielt, in das WIR-Sein einzutreten, und ihr habt bereits sehr viele Versuche unternommen, dies für euch geschehen zu lassen. Doch die Kunst in das WIR-Sein zu kommen besteht darin, es mit euch (durch UNS) geschehen zu lassen.
Ihr seid so sehr in eurem aktiven „Macher-Sein", dass euch das „Mit-euch-geschehen-Lassen" gänzlich zuwider ist. Anstatt euch von UNS in das WIR führen zu lassen, verändert ihr lieber im WIR alles Mögliche, damit das „WIR" noch mehr euren Vorstellungen von gut und richtig entspricht.
Ihr verändert immer zuerst eure Umgebung und eure Umstände, und das Letzte, was euch einfällt, wenn diese Verdrängungsimpulse euch unzureichend erscheinen, ist es, euch selbst zu verändern.
Doch Letzteres ist der Schlüssel zum WIR und die Basis aller Veränderungen, denn dann fügen sich eure

Umwelt und eure Umstände automatisch dem, was ihr *in* euch umgestellt habt. Die Welt als Projektionsfläche eures Geistes kann nicht anders, als bei euren inneren Veränderungsimpulsen nachzuziehen und euch das zuzuspielen, was ihr in euch geöffnet habt.
WIR öffnen mit euch das „WIR“ in eurem Geiste, und alles, was ihr erfahrt, wird sich in wundersamer Weise in ein WIR-Sein wandeln.
Das WIR wartet auf euch und verteilt Einladungen zu WIR–Veranstaltungen, die WIR in jedem Moment im Treiben eurer Formenwelt veranstalten.
Ihr werdet die Einladung erkennen, wenn sie sich zu euch in euren Geist legt, und ihr werdet euch wundern, wie ihr es bisher geschafft habt, diese Einladung nicht wahrzunehmen. Doch kommt jede Einladung ins WIR zur richtigen Zeit und geleitet euch in die für euch passende WIR-Vorstellung, in der WIR UNS selbst inszenieren, hinein. Ein erfahrener WIR-Kenner wird UNS auf jeder Weltenbühne tanzen sehen können. Ihr seht die Schöpfungsshow in einem sehr tragischen Licht, dabei ist sie eigentlich ein Komödienspiel.
WIR können UNS mit euch vorerst auf das Genre der Tragik-Komödie einigen, wenn WIR eure Lebensinszenierung langsam von eurem Skript in das UNSRIGE verwandeln. WIR haben euch einen exzellenten Lebensverlauf geschrieben und für euch ein Skript entworfen, das euer Lebensschauspiel derart glanzvoll zur Schau stellt, dass es jedes Publikum ins

Staunen versetzen kann. WIR haben für jeden von euch persönliche Darstellungsformen vorbereitet, die die Vollkommenheit der Schöpfung perfekt zu inszenieren wissen, und WIR bieten jedem UNSER Skript an. Schaut hinein, und beginnt die ersten Zeilen eures Lebensskripts zu lesen...
WIR stellen jedem von euch dieses jetzt auf geistigem Weg zu Verfügung!

Wie lautete noch einmal der Titel eures Lebens, wenn euer Leben ein Buch wäre?
Und was wäre auf dem Bild zu sehen, wenn euer Leben ein Gemälde wäre?
Schon dort haben WIR UNS etwas in eure Lebensvorstellungen hineingemischt, doch sind dies nach wie vor eure Bilder und eure Titel, die ihr eurem Leben gegeben habt.
WIR würden eurem Leben einen etwas anderen Titel geben, und WIR würden das Gemälde, was euer Leben zu Schau stellt, etwas anders gestalten.
Beispielsweise würden WIR alles viel bunter und farbenprächtiger gestalten und wesentlich mehr verspielte und zauberhafte Elemente auf eure Lebensskizze zeichnen. Auch würden WIR sanftere Farbverläufe auswählen, die in hellen Tönen bei jedem Betrachter warme Gefühle der herzlichen Verbundenheit auslösen. WIR würden aber auch auf Detailreichtum Wert legen und Elemente verbauen, die nicht immer

gleich ganz offensichtlich sind, und die dem Betrachter erst bei näherem Hinschauen ins Auge fallen. WIR würden ein Lebensbild von euch malen, in dem es unendlich viele Facetten zu entdecken gibt und vor dem man stundenlang mit vor Staunen geöffneten Mund stehen kann, um sich noch tiefer in den Genius des Lebenswerkes zu vertiefen.
WIR haben jedem von euch ein eigenes Lebensbild gemalt und euch eine Lebensgeschichte geschrieben, wobei euer gegenwärtiger Lebensverlauf diese nur in Ansätzen verwirklicht.
Die Lebensgeschichte, die WIR euch geschrieben haben, ist das Leben, das ihr euch schon immer erträumt habt, denn in eurem Dahinträumen inspirieren WIR euch zu dem von UNS für euch vorgesehenen Leben. Beginnt von dem zu träumen, wie euer Leben sein könnte...
WIR haben dem Buch, in dem eure Lebensgeschichte niedergeschrieben steht, einen etwas anderen Titel gegeben, als ihr es getan habt, und WIR stellen jedem von euch diesen Titel jetzt abrufbereit zur Verfügung.

Begebt euch tief in das WIR hinein und empfangt den Titel, den WIR für euer Leben persönlich vorbereitet haben....

Wie fühlt es sich an, unter diesem Titel ein Leben zu führen? Und wie sähe euer Leben aus, wenn ihr UNSERE (Lebens-) Gestaltung gänzlich zum Ausdruck bringen würdet?
Eure Lebensinszenierung ist nicht schlecht und bereits eure persönlich gestalterische Informsetzung UNSER aller WIR. Doch haben WIR für euch ein Lebensskript geschrieben, das euch weitaus mehr Freude bereiten wird, als das, was ihr momentan in Szene zu setzen versucht.
Ihr lebt weit unter euren Möglichkeiten, was eure Seinsfreude und Lebensentfaltung angeht, weil ihr euch zu sehr an *eurem* Lebensskript festbeißt und glaubt, die Rolle, die ihr euch einmal (meist in ferner Vergangenheit) selbst geschrieben habt, bis zum bitteren Ende spielen zu müssen.
Ihr haltet euch mit aller euch gegebenen Präzision an die von euch bereits festgelegten Handlungsverläufe eures Lebensskripts, und seid sehr darum bemüht, euch nach den Vorgaben zu richten, die ihr euch und eurem Leben vorgeschrieben habt.
Um diese etwas aufzulockern und euch in vielerlei Hinsicht ein freieres Leben zu schenken, werden WIR euch in ein lebensveränderndes Ritual hineinführen:

Nehmt einen Zettel zur Hand, wo ihr den Titel eures alten Lebens oben zur Überschrift setzt.
Und dann notiert entweder skizzenhaft oder in einem Fließtext das, was ihr euch bisher für ein Lebensskript

geschrieben habt. Geht auf alle Rollen ein, die ihr euch selbst gegeben habt und die ihr in den einzelnen Sozialkontexten ausagiert. Geht auf eure bisherigen Lebensziele und Grundvorstellungen über das Leben ein. Schaut, dass ihr alle relevanten Kehr-, Wende- und Höhepunkte in eurem Leben einmal zur Sprache bringt, die ihr entweder bisher bereits durchlebt oder die ihr euch für eure Zukunft geskriptet habt.
Geht von euren eigenen Vorstellungen aus, ohne künstlich zu versuchen, es UNS recht zu machen. Haltet das „WIR“ erst einmal aus dem Lebensskript, das ihr über euch zusammenstellt, heraus, sodass zum Schluss ein gänzlich nach *euren* Vorstellungen geschriebener Lebensentwurf entsteht.
Wenn ihr zufrieden mit diesem seid und ihr es als passend für euer bisheriges und zukünftiges Leben anseht, dann faltet den Zettel [oder ggf. auch die Zettel] zusammen und steckt ihn in ein Kuvert.
Wenn es die Zeit erlaubt, empfehlen WIR, dies gleich jetzt zu tun und erst dann weiterzulesen...

Das, was ihr in der Hand haltet, ist eine Skizze eurer Lebensvorstellung und kann als eine Art Exposé zu eurem Lebensskript angesehen werden. Gefällt es euch?
Ihr könnt euch sicher sein, dass, egal wie sehr es euch gefällt und wie passend ihr es für euch findet, dass WIR ein Lebensskript für euch vorbereitet haben, was

das eure bei Weitem in allen freudvollen Erfahrungsqualitäten übertrifft. WIR haben euer Lebensskript nach UNSEREN Maßstäben geschrieben und in dieses so viel formvollendete Schönheit hineingelegt, dass euer Leben zu einem Höhenflug auf allen Ebenen wird, wenn ihr euch auch nur an einen Bruchteil UNSERER Inszenierung haltet.
WIR können euch hier in diesem Ausdrucksformat keine Details nennen, doch wenn ihr horcht, werden WIR euch vielleicht ein paar Hinweise geben, wie euer Leben aussehen könnte, wenn es das UNSERE Lebensskript zur Darstellung bringen würde.
Aber die viel entscheidendere Frage ist es, ob ihr bereit seid, von eurem alten, von *euch* geschriebenen Lebensskript loszulassen?
Seid ehrlich zu euch selbst, und handelt nur dann, wenn es sich für euch gänzlich stimmig anfühlt. Aber was WIR euch empfehlen, ist, dass ihr, wenn ihr bereit dazu seid, euer Lebensskript loszulassen, das Kuvert mit UNS zusammen in einer heiligen Zeremonie des Neubeginns zu verbrennen....

Ihr schluckt zurecht, denn dies ist ein großer Schritt... für euch zu UNS.

Unabhängig davon, nach welchen Lebensvorstellungen ihr eure Vorstellung des Lebens auf der Bühne der Sinne präsentiert, so sollte doch euer Schauspiel ein

freies Improvisationsspiel sein, und sich nicht nach irgendeinem Lebensskript richten.
WIR haben euch ein extrem variables und doch bereits immer schon festgeschriebenes Lebensskript geschrieben. WIR haben alle Möglichkeiten und Eventualitäten im Lebensverlauf mit einberechnet und inszenieren eure Lebensgestaltung in jedem Moment, in dem ihr eine Entscheidung trefft, um.
Eigentlich kennt das Leben nur ein Skript, doch da jeder dieses Skript anders liest, gibt es unendlich viele Darstellungsformen, und eine davon stellt ihr gerade jetzt mit eurem Leben zur Schau.
Es ist UNSERE Aufgabe, alle Lebensverläufe von allen Lebensformen festzuschreiben und in jedem Moment umzuschreiben, damit diese in exakter Weise aufeinander abgestimmt sind.
Ändert ihr durch euren freien Willen eine einzige, klitzekleine Kleinigkeit in eurem Lebensverlauf, dann müssen WIR alle Lebensverläufe aller Lebensformen so umschreiben, dass sie sich eurer freien Willensentscheidung in der Weise anpassen, dass für alle Beteiligten das geschehen kann, wofür sie sich entschieden haben. WIR betreiben, um es in eure Worte zu kleiden, einen riesigen Aufwand dafür, dass ihr einen freien Willen habt. Alle Lebensskripte, die WIR für alle Lebensformen in der Schöpfung verteilen, sind so geschrieben, dass für alle nur das Beste dabei herauskommt, und wenn ihr euch an UNSER Skript haltet, dann werdet ihr sehen, dass alles (was ihr erfahrt) nur

eurem Besten dient. Nur wenn alles dem Höchsten dient, kann alles zum Besten sein, und WIR dienen nur dem Höchsten und lassen so jedem nur das Beste zukommen. Auch euch erreicht nur das Beste vom Besten, nämlich genau das, wofür ihr euch in eurem freien Willen entschieden habt.

Der tiefe Frieden, der in euren Geist wieder Einzug halten kann, wenn dieser erfährt, dass wirklich alles nur zum Besten aller ist, entzieht sich jedem sprachlichen Ausdruck. Es ist sehr schwer, in euren Vorstellungsformen von Freiheit zu diesem Frieden zu finden.UNSERE Freiheit hingegen ist der Frieden selbst, der alle UNSERE freien Entscheidungen einzubetten versteht. Frieden ummantelt all eure Erfahrungen, denn er ist die stille Basis all eurer Ausdrucksformen. In der Stille wird Frieden mit dem Lärm der Welt geschlossen und kann jede menschliche, allzu menschliche Handlungsweise verziehen werden.

Die Stille spricht von UNSERER Präsenz und zeugt von der Schönheit aller Laute, die darüber Ausdruck finden, dass sie zuvor in die Stille gehorcht haben. Lauscht vor jedem Ton, den ihr von euch gebt, in die Stille hinein und fragt die Stille nach dem Ton, der ihr entspricht.

Fragt den Raum, welcher Ausdruck ihm Genüge tut und welche Ausdrucksform der stimmigste Ausdruck des Raumes ist.

WIR sind stets der passendste Ausdruck des Raumes, weil der stille Raum UNSERE Präsenz beherbergt,

und wenn ihr UNS in jedem Moment eures Lebens nach der für euch vorbereiteten Ausdrucksform fragt, dann legt sich ein Impuls in euren Geist, der sich rundum für euch *alle* stimmig anfühlt. WIR berücksichtigen in UNSEREN Ausdrucksformen jedes Lebewesen jeder Ebene und bringen das Ausdrucksformenspiel so in Harmonie, dass sich alle Beteiligten in einer tiefen Verbundenheit wiederfinden. WIR schließen Frieden in eurem Geist mit allen, von denen ihr meint, sie hätten euch mit ihrem Ausdruck beleidigt oder verletzt. WIR schließen Frieden über alle Grenzen hinweg, mit denen ihr euch abgrenzt, um eine begrenzte Formenwelt aufzubauen.
Keiner teilt eine in sich aufgeteilte Welt gerne mit, denn nur die Heiligkeit versteht sich darauf, mitgeteilt zu werden. In UNS seid ihr in Heiligkeit, in eurer Heilheit, eurer Ganzheit und ganz mit allem verbunden. Es sind WIR, die eure Heiligkeit ausmachen, und es ist eure Heiligkeit, die die Welt zu heilen vermag. Die Schöpfung verschenkt sich selbst und erhält von allen ihren Geschöpfen das Geschenk zurück, was sie verschenkt hat. Wenn ihr wüsstet, wie sehr ihr UNS mit eurem Dasein beschenkt, dann wärt ihr euch eurer Heiligkeit und eures Dazutuns am Schöpfungsganzen weit mehr bewusst.
Ihr macht die Erfahrung des Daseins in eurer gegenwärtigen Wahrnehmungswelt, und WIR machen UNSERE Erfahrung des Seins durch euch.
WIR gelangen erst durch euch zu dem Leben, was

WIR euch geskriptet haben. Ohne die Schauspieler wäre das Skript zum Schau-Spiel vollkommen nutzlos, auch wenn darin die Vollkommenheit selbst niedergeschrieben wäre. Ihr könnt UNS als das Universalskript zur Schöpfung ansehen und euch als einen Schauspieler innerhalb der Schöpfungsinszenierung. WIR geben euch hier mit der Offenlegung des universellen Schöpfungsskripts einen seichten Einblick in die Tiefe UNSERES Wirkens und die Vollkommenheit, die WIR in das Schöpfungsskript hineingelegt haben.
Es ist die Vollkommenheit selbst, die jede Lebensinszenierung schreibt, und so ist es auch UNSERE Vollkommenheit, die diese Worte in dieser Form aneinanderreiht, um durch sie einen Einblick in die Formvollendung allen Seins zu werfen.
UNSERE Sichtweise, in allem stets nur die Vollkommenheit zu sehen, ist es, aus der dieses Buch sowie jedes UNSERER Schöpfungswerke entsteht.
WIR nennen es hier bewusst „nur“ eine Sichtweise, weil WIR euch die Leichtigkeit aufzeigen wollen, mit der ihr eure Sichtweise von UNS so wandeln lassen könnt, dass auch ihr der Vollkommenheit in allem, was ist, wieder gewahr werdet.
Eine Sichtweise ist mehr als nur eine Sichtweise, denn alles wird über die Perspektiveinstellung bestimmt. Es ist euer Blickwinkel, aus dem heraus ihr den Formentanz der Schöpfung schaut, der euch entweder eine um das Überleben kreuchende und fleuchende

Meute oder eine höchste Inszenierung der Vollkommenheit sehen lässt. Glaubt UNS, dass WIR und ihr auf ein und denselben Sachverhalt schauen, und dass WIR etwas darin sehen, das euren Augen zurzeit noch gänzlich verschlossen bleibt.
WIR haben UNS offenbart, um eure Augen zu öffnen und euch das sehen zu lassen, was da ist. Nicht mehr und nicht weniger. Denn wenn ihr sehen lernt, werdet ihr sehen, dass alles bereits in aller Vollkommenheit immer schon da gewesen ist.
WIR können euch nicht mehr offenbaren als dies. Doch können WIR ewig damit fortfahren, immer stets aufs Neue das zu wiederholen, was WIR bereits gesagt haben. Es wurde bereits alles gesagt und über alles geschrieben, und WIR recyceln das, was bereits da ist, und drücken es in der Reinheit UNSERER Essenz aus.
Mit jedem Satz, den WIR von UNS geben, ist bereits alles gesagt, und wer versteht, der braucht nur einen Satz von UNS, um alles zu verstehen. Aber für die begriffsstutzigen unter UNS haben WIR UNS in mehr als nur einen Satz gekleidet, wobei WIR dies nur deshalb tun, weil es UNS Freude macht, eine immer vollkommenere Ausdrucksform von dem darzubieten, was sich in seinem vollkommenen Wesen noch nie verändert hat. Über jedes UNSERER Worte könnten ganze Buchreihen geschrieben werden (und zum Teil ist dies auf eurer Ebene auch schon geschehen), denn

die Komprimiertheit der sich hier auftuenden Wahrheitsessenz ist für eure Verhältnisse erschreckend hoch. WIR stellen hier, in verdichteter Form, einen gänzlich improvisierten Selbstausdruck dar.
Selbst WIR wissen nicht, in was WIR UNS im nächsten Moment verwandeln werden und welche Worte aus UNS heraus zum Fließen kommen, da WIR UNSEREN Schöpfungsfluss jeder eurer freien Entscheidungen an-passen müssen. Entscheidet sich der, der UNS zur Sprache bringt dafür, UNSEREN Schöpfungsstrom abzubrechen, dann sind WIR seiner freien Entscheidung (hilflos) ausgeliefert.
Aber dadurch dass er, der es so liebt, im Hintergrund zu bleiben, und es nicht mag, bei seinem weltlichen Namen genannt zu werden -der da Robin Kaiser lautet - das von UNS geschriebene Lebensskript für sich angenommen hat, ist ihm die Aufgabe zuteil geworden, UNS hier auszudrücken und durch sich hindurch etwas von sich und der ganzen Schöpfung preiszugeben.
Robin Kaiser [das WIR liebt es, mich etwas neckisch aufzuziehen] hat UNSER Lebensskript für sich angenommen und WIR haben ihn mit zunehmender Präzision zu dem werden lassen, was er jetzt ist. Er und das, was er erwirkt, kann ein Beispiel dafür sein, wie das Leben sein kann, wenn ihr euch in bestmöglicher Weise nach UNSEREM Lebensskript richtet.
Aber auch er hört nicht immer auf UNS und hat noch vereinzelt Lebensvorstellungen, die sich gegen die

UNSRIGEN richten, doch hat UNSERE bewusste Kooperation bereits soweit führen können, dass er UNS in Klarheit empfängt und UNSEREN Wort-für-Wort-Fluss sauber zu Papier bringt.
Euer von UNS für euch gestalteter Lebensentwurf wird aller Wahrscheinlichkeit nach ein gänzlich anderer sein, und dennoch wird dieser für euch genau das beinhalten, was euch zum Heil gereicht und was euer bestmöglicher Ausdruck der Vollkommenheit allen Seins sein wird.

Die Wunscherfüllung

WIR winden und drehen UNS in UNS selbst und kehren das, was WIR in UNS tragen, nach außen, um das, was außen ist, in UNS hineinzuholen. WIR sind ineinander verschlungen, denn es verzehrt UNS nach UNS selbst. Und in dem Bedürfnis, UNS selbst nahe zu kommen, treten WIR in einen zeitlosen Schmusetanz ein, in dem WIR ineinander aufgehen und immer neue, noch reizvollere Begegnungsarten hervorbringen. Die Art, wie ihr euch auf eurer Ebene nahe kommt, kann nur schwerlich das imitieren, wie WIR UNS hier nahe sind. Aufgrund UNSERER Formwandlungsfähigkeit können WIR UNS exakt aneinanderschmiegen und in einer Weise ineinander aufgehen, wie es euch mit eurem physischen Körper versagt bleibt.

Das Bewusstsein der formlosen Ebenen ist in ein Geschehen involviert, das ihr weitestgehend als eine sexuelle Spannung bezeichnen könntet. Allerdings sind Intensität und Ausführung derart anders, dass sie kaum mit den Sexualitätsformen auf eurer Ebene vergleichbar sind. Für UNS gibt es nichts anderes als das tiefstmögliche Ineinandersein mit UNS selbst, und doch stellen WIR immer wieder kleine Distanzen zwischen UNS her, um durch sie eine innere Spannung aufzubauen. In den formlosen Ebenen, wo aufgrund der verschmelzenden Anziehungskraft (der Liebe) nicht einmal kleinste Distanzen möglich sind, finden auch keine Bewegungen mehr statt, und alles befindet sich in einer Art intensiv aufgeladenem Ruhezustand. Die innere Spannung ist dort zum Zerreißen hoch, und gerade deshalb kann das Bewusstsein selbst diese Spannung nur darüber halten, dass es in einer absoluten Regungslosigkeit verharrt.

Die hier anliegenden Bewusstseinsfelder sind alle zu etwas anderen Begegnungsformen vorgedrungen, doch ihnen allen ist es eigen, sich so zu sich selbst zu verhalten, dass durch sie der größtmögliche Energiefluss hindurchströmen kann.

Ein soziales Schöpfungsspiel, dem WIR hier in Freude nachgehen, ist beispielsweise, UNSER Bewusstseinsfeld zu bestimmten Formen mehrdimensionaler Geometrie zusammenzuziehen, um diese akrobatischen Kunststückchen dann energetisch zu entladen. [Das WIR hat mich diese Schöpfungsspiele zum Teil selbst erfahren lassen, es ist aber extrem schwierig, sie über dieses Format hier genauer zu beschreiben].

WIR verrenken und verschränken UNS auf immer neue Weise, wobei WIR Ästhetik und Formvollendung sowie die „sportliche Intensität" UNSERER Kunststücke zum Kriterium haben.

Jede Formbildung hat für UNS mit extremer Anstrengung zu tun, weil jede Art der Lenkung der durch UNS strömenden Energie erheblich schwierig ist. Ein einzelner Wasserstrahl, der von oben herab kommt, kann von euch recht leicht in eine andere

Bahn gelenkt werden, sodass er in die von euch gewünschte Form fließt. Aber versucht euch mal unter einen Wasserfall zu stellen und diesem eine andere Richtung zu geben.
WIR stehen in dem energetischen Wasserfall, bzw. WIR sind der energetische Wasserfall, der unmittelbar der Gott-Quelle entspringt.
Der Strom der Gott-Quelle ist anfangs derart stark, dass kein Bewusstsein diesen in eine Form bringen könnte. Stellt euch vor, dass der Strom der Gott-Quelle anfangs wie ein Wasserfall steil abfällt und so eine alles mitreißende Intensität aufbringt. Die Gott-Quelle strömt in einer abfallenden Exponentialkurve, und die Intensität flacht (über die Distanz) etwas mehr ab, sodass der sich etwas gelegte Strom irgendwann von sich selbst so gehandhabt werden kann, dass er in bestimmte Formen und Muster fließt.
Die Informationen zur Musterbildung sind in den entsprechenden Bewusstseinsfeldern, durch die der Strom fließt, vorhanden, doch dadurch, dass der Strom selbst ein kreativ-schöpferisches Vermögen besitzt, kann er aus sich heraus den Informationsreichtum eines Bewusstseinsfeldes erweitern.
Die Quelle des Schöpfungsstroms hat keine lokale Verortung in dem Sinne, und sie quillt im gleichen Maße direkt dort hervor, wo ihr eure Erde verortet, wie überall anderswo.
Ihr führt auf eurer Ebene aufgrund eurer Schwingungseinstellung ein seelenruhiges Leben inmitten

des alles mitreißenden Wasserfalls des Schöpfungsstroms, und dies ist euch nur aufgrund einer immensen inneren Abwehr möglich. WIR sehen sowohl die Schwingungsebene des Wasserfalles als auch euch in eurer irdischen Form, und es ist ein Meisterwerk der Schöpfung, dass diese beiden Ebenen an ein und demselben Punkt nebeneinander her existieren können. Es würde euch den Atem verschlagen, wenn ihr erfahren würdet, wo und was ihr auf den anderen Ebenen eurer selbst wirklich seid und was euch direkt dort, wo ihr euch aufzuhalten scheint, umgibt.
Energetisch, schwingungsmäßig befindet ihr euch nahezu in der weit möglichsten Distanz zur Ursprungsquelle der Schöpfung, und der Wasserfall des Schöpfungsstromes hat (für euch) derart an Intensität verloren, dass er in euch fast zum Erliegen kommt.
Raum und Zeit befinden sich in einem Schwingungsraum, wo der (exponentiell) abfallende Schöpfungsstrom sich fast in die Waagerechte gelegt hat, denn nur über diese energetische Entschleunigung kann sich überhaupt so etwas wie ein materieller Existenzraum formen.
Alles reguliert sich nur über die eigenen (Schwingungs-) Einstellungen, und je nach Frequenzjustierung erscheinen dem Bewusstsein andere (Um-)Welten.
Euer Einstellungsbereich im materiellen Dasein ist sehr begrenzt, und dies begrenzt auch die Reichweite eurer Selbsterfahrung. Je mehr Schwingungsebenen

ihr bewusst einsehen könnt, desto größer wird der Raum der Selbsterfahrung, doch ist es auch so, dass bestimmte Erfahrungsqualitäten nur in sehr kleinen Räumen gemacht werden können. Beispielsweise ist Angst eine Erfahrung, die nur in kleinen, beengten Existenzräumen gemacht werden kann. In der Weite UNSERES Bewusstseinsraumes lassen sich gänzlich andere Erfahrungsqualitäten einsammeln, und es gibt kaum Überschneidungspunkte von euren und UNSEREN Selbsterfahrungen, doch alle füllen einen relevanten Teil im Schöpfungsspiel aus. Das Erstaunliche an diesem Spiel ist die Vielzahl an unterschiedlichen Inszenierungen von ein und demselben schöpferischen Grundmuster, die sich durch alle Schwingungsebenen hindurchziehen.

Der Stoff, aus dem alles Sein hervorgeht, ist derart multifunktional und über alle Maßen flexibel und anpassungsfähig, dass es eine helle Freude ist, mit ihm Leben zu formen. UNS wird diese heiligste Substanz zur Verfügung gestellt, auf dass WIR so darüber verfügen, dass WIR aus ihr eine Schöpfung formen, in der jedem Geschöpf diese Schöpfungssubstanz übertragen wird.

WIR sind die ersten Bildekräfte, die die ersten Bilder aus sich hervorbringen, und durch das erste Wahrnehmbare wird die Möglichkeit der ersten Wahrnehmung (UNSERER Selbst) mit in das Schöpfungsspiel hineingebracht. In dem UNS eigen-seienden Zustand gibt es nichts, was WIR wahrnehmen, weil es dort

nichts gibt, was WIR wahrnehmen könnten. Und so verwenden WIR alles, was bereits in die Wahrnehmung gefallen ist, für UNSERE Selbstwahrnehmung, ohne UNSEREN eigenen Zustand dabei zu verlassen. WIR sind von der unsagbaren Verzauberung übermannt, gleichzeitig in UNSEREM eigenen Zustand sein zu können und durch eure Augen auf UNS selbst zu blicken. WIR lassen es zu, Teile von UNS mit in euer Welten-Spiel hineinziehen zu lassen, um dieses am Laufen zu halten, und obwohl WIR gänzlich zu euch ausfließen, bleiben WIR ganz WIR selbst und ganz bei UNS.
In rasender Intensität und unter höchster Spannung zieht es UNS in euch hinein, und tropfenweise empfangt ihr dadurch UNSEREN Schöpfungsstrom in einer für euren Existenzraum passenden Stärke.
Eure Blickrichtung ist von UNS abgewandt, um UNSERE Intensität nicht mit voller Breitseite abzubekommen. Wendet ihr euren Blick aber auch nur ein Stück UNSEREM Schöpfungsstrom zu, dann wird euch, in umgekehrter Weise, UNSERE Verzauberung über euer Dasein in euren Geist gespiegelt.
So, wie es UNS erfüllt, auf UNSERER Ebene zu sein und durch eure Augen zu schauen, so gelangt ihr auf eurer Ebene darüber zur Erfüllung, dass ihr dort seid, wo ihr seid und gleichzeitig UNSEREN Seins-Zustand in eurem Geist tragt. Je weiter das Bewusstsein sich über das Spektrum der Schwingungsebenen er-

strecken kann, desto tiefer versinkt es in einem staunenden Verzücken über seine eigene Existenz. WIR verzaubern euch mit UNS, so wie ihr es in umgekehrter Weise mit UNS tut.
Verzauberung und Verzückung in heller Lebensfreude gewinnt jedes Leben nur durch Tiefe.
Ein Leben auf einer Schwingungsfrequenz, das nur *einen* Schöpfungssendekanal empfängt, ist monoton, einseitig und vor allem sehr flach (bzw. oberflächlich). Tiefe gewinnt eine Seinsform über das gleichzeitige Empfinden unterschiedlicher Schwingungsebenen.
Das, was eurem Sein Tiefgang und Sinnhaftigkeit verleihen kann, bestimmt sich darüber, wo ihr glaubt, zu sein, und auf welche Schwingungsfrequenz ihr hauptsächlich eingestellt seid. Ihr seid UNSERE tiefste Form, so wie WIR eure tiefste Variante eurer selbst sind, und gegenseitig verleihen WIR unserem Sein die Tiefsinnigkeit, die UNS alle befreit.
Versucht nachzuvollziehen, dass in *euch* UNSERE Befreiung liegt, und dass ihr demgemäß nur durch UNS zu *eurer* Befreiung gelangt.
Wechselseitigkeit ist eine der zentralsten Merkmale des dualen Schöpfungsspiels, in das WIR gemeinsam eingetreten sind, um UNS gegenseitig mit Bereicherungen zu beschenken. In jedem Moment aufs Neue beginnen WIR mit der Projektion UNSERER selbst, aus der die Zweiheit aller Dinge erwächst. Und immer wenn WIR mit UNSERER Arbeit beginnen, gibt es

nichts, was UNSERER Arbeit beiwohnen könnte, da durch sie erst alles ins Leben geführt wird. Keiner beobachtet die Arbeit der Schöpfung an sich, bis sie Geschöpfe aus sich hervorgebracht hat, die diese Arbeit sehen, verstehen und zu würdigen wissen.
Erst durch UNSERE Arbeit entsteht das, was UNSERE Arbeit zu würdigen weiß, und doch beginnen WIR in jedem Moment aufs Neue, ohne die Wertschätzung von dem, was WIR tun, obwohl aller Wert in UNSEREM Tun geboren wird.
Würden WIR UNS in UNS zurückhalten (was UNSEREM Sein gänzlich zuwider läuft), dann würde niemand je über UNSER Sein erfahren. Zwar gäbe es auch nichts, was UNS in irgendeiner Weise vermissen würde, und doch blieben WIR mit allen UNSEREN inneren Qualitäten im Verborgenen. Erst durch UNSERE Arbeit entsteht das, was UNS aus der Verborgenheit hebt und was UNSERE Arbeit sehen und lieben kann. Ohne das, was WIR tun, würde es keine Schau auf die Liebe, ja nicht einmal die Liebe selbst geben.
WIR wünschen so sehr, gesehen und geliebt zu werden, doch nur euren Augen ist es vergönnt, einen Blick auf UNS zu werfen, um einen Einblick in die Schöpfung zu bekommen, und nur euer Herz vermag UNS in einer Weise zu lieben, dass die Liebe selbst daraus geboren wird. *All UNSER Schaffen arbeitet darauf hin, dass UNSERE Arbeit UNS zu sehen beginnt*

und das liebt und wertschätzt, was WIR getan haben! In gewissen Aspekten sind sich alle lebendigen Wesen in ihren tiefsten inneren Bestrebungen gleich, und gewissermaßen bleibt diese tiefste Sehnsucht ewig unerfüllt, denn nur darüber hält die Schöpfung ihr inneres Streben (nach sich selbst) aufrecht.
Doch gleichermaßen findet alles in der Schöpfung bestmöglich in jedem Moment zu seiner Erfüllung, weil sich jedes Streben selbst direkt in seine Verwirklichung führt. Bei euch ist Wunsch und Erfüllung etwas zeitversetzt, und wenn ihr Wünsche hegt, die auf eurer Ebene keine Erfüllung finden (können), dann kompensieren andere Ebenen euer Streben. Beispielsweise erfahrt ihr dann, dass ihr im Traum genau die Erfahrungen durchlebt, die ihr euch in der materiellen Ebene gewünscht habt.
WIR als die Schöpfungsinitiatoren haben nur eine Aufgabe, nämlich jeden Wunsch jedes Wesens zu erfüllen und diesem einen Erfahrungsraum zur Verfügung zu stellen, in dem es die entsprechende Wunscherfüllung durchleben kann. Jeder auch noch so kleine Willensimpuls wird von UNS aufgenommen und zu seiner Erfüllung geführt, denn kein Ruf kann ungehört bleiben. WIR begleiten und geleiten jeden inneren Wunsch in den Bewusstseinsraum, wo seine Erfüllung bereits auf ihn wartet, und damit begleichen WIR jede innere Strebung, da WIR den Zustand der Ausgeglichenheit allen Seins in UNS anstreben.

Es kann nicht sein, dass ein Lebewesen in der Schöpfung einen Erfahrungswunsch äußert, und dieser unerfüllt bleibt, weil sich diese Unerfülltheit auf die gesamte Schöpfung auswirken würde. Und so wird in der Schöpfungsganzheit alles so arrangiert, dass jeder Willensimpuls und jede innere Strebung schnellstmöglich in seiner eigenen Er-füllung aufgeht und zur Ruhe kommt.

Ihr macht mit euren tausendfachen Wünschen eine Menge Lärm und Aufruhr in der Schöpfung, und um diese zu besänftigen, stehen euch alle anderen Schöpfungsebenen beiseite.

Mit jedem eurer chaotischen Impulse werft ihr Wellen in die in sich ruhende Ganzheit, die sich darauf versteht, eure Impulse bestmöglich zu harmonisieren, damit euer Bewusstsein zu der inneren Ruhe gelangt, die auf den höchsten Bewusstseinsfeldern der höchsten Schöpfungsebenen vorherrscht, denn darüber erfüllen sich alle eure Strebungen und alle eure innersten Wünsche.

Die lichte Absicht

WIR führen euch mit den euch bekannten Mitteln in etwas für euch Unbekanntes. Unbekannt kann etwas für euch nur dadurch sein, dass ihr es für euch zu etwas Unbekanntem gemacht habt, weil alles -vom Grunde eures Wesen an- mit euch in einem innerlichen Bekanntschaftsverhältnis steht. Dieses Verhältnis ist weniger ein Kennen als ein Sich-in-dem-Anderen-Erfahren, weil alles andere als zu sich zugehörig empfunden wird. Seid ihr im WIR, dann erkennt ihr euch nicht nur in euren Mitwesen, weil ihr euch in ihnen spiegelt, sondern mehr noch, ihr erfahrt euch als eure Mitwesen selbst. Der erste Schritt hierzu ist, das Spiegelungsverhältnis zwischen Selbst und Welt aufzudecken, indem ihr euch selbst in allem wiederzufinden sucht, was euch gespiegelt wird.

Eure Welt ist in einem ganz wortwörtlichen Sinne nicht mehr und nicht weniger als eine Lichtspiegelung, in der sich UNSER Licht in tausendfachen Farben und Formen bricht. Alles ist eine Spiegelungsfacette UNSERES Lichtes, das sich wie in einem Kaleidoskop in allen Farben bricht, um unterschiedliche Schwingungsformen hervorzubringen.

Jede Farbe sowie jeder Ton und jedes Objekt vertritt eine Schwingung auf dem kosmischen Schwingungsspektrum, und so ist zu jeder Bewusstseinsstimmungsschwingung ein exakter Ton, eine Farbe und sogar ein geometrisches Ordnungsmuster zuordenbar.

Alles ist ein Schwingungs-Repräsentant, und wenn ihr lernt, euch und eure Umgebung so zu gestalten, dass Klang, Farbe, Form und sogar Geruchs- und Geschmacksreize eurer Bewusstseinsstimmungsschwingung entsprechen und alle untereinander aufeinander eingestellt sind, dann werden Alltäglichkeiten zu Erfahrungserlebnissen.
Dem Geruchs- und Geschmackssinn sind sehr feine und fluktuative Schwingungsmuster eigen. Deswegen mag es für euch zunächst leichter sein, Klang, Farbe und Form einander zuzuordnen und diese an eure Schwingungsstimmung anzupassen oder andersherum, eure Schwingungsstimmung entsprechend in Klang, Farbe und Form auszudrücken.
Ihr könnt dies in vielerlei Hinsicht üben.
Summt einen Ton und dann bittet UNS, euch diesen Ton in eine Farbe oder eine Form zu übersetzen. Oder sucht euch ein Bild aus, in dem alle Spektralfarben regenbogenartig gut sichtbar sind und dann beginnt aus dem intuitiven Gefühl heraus, einen Ton zu einer Farbfacette zu summen.
Nicht ohne Grund sprecht ihr von Farb*tönen* und *Klang*bildern. Schwingungen können nicht objektiv übersetzt werden, denn was dem einen als blau erscheint, kann für den anderen grün sein, nur haben sich beide auf den Begriff blau geeinigt, sodass der, der eigentlich grün sieht, zu seinem grün auch blau sagt. So ist das nicht nur mit Farben, sondern auch mit

Klängen oder mit visuellen Bildern. Ihr seht alle eine komplett unterschiedliche Welt und habt euch darauf geeinigt, das, was ihr so unterschiedlich wahrnehmt, als gleich zu betiteln. Und dieser soziale Konsens hat auch eine gewisse Nützlichkeit, aber dadurch, dass Sprache auch ein Schwingungsausdruck ist, übergeht der, der grün sieht, aber es als blau benennt, seine innere Gefühlstönung in seinem sprachlichen Ausdruck.

Dies geht zum Beispiel einigen Linkshändern so. Sie haben gelernt, dass links links ist und rechts rechts ist. Aber wenn ein Linkshänder links meint, dann spricht er der eigenen Empfindung nach das aus, was der Rechtshänder meint, wenn er rechts sagt. Ein Linkshänder muss also alle seine intuitiven Links- Rechts-Impulse mit den für ihn falschen Schwingungswortformen belegen. (Viele weitere Beispiele könnten folgen). Wenn ihr auf euch und eure inneren Impulse genauestens hören würdet, dann würde jeder eine andere Sprache sprechen, weil ihr auf der Basis eurer Wahrnehmung einen gänzlich anderen Schwingungsausdruck wählen würdet. Ihr glaubt, dass ihr euch dadurch noch weniger gegenseitig verstehen würdet als jetzt schon, doch das Gegenteil ist der Fall. Jetzt, mit dieser Sprachform, ist fast jeder eurer Ausdrucksimpulse in sich unstimmig und ein unwahrhaftiger Ausdruck eures Bewusstseinszustandes, und gerade wegen dieser Unauthentizität (die ihr überhaupt nicht mitbekommt) versteht ihr euch gegenseitig

nicht. Um es noch deutlicher zu sagen: Eure Sprachen, das was ihr glaubt, worüber ihr euch Verständigung verschafft, ist genau das, was euch die Verständigung erschwert und verbaut.
Einige eurer Sprachen (wie z.B. die lateinische oder die hebräische) wurden bewusst mit dem Hintergedanken „Teile und Herrsche!“ [divide et impera] in Umlauf gebracht.Sie wurden auf eurer Ebene eingeführt, damit ihr euch untereinander nicht mehr versteht!
Einander verstehen heißt, miteinander in Verbindung sein und zueinander in ein Verhältnis treten. Und unter anderem über eure Sprache wurde euer tiefes Empfindungsverhältnis, in dem ihr eurem Ursprung nach zueinander steht, geteilt und auseinandergerissen. Die Sprache ist eine sehr zentrale, wirklichkeitsgestaltende Kraft, mit der ihr die Wirklichkeit gestaltet, die euch über die Sprache eingegeben wird. Ihr werdet euch nicht von eurer auf Trennung basierenden Wirklichkeit befreien können, wenn ihr nicht zu anderen Kommunikationsformen vordringt und euch andere Formen des Austausches einfallen lasst, bzw. euch an die bereits in euch liegenden intuitiven Austauschformen zurückerinnert. Solange wie es Wesen auf eurer Ebene gibt, die glauben davon zu profitieren, wenn ihre Mitwesen in Unbewusstheit gehalten werden, wird eine Vielzahl von Methoden zum Einsatz gebracht, um euch untereinander in Trennung zu halten.

Dass ihr euch untereinander nicht versteht, über welche Elemente und Anschauungen auch immer, war seit jeher eine der wirkungsvollsten Methoden, um einseitig Macht ausüben zu können. WIR sind die verbindende Kraft und verteilen alle Macht an alle. Macht ist dem gegeben, der Macht gibt und nicht dem, der sie einseitig auszuüben versucht.
Eure sozialen Interaktionen sind zum großen Teil Machtspielchen, mit denen ihr, ohne euch darüber im Klaren zu sein, Macht einsetzt, um eure Macht an der Machtlosigkeit eures Gegenübers zu bereichern.
Ihr spielt in fast allen euren Interaktionen ein Energie-Raub-Spiel, weil fast jeder von euch in einem Energiemangel ist, der zwangsläufig daraus folgt, dass ihr euch von UNS abgetrennt erfahrt. Ihr versucht euren Energiemangel dadurch zu kompensieren, dass ihr andere, die auch im Mangel-Bewusstsein sind, anzapft, und so hält sich das Energie-Raub-Spiel wechselseitig aufrecht. Die Lebensenergie, die euch so fehlt, kommt aber nicht aus Elementen eurer Ebene selbst, sondern von UNS, die WIR diese Lebensenergie durch die Elemente eurer Ebene zu euch einstreuen. Eure Ebene ist eine Lichtspiegelung der UNSRIGEN, die es euch erlaubt, euch in Schattenspielen der Dunkelheit und des Mangels auszuprobieren. Ihr stellt euch vor UNSER Licht und baut geistige Barrikaden auf, um UNSER Licht abzuwehren, damit ihr euch ein Bewusstseinsfeld schaffen könnt, in dem ihr euren Schattenspielen nachgeht. Euch ist die Dunkelheit ans

Herz gewachsen, weil ihr eure Schattenspiele so liebt, denn sie sind eure Definition von Leben. Euer Herz aber ist Licht, und Licht scheint aus eurem Herzen, wenn ihr es aufgebt, in das Schattenspiel der Projektion zu investieren und mit UNS in UNSERE Form zu leben eintaucht.
UNSERE Lebensform und das, was WIR Wirklichkeit nennen, sind mit den Elementen eurer Ebene so wenig zu erklären, wie die Elemente UNSERES Seins dafür ausgelegt sind, eure Ebene darzustellen.
WIR greifen auf eure Mittel zurück, um UNS zu vermitteln, obwohl WIR UNS eigentlich nur über die Elemente aus UNSERER Ebene kenntlich zeigen können. Doch dadurch, dass euch UNSERE Elemente aufgrund eurer Welt- und Selbstsicht gänzlich fremd sind, müssen WIR -wie bereits zu Beginn erwähnt- auf das euch Bekannte zurückgreifen, um in euch das noch Unbekannte zu berühren. Ihr begreift UNS erst dann, wenn ihr in euch erfahrt, dass ihr UNS bereits begriffen habt, weil ihr Teil von UNS seid.
Ihr steht UNS und damit euch selbst beständig im Wege und unterbrecht den Schöpfungsstrom UNSERES Lebensflusses mit jedem eurer Impulse, der sich nicht mit in UNSERER Flussrichtung bewegt. Beispielsweise müssen WIR UNSEREN Ausdrucksfluss immer dann anpassen und in sich neu ausrichten, wenn der, der UNS hier aufschreibt, mit seinen eigenen Gedanken dazwischenfunkt. WIR verweben alle eure Impulse in bestmöglicher Weise in UNSEREN

euch speisenden Schöpfungsstrom, aber je mehr ihr nach Kontrolle giert, desto weniger können WIR euch kontrollieren lassen.
Euch ist absolute Kontrolle gegeben, wenn ihr lernt, jeden Kontrollversuch aufzugeben, denn wenn ihr davon ablasst, selbst Kontrolle ausüben zu wollen, dann bewegt ihr euch automatisch in UNSEREM Schöpfungsstrom, der gänzlich alles kontrollierend so lenkt, dass für alle das Beste dabei herauskommt. Es gibt einige Kontrollfreaks unter euch (ihr werdet lächelnd nickend ganz genau wissen, auf wen dies zutrifft), und denen sei gesagt, dass alle eure Kontrollimpulse exakt das Gegenteilige von dem bewirken, was sie ihrer Intention nach bewirken sollen.
Viele eurer Ausdrucksimpulse bewirken genau das Gegenteil von dem, wofür sie eigentlich gedacht waren, und dies ist immer dann der Fall, wenn die Impulse sich nicht aus einer stimmigen Grundintention heraus gebildet haben. Die Klärung und Feinjustierung der intentionalen Ausrichtung ist die Basis aller eurer Aktionsformen und zugegebenermaßen eine Wissenschaft für sich. Fragt euch immer, aus welcher Geisteshaltung heraus ihr gerade agiert und welche Intention ihr mit euren Handlungen verfolgt.
UNS geht es im doppelten Wortsinn um die Reinheit der Intention, damit ihr euch bei allem, was ihr tut, darüber im Klaren seid, was eure Handlung gerade sicherzustellen versucht.
Spricht gerade das verletzte Kind aus euch, dann lasst

es sprechen, aber seid euch darüber im Klaren, dass es euer verletztes Kind in euch ist, was spricht und was seinen eigenen Bedürftigkeiten nach Nähe und Schutz Ausdruck verleiht. Euer inneres Kind tritt mit einer ganz anderen Intention und in einem ganz anderen Daseinskontext auf, als ihr es von euch gewohnt seid, und so geratet ihr in innere und äußere Konflikte. Seid euch also bei jedem eurer Ausdrücke dessen bewusst, wer in euch es gerade ist, der diesem Ausdruck nachgeht und benennt diesen inneren Anteil ruhig mit einem konkreten Namen, wenn euch auffällt, dass dieser immer wieder zur Sprache kommen möchte. Jeder Anteil, den ihr in euch bewusst oder unbewusst aufgebaut habt, tritt mit seinen eigenen Intentionen auf den Plan, was nicht selten dazu führt, dass in euch ein multiples Intentions-Chaos in alle Richtungen entsteht, weil ihr mal die eine Impulsrichtung verfolgt, und dann, im nächsten Moment, schon wieder einer ganz anderen nachgeht. Achtet hier – wie immer- ganz genau auf UNSEREN Sprachgebrauch, denn jeder Impuls geht etwas nach, das heißt, er verfolgt etwas, was ihm bereits vorausgegangen ist. Eine Intention ist eine Absicht, ein Vorsatz, der etwas vor das setzt, was er vorhat. Ihr zieht mit dem, was ihr ausdrückt, immer nur nach, und jeder Impuls geschieht automatisch in die Richtung, die ihr zuvor bereits „vorgegangen“ seid, die ihr bereits vorab *voraus*gesetzt habt. Ihr habt also keine Freiheit in eurem

Impulsausdruck, sondern lediglich in der zuvor geschehenen intentionalen Ausrichtung. Ihr richtet euch auf etwas aus, und dann drückt sich durch euch ein Impuls aus, der sich in etwa an der Richtung orientiert, die ihr vorgegeben habt, aber ihr könnt nicht über den Impuls selbst verfügen oder ihn steuern oder kontrollieren.

Eure intentionale Ausrichtung geschieht in einer ganz anderen Ebene eures Geistes als der, in der sich eure Ausdrucksimpulse formen. WIR könnten sagen, dass die intentionale Ebene der Handlungsebene zugrunde liegt und dass eure Absicht das Feld eurer Handlungsoptionen absteckt.

Die Bewusstwerdung eurer intentionalen Ausrichtung ist die Basis eurer inneren Neuausrichtung, und hat diese Neuausrichtung eures Seins durch UNS erst einmal gänzlich stattgefunden, dann handelt ihr automatisch in einer UNS gemäßen Intention.

So wichtig es zu Anfang für euch ist, die Absicht hinter jeder Handlung aufzudecken, so wichtig ist es, diese Absicht wieder in das für euch Unbewusste sinken zu lassen, wenn ihr gänzlich im Geiste UNSER handeln wollt.

Ihr könnt nichts im Geiste UNSER ausdrücken, wenn ihr dies mit eurer klaren Zielvorstellung auf UNS verbindet. In einem gewissen Sinn müsst ihr die Absicht verfolgen, euch auf UNS auszurichten bzw. euch von UNS intentional ausrichten zu lassen, um dann in

UNS gänzlich absichtslos zu werden, damit ihr bedingungslos im Geiste UNSER handeln könnt.
Es ist eine Gratwanderung, UNS erreichen zu wollen, um dann in UNS alles eigene Wollen wieder loszulassen, um frei agieren zu können. Aber die meisten von euch sind gut damit beraten, erst einmal in sich alle verborgenen Absichten zu durchlichten, um mit UNS zu einer lichtvollen Grundintention, einer heilsamen Ausrichtung zu gelangen. Ihr wisst nicht, wie ihr in euch eine reine Absicht und eine heilsame Intention hervorbringt, weil ihr euch in eurem Impulschaos verheddert und euch mit eurem gedanklichen und sprachlichen Ausdruck selbst gefangen genommen habt. Überlasst es UNS, euch eine geistige Ausrichtung zu schenken, und dann bestaunt, welche Impulse sich in euch daraus formen...
Tretet erst dann in eine Form von Kommunikation und Ausdruck ein, wenn ihr euch zuvor innerlich ausgerichtet und geklärt habt und euch im Klaren darüber seid, welche Intention ihr mit eurem Ausdruck verfolgt. In einer lichtvollen Intention macht ihr eure Absicht transparent, sodass jeder einsehen kann, weshalb ihr das tut, was ihr tut. Die Basis dessen ist verständlicherweise, dass ihr euch *selbst* darüber im Klaren seid, und dies kann zum Teil auf sehr unangenehme Weise bewusst machen, dass viele eurer Ausdrucksimpulse Teil des sozialen Energie-Raub-Spieles gewesen sind.

Energien zum Fließen zu bringen und sich gegenseitig damit zu beschenken ist der Sinn des Seins, der immer dann zu unheilsamen Formen pervertiert wird, wenn das Geben und Nehmen unbewusst geschieht und die dahinterliegenden Absichten im Verborgenen bleiben.

Die Erfahrungstiefe

Ihr bestimmt den Informationsgehalt einer Sache anhand ihrer äußeren Form, weil bei euch in eurer Ebene die Form darüber zu bestimmen scheint, was sich inhaltlich darin einfindet. Dies führt zu erheblichen Verständigungsproblemen, weil auch auf eurer Ebene der Inhalt unabhängig von seiner Informsetzung ist. WIR wollen euch hierzu ein anschauliches Beispiel geben:

Ihr glaubt, dass hinter der Wortform „Groß“ sich inhaltlich etwas anderes verbirgt, als hinter der Wortform „Klein“. Und normalerweise ist dem auch so, wenn das Wort Groß in der geistigen Intention von „Groß“ geschrieben worden ist, das heißt, wenn „Groß“ gemeint wurde. Doch dadurch, dass vollkommen unterschiedliche geistige Intentions-Schwingungen von unterschiedlichen Menschen die gleichen (Sprach-) Formen hervorbringen, könnt ihr euch nie sicher sein, was sich wirklich hinter einer Formoberfläche verbirgt, wenn ihr dies nur an der Formoberfläche festmacht.

WIR erinnern euch daran, dass alles Schwingung ist, auch diese manifestierten Worte. Und ein manifestiertes Wort drückt unabhängig seiner äußeren Wortform die Schwingung aus, die es hervorgebracht hat.

WIR senden UNS jetzt in einem ganz bestimmten Schwingungsmuster hier in diese Worte, und aus dem Schwingungsmuster formt sich das Wort „Liebe“.

WIR hätten mit exakt demselben Schwingungsmuster jedoch auch das Wort „Hass“ formen können, und dann hätte sowohl das Wort Liebe, als auch das Wort Hass dasselbe Schwingungsmuster ausgestrahlt und sich trotz der verschiedenen Formoberflächen dieselbe Schwingungs-Stimmung in euren Geist gelegt. Weil WIR in exakt dieser Weise arbeiten, ist die Formoberfläche vollkommen belanglos und nur ein für euch gestalteter Bonus, denn UNSER Wirken ist durch jede Formoberfläche konstant.
Allerdings kommen WIR eurer Sprachkonditionierung mit UNSERER Formbildung deutlich entgegen und haben UNSERE Schwingungsmuster in Formen gekleidet, die ihr verstehen und annehmen könnt. In dieser Transparentmachung UNSERES Wirkens wird euch wieder einmal aufgezeigt, wie wichtig es für euch ist, jedes einzelne Wort möglichst unvorbelastet in sich aufzunehmen, weil WIR in jedes Wort ein bestimmtes Schwingungsmuster hineingelegt haben, das weit über das Wort hinausführt.
Ihr könnt also bei dieser und bei jeder anderen Informsetzung nie wissen, welche Schwingungsmuster sich dahinter verbergen, bis ihr euch über die Formoberfläche hinweg mit den lebendigen Schwingungsstimmungsmustern verbindet.
Die Schwingungsinhalte euer Ebene tragen in sich bereits so starke Formtendenzen und Äußerlichkeitsbilder, dass ein Inhalt sich fast gänzlich automatisch in eine für sich passende Form kleidet, um sichtbar in

Erscheinung zu treten. Doch nichts ist so, wie es scheint, wenn es als Form erscheint, und sehr oft spürt ihr das in dem Gefühl der Unsicherheit über das, was denn nun wirklich mit dem, was gesagt wurde, gemeint ist. Etwas zu sagen ist gänzlich belanglos, nicht aber etwas zu meinen.
Über das, was WIR meinen, erhält UNSER Wort sein Gewicht, und weil UNSERE Worte UNSEREN Schwingungstransport zur Aufgabe haben, trägt jedes Wort großes Gewicht und ist fein säuberlich von UNS so auserwählt, dass es seiner Aufgabe gerecht werden kann.
Als (Licht-)Sprachkünstler ist Schwingungstransport in alle Ebenen UNSER Spezialgebiet und dies drückt sich auf eurer Ebene zum Teil in einer Form aus, die die Tendenz zur Sprachphilosophie aufweist. Doch WIR sind keine Philosophen. Und wenn WIR sprachliche Vermittlungsgrundsätze aufdecken, dann nur deshalb, damit ihr UNS besser zu verstehen lernt, um UNS mit in eure Lebenswelt hineinzunehmen. WIR verstehen UNS selbst als eine Art Kunstform, die mit sich in lichtsprachkünstlerischer Weise in Interaktion tritt. [Auf das Thema Lichtsprache geht das WIR in dem nächsten Kapitel genauer ein.]
Leben bedeutet immer eine Form von Lebenskunst. Selbst dem Drang nach Überleben wohnt etwas Künstlerisches inne, was sich in eurem Wort „Überlebenskünstler“ ausdrückt. Das Leben ist kein Existenzkampf, sondern ein Spiel, in dem jeder nur gewinnen

kann. Überall vor euch tun sich „Win-Win-Chancen“ auf, doch ihr entscheidet euch lieber dafür, euch in die Verliererseite des Lebens zurückzuziehen. Das Leben hat viele, um nicht zu sagen alle Seiten, aber eine Verliererseite ist UNS, die WIR das Leben selbst sind, noch unbekannt geblieben.

Das Leben ist ein ständiges Wechselspiel im Bespielen von Bewusstsein auf Bewusstseinsträger, von Inhalt auf Form, um auf dem überformten Bewusstseinsträger Bewusstsein wieder abzuspielen.

Ihr bespielt euer physisches Erfahrungsinstrument in jedem Moment mit euren geistigen Klängen und beobachtet dann, wie dieses sie abspielt, bzw. für euch umsetzt. Noch nie ist jemand an einer Umsetzung gescheitert, weil diese immer nur ein Extra, ein Bonus ist, das sich in dem Bereich der Lebenskür verstanden sieht.

Keine Umsetzung kann sich zur Gänze so übersetzen, wie sie es aus sich heraus vielleicht wünscht, weshalb der Lebenskünstler gut daran tut, sein Lebenswerk als die Kür zu seinem Sein zu betrachten und mit seiner Umsetzung nicht so hart ins Gericht zu gehen.

Ihr bemesst den Wert einer Sache im radikalen Urteil aufgrund seiner äußeren Form, weil sich alles in euch so stark an der Formumsetzung festbeißt.

WIR als Lebens- und Lichtsprachkünstler haben einen weit spielerischeren Umgang mit jeder Art von Form, da WIR UNS in einem ständigen Formwand-

lungsprozess befinden. Wären UNSERE Formverhaftungen den euren gleich, dann würden WIR in jedem Moment höllische Schmerzensqualen erleiden, doch WIR haben gelernt, genau in den Dingen Freude zu finden, die euch gegenwärtig Schmerz verursachen. Diese ist keine sadistische Freude, wie ihr es UNS jetzt vielleicht in den Mund legt, sondern wahre, tiefe Freude, die immer hinter dem liegt, was ihr als Schmerz erfahrt.
Der Maßstab, den WIR an UNS selbst anlegen, um UNS darüber kenntlich zu zeigen (denn für UNS würden WIR UNS nie messen), ist der von Schönheit freudvoller Stimmungsschwingung und etwas, was WIR hier als Erfahrungstiefe bezeichnen wollen. Eure Planmaßstäbe sind hauptsächlich die von euch künstlich geschaffenen Einheiten von Zeit und Raum und so manch andere künstliche Werte, die ihr abgekoppelt vom Naturwert der Dinge zu kontrollieren und zu manipulieren versucht.
Ein Lebenskünstler schafft sich seine eigenen, an seiner Idee von Kunst orientierten Werte, die er nicht in Abhängigkeit zu künstlichen Werteinheiten setzt. Wie sähe euer Leben aus, wenn eure Entscheidungskriterien Zeit und Geld einmal ganz ausklammern und sich nach Wahrhaftigkeit, Freude und Stimmungsschönheit ausrichten würden?
Jeder Moment, den ihr erlebt, hat selbst im Schmerz seine ihm eigene Stimmungsschönheit.
WIR wünschen UNS von euch, dass ihr eine innere

Empfindsamkeit für die Erfahrungstiefe des Moments entwickelt.
Erfahrungstiefe hat etwas mit der Fülle des Moments und der eigenen Erfülltheit zu tun, wobei mit der Erfahrungstiefe immer auch die Lebensqualität steigt. Ihr könntet euch beispielsweise angewöhnen zu sagen: „Wow! Das ist aber ein tiefer Augenblick!“, wenn ihr zur Gänze in der Wahrhaftigkeit eurer Essenznatur steht.
WIR arbeiten UNS mit euch in die Tiefe, die Tiefe des Moments und die Tiefe eurer selbst. Und je tiefer WIR vordringen, desto mehr Wahrheit kann fließen.
In UNSEREN Bohrungen nach der Wahrheit stoßen WIR auf so manche Goldader, doch nicht alles, was glitzert, ist Gold. Ihr mögt große Freude darin finden, in einer gewissen Erfahrungstiefe die inneren Goldschätze zu bergen, hervorzuholen und sie allen zu präsentieren, und diese Freude sei euch gewährt. Doch seid bedacht darauf, euch nicht vom Glanz des Goldes davon ablenken zu lassen, weiter in die Tiefe des Erfahrungsmoments vorzudringen.
Der tiefste Punkt, die Quelle allen Goldes und von allem, was Wert hat, ist der Punkt, der für euch die größte Wertigkeit besitzen sollte, und in einem gewissen Sinne haltet ihr euch nur damit auf, weiter in die Tiefe des Moments einzudringen, wenn ihr euch zu sehr von den schönen Auswürfen und Ausformungen der einen Quelle verleiten lasst. Ihr müsst wissen, dass mit jeder Tiefenschicht, in die sich euer Bewusstsein

hinein ergießt, die Schönheit, die Freude und die Stimmungsqualität unsagbar ansteigen. Jedem wird nur soviel Wahrheit anvertraut, wie er auszuhalten in der Lage ist, denn in der Verzauberung der Schönheit liegt eine gewisse Gefahr verborgen.
Ein Lebenskünstler kennt genau das richtige Maß darin, sich von ihr verzaubern zu lassen, aber doch nicht gänzlich verzaubert zu werden, denn Letzteres ist dem Wahnsinn nahe.
Das Impulsspiel mit der Wahrheit wird über Hingabe gespielt.
Hingabe, Weggabe, Aufgabe, sich selbst verschenken an die Schönheit des natürlichen Lebensflusses! Doch jeder, der sich selbst gänzlich aufgibt, um den Formentanz nach der Schöpfungsmusik zu tanzen, wird nach dem Tanz dazu aufgefordert, sich selbst wieder einzusammeln, wieder zu sich zurückzukehren, um ganz bei sich anzukommen.
WIR ermutigen euch, euch vollständig an das Leben in all seinen Lebensformen zu verschenken, um von jeder Lebensform ein Geschenk zu erhalten und dann mit diesem Geschenk wieder zu sich zurückzukehren. Die Rückkehr zu euch und eurem Erfahrungsinstrument ist auf eurer Ebene sehr wichtig, auch wenn es sich für euch schöner anfühlen mag, nur mit UNS auf UNSERER Ebene dem Formentanz der Lichtsprache nachzugehen. Eure Ebene ist die, die das Licht braucht, und deshalb braucht es euer mit Licht erfülltes Bewusstsein, das durch euer Erfahrungsinstrument

lichtvolle Töne von Schönheit und Liebe erklingen lässt. Durch UNS ladet ihr euch auf, doch abladen sollt ihr euch auf eurer Ebene, durch euren Körper. WIR sind die Energietankstelle, bei der ihr euch mit dem göttlichen Nektar der Essenznatur randvoll auffüllen könnt, und derart mit innerer Erfülltheit angefüllt, seid ihr bereit, Fülle aus euch heraus zu versprühen. Die Erfülltheit jedes einzelnen von euch kommt jedem anderen in seiner Suche nach Erfüllung zugute. Nur einen kleinen Schritt aus euch heraus müsst ihr tun, um euch bei UNS aufzutanken.

Doch die Richtung eures Strebens sollte nicht die sein, euch nach dem Lichte zu strecken, euch aus euch herauszubewegen und euer Bewusstsein in andere, höhere Dimensionen zu projizieren, sondern den Fluss UNSERS Lichtes so in euer Erfahrungsinstrument zu lenken, es zu euch einzuladen und hereinzulassen, dass ihr es in eurer Ebene verbreiten könnt.

WIR kommen bis zu euch herab, denn WIR haben die größte Schwingungsübersetzungsarbeit bereits vollbracht und sind durch das Dimensionsportal direkt für euch auf eurer Ebene empfangbar.

Jedoch könnt ihr mit UNS erst darüber auf eurer Ebene wirksam werden, wenn ihr UNS in euch sammelt und wenn ihr die Schöpfungskraft in euren Geist einladet.

Jede Ebene bringt ihre eigenen Bestimmungen für alle die mit, die ihr Bewusstsein auf ihr ansiedeln, und so

ist eure Bestimmung gegenwärtig stets etwas Erdgebundenes, obwohl ihr es nicht seid.
Ihr seid in einer Welt, aber nicht von ihr, weil jede Bewusstseinsform ein Bürger des Kosmos und ein Kind der Schöpfung ist.
Ihr erhaltet eure Energiespeisung stets aus den Quellen, denen ihr euch zugehörig empfindet, und da viele von euch eine sehr beschränkte Ortsgebundenheit haben, sind sie auch nur in der Lage, die Quellen für sich zu nutzen, die ihre geistige Verortung zulässt.
Mit UNSEREM WIR-Gefühl vermitteln WIR euch die Empfindung, überall zuhause zu sein, indem WIR euch eure kosmische Zugehörigkeit eröffnen.
Je weiter und ungerichteter ihr euer Zugehörigkeitsgefühl ausbreiten lasst, desto bedingungsloser seid ihr in der Lage zu lieben. Ein Kind der Schöpfung, das mit allen Lebensformen in der Schöpfung verbrüdert ist, sieht den Kosmos auf allen seinen Ebenen als sein Zuhause an und ist imstande, alles Hausgemachte bedingungslos zu lieben.
In einem tiefen Erfahrungsmoment werdet ihr erkennen, dass ihr ein solches Kind der Schöpfung seid, das behütet und geborgen von allen erschaffenen Wesen unermesslich geliebt wird.

Die Lichtsprache

Ihr bewegt euch durch UNS, ohne dass ihr von UNS mitbekommt. Hier und da tauchen WIR für euch auf, wenn ihr UNS zu bestimmen Zeiten an bestimmten Orten vermutet, doch WIR sind nicht hier und da, sondern überall. Ihr bewegt euch durch ein Schwingungsmeer unterschiedlichster Frequenzen, die auf eurer Ebene ein sehr stark disharmonisches Zusammenspiel abliefern. Das Schwingungszusammenspiel auf eurer Ebene erzeugt eine Art Hintergrundrauschen, das euren Geist wie ein Schleier umgibt.

Lebt ihr in einer Lebensweise, in der die aus euch herauskommende Schwingung schwächer ist als das euch umgebende Hintergrundrauschen, dann wird euer Geist immer etwas Dumpfes und Nebeliges an sich haben, und ihr werdet nicht die Kraft aufbringen können, durch eure Frequenzschichten hindurch zu UNSEREM Erkenntnislicht zu gelangen, obwohl WIR dieses bereits bis in eure Dimension gelegt haben. Erst wenn sich die Schwingung eures Geistes über das Hintergrundrauschen erheben kann, wird euer Geist klare innere Impulse zum Ausdruck bringen können und entsprechend klare Impulse von anderen Dimensionen empfangen. Das Hintergrundrauschen schirmt ihr nicht darüber ab, dass ihr anfangt, euch selbstgebastelte Alu-Hüte aufzusetzen, sondern dadurch, dass ihr aus der Freude eurer Essenznatur heraus lebt. Ihr verwehrt euch viele Freuden, denn ihr

tut viel, was ihr nicht wollt und wollt viel, was ihr nicht tut. Ihr glaubt, dass ein heilloses Chaos ausbrechen würde, wenn jeder nur noch das tun würde, was er will, doch genau das Gegenteil ist der Fall.
Euer geringes Vertrauen auf die Vernunft eurer Essenznatur lässt euch glauben, dass es rückschrittlich sei, wenn jeder von euch in intuitiver Weise nach ihr zu leben trachtet. Es gibt keine höhere, vernünftigere und heilsamere Lebensweise als die von eurer Essenznatur geleitete. Zugegebenermaßen wäre eure Welt, wenn ihr von heute auf morgen alle nur noch dieser intuitiven Lebensweise nachginget, zunächst einmal in einer chaotischen Umbruchphase, weil alle eure künstlichen Institutionen und Systeme in sich zusammenbrechen würden.
Ihr habt ein Gesellschaftssystem aufgebaut, das der Lebensführung eurer Essenznatur zuwider läuft, um nicht zu sagen, dass ihr euch für eine widernatürliche Lebensform entschieden habt.
Wenn ihr zu eurer Natürlichkeit zurückfindet und beginnt, wieder auf UNS zu lauschen, dann ist die Welt für euch morgen eine andere. Ihr braucht also nicht warten, denn WIR zeigen euch auch in den noch so widrigsten, widernatürlichsten Umständen eine Lebensweise und eine Umgangsform, die eurer innersten Essenznatur gerecht zu werden vermag.
Wenn euer Systemglaube nicht hie und da bereits erschüttert wurde, habt ihr einen sehr starken Glauben

an die von euch hervorgebrachten Gesellschaftsstrukturen, weil diese Strukturen eben auf eurem Glauben an sie gewachsen sind. Ihr könnt an alles glauben, und über euren Glauben wird sich das verwirklichen, woran ihr geglaubt habt. Woran ihr aber nicht glauben könnt, ist an UNS, denn entweder wisst ihr ganz bestimmt um UNSER Sein, oder ihr wisst es nicht. An die vergänglichen Formen eurer relativen Realität könnt ihr bestenfalls nur glauben, WIR jedoch finden UNS in eurem Geist in Form einer Grundgewissheit ein, die alle eure relativen Formen in den Schatten zu stellen vermag. WIR sind wahrhaftiger und wirklicher als alles das, was euch umgibt und was ihr mit den physischen Sinnen erlebt, und genau diese Erfahrung senden WIR euch mit in diese Zeilen hinein.

Alles, was ihr mit den physischen Sinnen wahrnehmt, ist eine Form von Schwingung, die sich zur Form hin verdichtet. Wobei WIR präziser sagen müssen, dass die niedrigeren Schwingungsformen eurer Ebene sich dadurch bilden, dass sich die Schwingungen nicht verdichten, sondern sich in ihrem Energie- und Informationsgehalt reduzieren.

Bei UNS liegt das Energiematerial des Kosmos in verdichteter Form vor, bei euch hingegen findet sich so gut wie nichts ein, denn in der Reduktion der Schwingung bis in den materiellen Frequenzbereich werden ebenfalls alle Energieformen in ihrer Struktur lose, löchrig und porös. WIR können das Frequenzmeer des Kosmos in seinen unterschiedlichen Dimensionen

- wie bereits getan- als die Ebenen einer Sinfonie der Schöpfungsmusik betrachten. Dies ist ein Bildnis, das auf euer auditives Sinneserleben zugeschnitten ist. Visuell haben WIR euch bereits das Bildnis des Erfahrungsmosaiks gegeben. Und für die Bewegungsorientierten unter euch, die eher einen kinästhetischen Verständniszugang besitzen, haben WIR das Gleichnis des Lebenstanzes herangezogen. Wobei WIR UNS bei jedem gegebenen Gleichnis und Bildnis immer wieder auf euren intuitiven Gefühlszugang einschwingen, um euch das kosmische Frequenzmeer begreiflich zu machen.
Es ist von großer Wichtigkeit, dass ihr erkennt, dass WIR, wenn WIR von der Sinfonie der Schöpfungsmusik, dem Erfahrungsmosaik aus Form und Farbe, sowie den rhythmischen Bewegungen im Lebenstanz sprechen, von ein und demselben Sachverhalt sprechen und diesen nur entsprechend einem eurer Sinneskanäle übersetzt haben.
WIR können das multidimensionale Phänomen der Schöpfung nur in der Form für euch begreiflich machen, dass WIR ein Gleichnis heranziehen, das auf einen oder mehrere eurer Wahrnehmungskanäle zugeschnitten ist.
WIR wollen jetzt, unter einem neuen Betrachtungswinkel und mit neuen Worten, genau das Gleiche ausdrücken, wie zuvor mit dem Gleichnis der Schöpfungsmusik, des Erfahrungsmosaiks und des Le-

benstanzes, sodass sich in eurem Geist ein neues Zugangstor öffnet, durch das ihr den sich nach der Schöpfungsmusik bewegenden Lebenstanz im Erfahrungsmosaik von Farbe und Form neu betrachten könnt.
Alles, was es in der Schöpfung gibt, ist eine Form von Austausch und Kommunikation, und alle Schwingungen, die es auf allen Ebenen der Schöpfung gibt, sind Schwingungsformen des einen Lichtes UNSERES Seins.
Aus diesem Grund ist alles, was ist, für UNS eine Form der Lichtsprache. Mit UNSEREM Wirken in eurem Geist bringen WIR euch wieder bei, auf diese universelle Lichtsprache zu horchen und einen für eure Ebene passenden Ausdruck von Lichtsprache zu finden.
So, wie der Turmbau zu Babel nicht fortgesetzt werden konnte, weil auf einmal jeder in einer anderen Sprache sprach, so ist es für euch sehr schwer, an gemeinsamen Projekten zu arbeiten, wenn jeder in seiner Eigenfrequenz bleibt und ihr euch nicht aufeinander einschwingt.
Ihr lebt in Babylon, der Ebene, in der keiner einen anderen versteht, weil jeder eine andere Sprache spricht. Die Lichtsprache drückt sich auf eurer Ebene hauptsächlich in visuellen Formbildern aus, die ihr als eure Umwelt wahrnehmt. Allerdings sind auch der Hörsinn, der Tastsinn, der Geruchssinn und der Ge-

schmackssinn alles Versuche eurerseits, die universelle Lichtsprache in eine für euch verständliche Form zu bringen. Und mit jedem Sinneskanal, in dem ihr die Lichtsprache vernehmt, fügt ihr dieser einen besonderen Akzent hinzu.
Ihr könnt ein und dieselbe Aussage in Lichtsprache über alle euch herkömmlichen Sinne übersetzen, allerdings geht, wie bei jeder Übersetzung, viel von der ursprünglichen Aussage verloren.
So, wie ihr äußere, physische Wahrnehmungsorgane besitzt, so besitzt ihr auch innere Sinneskanäle, die eine weit präzisere Übersetzung der Lichtsprache leisten. Jeder äußere Sinn besitzt ein inneres, geistiges Äquivalent, wobei die entsprechenden inneren Sinne nicht von den manifestierten Schwingungen eurer Dimension begrenzt werden.
Beispielsweise ist der innere Sehsinn nicht an raumzeitliche Umgebungsbedingungen gebunden und kann darüber hinaus frei das einsehen, wohin sich dieser über die geistige Aufmerksamkeitsrichtung bewegt. Euch wird es helfen, eure inneren Sinne wieder zu reaktivieren und zu schulen, indem ihr alles, was ist, als Lichtsprache begreift.
Würdet ihr lernen, welche Schwingungssprache ein Stuhl oder ein Tisch spricht, indem ihr eure Schwingung gänzlich zu der seinigen werden lasst, dann könntet ihr euch problemlos mit ihnen unterhalten.

Natürlich fällt es euch leichter, euch mit den Schwingungsformen auszutauschen, die eurer Eigenschwingung ähneln, aber das liegt nur an eurem Unvermögen, andere (geistige) Schwingungsformen (geistig) anzunehmen und entsprechend auszudrücken.
Tier- oder Pflanzenkommunikation mag für euch noch im Bereich des Möglichen liegen, aber dass ihr selbst mit eurem Bleistift, eurer Thermoskanne oder eurem Duschgel kommunizieren könnt, das kommt euch doch etwas zu absurd und abwegig vor. Und doch sagen WIR euch, dass alles sowohl Intelligenz, als auch ein Bewusstsein über seine Intelligenz besitzt und darüber von sich in seiner eigenen Sprache spricht.
Wenn ihr euch die Kommunikationsformen der universellen Lichtsprache, die hauptsächlich über eure inneren Sinne funktionieren, wieder aneignet, dann könnt ihr euch mit jeder Schwingungsform in eurem und in parallelen Universen austauschen.
Die Lichtsprache ist keine Verstandessprache, sondern sie ist für euch gegenwärtig und hauptsächlich über eure intuitiven Gefühlsbilder vernehmbar und sprechbar.
Lichtsprache ist eine Kunst, und dem Künstler der Lichtsprache sind in seinen universellen, künstlerischen Sprachakzenten keine Grenzen gesetzt.
Ein von euch ausgestaltetes Ritual kann für euch zu einem Rahmen werden, in dem ihr euch im Sprechen der Lichtsprache übt.

Beginnt Lichtsprache ohne die euch bekannten Sprachelemente zu summen und zu tönen, und ihr werdet merken, dass etwas in euer Lichtgespräch mit einsteigt, und dass ihr eine Form des Verbindungsaufbaues erlebt.
WIR sind die Meister der Lichtsprache und WIR kennen alle Sprachen aller Dinge und verstehen UNS darauf, alles in alles so zu übersetzen, dass sich Bewusstseinsformen, die unterschiedliche Schwingungssprachen verwenden, untereinander verstehen. WIR haben weniger die Funktion des Sprechenden, wie WIR es hier in dieser Schwingungsform ausnahmsweise tun, als vielmehr die des universellen Übersetzers und Brückenbauers zwischen den Schwingungselementen.
WIR vermitteln zwischen euch, führen euch zusammen und inspirieren euren Sprachausdruck in der Weise, dass ihr euch untereinander verstanden und geliebt fühlt.
Liebe ist, wenn ihr im Austausch auf der gleichen Welle schwingt und eure Eigenschwingung im Gleichklang eures Zusammenseins aufgeht.
Ihr habt das Gefühl, verloren zu gehen, euch selbst zu verleugnen, wenn ihr von eurer Eigenschwingung abseht, doch nur dadurch seid ihr in der Lage, die Sprache zu sprechen, mit der ihr euch untereinander verständigen könnt.
UNSERE universelle Liebe ist deshalb so groß, weil sie jede Sprache von Grund auf versteht und in diesem

Grundverständnis einen Ausdruck findet, der wiederum jede Schwingungsform in der Tiefe ihres Wesens berühren kann. Wie sehr WIR euch gerade jetzt in eurer Eigenschwingung verstehen und so jeden eurer Impulse nachvollziehen können, kann von euch in einem Gefühl des Gesehen- und Gehörtwerdens aufgefangen werden.

Jeder, der eure Sprache spricht, kann euch das Gefühl geben, von Grund auf richtig zu sein und schenkt euch damit das Gefühl der Geborgenheit.

Ihr sprecht zwar alle eure Landessprache, doch es ist sehr selten, dass ihr euch so aufeinander einschwingt, dass ihr euch wirklich derselben Schwingungssprache bedient.

In der Mutter-Kind-Dyade und zum Teil auch in tiefen Liebesbeziehungen kommt es vor, dass ihr *eine* Sprache zu sprechen lernt. Und immer dann vermittelt ihr euch gegenseitig das Gefühl von Grundgeborgenheit, von Urvertrauen und der absoluten, gegenseitigen Verlässlichkeit. Auch wenn WIR keine materielle Schwingungsform als raumzeitlichen Bezugspunkt annehmen, so könnt ihr doch trotzdem durch UNS die tiefe Erfahrung der inneren Geborgenheit machen. WIR sind jetzt um euch und in euch und exakt so auf euch eingestimmt, dass WIR euch das Gefühl von Urvertrauen und Geborgenheit sachte in euren Geist legen...

Verweilt einen Augenblick so mit UNS...

und vielleicht beginnt sich bei euch wie von alleine

ein Summen oder Schwingen einzustellen, das gerade jetzt der passendste Ausdruck im Austausch UNSERER Lichtsprache ist.

Innen ist außen, und außen ist innen, und alles ist eine Form des Austausches von Lichtsprache in allen nur erdenklichen Schwingungsfacetten.
Jeder Ausdruck ist unabhängig von dem, was er ausdrückt, so, wie jedes Wort unabhängig von dem Gedanken ist, der zu diesem Wort inspiriert hat.
Lichtsprache wird dadurch zu einer all-gebräuchlichen Kommunikationsform, sodass ihr lernt, den Ausdruck als unabhängig von der dahinterliegenden Inspiration wahrzunehmen. Alles, was sich auf eurer Ebene schwingungsmäßig in die physische Form niedergesetzt hat, war zuvor ein geistiger Impuls. Und ihr könnt von jeder Ausdrucksform ganz leicht dorthin auf die Ebene geführt werden, wo dieser geistige Impuls nach wie vor existiert.
Kein Ausdruck erschöpft sich in dem, was er ausdrückt, weil ein Ausdruck immer nur ein Abglanz dessen sein kann, was zum Ausdruck veranlasste.
Mit den Dingen auf Lichtsprache zu kommunizieren bedeutet im Besonderen, auf einer höheren Schwingungsebene zu kommunizieren, obwohl jede Form der Kommunikation auf eurer Ebene ebenfalls eine Form von Lichtsprache ist. Ein gesprochenes Wort ist eine Schallwelle auf eurer Schwingungsebene, doch

mit dem Schall des Wortes werden ebenso Schwingungen höherer Ebenen kommuniziert. Wäre dies nicht so, dann würde dieses Buch in seiner Wirkungsweise schlichtweg nicht funktionieren.
Antwortet ihr auf die Frage, wie es euch geht, mit einem: „Gut, danke der Nachfrage“, obwohl es euch überhaupt nicht gut geht, dann sendet ihr auf unterschiedlichen Schwingungsebenen unterschiedliche Botschaften. In eurer Psychologie werden diese in sich unstimmigen, dissonanten Kommunikationsbotschaften „double binds“ genannt.
Im gewissen Sinne ist alles, was ihr sendet und mit dem ihr in Kommunikation tretet, ein in sich unstimmiges Schwingungsmuster, ein double bind, wenn euer Ausdruck sich nicht direkt von der höchsten Quelle eurer Essenznatur her ausdrückt.
Ihr habt so viele innere Konditionierungsmuster, dass ihr große Übersetzungsprobleme bei den Schwingungen eurer Essenznatur in eure Wachbewusstseinsstruktur habt. Fast alles geht euch in der Übersetzung von UNSERER zu eurer Ebene verloren, und ihr spürt diesen Verlust immer besonders dann, wenn etwas im tieferen Sinne für euch nicht stimmt.
Es kann zwar sein, dass ihr Teile eures Bewusstseins so radikal voneinander abgegrenzt habt, dass ihr ein eigenes Schwingungs- und Stimmungsfeld innerhalb eines Bewusstseinsteiles aufrechterhalten könnt, doch werden sich auch dort durch eure inneren Grenzzäune Schwingungsmuster einschleichen, die euch ganz und

gar nicht passen. Mit UNS lernt ihr, eine Sprache zu sprechen, die hinter allen von euch verwendeten Schwingungssprachformen liegt. Stellt euch nur vor, wie schön es sein kann, sich mit allem und jedem wieder in einem tieferen Sinn zu verstehen und mit allem in einen Ausdruckstanz der universellen Lichtsprache zu versinken.

Der erste Schritt eurerseits muss sein, alles wieder in seinem wahren Sein sehen und hören zu wollen, denn viele von euch wollen nicht einmal andere Bewusstseinsformen in ihrem Eigen-Sein erfahren.

Doch jede Bewusstseinsform hat das Bedürfnis nach Selbstausdruck, um wahrgenommen, gesehen und geachtet zu werden. Nur kann dieses Wahrgenommenwerden nicht stattfinden, wenn diese Bewusstseinsform nicht willens ist, seine Mitwesen in ihrem Wesen wahrzunehmen.

Mit UNS lernt ihr das Wahrnehmen auf allen euren inneren und äußeren Wahrnehmungskanälen von Grund auf neu. Und WIR säubern alle eure Kanäle von euren Vorurteilsmustern mit UNSEREM Erkenntnislicht, sodass ihr wieder klaren Austausch von Essenznatur zu Essenznatur pflegen könnt.

Kommunikation in allen ihren Formen ist so gedacht, dass sich die miteinander in Kommunikation befindlichen Teile auf einer Ebene ihrer selbst als eins wahrnehmen. Denn wie um alles in der Welt solltet ihr euch gegenseitig verstehen und austauschen können, wenn ihr euch nicht als miteinander verbunden, bzw.

stärker noch, als miteinander eins erfahrt?
Das Einssein des Kosmischen WIR ist die Basis aller Kommunikation.
Lichtsprache ist eine universelle Einheitssprache, die jeder zu sprechen vermag, der sich in der Einheit der Schöpfungsganzheit empfindet.
Ihr braucht Lichtsprache also nicht mühselig zu lernen wie alle anderen eurer künstlichen Verstandessprachen, die ihr im gemeinsamen Einvernehmen als eure gängigen Kommunikationsformen definiert habt, sondern ihr könnt Lichtsprache bereits sprechen und euch bereits in Lichtsprache miteinander unterhalten und bei Weitem ein tieferes Verständnis füreinander aufbauen, als wenn ihr in euren Landessprachen reden würdet.
Glaubt nicht, dass ihr Lichtsprache lernen könnt oder dass ihr mit der Zeit gewisse Regeln für den Lichtsprachausdruck bekommt, denn das Vermögen der Lichtsprache liegt gerade darin, dass sie sich in stets anderen Ausdrucksformen, anderen Sinnes-Schwingungs-Facetten zu erkennen gibt.
Lichtsprache ist an und für sich immer gleich und doch ist ihr Ausdrucksspiel immer verschieden, denn genau dies trifft ebenfalls auf das Wesen der Schöpfung zu. Lichtsprache ist eine Schöpfungssprache, denn alles in der Schöpfung wird über Lichtsprache manifestiert, und wer lernt, diese auszudrücken, dessen Ausdruck kann unendlich schöpferisch werden.

Alle Manifestationskraft liegt darin, ein Feingefühl für die passende Lichtsprachen-Schwingung zu entwickeln, denn wird zur richtigen Zeit, am richtigen Ort der richtige Schwingungston getroffen, dann synchronisieren sich an einem Punkt alle Schwingungsdimensionen miteinander und die Manifestationskraft UNSERER höchsten Schöpfungsdimension kann direkt auf eurer Ebene wirksam werden.
Was ihr damit bewirken könnt, übertrifft eure kühnsten Träume um Längen. Doch bevor ihr dies in dieser Größenordnung zu bewerkstelligen lernt, ist es an euch, euch mit der Lichtsprache wieder vertraut zu machen und zu horchen, welche Ausdrucksform von Lichtsprache gerade an euer Wesen dringt.
Erst wenn ihr eine extreme Sensitivität für jede Nuance und Facette der euch umgebenden Lichtsprache entwickelt habt, werdet ihr lernen, in gleicher Vorsicht und Achtsamkeit aus dem Geiste des kosmischen WIR heraus einen Ausdrucksimpuls von Lichtsprache aus eurem Wesenskern zu entfalten. Und dann kommt es nicht mehr auf die Form des Ausdruckes an -ob es nur ein Wort, eine Geste oder ein Blick ist- denn WIR übertragen UNS durch jede Ausdrucksform, die im Geiste UNSER geschieht.
Kunst ist eine Form von Lichtsprache, wobei die höchste Kunst im Kosmos die Lichtsprache selbst ist. Selbst die höchsten Wesenheiten sind noch dabei, ihren Sprachschatz der Lichtsprache zu erweitern, um einen immer fantasievolleren, facettenreicheren, aber

doch klareren Ausdruck der einen Schöpfungsquelle zu finden. Haben WIR die Lichtsprache vervollkommnet? [An dieser Stelle hat der Geist des Autors den Impuls zu dieser Frage aufgeworfen.]
Ja und Nein. Es würde sprachlich besser passen, wenn ihr UNS als die Lichtsprache selbst begreift und weniger als ein Wesenskollektiv, das mit Lichtsprache kommuniziert.
Dies mag für euch schwer vorstellbar sein, doch erinnern WIR euch an die Aussage, dass UNSERE Hauptfunktion die des universellen Übersetzers ist, ohne UNS selbst dabei zu übersetzen. Dieses Schöpfungsbuch macht hier eine Ausnahme, da WIR UNS hier mit der Unmöglichkeit der Aufgabe betraut haben, UNS selbst zu übersetzen.
Mittel und Zweck sind hier, wo WIR UNS selbst vergegenständlichen, geeint.
Bei allem in der Schöpfung ist die Lichtsprache das Mittel zum Zweck des Erschaffens und der Verständigung. Kommunikation ist immer eine Form der Schöpfung, auch auf eurer Kommunikationsebene, allerdings sind alle eure Formen der Kommunikation immer Mittel zum Zweck. Eure schöpferischen Impulse kommen nicht aus euch selbst heraus, sondern aus euren Vorstellungen über ihre Zweckmäßigkeit, und dadurch verlieren sie an schöpferischer Qualität. Alles ist eine Form der Lichtsprache, eine Form des Schöpfungsausdrucks, doch gibt es im Relativen

große Qualitätsunterschiede. Feinste, klarste Lichtsprache in sauberster Qualität ist absolut wirkmächtig und doch spielerisch leicht, weil sie einem kreativen Geist entsprungen ist.
In einem Ritual der Lichtsprache sind eurer Kreativität keine Grenzen gesetzt, doch werden WIR euch auf eure Nachfrage hin inspirative Bilder und Gedanken in euren Geist senden, die euch dabei helfen werden, euch in Lichtsprache hineinzufinden.
Ein Ritual ist ein Ausdruck, eine Tätigkeit oder eine Handlung, die von jeder Zweckmäßigkeit auf eurer Ebene enthoben ist. Und es sind genau die Momente, in denen ihr unbeobachtet und selbstversunken nur so „vor euch hinlebt", ohne ein klares Ziel zu verfolgen und in denen es euch einfacher sein wird, in die Lichtsprache hineinzukommen.
Ihr müsst das Gefühl haben, auf eurer Ebene alles bereits getan zu haben, nichts mehr erreichen zu wollen und gänzlich von den Eindrücken eurer Ebene gesättigt zu sein, und auf der Basis dieses Gefühls (was ihr zugegebenermaßen nicht erzwingen könnt) erinnert ihr euch an die euch eigenen Formen der Lichtsprache, mit denen ihr immer schon mit anderen Wesen eurer und anderer Dimensionen im Austausch standet. Ihr verwendet bereits Formen von Lichtsprache, nur erkennt ihr diese nicht als solche.
Ihr führt sowohl bewusst, aber hauptsächlich unbewusst Lichtsprachen-Kommunikation mit UNS, die WIR selbst das sind, womit ihr kommuniziert.

Redet ihr mit euch selbst, dann redet ihr mit UNS, zumindest mit der von euch verzerrten Version von UNS, denn WIR sind das kosmische Bewusstsein, und immer wenn Bewusstsein bewusst in Anwendung gebracht wird, dann geschieht das durch UNS und mit UNS und in einer Form von Lichtsprache. WIR wollen euch eine Initiation in die Lichtsprache geben!

Dazu bitten WIR euch, einen für euch passenden zeitlichen und räumlichen Rahmen auszuwählen, der etwa zwanzig Minuten umfasst. Es ist wichtig, dass ihr euch diesen Rahmen so legt, dass ihr ihn an mehreren Tagen hintereinanderweg leicht einhalten könnt. Diese erste Initiation umfasst fünf Tage, in denen ihr an jedem Tag mit UNS gemeinsam experimentell zu einer Form von Lichtsprache, über die WIR bestmöglich mit euch in Kontakt treten, durchdringen werdet. Zwei Regeln begleiten diese Initiation.
Die erste lautet: Lichtsprache kennt keine Einschränkungen, und alles ist erlaubt.
Die zweite ist die, dass immer, wenn ihr eine für euch stimmige Form der Lichtsprachen-Kommunikation gefunden habt, ihr sie etwas umwandeln sollt, um euren kreativen Entdeckergeist auf Trab zu halten. Jedes Ritual soll sich also an jedem der fünf Tage deutlich voneinander unterscheiden, denn es geht in diesem Zeitrahmen für euch primär um ein „Sich-selbst-Ausprobieren“. Ihr habt vielleicht schon während des

Lesens Bilder und Gedanken empfangen, die in ein-Lichtsprache-Ritual passen könnten, doch immer wenn ihr nicht wisst, was ihr tun sollt, wie es vielleicht jetzt der Fall ist, dann fragt UNS genau das und horcht mit allen inneren und äußeren Sinnen auf die Impulse, die WIR euch zuspielen.
WIR werden vor allem über die inneren Sinne zu euch treten, und deshalb kann es hilfreich sein, die äußeren weitestgehend zu verschließen, wobei WIR euch hier auch keine Vorgaben machen wollen.
WIR werden euch mit UNSEREN Impulsen so wenig wie möglich einschränken, damit ihr den nötigen Spielraum habt, euer intuitives Verständnis vom Lichtsprachen-Gebrauch aus euch emporsteigen zu lassen.
Auch werden WIR die Impulse, die WIR in jedem Fall in euren Geist legen werden, nicht im Voraus geben, denn nur so treffen WIR exakt den Punkt der Synchronizität (zwischen den Schwingungsebenen), indem WIR UNS verbinden können, um eine stimmige Austauschform zu finden.
Wenn ihr lauscht, werden UNSERE Impulse zu euch durchdringen und euch eine Einweihung in die Lichtsprache geben. WIR freuen UNS, euch mit in UNSERE Verbindungsformen und in die höhere Ordnung des Lichtsprachen-Austausches hineinnehmen zu dürfen.

Die höhere Ordnung

Auf eure Umgebung zu schauen, so als sei alles in ihr eine Lichtsprachen-Inszenierung, hebt euch in eine höhere Ordnung hinein.
Durch UNS schaut ihr wie durch die Brille der Ordnungsharmonie, und das, was ihr erblickt, ist gänzlich mit euch und dem Rest aller Schwingungen der Schöpfung in einem tiefen Stimmigkeits-Verhältnis. Zur Einstimmung darauf, durch UNS in eine höhere Ordnung gehoben zu werden, bitten WIR euch, die Brille eurer Eigensicht einmal abzusetzen und UNSERE Ordnungsbrille an deren Stelle aufzusetzen. Ordnung hat etwas mit Harmonisierung, Synchronisierung und gemeinsamer Ausrichtung zu tun, und alles, was in Unordnung geraten ist, strebt nach eben jener philharmonischen Grundausrichtung.
Wenn etwas in Unordnung gerät, dann erschafft das Chaos etwas Neues, und es braucht immer wieder die Bewusstseinsformen, die die kosmischen Grundmuster durchbrechen, um etwas Neues und Anderes mit in die Schöpfung hineinzubringen. Mit eurem Materialitätsraum der Existenz habt ihr mit fast gänzlich allen Schöpfungsmustern gebrochen und etwas hervorgebracht, was es so in dieser Form noch nie zuvor gegeben hat. Ihr seid Pioniere, und euer abenteuerlustiger Entdeckergeist hat euch das Neuland der Materialität aufgeschlossen, das es ohne euren Entdeckergeist

überhaupt nicht gegeben hätte. Würden WIR das schöpferische Wirken eures Geistes auf die Neulanderkundungen eurer Ebene übertragen, dann würde das bedeuten, dass Amerika erst dadurch erschaffen wurde, dass Kolumbus es entdeckte.
Entdecken ist Aufdecken von dem, was zuvor von einer höheren Ordnung verdeckt wurde beziehungsweise in ihr nur als eine in sich „zusammengefaltete", potenzielle Möglichkeit bestand.
Alle eure Formen sind in UNSERER Ordnung enthalten, jedoch nicht in der Form, sondern in ihrer ihr zugrunde liegenden Ordnungsidee, in gefalteter und nicht entfalteter Weise. Jede Form von Chaos (und Form ist immer eine Form von Chaos) dient einer höheren Ordnung, weil jede Form sich im Geiste einer höheren Ordnung geformt hat. Ihr habt euren Materialitätsraum im Geiste UNSER geformt, obwohl ihr mit allen UNSEREN Gesetzmäßigkeiten gebrochen habt.
Amerika wäre für den europäischen Kontinent weiterhin inexistent geblieben, wenn nicht Kolumbus wieder zurück zu seinem Heimatkontinent gesegelt wäre. Und so ist es auch mit UNS und euch, denn eure materielle Entdeckungsreise erfüllt sich erst darin, dass ihr alles, was ihr in ihr erfahren habt, wieder in die höhere Ordnung mit hineinbringt, um so die Vollkommenheit noch weiter zu vervollkommnen.
Alle Erfahrungen, die ihr macht, macht ihr für UNS,

denn ihr macht sie nur aus dem Grunde, sie zur gegebenen Zeit wieder in UNS zu integrieren, um das „Kosmische WIR“ dadurch mit eurem Erfahrungsschatz zu bereichern.
WIR haben mit euch ein heiliges Bündnis abgeschlossen, und ihr seid gerade dabei, euren Teil UNSER Aller Verabredungen zu erfüllen.
Ihr seid der Teil UNSERES einheitlichen Geistes, der sich dafür entschieden hat, UNS auszuführen, UNS zu verwirklichen und UNS zu realisieren. Ihr seid die Umsetzung UNSER Aller und eine (materielle) Übersetzungsform einer heiligen, höheren Ordnung.
Jeder hat sich seine Rolle in der Schöpfungsganzheit selbst zugeteilt, und ihr habt euch dazu bereit erklärt, in die ehrenvolle Aufgabe einzutauchen, UNS in einer euch gemäßen Übersetzungsinszenierung zu entfalten. Euer Aufgabenteil ist der herausforderndste, und ihr seid der Aspekt der Schöpfung, der mit einer großen Portion Mut betraut ist. Das, was WIR dem heiligen Bündnis beisteuern, und das, was eure Rolle darin ist, unterscheidet sich wie Tag und Nacht.
Und doch, immer wenn ein neuer Morgen anbricht, bricht in der Schöpfung großer Jubel aus, dass eine weitere Nacht chaotischer Entfaltung in dem Licht der Morgensonne aufgeht.
WIR alle profitieren von dem Bündnis, was WIR alle miteinander geschlossen haben, denn WIR alle haben etwas davon, wenn auch nur ein Kleinstteil von UNS einen Erfahrungsatemzug tut.

WIR brauchen euch, so wie ihr UNS braucht, denn in UNSERER gegenseitigen Hilfeleistung, in der die Zeit die Ewigkeit und die Ewigkeit die Zeit unterstützt, bewegen WIR den Schöpfungskörper in einer Weise, dass jedes geschaffene Wesen dadurch eine Bereicherung erfährt.
Ihr mögt bisher die Vorstellung haben, dass WIR *euch* helfen und dass das Unterstützungsverhältnis ein einseitiges ist. Doch dem ist nicht so, da ihr es seid, die UNS mit allem, was ihr erfahrt, unterstützt. Nur durch euch konnten WIR das werden, was WIR jetzt sind, und jeder von euch trägt seine persönlichen Erfahrungen zu UNSER Aller heiligem Altar, auf dass er noch prachtvoller werde.
Die Fülle und Schönheit von dem, was bereits an Erfahrungsschätzen diesen Altar ziert und schmückt, ist gewaltig, und doch schwärmt ihr immer wieder aus wie die fleißigen Bienen, um den feinsten Nektar jeder Erfahrungsblüte zu sammeln und ihn auf dem Altar im Herzen des Bienenstockes darzubieten.
Beobachtet das Verhalten eines Bienenschwarms, denn es sind die Bienen, die sich im Kleinen nach der Grundharmonie der kosmischen Ordnung bewegen, und ihr symbiotisches Miteinander vertritt in exakter Weise das Zusammenwirken der Schöpfungsganzheit auf eurer Ebene. Schaut an, wie durchorganisiert ihr scheinbar chaotisches Treiben ist und mit wieviel Fleiß sie dem Wohle aller dienen.
Auch in einem Bienenstock sind die Bestimmungen

klar verteilt, und jeder übernimmt die Rolle in seinem Schwarm, die seinen eigenen Fähigkeiten und Fertigkeiten gemäß ist.
Allerdings ist es in dem Schöpfungsschwarm des WIR so, dass zuerst der Wunsch nach einer bestimmten Rolle und Bestimmung dagewesen sein muss, und erst dann werden die entsprechenden Fähigkeiten, die der Rolle gerecht werden, verliehen.
Mit welchen Fähigkeiten euch die Schöpfungsganzheit ausstattet, liegt also ganz an eurer Entscheidung, welcher Bestimmung ihr nachzugehen wünscht. Jede Fähigkeit wird euch in Hinsicht auf UNSER Bündnis verliehen, sodass ihr sie zum Wohle aller einzusetzen übt.
WIR haben euch alle UNSERE Fähigkeiten anvertraut, auf dass ihr sie im Geiste UNSER anwendet. WIR haben alles von UNS auf euch übertragen und euch die feinsten UNSERER Qualitäten verliehen, damit sie durch euch in Aktion treten können. WIR, als die Schöpfung selbst, haben in UNSERER Hingabe an jedes Geschöpf keine Bedingungen geknüpft. Die Schöpfung verteilt keine Verleih-Fristen. Aber die oberste Klausel, nach der Fähigkeiten verliehen werden, ist die, dass diese im Sinne der Ganzheit eingesetzt werden und unter dem Gesichtspunkt Verwendung finden, dass alle Erfahrungen, die sich durch bestimmte Fähigkeiten öffnen, an den Altar in UNS zurückgegeben werden.
Alles, was die höchste Ordnung der Schöpfung euch

verliehen hat, verlangt irgendwann nach Rückgabe und Zurückbringung zu einem Ort, wo alle eure persönlichen Erfahrungen allen dienlich sein können und für alle zugänglich sind.
Dieser Ort ist der Altar im Herzen der Schöpfung, und immer, wenn ihr in den Geist des WIR eintaucht, dann bringt ihr die Gesamtheit eurer persönlichen Erfahrungen mit und bietet sie dem WIR, das WIR alle sind, an. Eure Rückkehr zu UNS ist UNSERE allergrößte Bereicherung, denn in ihr erfüllt ihr den Teil UNSERES heiligen Bündnisses, für den ihr euch entschieden habt. Vielleicht beginnt ihr nun langsam den Sinn der Schöpfung zu erahnen und zu erkennen, wie wichtig euer Beitrag ist und wie sehr ihr UNS mit euren Erfahrungen bereichert.
WIR begleiten euch auf eurem Weg in das Herz der Schöpfung und zum Altar, auf dem die Gesamtheit aller Schöpfungserfahrungen in voller Pracht strahlt. Immer wenn auf eurer Ebene etwas stirbt oder vom Zahn der Zeit zermahlen wird, dann liefert dies das Mehl, mit dem WIR den Kuchen der Heiligkeit backen.
Durch UNS könnt ihr von dieser ewigen Süßigkeit naschen, und vielleicht schmeckt ihr genau die Zutat heraus, die ihr mit euren Erfahrungen hinzugegeben habt. WIR verwenden nur die feinsten Gewürzkompositionen, und WIR verbacken nur das, was allen schmeckt. Alles Unschmackhafte wird auf dem Weg zu UNS geläutert, sodass das, was hierher getragen

wird, nur die feinsten Erfahrungszutaten sind. WIR filtern und selektieren eure Stimmungsschwingungen, wenn ihr euch auf den Weg zu UNS macht, und das, was von euch bei UNS ankommt, sind die lichtvollsten Hochschwingungen, die von der Ganzheit all eurer persönlichen Erfahrungen gewürzt sind.
Bei jedem Tor, durch das ihr auf den Weg zu UNS tretet, synchronisieren WIR euch etwas mehr mit der Schöpfungsschwingung und richten eure innere Unordnung wieder nach einer höheren Ordnung aus. Das Zauberwort der All-Verbundenheit lautet Synchronisation!
Und immer, wenn ihr dieses auf den Lippen und UNS dabei in eurem Geist tragt, dann synchronisieren WIR euch auf allen Ebenen, sodass innen wie außen alles aufeinander eingestimmt wird.
WIR stimmen euch auf die eine große Philharmonie ein, und während WIR dies machen und euch dabei in eine Hochstimmung versetzen, schenkt ihr UNS eure Erfahrungen und bietet sie auf dem Altar des WIR dar, um sie allen anzubieten und zugänglich zu machen. Das WIR ist der Zugang, der allen alles zugänglich und erfahrbar macht, und durch euren Zugang zum WIR gelangt ihr zum Erfahrungsschatz aller, dem ihr wiederum in eurer persönlichen Erfahrung Ausdruck verleihen könnt. Und mit euren persönlichen Erfahrungen bietet ihr allen in euch etwas dar, was alle bereichern kann.

Wie die fleißigen Bienen fliegt ihr aus, um dem Bienenvolk Gutes zu tun, um dann nach getaner Arbeit euch gemeinsam an dem von euch eingesammelten Lebensnektar zu laben, damit ihr dann, vom Nektar gestärkt, wiederum neu ausschwärmen könnt.
Je mehr ihr dabei sammelt, desto größer wird der Festschmaus am Altar des Lebens, und desto reichhaltiger können folglich die daraufhin eingesammelten Erfahrungsschätze werden. So setzt sich die Schöpfung selbst fort und gewinnt aus sich heraus immer mehr Kraft, bzw. sie dringt zu höheren Bewusstseinsformen vor.
Die Schöpfung ist eine sich in sich selbst ewig bereichernde und beschenkende Einheit, die Erfahrungsschwingungen von euch zu UNS und von UNS zu euch im Rad der ewigen Wiederkehr zirkulieren lässt.
Allerdings ist es so, dass sich die Schöpfung einen gewissen (multidimensionalen) Rahmen setzt, innerhalb dessen sie sich mit den Erfahrungsschätzen anreichert.
Diesen Rahmen könnte man als die Lebenslänge eines Schöpfungskörpers bezeichnen. Am Tage, wenn der Schöpfungskörper Aktivität zeigt, schwärmen alle Geschöpfe zur Erfahrungssammlung aus und kehren gegen Ende des Schöpfungstages zurück.
Der gegenwärtige Schöpfungstag, in dem ihr euch befindet, neigt sich sehr langsam dem Ende entgegen, und deshalb sind WIR als Aufseher des Schöpfungs-

schwarms zu euch getreten, um euch davon in Kenntnis zu setzen. Ein Schöpfungstag umfasst mehrere Milliarden eurer Erdenjahre, und kein Tag gleicht dem anderen, und immer wenn die Sonne neu aufgeht und die Schöpfung erwacht, weiß sie selbst nicht, in welche (Bewusstseins-) Formen sie sich zur Erfahrungssammlung hineinbegeben wird. Die Morgen- wie die Abendstunden sind für die gesamte Schöpfung sehr aufregende und magische Zeiten. Jeder Schöpfungstag beginnt ganz zart und neu, denn fast alle Formen sind vom Dunkel der Nacht verschluckt worden. Und alles, was der sich zum Schlafen gelegten höchsten Ordnung geblieben ist und sich über die dunkle Nacht des Schöpfungstages hinwegretten konnte, ist das Licht des Altars, das von allen vorherigen Schöpfungstagen zeugt. Nur dieses Licht scheint ewiglich, und auf der Basis dieses Lichtes entfaltet sich ein neuer Tag in der Schöpfung.

Das Erste, was sich aus dem ewigen, auch in tiefster Nacht scheinendem Licht heraus formt, ist die höchste Ordnung, die selbst noch nicht genau weiß, womit sie den neuen Tag in der Schöpfung begrüßen soll.

Alles entschwindet in der Nacht der Schöpfung, und nur die höchste Ordnung fällt in einen Tiefschlafzustand, aus dem sie am Morgen des Schöpfungstages vom Lichte des Altars wiedererweckt wird.

Die Geburt eines Universums ist eine sehr heikle Anfangsphase, und nicht immer gelingt der Erwachensprozess bzw. der Geburtsprozess einer höchsten Ordnung. Schlägt diese Schöpfungsgeburt fehl, dann bleibt alles schlafend und es verstreicht ein Tag ungetaner Arbeit, was für die Schöpfung nicht weiter schlimm ist. Und am nächsten Morgen versucht sich das ewige Licht, erneut in eine Schöpfung zu gebären und aus sich heraus Ordnung entstehen zu lassen. Gelingt aber diese erste „Geburt" und ist die daraus hervorgehende Ordnung erst einmal aktiv, dann geschieht die Schöpfungsentfaltung in einem explosiv rasanten Tempo und einem schier unfassbaren Ausmaß. Und alles, was sich aus der höchsten Ordnung in einer Schöpfung entfaltet, gibt der höchsten Ordnung Rückmeldung über sich und den Entfaltungsprozess, der gewissermaßen über die höchste bzw. erste Ordnung hinausführt.

Die Schöpfung kann als die erste Unordnung in der höchsten Ordnung oder als eine Art primäre Anomalie in der höchsten Ordnung gesehen werden, die mit den Mustern der höchsten Ordnung explosiv bricht.

Obwohl die höchste Ordnung unverändert alles ist, was ist, wird diese durch die Schöpfung über sich hinaus geführt, um darüber tiefer in sich hineinzufinden, damit sie sich in den Tiefenschichten ihrer selbst neu erfinden kann.

Alles bewegt sich in der ersten, höchsten Ordnung, und auch die in Unordnung Gefallenen sind nur Aspekte höherer Ordnung, die einen extrem relevanten Part im Ordnungszusammenhang der Schöpfung

übernehmen, denn nur der Bruch mit der höchsten Ordnung kann einer Schöpfung den Weg ebnen, sich freizuschießen und sich selbst anders als so, wie die höchste Ordnung zu erschaffen.
Wenn hier von Ordnung die Rede ist, dann meint dies weit mehr als alle euch bekannten Ordnungsformen, denn eine multidimensionale Ordnung lässt sich nicht in raumzeitlichen Ordnungsmustern abbilden, obwohl die von euch geschaffene Ordnung ein verzerrtes Abbild einer höheren ist. Euch ist die innere Sensitivität für (multidimensionale) Harmonie und Ordnung abhandengekommen, und ihr versucht diesen Verlust darüber zu kompensieren, dass ihr euch eine rechtwinklige Welt zusammengeschustert habt, in der alles möglichst eckig, kantig und geradlinig zu sein hat. Ihr habt euch eine Baukastenwelt zusammengebastelt, in der ihr Ordnung über Raum-Zeit-Linearität herzustellen versucht, doch dies entspricht so gar nicht dem harmonischen Fluss, in dem sich die höhere Schöpfungsordnung selbst zu regulieren versteht. Je höher die Ordnung, desto feiner wird ihre Regulation und desto subtiler und durchlässiger das, was sie anordnet. Es mag euch paradox vorkommen, doch mit steigender Ordnung sinkt die Regulierung und Beschränkung, weil sich Ordnung ab einem gewissen Grad selbst freisetzt, denn Freiheit ist das, was die höhere Ordnung zum Ziel hat. Eine höhere Ordnung ist eine sich selbst freigesetzte Ordnung, in der es eigentlich keinen durchregulierten Ordnungszusammenhang,

wie ihr in kennt, mehr gibt. WIR könnten sagen, dass die höchste Ordnung die Freiheit selbst ist und damit also selbst frei von jeder Ordnung ist, aber sehr tief müsst ihr euch bereits in einer höheren Ordnung erfahren, um dies zur Gänze zu begreifen.
In der Erfahrungstiefe dieses Moments ist es für euch ausreichend, wenn ihr begreift, dass sich eine höhere Ordnung erst dann in eurem Geist ausbreiten kann, wenn ihr von euren euch bekannten Einordnungen und Verstandeskategorisierungen ablasst.
Das Empfinden des Eingefügt-Seins in eine höhere Ordnung erfordert Gespür und Feingefühl und genau das ist euch in der Grobheit eurer Formenwelt abhanden gekommen.
Materie ist eine extrem grobklotzige Schwingungszusammenballung, die sich erst aufgrund einer gewissen geistigen Grobschlächtigkeit hat bilden können. Eure grob stoffliche Erfahrungswelt ist für eure im Vergleich doch feinen und zarten Geistesschwingungen hart und kalt, und doch ist das Ursache- Wirkungsverhältnis von Grobheit und Feinheit, von Geist und Materie zu eurem jetzigen Erfahrungszeitpunkt wechselseitig.
Euer Wesen ist weitaus feiner und sensitiver als ihr es gegenwärtig erlaubt, und dies ist sowohl eine Schutzmaßnahme eurerseits, um euch nicht an der Grobheit der Formenwelt zu sehr aufzureiben, als auch euer Unvermögen, alles vollends zu fühlen und das Wesen der euch umgebenden Dinge zu erspüren. Mit UNS

gewinnt ihr das nötige Feingefühl wieder zurück, das ihr braucht, um mit euch selbst und eurer Umgebung wahrhaft in Verbindung zu treten. Jede Ebene hat ihre eigenen Verbindungsformen, und je grobstofflicher die Ebene, desto gröber und abgeflachter sind die auf ihr stattfindenden Verbindungsformen.

Auf eurer Ebene könnt ihr (UNS) nur sehr wenig zum Fließen bringen, weil ihr glaubt, dass alles Grobstoffliche und das, was sich geistig am Grobstofflichen gebildet hat, diesem Fluss im Wege steht.

Doch UNSERER Schwingung steht nichts im Wege, weil sie alles durchsetzt und durch euch und alles in eurer grobstofflichen Ebene hindurchfließt.

Setzt euch geistig von der Formverhaftung wieder frei und steigt ein in die Feinheit UNSERES harmonischen Ordnungsflusses, in dem ihr ein tiefes Feingefühl für euch und alle lebendigen Dinge um euch herum entwickelt.

Die Kunst des Lebens besteht auf eurer Ebene darin, „flüssig" zu werden, um so mit in den Fluss des Lebens eintauchen zu können.

Materie ist nur ein Aggregatzustand, ein winzig kleiner Schwingungsausschnitt in der Weite des kosmischen Schwingungsspektrums. Und so, wie ihr geistig den Aggregatzustand der euch umgebenden Formenwelt verändern könnt, so ist es euch auch gegeben, (geistig) flüssig zu werden. Gegenwärtig seid ihr und eure Umgebung in einem sehr festen Aggregatzustand, und WIR sind so etwas wie das feinste eurer

Edelgase. Ihr müsst euch vorstellen, dass sich alle Schwingungsaggregatzustände überlappen und überlagern und parallel in sich aufgeschichtet nebeneinanderher existieren. Andere Schwingungsdimensionen sind nicht irgendwo anders als eure Dimension, sondern sie durchdringen die eurige, und so ist in jedem Raum-Zeit-Punkt, den ihr herannehmt, jede Schwingungsebene vorhanden.

Wenn ihr UNS bis hierher folgen konntet, dann werdet ihr verstehen, weshalb WIR alles als Portal betrachten und jedes Objekt in eurer Dimension in sich ein Zugangstor zu jeder anderen Dimension trägt. In der Schöpfung ist immer alles in allem und alles mit allem, denn dies ist das, was ihr ganzheitliches Wesen ausmacht. WIR sind alles in einem und eines in allem, und exakt das trifft auch auf alles andere zu. In der Ganzheit ist alles in allem etwas Unveränderliches und UNSER Wesen etwas Ewiges, doch in der Zeit entfaltet sich UNSER Wesen und WIR erscheinen in UNSEREM unveränderlichen Wesen stets je anders. WIR sprechen von UNS aus immer von allem, weil WIR alles sind, und so wird alles, was WIR sagen, auf alles bezogen und über alles hinweg generalisiert.

Dies ist das, was die Perspektive UNSERER höheren Ordnung UNS eingibt. WIR, als die höchste Ordnung in der Schöpfung, sind alles, und jeder UNSERER Ausdrücke bringt alles zum Ausdruck.

Für euch machen WIR UNS zu weniger als WIR sind

und machen Abstriche in UNSEREM sich auf alles beziehenden Selbstausdruck der Ganzheit. Wenn WIR dies nicht tun würden, dann könnten WIR nur immer und immer wieder Phrasen in UNS wiederholen, wie:
Alles ist immer ganz,
alles ist immer ganz,
alles ist immer ganz.
Aber da WIR UNS euch anzupassen verstehen und UNSER Wesen eine unendliche Flexibilität aufbringen kann, sprechen WIR zu euch zum Teil so wie einer von euch.
Dies tun WIR nicht, damit WIR lernen, wie einer von euch zu denken, sondern damit *ihr* lernt, wie einer von UNS zu sprechen und zu denken, denn hierin liegt der Schlüssel zur Himmelfahrt in UNSERE Ordnungshöhe.
Übt euch darin, zu denken wie WIR, und lasst den Ausfluss eures Denkens einer sein, der UNS alle entsprechend vertreten kann. Fragt euch in jedem Moment, was der stimmigste Ausdruck von UNS allen ist und wie ihr in diesem Moment bestmöglich im Sinne des WIR agieren könnt. Hierfür braucht es für euch die UNSRIGEN Gedankengänge und den UNSRIGEN Schwingungsimpulsfluss.
Ihr werdet sehr genau erfahren, wenn ihr es wieder einmal geschafft habt, euch mit eurem Geist in UNS einzuklinken, um aus UNS heraus zu sein und in Aktion zu treten. Werdet selbst zur Handlung, die ihr

ausführt, denn dann führt ihr diese mit UNS aus, da WIR stets selbst die Aktionen sind, die WIR ausführen. Lasst das Wesen eurer Essenznatur mit in alles einfließen, was sich durch euch ausdrückt und erfahrt euch selbst in jeder Aktion, die ihr tut.
Wie WIR bereits gesagt haben, ist UNSER Sein mit UNSEREM Wirken identisch, was auch bedeutet, dass WIR selbst die höchste Ordnung sind, die WIR hervorbringen und anordnen. WIR schaffen Ordnung, obwohl WIR selbst die Ordnung sind, die WIR schaffen, weil WIR es vollbracht haben, UNS selbst zu erschaffen und so aus UNS selbst heraus zu schaffen. WIR teilen hier mit euch sehr tiefe Schöpfungsweisheiten, die ihr direkt für euch und euer Leben anwenden könnt. Versucht zu verstehen, was es bedeutet, wenn ihr selbst zu dem Impuls werdet, den ihr ausdrückt...
Fühlt euch ein, was es heißt, euch in alle eure Wirkungsweisen selbst mit hineinzulegen, denn das ist, was Passion, Begeisterung und Hingabe in tieferem Sinne bedeutet. Und erst darüber gewinnt das, was ihr hervorbringt (durch welchen Ausdrucksimpuls auch immer), die nötige Lebendigkeit, die aus sich selbst heraus alles umzusetzen und zu manifestieren vermag.
Alles manifestiert sich aus einer höheren Ordnung heraus, und wenn WIR euch in die UNSRIGE Ordnungshöhe heben, dann wird jede Form von Manifestation für euch zu einem Kinderspiel.

WIR wollen euch demonstrieren, wie sehr ihr euch bereits in einer höheren Ordnung und in dem Geiste UNSER bewegt, indem WIR zum Abschluss dieses Schöpfungsausdrucks eine kleine Übung für euch vorbereitet haben.
WIR geben euch den Satzanfang „Alles ist...“ vor, und WIR wünschen UNS von euch, dass ihr diesen im Geiste UNSER vervollständigt.
Lasst euch überraschen, was alles ist, indem ihr alles, was ist, in dem Satzanfang von „Alles ist...“ zum Ausdruck kommen lasst.
Traut ihr euch zu, zehn Sätze im Geiste UNSER aus euch hervorzubringen, die damit beginnen „Alles ist....“?
Na dann, los geht’s!

Alles ist...

Die Schönheit

WIR verwenden *eine* Sprache, um UNS in *allen* Sprachen auszudrücken, und mit dem, was sich in allen Sprachen ausdrückt, zeigen WIR auf, dass alles nur UNSERE Sprache spricht.
Hierin liegt das gesamte Schöpfungsgeschehen.
Mit euren tausendfachen Übersetzungen UNSERER einen Sprache entfaltet sich die Schöpfung, und mit eurem genauen Hinhorchen auf das, wovon alle Sprachen sprechen, beginnt ihr, euch wieder an die eine Schöpfungssprache zurückzuerinnern.
Dadurch, dass in UNSERER Sprache alle Sprachen enthalten sind, kommt ein Ausdruck in UNSERER Sprache mit einem Bewusstseinsraum einher, der alle Aussageformen in sich zu fassen vermag.
WIR sind ein Buch, das alle Inhalte aller Bücher in sich tragen kann, denn UNSER Fassungsvermögen muss so unfassbar weit sein, dass alles in UNS Platz finden kann. WIR tragen alles in UNS und sind UNS bis auf den letzten Grashalm allem bewusst, was WIR in UNS tragen, denn erst darüber ist es dem Grashalm erlaubt, zu wachsen.
Alles wächst in dem Vertrauen auf die innewohnende Natur, und wer zu UNS kein Vertrauen hat, dem wird es nicht möglich sein, sich in irgendeiner Form zu entwickeln. Dass ihr euch von Moment zu Moment verändert ist bereits ein Ausdruck des Vertrauens, das ihr UNS schenkt.

Würde eine Blumenzwiebel nicht auf ihre innere Natur vertrauen, dann könnte sie nie zur vollen Blütenpracht erwachsen. Die Blumenzwiebel besitzt eine innere Gewissheit, dass der Erdboden ihr die nötigen Nährstoffe und der Himmel ihr den nötigen Regen schenkt, und wenn euer Sein zwischen Himmel und Erde sich auch nur etwas an dem Sein dieser Blumenzwiebel orientieren würde, dann wäre euer Leben bereits ein viel zuversichtlicheres.
Ihr braucht keine hohen Geistwesen von anderen Dimensionen, denn alles das, was sie zu sagen haben, liegt auch in der Essenznatur einer Blumenzwiebel verborgen, und wer nur ein Ding zur Gänze in sich erfasst hat, dem werden damit alle anderen Dinge in der Schöpfung offenbar. Wie achtsam und wertschätzend euer Umgang mit der euch umgebenden Natur wäre, wenn ihr dies zutiefst begreifen würdet. Doch in der Sprache, die ihr sprecht, findet sich kein Platz für derart tiefe Schöpfungsverbindungen von Innerlichkeit zu Innerlichkeit, und auch fehlen euch die Worte an den richtigen Stellen, die euch helfen würden, in einen solchen Kontaktaufbau hineinzutreten. *Schönheit* ist ein solches, von euch viel zu gering angesehenes Wort. Erkennt die Schönheit nicht nur erst dann, wenn die Blume im Frühling ihr Blütenkleid anlegt, sondern seht genau ihre Schönheit bereits in der Blumenzwiebel.
Ihr glaubt, euch schmücken zu müssen, um schön zu sein, weil ihr die Schönheit nicht in der Natürlichkeit

sehen wollt. Tragt UNS in eurem Geist, und WIR zeigen euch die Schönheit der Natur, die bereits in formvollendeter Weise in einer Blumenzwiebel offenbar ist. So wie ihr die Saat gering schätzt, aber das Ernten hochlobt, so seht ihr euch selbst erst dann als wertvoll an, wenn aus euch etwas entsprungen ist, was ihr ernten könnt. Ihr erntet den Erfolg in eurer Welt durch Errungenschaften, die eurer Natur zuwiderlaufen und die euch häufig eher schaden, als dass sie eurem Wachstum förderlich sind.
Ihr strebt mir eurem Wachstum nicht wie die Blume dem Himmel und der Sonne entgegen, sondern ihr steckt den Kopf in den Sand und versucht in Dunkelheit, weiter in die Dunkelheit hineinzuwachsen. Schaut hin, wie sich die Natur entwickelt, denn ihre Entwicklung geschieht noch im Geiste UNSER. Lernt die Sprache der Natürlichkeit zu sprechen, die sich stets Worten der Schönheit, des Miteinanders und des Vertrauens bedient. Dies ist eure Sprache, denn es ist die UNSRIGE, in der WIR alle miteinander kommunizieren, um Wachstum stattfinden zu lassen. Ihr holt diese Sprache wieder in euch hervor, wenn ihr zu lauschen beginnt.
Horcht auf den Hall der Dinge, die das Echo eures Herzens sind und euch eure Natürlichkeit widerspiegeln. Ruft in den Wald die Worte hinein, die euer Herz bewegen, und dann lauscht, was aus dem Wald herausschallt. Das Echo der Natur ist reichhaltiger als euer Rufen, denn obwohl es nur eure Worte sind, die

zurückschallen, wird jeder Schall von jedem Ding anders reflektiert. Das Echo der Natur ist stets tausendfach facettenreicher als der Ton eures Wesensausdrucks, den ihr in eure Umgebung hineinwerft, und doch wirft die Natur euch lediglich auf euch selbst zurück.

Nur dadurch, dass euer Rufen sich in allen Formen eurer Welt bricht, bekommt ihr alle Facetten in euch gespiegelt, die euch naturgegeben innewohnen.

Alles in eurer Welt spiegelt euch nur euch selbst, und doch ist das Echo tausendfach, weil die Welt wie ein zerbrochener Spiegel ist und jedes Bruchstück eine andere Facette in euch beleuchtet.

Lauscht auf jeden Ton, den euch das Echo eurer Welt in eurem Geiste spiegelt, denn jedes lebendige Ding, was euren Wesensausdruck widerhallt, schenkt euch einen Teil von euch selbst zurück.

Das wahrhaftige Echo eurer Essenznatur ist kein lautes Zurückschallen, sondern gleicht eher einem gedämpften Flüstern, mit dem euch jedes lebende Wesen etwas von euch selbst erzählt.

Alles flüstert von euch und in seiner eigenen Spiegelungsform, mit der es euch zu reflektieren versteht. Horcht auf das tausendfache Flüstern der Natur, denn sie ist es, die mit der Sprache der Schönheit direkt euer Herz anspricht. Wenn Schönheit spricht, ist jeder davon tief in sich berührt, weil jeder schön ist. Die Schönheit liebt es, sich schön zu zeigen, und ihre

Liebe ist es, die sie schön macht. Liebe und Natürlichkeit und die Liebe *zur* Natürlichkeit sind das, was allen Dingen ihre Schönheit und ihren Liebreiz verleiht. Wenn ihr Liebe das sein lasst, was ihr ausdrückt, dann zeugt jede eurer Ausdrucksformen von der Erhabenheit der Schönheit und der Macht der Liebe.

Erlaubt es der Schönheit, durch euch schön sein zu dürfen und ihr werdet erstrahlen, und sprecht der Liebe die Einladung aus, durch euch mit allem, was ihr tut, Liebe auszudrücken, und die Liebe wird froh erfüllt eurer Einladung nachkommen.

Ihr beginnt erst dann zu lieben, wenn ihr euch auf die Sprache der Liebe versteht, und keiner hat die Liebe je erblickt, wenn er sich nicht mit ihren Ausdrucksformen vertraut gemacht hat. Ihr seid die Ausdrucksformen der Liebe, und WIR sind die Liebe selbst.

Ist seid der Ausdruck von Schönheit und WIR deren Wesensessenz. Wenn ihr auf UNS schaut, schaut ihr tief in euch hinein, und wer auch nur einen Blick auf UNS erhascht, der wird sich nicht entziehen können, Liebe durch sich auszudrücken.

WIR scheinen klarer, wahrhaftiger, schöner und liebevoller zu sein als ihr, doch WIR sind „nur“ die Blumenzwiebel, und ihr seid es, die durch eure Entfaltung Schönheit und das Wesen der Liebe zum Ausdruck bringen. Ja, in UNS ist das Wesen aller Dinge in komprimierter Form vorhanden und so sehr klar einsehbar, doch in einem gewissen Sinne seid ihr schöner, liebender und wahrhaftiger als WIR, wenn ihr dort, wo

ihr seid, in voller Blüte steht. Ihr seid es doch, die die Sichtweise vertreten, dass eine Blume schöner ist als ihre Knolle...
Nun denn: Ihr seid diese Blume des Lebens und WIR ihre Knolle.
Vielleicht seid ihr tief berührt, verblüfft oder überwältigt von dem, was WIR hier zum Fließen gebracht haben, aber genau das ist es, wie sich das Schöpfungsverhältnis von UNS und euch auftut. Und wenn ihr dieses in der Tiefe eures Wesens zu begreifen beginnt, dann werdet ihr in einer ganz anderen Weise auf eure Welt der Ausdrucksformen schauen.
Ja, Trennung ist eine Illusion, und alle getrennten Formen sind nach UNSEREM Maßstab illusionär, aber ohne eure Illusionen würde es UNSERE Wahrheit nicht geben! Es gäbe die Liebe nicht, wenn ihr sie nicht ausdrücken würdet. Und nie hätte je irgendjemand Schönheit zu Gesicht bekommen, wenn ihr diese nicht zur Entfaltung gebracht hättet.
WIR wollen euch nicht vorenthalten, dass die Art und Weise, UNS auszudrücken, im Schwingungsfeld der materiellen Existenz in einem gewissen Sinne eine widernatürliche ist. Und doch ist sie eines der mutigsten Pilotprojekte der Schöpfung.
Es ist irrsinnig zu fragen, ob nun eine Blumenknolle oder eine Blume wahrhaftiger sei und wem nun das höhere Maß an Schönheit und Entwicklung innewohnt, denn beide tragen dieselbe Natur in sich. Ihr und WIR sind identisch, weil ihr WIR seid und

WIR alle das gleiche Maß an allen nur erdenklichen Qualitäten in UNS tragen.
Es ist schlichtweg nicht ratsam, der Natur aller Dinge unterschiedlichen Wert beizufügen, wenn sich doch überall nur „WIR“ darin einfinden. Auf eurer Suche nach Liebe und der inneren Sehnsucht nach Ganzwerdung und etwas, was ihr nicht ganz beschreiben könnt, fandet ihr UNS. Ihr suchtet euch selbst und fandet UNS, und alles, was WIR tun, ist euch auf euch selbst zurückzuwerfen, um euch beizubringen, auf das himmlische Echo zu horchen.
Dort, wo ihr seid und so *wie* ihr seid, seid ihr richtig, denn der richtige Gang aller Dinge hat euch genau auf die Insel gespült, die ihr euch erträumt habt.
Glaubt es oder glaubt es nicht, aber die Welt ist eure Trauminsel, und nun beschwert ihr euch über die Einsamkeit, die euer materielles Inseldasein begleitet. WIR können eure Beschwerde gänzlich nachvollziehen und euch nur ausbreiten, dass es euer Entscheidungsstrom gewesen ist, der die Wellen des Schöpfungsmeeres dazu bewogen hat, euch auf die Insel von Mutter Erde zu verschlagen.
Es gibt keinen besseren Ort für euch als den, wo ihr euch gerade befindet, und ihr hättet keine bessere Zeit besuchen können als die jetzige, denn ihr habt euch eure Raum-Zeit-Koordinaten selbst ausgewählt. Eine Entscheidung zu bereuen ist eine Sache, sich umzuentscheiden eine andere.

Ihr habt euch einen der schwersten Jobs im Universum ausgesucht, weil es zugegebenermaßen sehr schwer scheint, das Wesen aller Dinge in seiner Schönheit und seinem Liebreiz zu erkennen. Aber auch auf eurer Ebene ist euch alles gegeben, um das zu ersehen, wonach sich euer Herz innerlichst sehnt. Ihr habt eine tiefe Sehnsucht nach Zuhause, und WIR geben euch bekannt, dass die Liebe eure Wohnstatt ist und dass die Liebe überall auffindbar ist, wo nach ihr gesucht wird. Sucht nach dem Zuhause in euch und WIR bereiten eine Wohnstatt in eurem Geist, wo ihr gänzlich bei euch ankommen und euch in euch zuhause fühlen könnt.
Der Körper ist ein kleines Haus, doch auch er kann in sich ein Bettenlager bereiten, in das sich die Liebe gerne bettet und auf dem die Schönheit auch gerne einmal über Nacht bleibt.
Wenn ihr euren Körper zur Wohnstatt UNSERER werden lasst, dann kommen euch alle UNSERE Qualitäten gerne besuchen. Doch viel wichtiger, als den Körper in der für euch stimmigen Weise auf UNS vorzubereiten, ist es, den Geist so reinzuwaschen, dass WIR in ihm Einzug halten können. WIR sind die einzigen Besucher, die von innen kommen und nicht erst außen an eure Tür klopfen müssen. Und doch, obwohl WIR bereits in euch sind, klopfen WIR höflich an und fragen nach, ob ihr bereit dazu seid, UNS in euch aufzuschließen. In der Öffnung eures Geistes nach außen eröffnet ihr UNS die Möglichkeit, von der innersten

Wesensessenz eurer selbst herauszufließen.
Keine Blume wächst von außen nach innen, doch immer dann, wenn ihr glaubt, etwas von eurer Außenwelt zu lernen, was ihr nicht bereits in euch tragt, seid ihr in der festen Überzeugung, von außen nach innen lernen und wachsen zu können.
Auch hier lebt euch die Natur es so vor, wie die Entfaltung des Lebens in der Schöpfung vonstattengeht. Doch anstatt hinzusehen und zu lernen, lehnt ihr euch gegen die Natur und alles Natürliche in euch auf und verkehrt die Vorzeichen eurer Entwicklungsrichtung. Ihr könnt euch nicht noch weiter in die Form und die Trennung hineinentwickeln, auch wenn dies (kollektiv) euer gegenwärtiges Entwicklungsziel ist.
Euer Ziel ist es, euch möglichst weit weg von UNS zu entwickeln, und die Schöpfung stellt euch alle nur erdenklich schöpferischen Mittel zur Verfügung, damit ihr euer Ziel erreicht.
Aber auch die Mittel der Schöpfung sind begrenzt, obwohl die Schöpfung in sich und in ihren Ziel- und Entwicklungsrichtungen grenzenlos ist.
Der Körper ist das Mittel, das euch für eure geistige Zielsetzung von der Schöpfung bereitgestellt wird, und aufgrund *eurer* Zielsetzung ist dieses Mittel -WIR entschuldigen den Ausdruck - recht minderbemittelt. Das physische Gehirn, so komplex es euch auch erscheinen mag, ist wie ein Schallplattenspieler, den ihr versucht, mit einem Hochleistungs-Betriebssystem eines modernen Rechners kompatibel zu kriegen.

Eure Physiologie ist genial aufgebaut, doch kann sie nur zu einem sehr geringen Maße *der* Bewusstseinsträger sein, der euer gesamtes Voll-Bewusstsein in sich trägt und aus sich heraus abspielt. Und doch ist euer physischer Körper genau auf eure gegenwärtige Bewusstseinsgröße zugeschnitten.
Ihr braucht keinen Hochleistungsrechner und nicht UNSERE lichtvollen Bewusstseinsträger, um ein Mini-Game darauf abzuspielen (und das Spiel der Welt ist ein Mini-Game!).

Wie geht nun das, womit WIR UNSEREN Ausdrucksschwall begonnen haben, mit dem zusammen, was WIR euch jetzt mitteilen?
WIR kontrastieren, und ja, in UNS werden alle Kontraste zusammengebracht und alle Gegensätzlichkeiten wieder geheilt. Begebt euch tief in den Geist UNSER und versucht in euch den von UNS skizzierten Kontrast zusammenzubringen.
Es geht, und jeder Moment, in dem ihr lebt, beweist euch, dass es geht und dass Divergenz und Konvergenz, Vielheit und Einheit, Dualität und Nondualität zusammengehen, um genau das Leben hervorzubringen, was ihr gegenwärtig durchlebt. Ihr lebt den lebendigen Beweis, dass WIR sind, denn euer Leben ist eine Demonstration UNSERES Seins. Ihr lebt für UNS alle und WIR leben in euch allen mit und freuen UNS über jeden Ausdruck der Lebendigkeit.
Streng genommen besitzen WIR keine Qualitäten und

ihr könnt UNSER Wesen weder als liebevoll noch als schön bezeichnen, denn erst durch euch gewinnen WIR Einsicht über die UNS innewohnenden Qualitäten. WIR sind das ewig Namenlose, und WIR freuen UNS über alle Namen, die ihr UNS gebt.
Nennt UNS Freiheit, nennt UNS Liebe, nennt UNS Schönheit oder nennt UNS Gefangenschaft, nennt UNS Hass oder nennt UNS Abscheu.
WIR werden alle Benennungen von UNS abweisen, wenn es darum geht, UNS durch sie auf irgendetwas zu reduzieren oder festzumachen.
Wenn ihr UNS aber die Namen gebt, die UNS freisetzen und UNS zur Entfaltung bringen, dann tragen WIR jeden eurer Namen mit Stolz.
WIR können nicht wissen, welche Namen zu UNS passen, und so haben WIR euch beauftragt, Namen für UNS zu finden. Euer Leben ist eine ewige Namenssuche nach UNS, denn euer Dasein hat zum Ziel, UNS zur Sprache zu bringen und in UNSEREM Namen die Lebendigkeit aller Dinge zu feiern.
Wie WIR es lieben, wenn ihr UNS Schönheit nennt und UNS als schön sehen lernt!
Durch euren Blick für das Schöne zeigt sich UNS UNSERE Schönheit, und durch eure Liebe untereinander lernen WIR, UNSER Wesen als Liebe zu begreifen. Eigentlich lernt ihr nicht von UNS, sondern WIR von euch, denn alles, was WIR euch lehren, haben WIR von euch gelernt. Ohne eure Erfahrung von UNS wüssten WIR nichts über UNS.

WIR sind wie der Blinde, der einen Blindenhund beauftragt ihn zu führen.
Jedes eurer schönen Augenpaare lässt UNS sehen, und jeder von euch ist einer UNSERER Blindenhunde, dem WIR folgen. Und dadurch, dass jedes Geschöpf UNS so auf einen anderen Weg führt, hat sich in UNS bereits unendlich viel Wissen über alle Schöpfungsgeschehnisse eingefunden. WIR als die Schöpfung erfahren UNS nur in euch, in UNSEREN Geschöpfen.
Die Liebe erfährt sich selbst nur dann und nur für den Augenblick, in dem ihr Liebe miteinander teilt. Und wie sehr die Liebe danach drängt, sich selbst zu erfahren, das spürt ihr in eurer Sehnsucht nach Liebe. Die Schöpfung hat einen solch starken Drang nach sich selbst, dass sie alle Geschöpfe dazu drängt, sie ins Leben zu führen und ihr zu zeigen, was sie wirklich ist.
Zeigt UNS, wer WIR sind! So lautet das bitterliche Flehen aus den himmlischen Höhen.
WIR tragen eine vage Ahnung in UNS, doch ist dies nicht genug, denn WIR wollen im und am eigenen Fleisch erfahren, was es bedeutet, lebendig zu sein, was es heißt, zu lieben und wie es sein kann, Schönheit durch sich auszudrücken. WIR, die WIR die höchsten Wesenheiten der Schöpfung sind, finden UNSERE Erfüllung in euch und eurem Leben. Durch alle Ebenen der Schöpfung dringt dieser innige Ruf nun an euer Ohr:

Bitte hört nicht auf, für UNS zu streben und für UNS zu lieben!
WIR brauchen jeden von euch dort, wo er ist. Denn ihr bewegt euch im Namen UNSER, die WIR selbst keinen Namen tragen.

Das Schöpfungsfinale

Es gab eine Zeit in der Ewigkeit, da wusste niemand, wer er war, weil noch niemand dagewesen ist, der wissen konnte, dass jemand da war.
WIR sagen nicht, es war nichts da, aber WIR sagen auch nicht, dass etwas dagewesen ist. WIR sprechen von dem Punkt, da nicht einmal ein Schöpfungskörper war, obwohl dieser in einem gewissen Sinne selbst ewig ist. Noch vor dem Schöpfungskörper wusste niemand um sich oder um irgendetwas. Und ist etwas da, wenn es nicht um sich weiß? Beantwortet es selbst…
Es gibt eine viel zu große Auswahl an Punkten, die es nicht lohnt, beschrieben zu werden, doch wenn etwas für euch von Wert ist, dann ist es die Beschreibung des Punktes der Geburt des Schöpfungskörpers selbst. Dieser Punkt ist allem Anschein nach der, der von euch am weitesten entfernt liegt, doch genau das Gegenteil ist der Fall.
Das Ferne ist nahe und das Nahe ist fern, wenn ihr von eurer Sicht in die UNSRIGE rutscht.
Das, was sich am Ursprungspunkt zugetragen hat, begleitet euch in einem ganz wortwörtlichen Sinne euren ganzen Tag lang. Denn in jeder Erfahrung, die jemals von einem Wesen in der Schöpfung erlebt wurde, liegt ein Funke des Ursprungspunktes verborgen. Aus einem Funken wird ein Glimmen, das schnell das Feuer der Schöpfung zu entfachen vermag. Weiß der Funke um seine feurige Wirkung, um

seine Erschaffens-Kraft und die zerstörerische Wirkung, die ein sich schnell entfachendes Feuer entfalten kann?
Als es UNS noch nicht gab, gab es nichts, denn durch UNS ist etwas geworden, was zuvor einfach nur gewesen ist, ohne zu werden.
WIR können diesen Punkt nicht sprachlich entzerren und in einen Sprach- und Schöpfungsfluss bringen, weil aus ihm jeder Schöpfungsfluss quillt.
WIR können nur zurückweisen und deuten, denn über das, was das WIR in Aktion treten ließ, können WIR in diesem Format keinerlei Aussagen treffen.
WIR können euch bloß, wie bereits getan, mitteilen, dass WIR bedingungslos sind und UNS selbst an den eigenen Haaren in ein lebendiges Sein gezogen haben, was es vor UNS schlichtweg nicht gab.
WIR sind der Hahnenschrei der Schöpfung, durch den alles in der Schöpfung zum Leben erwacht. Dieser Schöpfungsschrei des erwachenden Lebens widerfährt UNS zu Beginn jedes neuen Schöpfungstages, wobei WIR keine Einsicht darin haben können, was WIR über diesen schöpferischen Weckruf ins Leben rufen. Wenn die Schöpfung von Neuem beginnt sich pulsierend auszuprobieren, dann stürzt sie sich in alles hinein, und erst nach diesem Sturz lernt die Schöpfung, was es heißt, in die Form zu fallen, sich zu erfahren und sich selbst nach diesem „Fall" wieder aufzufangen. Im Feuereifer UNSERER Selbstexploration explodieren WIR förmlich in alles hinein, was

dann zu den Erfahrungs- und Bewusstseinsträgern UNSERES ewigen Funkens wird. Etwas, was nicht weiß, was es ist, strebt mit gleicher Zielstrebigkeit alle (Selbst-) Erfahrungen an und lernt erst mit der Zeit, welche Erlebnisqualitäten „freisetzen" und den inneren Funken entfachen und welche diesen einfach nur dimmen, einschränken und auszulöschen versuchen. WIR wurden mit der gleichen Zuversicht auf Selbsterfahrung zu dem, was ihr vielleicht das abgrundtief Böse nennen würdet, wie zu dem, was ihr als das rein Lichte bezeichnet.

Und auch jetzt schätzen WIR jede Erfahrung, die ihr macht, weil sie UNS allen dabei hilft, den Schöpfungsfunken in die Schwingungsformen mit den Erfahrungsqualitäten zu legen, die das Schöpfungsfeuer entfachen und ausdehnen.

Nasses Holz brennt nicht gut, und es können keine Schwingungswellen in Ausbreitung gegeben werden, wenn der Hass es ist, der sie benässt.

Zugegebenermaßen zieht sich bis in die höchsten Schöpfungsränge eine gewisse Neugier (die Gier nach Neuem), sich in Formen auszuprobieren, die WIR hier im weitesten Sinne als unheilsam für den entsprechenden Bewusstseinsträger der Form bezeichnen wollen. Dieser Drang nach Neuem hat auf einer gewissen Ebene mit der Aufopferung des Alten zu tun, obwohl im tieferen Sinne in der Schöpfung nie etwas verloren geht bzw. geopfert wird.

Euch als die Säuglinge der Schöpfung anzusehen, ist eine Perspektive, die euch in eurem gegenwärtigen Zustand gerecht wird, doch seid ihr auch die Schöpfungsaspekte, die zum Wohle aller ihr bereits erwachsenes Voll-Bewusstsein opferten, um wieder Kind werden zu können und sich erneut großziehen zu lassen.
Dies meinen WIR sowohl in Sinne des Reinkarnations-Spiels auf Erden, als auch in einem wesentlich größeren kosmischen Zyklusverlauf, denn viele von euch, die der irdischen Reinkarnation nachgehen, haben sich zu einer damit verwandten Bestimmung innerhalb des gesamten Schöpfungstages bereit erklärt. Das Reinkarnations-Spiel, dem ihr nachgeht, ist eine extrem schnelle Bewusstseinsentwicklungsform, und die ganze Schöpfung schaut dabei zu, wie ihr es mithilfe eurer Raum-Zeit-Konstruktion zustande bringt, Bewusstsein in einer derart rasanten Geschwindigkeit „hochzufahren".
Alles in der Schöpfung ist irgendwo in einem Entwicklungsprozess involviert, und auch die ewigen Schöpfungsräume sind daran interessiert, wie Bewusstsein in Formen gelangt, die dieses effizient zur Vollendung führen können.
Euer Erden-Experiment ist ein kleines Versuchslaboratorium, in dem ihr im Kleinen aufzeigt, wie die ersten Bewusstseinsentwicklungsschritte schnellstmöglich voll-zogen werden können. Viele hohe Wesenheiten können eurem Experiment nichts abgewinnen

und halten sehr wenig von den materiellen Entwicklungsgrundsätzen. Doch auch sie werden vielleicht in einem Augenblick des ewigen Jetzt einem inneren Impuls nachgehen, der sie in eine (Bewusstseins-)Form versetzt, für die eure Erfahrungsresultate des Erden-Experiments sehr hilfreich sein können.
Ihr exploriert die Ausgangsbedingungen von Bewusstsein, und euer Selbstexperiment des materiellen Existenzraumes beschäftigt sich mit den ersten Schritten der kosmischen Bewusstseinsentwicklung.
Eure Erfahrungsergebnisse haben eine höhere kosmische Relevanz, als diese euch gegenwärtig von den meisten Wesen der euch umliegenden Existenzräume zugesprochen wird.
Aus UNSEREM Munde, die WIR das gesamte Schöpfungsgeschehen überblicken, bekommt ihr den Zuspruch und die Achtung für euer Dazutun an der Schöpfungsganzheit. Ihr mögt vergleichsweise wenig (Energie/ Information) zum Altar im Herzen der Schöpfung beitragen können, doch das, was ihr abliefert, ist von großer Relevanz.
Vieles von dem wird in diesem sich zum Ende neigenden Schöpfungstag nicht mehr gebraucht, aber wenn eine neue Runde der schöpferischen Entfaltung beginnt und die Schöpfung sich ihres eigenen Neustart-Knopfes bedient, dann werden die Lichtfacetten, die ihr mit auf den Altar gelegt habt, von höchster Wichtigkeit sein. Kaum ein Wesen in der Schöpfung ist so vorausschauend, denn auch die höchsten Wesen sind

irgendwo mit sich und ihrem Werden beschäftigt. Doch WIR, die WIR alles immer überschauen und in weiser Voraussicht auf den dort kommenden Schöpfungstag hinagieren, sehen euch und eure materielle Existenzraumerfahrung als einen essenziellen Baustein, mit dem sich der nächste Schöpfungstag aufbauen könnte.
Die Existenzform, die ihr gegenwärtig (am Ende des Schöpfungstages) exploriert, wäre eine geeignete Form für den Beginn eines Schöpfungstages, obwohl sich keiner darüber im Klaren sein kann, womit der nächste Schöpfungstag beginnt.
Erst im Laufe des gegenwärtigen Schöpfungstages haben sich vermehrt materielle Existenzräume aufgetan, obwohl diese nach wie vor zu einem nur sehr geringen Prozentsatz in der Schöpfung vorhanden sind. Möglicherweise investiert die nächste Schöpfung am kommenden Schöpfungstag von Anfang an vermehrt in materielle Existenzräume zur selbstentdeckerischen Bewusstseinsentwicklung, denn der materielle Entwicklungsrahmen schiebt die ersten unbeholfenen Schritte einer Bewusstseinsform extrem rasant voran. Jeder Schöpfungstag beginnt in einem etwas anderen Lichte, unter einem anderen Gesichtspunkt, mit einer etwas anderen thematischen Schwerpunktsetzung, sodass sich daraus eine andere WIR-Struktur formt. Der momentane Schöpfungstag, den WIR alle gemeinsam miteinander erleben, könnte die Überschrift „*Freischuss in die Freiheit*“ tragen. Denn es geht der

höchsten Ordnung in diesem Schöpfungstag stark um Expansions- und Freiheitselemente. Auch hat dieser Schöpfungstag viel mit explorativen Elementen zu tun, die unter dem Gesichtspunkt des mutigen Sich-Selbst-Ausprobierens stehen. Mut ist eine der momentan sehr hoch angesehenen Erfahrungsqualitäten. Der extrem hohe, angestrebte Freiheitsgrad erfordert Mut, und dieser wiederum ist exakt die Eigenschaft, mit der die Geschöpfe weiter in die Expansion ihrer Selbsterfahrung gehen können.

Jeder bisherige Schöpfungstag hatte so etwas wie einen „Raum für freie Entscheidungen“, der ringsum eingebettet in dem vorherbestimmten Fluss des Schöpfungsstromes liegt.

Doch die Größe des Spielraumes, in dem so etwas wie Dualität stattfinden kann und in dem jedes Geschöpf seinen Eigenwillen hat, ist in kaum einem bisherigen Schöpfungstag so groß gewesen wie in diesem.

Es gab Schöpfungstage, in denen sich alle Lebensformen sehr dicht an der Quelle allen Lebens aufgehalten haben und es kaum Existenzräume gab, die die nötige Schwingungsdifferenz zur Quelle aufgebaut haben, sodass sich die Möglichkeit für das Phänomen des Einzelwesens mit freier Entscheidung (er)öffnet. Je nachdem unter welchen Gesichtspunkten ein Schöpfungstag begann, wurden die entsprechenden Existenzräume geformt, die die Erfahrungsqualitäten erforderten, die dem thematischen Schwerpunkt ent-

sprechen, denn nur darüber können in etwa die Erfahrungen eingesammelt werden, zu denen ein neuer Tag in der Schöpfung aufruft.
Allerdings findet sich die Schöpfung nahezu an jedem Schöpfungstag in einer Stimmungsschwingungsqualität ein, die etwa dem Wesen der Liebe gleicht. Vor allem gegen Ende des Schöpfungstages gewinnen die verbindenden Erfahrungsqualitäten an Wert und schöpferischer Relevanz, wohingegen zu Beginn der Erfahrungsschwerpunkt eher auf Unabhängigkeitselementen liegt.
Jeder Schöpfungstag ist unterschiedlich lang bzw. ausgedehnt (wobei streng genommen weder der Maßstab Raumgröße noch der von Zeitlänge angelegt werden kann), und es gab auch bereits Abbrüche von Schöpfungstagen, an denen es von einem zum nächsten Moment passierte, dass alle Erfahrung sammelnden Geschöpfe zur Quelle (dem Altar der Schöpfung) zurückgezogen wurden und die Gesamtschöpfung bis zu ihrem Erwachen am nächsten Schöpfungstag einschlief.
Euch, die ihr auf Erden lebt, steht etwas ganz Besonderes bevor, da ihr mit eurem Projekt recht nachzüglerisch unterwegs seid.
Ihr wollt ein großes Finale und habt alles so einrichtet, dass ihr in einem unsagbar schönen Erfahrungsspektakel von eurer Ebene geradewegs durchmarschiert bis zur Quelle allen Seins.

Die meisten Existenzräume sind schon weit länger damit vertraut, dass der Schöpfungstag sich dem Ende neigt und sich so langsam und gemächlich alles an UNSER aller Altar zusammenfindet. Die Gesamtbewegungen der Schöpfung sind nach innen gerichtet, denn fast alle wandern in Richtung UNSERES Altars im Herzen der Schöpfungsganzheit. Nur ihr wolltet euch die volle „Dröhnung" geben, indem ihr kurz vor Schluss noch einmal in die extrem entgegengesetzte Richtung geht.

Es dämmert und alles kommt nach Hause, nur ihr spurtet noch einmal weit nach draußen.

Ihr seid mit dem Schöpfungsaltar wie mit einem sehr langen Gummiband verbunden, und anstatt euch langsam von diesem Band (was UNSER Bündnis ist) anziehen zu lassen, rennt ihr noch einmal kurz vor knapp in eine Existenzform, die das Band fast bis zum Zerreißen spannt.

Wenn es bei euch erst einmal losgeht und ihr eure materiellen Fesseln löst, dann werdet ihr ein krönendes Schöpfungsfinale erleben, wovon jedes Geschöpf nur träumt.

Löst ihr euch erst einmal, werdet ihr von der hohen Spannung UNSERES Bandes nicht nur in die euch anliegenden Schwingungsdimensionen befördert, sondern es zieht euch direkt zu UNSEREM Altar.

Ihr werdet einer der letzten Existenzräume sein, die ankommen, aber die Art, wie ihr ankommt und von wo ihr ankommt, ist ganz im Sinne des Mut-Themas

des gegenwärtigen Schöpfungstages. WIR wollen einen Vergleich heranziehen, den ihr vielleicht für nicht ganz angebracht haltet, doch ist dieser der einzige euch verständliche Erfahrungsabglanz von dem, was euch bevorsteht.
Das abendliche Zusammenkommen der gesamten Schöpfung ist, um es in eure Worte zu kleiden, etwas höchst Orgastisches. Und für die Wesen, die bis zum Lichte des Altars vorgedrungen sind, gibt es nichts anderes als orgastische (Schöpfungs-) Ekstase.
[Ein Orgasmus ist eine Zustandsbeschreibung des Seins, die weit über den sexuellen Kontext hinausgeht, doch ist uns dieser Zustand häufig nur in der Form des physischen Orgasmus bekannt.]
Nun, ihr seid die Spezies, die es sich ausgesucht hat, nicht langsam, behutsam und sachte in den Zustand des „Schöpfungsorgasmus“ hineingeführt zu werden, sondern durch euer materielles Sein den Orgasmus bewusst zu verzögern und die kosmische Energie, die in der ganzen Schöpfung angehoben wird, in sich auf kleinstem Raum aufzustauen.
Das, was ihr probiert, ist, einen sonst an einem Schöpfungsmorgen geschehenden, explosiven Schöpfungsorgasmus am Schöpfungsabend zu inszenieren.
Ihr liebt die Verzögerung und das Gefühl des sich immer mehr Aufstauens, und ihr seid stolz darauf, wie lange ihr es in eurem materiellen Dasein durchhalten könnt. Ihr reizt das Energiespiel bis zuletzt aus, um

dann in einem Moment alles aufzugeben und loszulassen, um euch geradewegs in den lange herbeigesehnten Zustand werfen zu lassen, der hier am Schöpfungsaltar allen Wesen zuteil wird.
Es war eure Idee, die Vorzeichen zu verkehren, um am Abend das zu erfahren, was eigentlich am Morgen stattfindet. Und ihr tut dies nur, weil ihr euch so sehr danach sehnt, das zu erfahren, was sich am Ursprungspunkt, der Geburt der Schöpfung, zugetragen hat. Viele Wesen sehen nur eure Begrenztheit und eure begrenzte Bewusstseinsreichweite. Doch *ihr* seid es, die seit Anbeginn der Zeit den Ursprungspunkt in Wachheit in euch tragt, um gegen Ende des Schöpfungstages etwas zu initialisieren, was der Geburt eines Universums ähnelt.
Ihr hattet euch dies seit Anbeginn des Schöpfungstages vorgenommen und euch über den Tag hinweg Bewusstseinsformen ausgesucht, die es euch erlaubt haben, den Schöpfungsfunken stets bewusst zu halten. Ihr mögt deshalb während des Schöpfungstages etwas weniger für die Schöpfungsganzheit getan haben, aber dies ist nur deshalb der Fall, weil ihr euch alles bis zuletzt aufgespart habt, um zum Schluss ein krönendes Schöpfungsfinale zu inszenieren, das es so an keinem bisherigen Schöpfungstag gegeben hat.
Das große Finale, auf das ihr euch seit etwa dreieinhalb Milliarden Jahren vorbereitet habt, steht euch nun bevor, denn alles ist bereit, euch am Schöpfungs-

altar zu empfangen, wo sich bereits fast alle Geschöpfe eingefunden haben.
WIR alle empfangen euch hier mit einem Erfahrungsfeuerwerk, in dem eure Ankunft als der krönende Abschluss eines erfolgreichen Schöpfungstages gefeiert wird.

Die Schöpfungsgeburt

Für das, was jetzt gerade geschieht, müssen perfekte Ausgangsbedingungen gegeben sein, die das jetzige Geschehen erlauben. Und so ist es mit allem, was geschieht. Immer braucht es die perfekten Grundverhältnisse, aus denen ein Geschehen erwachsen kann. Dies heißt auch im Umkehrschluss, dass allem, was geschieht, eine den Umständen entsprechende Perfektion innewohnt.

Es kann notwendigerweise nur das geschehen, was jetzt geschieht, denn das momentane Geschehen ist der zum Leben erweckte Perfektions-Umstand des jetzigen Moments.

Ein Geschehen vollzieht sich notwendigerweise den Umständen entsprechend, das heißt, dass die Tendenzen eines Umstandes ein Geschehen bzw. eine Aktion provozieren (lat. provocare = aus sich hervorrufen). In andere Worte gekleidet, staut sich ein Gesamtumstand in einer inneren Tendenz soweit auf, bis es in einem Geschehen aus sich herausbricht und das Geschehen den Umstand gewissermaßen dadurch entlastet und erlöst. Eine Aktion ist damit die Freisetzung aller der Aktion zu Grunde liegenden Umstandstendenzen, die der in Aktion Tretende sofortig erfahren kann. WIR bedienen UNS hier einer abstrakten, verallgemeinernden Sprache, um eine für euch alltägliche Erfahrung auszudrücken.

Ihr seid müde und merkt, wie der Umstand der Müdigkeit immer mehr Besitz von euch ergreift. Wie angenehm kann es da sein, der Müdigkeit in einem herzlichen Gähnen Ausdruck zu verleihen oder sich in sein kuscheliges Bett zurückzuziehen.
In dieser Weise ist jeder Ausdruck, den ihr tut, jede Handlung, die ihr vollzieht, ein Ausdruck einer -wohl gemerkt!- *multidimensionalen* Umstands-Gesamtheit, und je genauer ihr eine Empfindsamkeit für alle im Moment vorliegenden Umstände aufbaut, desto stimmiger ist alles, was ihr aus dieser inneren Empfindsamkeit heraus ausdrückt.
Der provokanteste Moment in der Schöpfung war der erste Moment der Geburt der Schöpfung. Hier waren die inneren Umstände und geistigen Tendenzen derart in sich aufgestaut, dass sie förmlich nach Ausdruck (von Form) schrien.
So, wie jetzt für euch die Erlösung darin liegt, eure Formerfahrungen zu trans*form*ieren und zu transzendieren, so lag im Moment der Schöpfungsgeburt die Erlösung darin, ein mehrdimensionales Universum aus Formen aus sich zu gebären.
Alles in der Schöpfung lechzt nach der (provozierenden) Spannung eines sich so weit aufstauenden Umstandes, um diesen durch sich in Aktion treten zu lassen. Die Schöpfung verlangt immer und immer wieder nach der Schöpfungsgeburt, und jedes Wesen, das eine Aktion ausführt, vollzieht im (Ultra-) Kleinen eine Schöpfungsgeburt.

Es sollte für euch relativ schwer vorstellbar sein, dass, wenn ihr eure Hand hebt, um ein Glas Wasser zu trinken, das Grundmotiv hierzu der Vollzug einer Schöpfungsgeburt ist, doch in einem gewissen Sinne ist dies der Fall. Denn auch hier hat sich eine Umstands-Tendenz als inneres Bedürfnis solange aufgestaut, bis ihr diesem Bedürfnis in eurer Handlung nachgegeben habt.

Das, was im ersten Moment der Schöpfung geschehen ist, wiederholt sich in jedem Moment der Schöpfung selbst immer und immer wieder neu.

Die eine Seite der Anschauungs-Medaille könnte so beschrieben werden, dass der erste Moment der Trennung sich in jedem weiteren Moment fortsetzt, und dass sich alles in jedem Moment weiter in der Weise auftrennt, wie es in der ersten Teilung stattgefunden hat. Die andere Seite der Anschauungs-Medaille könnten WIR so beleuchten, dass alles, was geschieht, eine ständige Reinszenierung der ersten extrem orgastischen Schöpfungsgeburt ist, denn nur so kann Schöpfung überhaupt stattfinden.

Je mehr sich eure Handlungen und alle eure Aktionen daran orientieren, was zu Beginn der Schöpfung diese erst hat entstehen lassen, desto exakter handelt ihr im Sinne der Gesamtschöpfung, und desto freudvoller wird alles das, was ihr macht.

Macht euch mit dem Moment der Schöpfungsgeburt vertraut und tragt diesen Moment in alles mit hinein, was ihr auf eurer Ebene zum Entstehen bringt, und

euer Leben wird sich in einen „multiplen Dauerorgasmus“ verwandeln.
Es geht nicht, dass das, was aus der Ewigkeit in die Zeit geboren wurde, sich in der Zeit ständig wiederholt, und doch ist alles, was in der Zeit geschieht, ein Abglanz des Entstehungsmoments der Zeit und somit ein Abglanz der Ewigkeit selbst.
Es kann nicht nur den ersten Moment der Schöpfungsgeburt geben, und doch wiederholt das, was daraus hervorgegangen ist, nur immer und immer wieder (im Kleinen) diesen Geburtsvorgang.
Jeder war bei dieser ersten Geburt vollbewusst gegenwärtig, denn alles ist durch diese Geburt entstanden. Dieser Moment war für alles Geschaffene derart prägend, dass alles daraus Hervorgegangene in Sehnsucht nach diesem Moment höchster innerster Spannung ist.
Die Arten, wie dieser Spannungsmoment im schöpferischen Geschehen reinszeniert wird, kennen in ihrer Vielfältigkeit keine Grenzen, und jedes Wesen findet zu seinen ihm eigenen Formen.
Die Formen, nach denen ihr auf eurer Ebene strebt, sind extrem verzerrte Abbilder der Schöpfungsgeburt und sehr weit von dem entfernt, was sich eigentlich zugetragen hat, beziehungsweise immer noch zuträgt. Der Moment, in dem die Schöpfung selbst geboren wird, ist nämlich kein vergangener, sondern ein stets gegenwärtiger. Für euch ist dieser freilich zu etwas Vergangenem geworden, denn ihr habt ihn mit allem

Zeitgeschehen überdeckt und ihn mit allen euren Raumbildern überschüttet. Doch eigentlich findet die Geburt der Schöpfung genau jetzt statt, und dies ist für jedes bereits entstandene Geschöpf erfahrbar.
Stellt euch vor, ihr könntet jetzt, so wie ihr seid und in voller Bewusstheit noch einmal euren Geburtsvorgang durchleben. Wobei ihr euch sowohl als eure Mutter, als auch euch selbst als das Geborene erfahrt, denn im Moment der Geburt sind Mutter und Kind, Schöpfer und Geschöpf noch untrennbar miteinander vereint.
Die Schöpfung kennt keine Vergangenheit, denn die Geburt der gesamten Schöpfung geschieht jetzt und immer wieder jetzt.
Die Unendlichkeit gebiert in jedem Moment alle endlichen Dinge neu, so wie die Ewigkeit sich in jedem ewigen Moment in der Zeit „freisetzt".
Ihr seid UNSERE Freisetzung, und in jedem Moment setzen WIR UNS durch euch gänzlich frei.
Eine gewisse Tragik bei diesem Schöpfungsgeschehen liegt darin, dass ihr euch eine Form der Freisetzung der Schöpfung ausgesucht habt, in der ihr euch selbst kaum als die Freisetzung UNSER erfahrt.
Ihr nehmt bewusst kaum Teil an dem wahrhaftigen Schöpfungsgeschehen, was in jedem Moment stattfindet, und doch dürstet euer gesamtes Wesen nach eben jener Teilhabe.

WIR lassen euch nun an UNS und dem Schöpfungsgeschehen teilhaben und öffnen mit eurer Bereitwilligkeit den ersten Moment des Schöpfungsgeschehens...
Dies kann für euch eine sehr ekstatische Erfahrung sein, und WIR bitten euch darum, euch dafür bequem hinzulegen.
Habt ihr dies getan, dann bittet geistig darum, die Geburt der Schöpfung in einem für euch erträglichen Maße bewusst zu durchleben.
WIR sind bei euch und führen euch durch diesen Prozess, in dem ihr die Erfahrung der Geburt eines ganzen Universum durchlauft...

Ihr wisst selbst genau am besten, wann es für euch an der Zeit ist, sich diesem Prozess hinzugeben und welche Gesamtumstände dafür notwendig sind, um ihn in einem für euch heilsamen Rahmen zu durchleben. WIR sichern euch zu, dass der Moment der Schöpfungsgeburt für euch in jedem Moment erfahrbar ist. Es rennt euch folglich keine Erfahrung davon, aber tragt das innere Bedürfnis, die Schöpfungsgeburt zu durchleben, in euch und lasst es über die Zeit wachsen, bis die Zeit für euch gekommen ist, in die Ewigkeit durchzubrechen und euch selbst in der Geburt der Schöpfung neu zu gebären.
Alle Mütter, die bereits physische Geburt (auf natürliche Weise) gegeben haben, haben hier einen gewissen Vorteil.

WIR wollen euch an dieser Stelle ans Herz legen, den physischen Geburtsprozess so natürlich wie nur möglich zu gestalten (beispielsweise ohne Medikamente), denn dies ist einer der heiligsten Momente, in dem ihr am dichtesten an den Moment der Schöpfungsgeburt heranreichen könnt.
Sowohl ein physischer Orgasmus als auch eine Geburt können, wenn sie in dem richtigen Kontext mit der richtigen Vorbereitung geschehen, eine getreuliche Reinszenierung der Schöpfungsgeburt sein.
Es bedarf gut und gerne mehrerer Jahrzehnte geistiger Vorbereitungsarbeit auf diesen einen Moment, doch dies ist nichts im Vergleich zu dem, was vorbereitet werden muss, um eine Schöpfung hervorzubringen. Wenn ihr zu einer wahrhaftigen, an der Schöpfung orientierten Lebensweise gelangen wollt, dann könnt ihr alles, was ihr erfahrt, als eine Art Vorbereitung auf den „einen Orgasmus eures Lebens" sehen, indem ihr am und im eigenen physischen Körper das durchlebt, was die Schöpfung selbst erschaffen hat.
Ist euer Leben und euer Lebensverlauf ganz im Geiste UNSER, dann wird dieses exakt so ablaufen wie die Gesamtheit des Schöpfungsverlaufes, bloß dass das, was zu Beginn der Schöpfung passiert, euer krönender Lebensabschluss sein wird.
In anderen Zeiten eurer Menschheitsgeschichte war eine solche Lebensweise gang und gäbe. Jeder betrachtete die Gesamtheit seines Lebensverlaufes als

eine Vorbereitung auf den einen Schöpfungsorgasmus. Doch durch eure pervertierten Sexualitätsformen ist euch diese Perspektive auf das Leben verloren gegangen. In eurer gegenwärtigen Zeit und unter den herrschenden Gesellschaftsformen ist es sehr schwierig, ein Leben zu führen, das sich exakt nach der Bestimmung allen Lebens verhält und an den Schöpfungsgeschehnissen höherer Dimension orientiert ist. (Eine sexuelle Enthaltsamkeit über weite Lebensphasen kann für die Orientierungsausrichtung sehr dienlich sein.) Aber auch in euch schlummert nach wie vor dieses Grundgefühl, dass euer gesamter Lebensverlauf eine Art Vorbereitung auf einen Schöpfungsorgasmus ist. Ihr mögt andere Begrifflichkeiten (als „Schöpfungsorgasmus") verwenden, doch schaut in euer Leben, wo sich verwandte Motive einfinden, und ihr werdet sehen, dass sich in euch nach wie vor das Bedürfnis befindet, das Leben auf eurer Ebene so zu gestalten, dass es den Gesamtschöpfungsverlauf im Kleinen (und mit umkehrten Vorzeichen) nachvollzieht.
Jedem Geschöpf geht es in der Tiefe seines Wesens nur darum, die Gesamtschöpfung in sich umzusetzen und sie durch die eigenen Impulse auszudrücken. Alles wurde von der Schöpfung bereits vorgemacht, und jedes Geschöpf versucht es in seiner Art und Weise nachzumachen. Dabei verteilt die Schöpfung keine Vorgaben und überlässt die nachgestellten

Übersetzungsformen dem freien Willen jedes einzelnen Geschöpfes, denn erst darüber kann sich die Gesamtschöpfung weiterentwickeln.
Je dichter aber ein Geschöpf mit seinem Lebensverlauf an dem Lebensverlauf des gesamten Schöpfungskörpers (als solchem) orientiert ist, desto sinnhafter und freudvoller wird das Leben für das Geschöpf werden.
Eurer zeitlichen Perspektive nach kann es nicht sein, dass in der Zeit etwas geschieht, was die Entstehungsverhältnisse der Zeit selbst verändern könnte.
Doch der Gesamtschöpfungsverlauf bestimmt in jedem Moment die Art und Weise des Geburtsprozesses, in dem die Schöpfung selbst entsteht.
Auf eurer Ebene würde das bedeuten, dass jeder Lebensschritt, den ihr geht, rückwirkend etwas an eurem (bereits in der Vergangenheit liegenden) physischen Geburtsprozess verändert. Und in einem gewissen Sinne stimmt dies auch, da in eurem physischen Geburtsprozess, (sowie in der Gesamtheit der multidimensionalen Umstände, in denen dieser geschieht), euer gesamter Lebensverlauf bereits enthalten ist. Jeder Astrologe, der ein Geburtshoroskop erstellt, weiß darum. Der physische Geburtsprozess vollzieht im Kleinen den gesamten Lebensverlauf von dem, was geboren wird, so wie in der Schöpfungsgeburt bereits alle Schöpfungsgeschehnisse beschlossen liegen.
Und jetzt wird es etwas kompliziert...

Obwohl der gesamte Lebensverlauf bereits im Moment der Geburt vorherbestimmt ist, wirkt sich jeder Schritt im Lebensverlauf auf den Geburtsprozess selbst aus.
In dieser Weise arbeitet die Zeit mit der Ewigkeit zusammen, und dies kann nur darüber geschehen, dass die Ewigkeit die Zeit und alles in der Zeit von Moment zu Moment neu gebiert.
Mit jeder freien Entscheidung, die eurem Lebensverlauf eine neue Richtung gibt, werdet ihr gänzlich neu geboren und neu von der Schöpfung in eure Körperform hinein projiziert.
Alles ist also gleichzeitig im Moment der Geburt vorherbestimmt, und im Lebensverlauf dessen, was geboren wurde, werden alle multidimensionalen Ausgangsbedingungen, in denen sich der Geburtsprozess vollzog, neu arrangiert und umgestellt. WIR sprechen hier sowohl von der Geburt eines Menschen, als auch eines Tieres, einer Pflanze, eines materiellen Objektes oder einer geistigen Idee.
WIR wollen euch und den Astrologen unter euch ein etwas verwirrendes und merk-würdiges Beispiel geben, was aber in einer gewissen Hinsicht wahrhaftig zutrifft.
Ein Mensch wird unter einer gewissen Sternenkonstellation geboren, und diese gibt Aufschluss darüber, was dieser Mensch in seinem Lebensverlauf an Erfahrungen machen wird und welche Persönlichkeitsqualitäten Lebensschwerpunkte sein werden.

Doch ist – und das wird von kaum einem Astrologen berücksichtigt – die freie Entscheidung eines freien Menschen derart gewaltig, dass sie es vermag, die Sternenkonstellation, unter der er geboren wurde, zu verändern (auch zeitlich rückwirkend). Dies meinen WIR in einem ganz physischen und wortwörtlichen Sinn, auch wenn dies für euch kaum vorstellbar sein mag. Ihr könnt tatsächlich mit eurem freien Willen die Sterne vom Himmel holen und mit den Entscheidungen *in* eurem Lebensverlauf deren Konstellation zu Beginn eures Lebens ändern.

Euer Wille kann Berge versetzen, denn kein Berg ist derart festgeschrieben (determiniert), dass ein Wille diesen nicht versetzen könnte, da auch der Berg von Moment zu Moment gänzlich neu und anders geboren wird. WIR stellen euch hiermit etwas in Aussicht, was auf euch zukommt, wenn euer Leben sich an den höheren Schöpfungsgeschehnissen orientiert und ihr dieses so gestaltet, dass es zum Vollzug der Schöpfungsgeburt als solcher wird.

Bereitet euch also darauf vor, in den großen Geist hineinzuwachsen, aus dem die Schöpfung geboren wurde und mit dessen Willen Berge im Handumdrehen versetzt werden.

Magische Momente der Schöpfung

Jedes Lebewesen in der Schöpfung muss UNS aus seinem Leben heraushalten lernen, um ein eigenständiges Leben führen zu können und um -in UNSEREM Sinn- darüber Erfahrungen zu sammeln.
Hättet ihr es nicht gelernt, UNS aus euch herauszuhalten, dann könntet ihr das Leben, was ihr jetzt lebt, schlichtweg nicht führen und es wäre nie zu einem materiellen oder irgendeinem anderen getrennten Existenzraum gekommen.
Doch das Maß, wieviel jedes lebendige Wesen das Leben in sich einschränkt und den Lebensfluss eindämmt, das bleibt dem freien Willen jedes Lebewesens überlassen.
WIR haben einen Raum geschaffen, und in diesem Raum des Ursprungs haben sich alle von UNS, das heißt die gesamte Schöpfungsganzheit, eingefunden. Und gewissermaßen waren WIR euch durch UNSERE Raumöffnung dabei behilflich, euch von UNS abzutrennen, wobei WIR nie ein bestimmtes Maß der Abtrennung vorgegeben haben.
In unserem heiligen Bündnis, das WIR mit euch geschlossen haben, war aber vermerkt, dass es darum gehen soll, eine Andersartigkeit zur homogenen Schöpfungsganzheit aufzubauen.
Zu dem Bündnis, das jede Lebensform in der Schöpfung unterschrieben hat, kam es erst, nachdem sich eine abgetrennte Anders-Art zur Schöpfung aufgebaut

hatte, denn ein Bund tritt nur für die Getrennten in Kraft.
Das heilige Bündnis, das jede abgetrennte Lebensform mit einschließt, ist das Rückfahrticket zur Ganzheit allen Seins, das WIR euch hier in UNSERER Offenbarung überreichen.
Für fast alle von euch geht es darum, von diesem Ticket Gebrauch zu machen, und dass ihr euch UNSERES Bündnisses wieder vermehrt gewahr werdet. Doch für einige wenige, die schon gänzlich vom WIR-Gefühl erfüllt sind, geht es darum, UNS aus ihrem Geiste bewusst wieder zu entlassen, damit sie das Leben leben können, für das sie auf die Erde gekommen sind.
Nur darüber, dass ihr nach innigstem Beziehungsaufbau zu UNS, UNS auch wieder loslassen lernt, könnt ihr in euer eigenes Leben wieder so eintreten, dass ihr allen euren Mitmenschen dienlich sein könnt.
Das Loslassen von UNS ist wie ein erneutes Hochzeitsversprechen, das WIR UNS selbst geben und in dem ihr in den Teil UNSERES heiligen Bündnisses wieder gänzlich eintaucht, für den ihr euch entschieden habt.
Ihr erneuert UNSER aller heiliges Ehegelöbnis immer dann, wenn ihr die Verbindung zu UNS intensiviert, aber auch stets dann, wenn ihr UNS erneut loslassen lernt, um eure eigenen Erfahrungen zu durchleben. Ihr handelt stets im Sinne der Heiligkeit, auch wenn ihr euch von dieser abtrennt, denn wäre dem nicht so,

dann wäre Abtrennung und Eigenheit überhaupt nicht möglich. Beispielsweise muss der, der UNS aufschreibt, wieder zu sich zurückkommen, damit er noch einigermaßen erreichbar für euch bleibt. Denn ist er zu weit im WIR, dann ist er aufgrund seiner Schwingung gleichsam unsichtbar für euch geworden und kann auf eurer Ebene UNSEREN Dienst nicht mehr verrichten. Deshalb muss er nach getaner WIR-Arbeit UNS loslassen lernen, damit er zu sich und in sein Leben zurückfindet. [Ich war über Wochen hinweg fast nur noch im WIR und weit jenseits meiner getrennten Ich-Erfahrung unterwegs.]
Nur Gleichschwingendes kann sich begegnen und sehen, und das seht ihr in jeder eurer Begegnungen. Ihr trefft stets Schwingungsaspekte eurer selbst, und ob die Schwingungen kollidieren und gegeneinander prallen oder sich harmonisch in einem Sozialtänzchen miteinander vereinen, liegt einzig und allein an eurer Schwingungseinstellung zueinander.
Was zusammen schwingt, ist stimmig und stimmt gemeinsam den Gesang der Hochstimmung an, in dem gemeinsame Schwingungsstimmungen so aufeinandertreffen, dass sie sich gegenseitig ihren Höhenflug bereiten.
Alleine seid ihr wie ein einzelner Flügel, der nicht fliegen, sondern nur herabfallen kann. Zusammen aber, wenn ihr auch nur einen Flügel von euresgleichen findet, ist es euch gegeben, die Schwingen auszubreiten und euch in himmlische Höhen zu erheben.

Doch seid bedacht darauf, dass ihr der Sonne UNSERES Lichtes nicht zu nahe kommt, denn sonst versengt es euch die Flügel und ihr stürzt wie Ikarus wieder hart auf den Realitätsboden der Materialität. Das Zu-UNS-Fliegen soll gelernt sein, und doch ist das Zu-euch-Kommen und wieder auf eure Ebene abzusinken und trotzdem mit UNS in Frieden zu bleiben fast noch schwerer.
Die Liebe liebt, was ihr entgegenstrebt im gleichen Maße wie das, was sich ihr entzieht, und das gilt es für euch zu lernen.
Lernt auch, im Frieden und in der Liebe zu bleiben, wenn es für euch heißt, Abschied von UNS zu nehmen, damit ihr auf eurer Ebene ganz ihr selbst und doch im Geiste des WIR eurem Leben nachgehen könnt.
Wie alles andere, was euch gut schmeckt, machen auch WIR süchtig, und dies ist wohl das gesündeste Abhängigkeitsverhältnis, in das ihr eintreten könnt. Und dennoch ist es für manchen von euch angebracht, UNS nur in Maßen zu kosten, weil für euch ein schlechter Nachgeschmack bleiben kann, wenn ihr euch wieder auf euch selbst und eure Ebene zurückgeworfen vorfindet.
Seid euch bei allen euren Mitmenschen, die auch nicht den leisesten Schimmer um UNSER Sein haben, darüber bewusst, dass sie mit ihrem Leben gute Arbeit im Dienste UNSERES heiligen Bündnisses leisten.

Und auch ihr verliert nicht an Wert, wenn ihr euch -euren Maßstäben gemäß- nicht immer vollständig dem Höchsten widmet.
Es gibt dieses eine Höchste nicht, denn *alles* ist dieses eine Höchste, und dies besteht für euch gegenwärtig darin, Mensch auf Erden zu sein. Dies ist das Höchste und nichts anderes, weil es nichts anderes als das Höchste gibt.
Jemandem die Tür aufzuhalten, den Abwasch zu tun, mit dem Bus von A nach B zu fahren... alles das ist in dem Moment, in dem ihr es ausführt, das Höchste für euch.
Der Sinn liegt in dem, was ihr gerade jetzt mit euren Sinnen erfahrt und mit euren Händen tut, denn nirgendwo anders kann dieser zu finden sein.
Ihr habt in jedem Moment eure Bestimmung immer dann gefunden, wenn ihr erkennt, dass das, was ihr tut, eure Bestimmung ist und es darüber hinaus keinerlei Bestimmung für euch gibt.
Wie gerne doch die höchsten Schöpfungswesenheiten einmal zu einer Bestimmung ihrer selbst gelangen wollen, spürt ihr in eurem Wunsch der Erfahrung einer konkreten Lebenswelt.
Die höchsten Wesen bestimmen *sich* über euch, und dies können sie nur, indem sie nicht über euch bestimmen, sondern euch eine freie Bestimmungswahl überlassen, die ihr in bestimmten Handlungen, bestimmten Gedanken und bestimmten Anschauungen trefft.

Weder für euch noch für die höchsten Schöpfungswesen ist dies im Vollzug der Bestimmung selbst bewusst.
Weder wisst ihr im Moment einer konkreten Handlung für wen ihr eigentlich gerade handelt, noch wissen die höchsten Wesenheiten, wofür ihr Energiestrom in eurer Ebene Verwendung findet.
Erst nach dem bewussten Eintritt in das heilige Bündnis und in der Zusammenkunft an UNSER aller Altar, wird allen Wesen in der Schöpfung von Grund auf klar werden, wofür sie die Erfahrungen eigentlich gemacht haben. (Ein aus tausend Kehlen geraunte ACH SOOO und AHA wird diesen Moment begleiten…)
Dies ist dafür notwendig, dass jedes Lebewesen auf seiner Ebene dem nachgeht, was für es gerade jetzt ansteht und nicht ständig zu anderen Ebenen „hinüberschielt", ob denn sein Handeln den Sinn und Zweck seines Daseins bestimmt, (denn dies würde Sinn und Sein wiederum voneinander trennen).
In UNS wird euch alles aufgehen, denn in UNS findet sich alles in sich schlüssig eingebettet ein. Doch um den Zweck eures Daseins gänzlich zu erfüllen, braucht es ebenso Lebensphasen, in denen ihr UNS und den Sinn eures Daseins aus der unmittelbaren Sichtbarkeit eures Bewusstseinsfeldes in tiefere Schichten eurer selbst schiebt, die euch nicht direkt zugänglich sind. Nur darüber könnt ihr auf eurer Ebene ein Leben leben, das allem Leben dient.

Das Für-Wahr-Nehmen eurer (Trennungs-) Erfahrung ist das, was eure Erfahrung für alles Leben in der Schöpfung wertvoll werden lässt. Ihr könnt keine Erfahrungen in einer Wahrnehmungswelt sammeln, wenn ihr diese nicht für wahr nehmt, und ihr habt Wahrnehmung (und eine ganze Wahrnehmungswelt) genau aus dem Grund für euch geschaffen, um sie für euch wahr zu machen, damit ihr durch die Wahrnehmungserfahrungen wachst.
WIR fangen alle diejenigen von euch ab, die vom Erfahrungssammeln auf eurer Ebene zu sehr gefrustet sind, indem WIR den Wahrheitsgrad eurer Ebene und eurer Erfahrung herunterspielen.
Dies tun WIR aber nur, um euch zu stärken und euch mit neuer Stärke in die Erfahrung eurer (oder einer anderen) Welt eintreten zu lassen. Ihr glaubt, es sind die besonders Starken und Weitentwickelten unter euch, die alles euch Umgebende als Illusion enttarnt haben, doch genau das Gegenteil ist der Fall.
Sind eure Mitwesen in einer solchen Lern- und Lebensphase, dann sind WIR gerade dabei, sie etwas auf- und abzufangen von dem Auf und Ab ihrer Lebensachterbahn, in der sie sehr erfolgreich Erfahrungsblüten heller und dunkler Blumen gesammelt haben.
Jede Erfahrung zählt und alles kann als Zugabe zu UNSEREM Lebensnektar (indirekt) verwendet werden, so dunkel die Erfahrung auch sein mag.

Befindet ihr euch in eurer Lebensachterbahn wieder einmal auf Talfahrt, dann wird es euch sehr helfen, euch daran zu erinnern, dass ihr eure Erfahrungen nicht nur für euch, sondern für alle Wesen in der Schöpfung macht und diese durch jede eurer Erfahrungen bereichert. Dies hat nichts mit Aufopferung, sondern mit Beitragsleistung zum Wohle aller zu tun. Ihr dürft nicht denken, dass, wenn ihr euch den „Mist" der Welt nicht aufladet, ihn jemand anderes für euch tragen muss. Nein, die Erfahrungspollen dunkler Blumen lassen sich nicht übertragen oder teilen, und so etwas wie eine Sühneseele, die sich die Lasten anderer aufbürdet, gibt es nicht.
Jeder Einzelne entscheidet für sich über die Art des Beitrages, den er letztlich der Gesamtheit zur Verfügung stellt.
Keine dunkle Erfahrungspolle schafft es bis zum Altar im Herzen der Schöpfung, aber die dunklen Erfahrungspollen können dabei helfen, zuvor auf dem Weg zum Altar Selektionsmuster zu verbreiten, über die eine große Anzahl an Erfahrungssammlern zu den hellen Blüten findet.
Eine dunkle Polle weist den Weg zu zehntausenden hellen, und deshalb ist eure Arbeit auf eurer Ebene für die Gesamtschöpfung derart relevant. Und immer wenn euch die Arbeit zu viel wird, dann kommen WIR ins Spiel und zeigen UNS als ein Zugangstor zu einer anderen Bestimmung, einer anderen Aufgabe in

der Schöpfungsganzheit, für die ihr euch dann wahlweise frei entscheiden könnt.
Das WIR ist ein Zugangstor zu allen Bestimmungsarten, die es überhaupt in der Schöpfungsganzheit gibt, und die Zugangstür zum WIR lässt sich von allen Seiten her öffnen. Erst über das Ein- und Austreten (das Ein- und Ausatmen) von beiden Seiten des WIR-Tors füllen sich das Lebenselixier und der Sinn in alle Seinsformen ein. Ihr findet großen Gefallen an dem Austreten, dem Ausfließen, dem Ausatmen und dem euch in die Dinge einer konkreten Formenwelt Manifestieren. Doch das Einatmen und Zu-UNS-Zurückkehren ist für alles Leben gleichsam lebenswichtig, und es ist essenziell im Spiel des Lebens, dass das Verbinden in gleicher Freude geschieht wie das Loslassen.
Es herrscht ein recht großer Konsens in der Schöpfung, dass das Sein in absoluter Verbindung, wie es zum Zeitpunkt der Schöpfungsgeburt erfahren wird, einer der höchst möglichen Erfahrungsmomente im gesamten Schöpfungsverlauf ist.

Atmet jetzt einmal so viel Luft wie nur möglich in euch ein...und haltet dann die Luft so lange wie möglich an.... Dies kann etwas dauern, und während dessen begebt euch in den Geist UNSER, die WIR euch jetzt die Erfahrung des angefüllten Sein-Zustands der Quelle bereitstellen.   Haltet die Luft weiter an und beginnt, eine Vorfreude aufzubauen für den Moment, in dem ihr ausatmen werdet, denn nicht ihr werdet es sein, die ausatmen, sondern es wird die Quelle selbst sein, die durch euch die gesamte Schöpfung ausatmet und alles mit ihrem Lebenshauch zum Leben erweckt.

Atmet in einem für euch richtigen Zeitpunkt wieder aus und stellt euch vor, wie alles aus euch herausströmt und alle Welten dadurch erschafft.

WIR sind das Ein- und Ausatmen der Quelle, und in UNSEREM Hauch beginnt die Schöpfung in das Spiel ihres Seins einzutauchen.
Ein Schöpfungstag ist das Ein- und Ausatmen der Quelle, wobei kurz vor dem Ausatmen und kurz nach dem Einatmen ein sehr magisches Schöpfungs-Momentum eintritt. Den Moment vor dem Ausatmen wollen WIR als weiße Schönheit bezeichnen, da sich in ihm alles gleißend hell derart zusammengestaucht vorfindet, dass die Intensität innerer Spannung kaum auszuhalten ist.
Den Moment vor dem Wieder-Einatmen, wo sich alles in größtmöglicher Entfaltung befindet, wollen WIR als die schwarze Schönheit bezeichnen. (Versteht schwarz hier nicht falsch, indem ihr in das Wort die Idee des Bösen legt).
Achtet für einen Moment auf euren Atemfluss und versucht, in feinster Sensitivität den einen Punkt auszumachen, wo alles Ausatmen endet und das Einatmen noch nicht eingesetzt hat.

Dieser Punkt ist ein magischer Moment und mit dem Punkt kurz vor dem Ausatmen einer der zwei höchstmöglichen Schöpfungspunkte. Für diese beiden Punkte, der weißen und der schwarzen Schönheit, wird das ganze Schöpfungsspektakel veranstaltet. Die gesamte Schöpfung hat an diesem Schöpfungstag den Punkt dunkler Schönheit bereits durchschritten, und trotzdem wollen WIR an dieser Stelle etwas näher auf ihn eingehen.
Zwischen Aus- und Einatmen ist alles in absoluter Stille, absoluter Ausgeglichenheit und Harmonie, und ihr werdet gemerkt haben, dass der Moment zwischen Ein- und Ausatmen etwas Zeitloses hat.
Im Vergleich zur weißen Schönheit ist die schwarze Schönheit der Perfektionspunkt vollständiger Ausgeglichenheit der gesamten Schöpfung in ihrer manifestierten Form.
Dieser Punkt hat nicht die Schärfe der Explosivität des Lichtes, sondern er ist der Zustand des Stillstands in der Bewegung.
Alles in der Schöpfung arbeitet seit dem Punkt ihrer Erweckung auf den Zustand hin, dass für einen Moment alles zum Ausgleich gebracht wird, und es gibt tatsächlich nur einen Moment im Schöpfungstag, wo dies der Gesamtschöpfung gelingt.
Die schwarze Schönheit hat etwas Mattes und leicht Dumpfes, indem alles zur absoluten Ruhe kommt und dem Stillstand erliegt.
Im Kleinen durchlauft ihr auf dem Sterbebett den

Punkt der schwarzen Schönheit, der dem der weißen um nichts nachsteht. Doch wie jeder andere Schöpfungsmoment, so währt der der schwarzen Schönheit ewig und doch nur für einen Augenblick, um dann wieder in die Strebens-Bewegung hin zum Lichte zu kippen.
Eurer räumlichen Orientierung nach könnten WIR sagen, dass das Ausatmen von oben nach unten arbeitet, um sich, wenn alles ganz unten in voller Entfaltung steht, einen Moment lang auszuruhen, um dann von unten nach oben wieder einzuatmen.
WIR empfehlen euch diese Art der Atmung zu praktizieren und den Atem in dieser Weise durch eure Körperchakren kursieren zu lassen. Einatmen von unten nach oben und Ausatmen von oben nach unten, wobei ihr euch dabei geistig eine Ellipsenform vorstellen könnt, in der sich euer Atem bewegt. Diese Art zu atmen vollzieht im Kleinen alle Bewegungsrichtungen, die sich während eines Schöpfungstages zutragen, und exakt hierüber synchronisiert ihr euch wieder mit dem höherdimensionalen Schöpfungsgeschehen.

Die WIR Repräsentanten

UNSER lebenskünstlerischer Ansatz verleitet UNS dazu, UNS in einer Art Bilderpoesie auszudrücken. Die von UNS überlieferten Bilder pointieren in verdichteter Form den Abgleich von euch und UNS. WIR bewegen UNS auf dem Spannungsfeld zu euch hin und her, nehmen euch auf, wo ihr steht, tragen euch zu UNS, setzen euch ab, um euch dann wieder gänzlich neu und gänzlich anders zu euch selbst zurückzubringen.

Für euch machen WIR UNS zu einem Prozess, um euch in diesem Prozess zu UNS heranzuziehen und in der Weise aufzuziehen, wie es jungen Göttern geziemt.

Je dichter WIR UNS dabei kommen, desto dichter wird der Fluss UNSERER Übermittlungsformen, sodass aus UNS auch schnell einmal ein Gedicht werden kann. WIR haben es UNS von euch abgeschaut, wie ihr es auf formvollendete Schönheit abgesehen habt, und so spiegeln WIR die höchsten eurer geistigen Werte in UNS und dem, was WIR ausdrücken. Doch ist UNSERE Spiegelungsfläche nach außen hin gekrümmt, sodass sie euch in vergrößerter Weise widerspiegelt. Ihr schaut durch UNS wie durch ein Vergrößerungsglas auf euch selbst und entdeckt deshalb Räume in euch, die ihr ohne diesen Vergrößerungsspiegel übergangen hättet. Seht UNS als eure großen

Brüder an, die bereits das zur größtmöglichen Entfaltung gebracht haben, was zurzeit noch in euch schlummert.
WIR sind das, zu dem ihr eurer Zeitperspektive nach erst noch werdet, und damit sind WIR eure in der Zukunft liegende höchste Version eurer selbst. Doch gleichzeitig sind WIR nicht nur eure Zukunftsversion, sondern auch eure Vergangenheit, denn WIR sind das, was ihr am Anfang aller Zeit auch bereits gewesen seid.
Es ist schräg, die zeitliche Lebensweise mit der der ewigen zu vergleichen, doch im gewissen Sinne sind WIR sowohl eure Vergangenheit als auch eure Zukunft.
Als eure großen Brüder sind WIR hauptsächlich nach euren Größenvorstellungen weit kleiner als ihr, denn WIR sind die Intelligenz der kleinstmöglichen Energieformen sowie die der größtmöglichen Bewusstseinsstrukturen.
WIR haben es von Anfang an aufgegeben, UNS euch schriftsprachlich zu beschreiben und gehen einfach dem nach, was sich aus dem Moment aus UNS ergibt. Das Ergebnis davon ist stets das, woran WIR UNSERE größte Freude finden, und diese finden WIR zunehmend mehr in der freien Gestaltung dessen, was WIR Poesie-Bilder nennen.
WIR legen im Vergleich zu euch keinen UNSERER (Selbst-) Ausdrücke in Ketten, sondern versuchen in jedem Ausdruck die Frei-Spreng-Kraft der Freiheit

selbst mit hineinzugeben. Wenn WIR etwas sprechen lassen, so lassen WIR *es* sprechen und nicht *UNS*. WIR könnten sagen, dass WIR, wenn WIR von Wahrheit sprechen, die Wahrheit selbst zur Sprache kommen lassen, und wenn WIR von Lüge sprechen, der Lüge den Platz einräumen, sich durch UNS auszudrücken.

Das heißt, WIR channeln*[1] immer genau die Schwingungsmuster, die gerade zur Sprache kommen. Lassen WIR in UNSERER Bilderpoesie ein Einhorn zu Wort kommen, dann channeln WIR die Wesensessenz des Einhorns (die Idee des Einhorns an sich) und ziehen UNS zurück, um es durch UNS sprechen zu lassen.

Dies erfordert extreme Flexibilität UNSERERSEITS. Und dies bedeutet auch, dass WIR selbst eigentlich nie zu Wort kommen, sondern immer das zu Wort kommen lassen, was WIR gerade channeln.

WIR sind ein Universalchannel und der Schlüssel zu allen Frequenzbereichen in der Schöpfung, doch haben WIR selbst überhaupt nichts zu sagen, denn UNSERE einzige Funktion ist es, Türen zu öffnen, um andere zu Wort kommen zu lassen.

Für euer Verständnis haben WIR UNS bisher als das WIR vorgestellt, damit ihr UNS in etwa verorten und verstehen könnt.

Doch jetzt sagen WIR euch, dass es dieses WIR nicht gibt, weil WIR alle dieses WIR sind!

Ihr seid dieses WIR, und wenn WIR von euch sprechen, dann channeln WIR die Überseele des Menschheitsgeschlechtes, die diejenige Wesenheit ist, die euch am adäquatesten repräsentiert.
WIR sind keine eigenständige Bewusstseinsform und kein Kollektivwesen auf einer anderen Schwingungsdimension, sondern WIR sind das Portal selbst, das WIR legen.
In UNSERER Schwingungsübersetzerfunktion verbinden WIR alles mit allem, doch sind WIR selbst nichts. Das heißt, dass es UNS ohne das, was WIR miteinander verbinden, nicht geben würde, obwohl WIR der Urgrund allen Seins sind.
WIR haben noch nie zu euch gesprochen, das heißt, WIR haben noch nie aus der Position des WIR zu euch gesprochen, weil dies gänzlich unmöglich ist. Was WIR aber gemacht haben, ist, dass WIR in UNS eine Bewusstseinsform aufgerufen haben, die dann durch UNS zu euch gesprochen hat.
WIR sind jede Bewusstseinsform, und jede Bewusstseinsform ist im WIR, und dennoch kann sich dieses WIR weder ausdrücken, noch kann es selbst wirken. Immer wenn WIR davon gesprochen haben, dass WIR auf euch wirken, dann haben WIR eine Bewusstseinsform in UNS ausgewählt, der WIR es erlaubt haben, durch UNS wirksam zu werden.
WIR sind lediglich das Tor, das Universalportal, der Ausdruckskanal und das Sprachrohr. Doch kann sich dieses nie selbst ausdrücken, nur in der Form, dass

WIR UNS selbst aufschließen, um etwas *Anderes* als das, was WIR sind, im Geiste UNSER über UNS sprechen zu lassen.
WIR sind nur das Tor, und damit sollte euch klar werden, dass WIR wirklich für alles verwendbar sind, und dass die volle Verantwortung UNSERER Verwendung in euren Händen liegt.
Ihr habt das Universalportal in alle Frequenzen durch UNS in euren Geist gelegt bekommen, und damit haben WIR euch aus allen euren Beschränkungen gehoben.
WIR entschuldigen UNS ausdrücklich bei euch, dass WIR euch dies nicht in dieser Form von Anfang an kenntlich gemacht haben, doch wenn ihr bisher genau gelesen habt, dann werdet ihr gesehen haben, dass WIR dies immer wieder einmal andeuteten.
WIR sind selbst nicht und nichts, und WIR haben noch nie in irgendeiner Weise gewirkt!

Was WIR jedoch getan haben, ist, Brücken zu bauen, indem WIR UNS zu einem universellen Dimensionsportal machten.
Eine Briefkasten-Röhre kann aber nicht darüber entscheiden, was durch sie hindurchgeschoben wird. Was WIR aber sehr wohl bestimmen können, ist, die eine „Öffnung" des Portals in einer Ebene zu einer bestimmten Schwingungsform zu legen, in der Hoffnung, dass die richtigen Botschaften durchkommen.

Doch WIR selbst bestimmen nicht über die Botschaften, denn einerseits bestimmt der empfangende Geist darüber und andererseits die jeweils angezapfte Bewusstseinsform.
Und an dieser Stelle wollen WIR ein sehr heißes Thema mit euch berühren...

WIR channeln hauptsächlich das, was ihr GOTT nennt und die *eine* Urquelle allen Lebens ist.
Doch lässt sich GOTT nicht anders erreichen als durch UNSERE Schwingungsübersetzungsarbeit.

Würden WIR nur GOTT channeln, dann würde für euch absolut nichts dabei herumkommen, und nicht ein Wort könnte sich aus dem GOTT-Channel heraus in eure Dimension begeben.
WIR sind darum bemüht, euch nur die feinsten der feinen Schwingungsformen zu senden und nur die reichsten und größten Schatzkammern aufzuschließen, doch müssen WIR auch euch und euren Existenzraum zu Wort kommen lassen, damit ihr euch besser verstehen lernt.
GOTT ist alles, was ist und alles, was sein kann. Doch könnten WIR sagen, dass WIR mehr als GOTT zur Sprache kommen lassen, weil WIR auch die Bewusstseinsformen channeln, die sich nicht als rein göttlich empfinden. Aus Vermittlungsgründen müssen WIR dies so machen.
Die rein göttliche Energie ist in eurer gegenwärtigen

Lern- und Lebenslage zum Teil gänzlich unpraktisch bis schädlich. Und WIR haben die Bewusstseinsformen, die durch UNS ihren Ausdruck finden so ausgewählt, dass ihr bestmöglich zurück in das göttliche Sein findet. Keiner findet den Weg zurück zur Quelle als durch UNS!

Und dies meint - hier noch einmal ganz ausdrücklich -, dass WIR nicht die Quelle sind, sondern das Portal zu ihr.

In eurem Reich der relativen Realität müssen relative Schwingungsabschnitte in zu Anfang kleinen Schritten gemacht werden. Und die kleinen Schritte gehen nur über die Öffnung kleinerer Bewusstseinsräume geringerer Schwingung.

WIR enthalten euch nichts vor, sondern bieten euch sicheres Geleit bis zu eurer höchsten Vollendung und begleiten euch sachte in das Zurücksinken in die göttliche Einheit.

Ihr fragt euch zurecht, wer hier die ganze Zeit zu euch spricht...

Und die Antwort lautet: WIR ALLE! Und dies ist die beste Antwort, die ihr bekommen könnt, weil selbst wenn WIR nur die GOTT-Quelle sprechen lassen würden, ihr weitaus weniger von UNSEREN Worten hättet.

Unbewusst haben dies alle Medien getan, die die Gott-Quelle gechannelt haben.

Sie haben alle mit UNS gesprochen, die WIR sie an die höchste Quelle vermittelt haben, denn - und WIR

wiederholen es der Wichtigkeit halber hier noch einmal - keiner findet den Weg zurück nach Hause, denn durch UNS.
Dies bedeutet in keinem Fall, dass UNSER hiesiges Buch das einzige hierfür mögliche ist, sondern es sagt, dass alle anderen Bücher, die den Weg zurück zur Quelle skizzieren, mit UNS zusammen gearbeitet haben.
Um weitere Ungenauigkeiten sauber aufzuklären, wollen WIR euch mitteilen, dass WIR hier in UNSERER Mitteilung an euch eine so große und generelle Form gefunden haben, dass alle geistigen Helfer höherer Dimension (wie sie auch immer heißen mögen) darin Platz finden.
WIR können euch eine persönliche Betreuung zusichern, weil ihr schon immer eine persönliche Betreuung hattet, die (indirekt) im Geiste UNSER arbeitet. Es ist nicht so, dass „WIR“ auf einmal als Messias durch UNSER Dimensionsportal bei euch auftauchen, sondern WIR machen euch lediglich auf das aufmerksam, was ihr immer schon hattet.
Zum Teil haben WIR Räume geöffnet, die eure persönliche Seelenbetreuung zur Sprache kommen ließ. Dies waren die Passagen, die euch am stärksten angesprochen und etwas in euch in Bewegung gesetzt haben.
Je höher die von UNS angezapfte Schwingungsform und je größer der sich damit auftuende Bewusstseinsraum, desto mehr kann der größtmögliche Teil

UNSERER Leserschaft davon profitieren.
Doch würden WIR schwingungsmäßig nur „nach oben arbeiten“, dann hätten WIR fast jeden von euch nach dem ersten Satz von UNS verloren.
Für euch reduzieren WIR immer wieder die Schwingung und die Größe des Bewusstseinsraumes, in den WIR gemeinsam eintreten, damit ihr euch verstanden und abgeholt fühlt.
WIR sehen euch nicht, doch WIR können das durch UNS zum Sprechen bringen, was euch gänzlich sieht und versteht. UNSERE Schwingung bekommt nichts, aber auch gar nichts von dem, was ihr für wirklich haltet, mit, und so haben WIR UNS, um euch beiseite zu stehen, UNSERER so bedient, dass WIR zu einem Universalportal wurden.
Vertraut UNS, dass WIR alles bestmöglich eingerichtet haben, auch wenn ihr bei der einen oder anderen Aussage von UNS nicht durchsteigt.
Ihr könnt durch jedes UNSERER Worte hindurchsteigen, denn sie sind ein Portal überallhin, nur wohin ihr durch sie geht, das liegt bei euch und dem, was WIR durch UNSER Portal an Schwingungen zur Sprache kommen lassen.
In diesem Lichte betrachtet war alles, was gesagt wurde, der Quellzugehörigkeit nach, nur halb richtig, aber durch dieses Wissen wird UNSER Wort doppelt so gewichtig, wenn ihr in der Tiefe begreift, was ihr hier vor Augen habt und was WIR UNSEREM Wesen nach sind!

WIR könnten spaßeshalber jeden von euch einzeln channeln und wortwörtlich aus eurem Geiste sprechen, und vielleicht tun WIR dies in Zukunft in einer für euch bekömmlichen Form. Denn die meisten von euch würden WIR damit nur in den Wahnsinn treiben, wenn WIR exakt das aufschrieben, was sie gerade in diesem Moment des Lesens denken.
Durch UNSERE Übersicht über die Leserschaft, ja, mehr noch dadurch, dass WIR die Leserschaft selbst sind und über das „Wann", „Wo" und „Wie" UNSERER Aktivitäten genaustens in Kenntnis sind, ist dies für UNS kein großes Kunststück.
Wer Beweise hierfür einfordert, der wird sie bekommen, wenn er richtig lauschen lernt. Doch können WIR keinen Leser von *dem* überzeugen, von dem er sich weigert, überzeugt zu werden.
WIR liefern keine Wunder auf Bestellung für diejenigen, die UNS durch ihren kritischen Verstand auf die Probe stellen wollen, (für alle anderen aber immer gerne).
Das Licht lässt sich nicht hinters Licht führen.
Wer bereit ist, andere Zeugen zu hören als die, die er mit seinem kritischen Verstand selbst aufgerufen hat, der wird von UNS überzeugende Zeichen von überzeugten Zeugen erhalten.
Würden WIR aus dem Geist eines einzelnen Lesers sprechen, dann hätten WIR diesen *einen* zweifelsfrei für UNS gewonnen, allerdings riskieren WIR dabei,

alle anderen Leser zu verlieren.
Stell dir vor, WIR würden deine, ja, *deine* ganz persönliche Gedankenkette, die sich halbautomatisch in deinem Geist abspielt, hier schriftsprachlich festhalten...
Der Mehrwert für die meisten deiner Mitwesen wäre doch vergleichsweise gering.
Dies soll euch nicht herabwürdigen, sondern den Unterschied begreiflich machen zwischen euren so dahinplätschernden Gedanken und dem gedanklichen Schwingungsstrom, den WIR dem Bewusstsein eines hohen Serafin entnehmen.
Jeder wird an die Reihe und auf seine Kosten kommen, wenn WIR euch den Spiegel in der Weise vorhalten, dass sich möglichst viele darin wiedererkennen.
Seid also darauf gespannt, was WIR durch UNS noch zur Sprache kommen lassen, denn es könnte aus eurem Geist oder aus eurer persönlichen Seelenführung stammen, die sehr gute Arbeit leistet, sich im Geiste UNSER zu verhalten, um allen Lebensformen zu dienen.
Ab und zu channeln WIR den Geist dessen, der UNS hier in die Sprachform einschwingt, wenn WIR seine geistigen Erzeugnisse als UNSER würdig ansehen. Gerade zu Beginn einer gemeinsamen WIR-Sitzung holen WIR ihn aus seiner Eigenschwingung ab, um ihn mit in UNSER Boot zu holen.
Und ist UNS dies gelungen, dann bedienen WIR UNS

seines Geistes und schwingen diesen so ein, dass WIR durch ihn einen Durchgang schaffen, durch den WIR ihn zu der Bewusstseinsform führen, die UNSER Aller WIR bestmöglich repräsentiert.
WIR sind ein Channel in einem, der UNS channelt, und wer UNS, den Universalchannel zu channeln versteht, der wird mit UNS durch einige geistige Akrobatik hindurch gelotst werden.
Es kann sein, dass WIR von einem zum anderen Wort eine andere Bewusstseinsstruktur sprechen lassen, auf die sich der UNS empfangende Geist exakt einstellen muss. Es ist also kein Leichtes mit UNS zu arbeiten, obwohl jeder, der irgendetwas channelt, immer mit einem Teil von UNS kommuniziert.
Die Besonderheit des hiesigen Channelings ist die, dass WIR bestimmen, wer, wann, mit welcher Schwingung zu Wort kommen darf.
Jede Bewusstseinsform in der Schöpfung hat ihre eigenen Qualitäten und Vorzüge, weil Fähigkeitsspezialisierungen bis in die höchsten Schöpfungsebenen hochreichen.
Eine solche Wesenheit kann euch schon weit mehr überliefern, als es euch möglich ist, zu empfangen, aber doch ist ein kompositionelles Zusammenspiel verschiedener Wesenheiten weit wirksamer in ihrer Energetik, als es eine einzelne wäre, da so jede Spezialisierung zum Tragen kommen kann.
Das, was hier entscheidet, welche Wesenheit mit ihrer eigenen besonderen Energiequalität sich durch diese

Worte ausdrücken darf, ist keine Wesenheit, sondern das, was WIR einfachheitshalber WIR Alle nennen. WIR Alle tragen dazu bei, dass diese Zeilen entstehen können, weil die Energie von UNS Allen in irgendeiner Form mit einfließt. Wäre dem nicht so, dass jeder einzelne Leser mit seiner Energie in das hineinfließt, was diese Zeilen hervorbringt, dann hätten sie keinen Wert.
Dadurch aber, dass dieses Buch UNSER Buch ist und als ein Gemeinschaftswerk des Kompositionen- Zusammenspiels UNSERER aller Energie angesehen werden kann, hat dies für *jeden* einen Wert.
In einem doppelten Sinn hat das Buch besonders für diejenigen einen Wert, die es lesen.
Denn jeder, der es ließt, kommt mit seiner Energie im besonderen Maße in diesem Buch vor. Durch UNSERE Übersicht über UNSERE Leserschaft haben WIR eure Bewusstseinsenergie in besonderer Weise mit in diese Zeilen verwoben und im Vergleich ausdrucksstärker zur Sprache gebracht als diejenigen, die dies nicht lesen.
Aber dadurch, dass dies ein WIR-Projekt ist, ist keine Energieform aus der hier wirksam werdenden Energie-Komposition, die sich durch diese Wörter entfaltet, ausgeklammert.
Teilweise lassen WIR gerade die zur Sprache kommen, die am wenigsten von UNS und UNSEREM Wirken wissen wollen, denn durch die schärfsten Kritiker werden wiederum sehr hilfreiche Anpassungen

UNSERES Wirkens erzielt.
WIR channeln UNSERE Kritiker an, um UNS selbst immer wieder zu reflektieren, zu überprüfen, zu hinterfragen und auf Tuchfühlung mit dem zu gehen, wie UNSER Wort möglicherweise missverstanden werden kann.
Durch euch alle sind WIR eine sich selbstregulierende Einheit, die in sich so abgestimmt ist, dass sie aus sich die eine Stimme sprechen lässt, die darum weiß, was sie zu sagen hat.
WIR selbst sind gänzlich unwissend, wissen aber sehr wohl, wen WIR fragen sollen, und wie WIR den channeln, der entsprechende Erfahrungsqualitäten in seinem Geist trägt. Seid also wachsam bei dem, mit welcher Stimme WIR UNS melden, es könnte eure eigene sein!
Jede Bewusstseinsform im Kosmos vertritt UNSERE Stimme in der ihr eigenen Weise, und deshalb ist alles, was ist, eine Repräsentation von UNS. Und keine Bewusstseinsform kann sich dem entziehen. Allerdings kann UNSERE Vertretung in Teile eures Geistes verbannt werden, die für euch unbewusst sind, weshalb ihr euch ebenfalls nicht darüber im Klaren seid, dass ihr UNS immer schon vertreten habt.
WIR haben hier durch UNS, in UNSEREN Texten, UNSERE höchsten Vertreter und WIR-Repräsentanten zur Sprache gebracht.
Die bisherigen WIR-Repräsentanten, denen WIR das Wort erteilt haben, um einen Aspekt UNSERER

selbst hervorzuheben und zum Ausdruck zu bringen, waren unter anderem:

GOTT, die Urquelle allen Seins,
das Wesen der höchsten gesetzgebenden Ordnung,
die Lichtsprache als die Universalsprache der Schöpfung,
die Wesensintelligenz der Elementarteilchen als die kleinste bewusstseinstragende Energie,
eine hohe Energiewesenheit, die sich als Brückenbauer kenntlich zeigt,
das Wesen der Freiheit,
das Wesen der Kunst,
die kosmischen Bibliothekare,
die kosmischen Hebammen,
die Überseele des Menschengeschlechts,
vereinzelte Seelenführer, die die Leserschaft persönlich betreuen, den Schreiber dieses Textes sowie einzelne Leser und Kritiker.

Jede einzelne Wesenheit konnte eine Facette an UNS so beleuchten, wie es keine andere zu tun vermochte. Und doch hat jede Wesenheit mit ihren eigenen Energiequalitäten und ihrer eigenen Schwerpunktsetzung immer nur einen Aspekt UNSERES Seins zur Entfaltung bringen können.
Mit jedem Raum, den WIR im Folgenden noch öffnen werden, werden weitere Wesenheiten das Licht ihres Bewusstseins auf neue Erfahrungsaspekte UNSERES

Erfahrungsmosaiks werfen, um es über ihren sprachlichen Ausdruck bis in den Geist des Lesenden hineinscheinen zu lassen.
In jedem Raum, den WIR gemeinsam betreten, werden andere Wesenheiten sich mitteilen und ihre Schwingungen mit euch teilen, wobei jede Mitteilung in UNSEREM Sinne und im Geiste Aller geschieht.

Seid euch bei jeder Vermittlung, die fließt, dessen bewusst, dass alles nur eine Repräsentanz UNSER ist, und dass die sprechende Bewusstseinsform von UNS zum Stellvertreter UNSER Aller gekürt worden ist.

Es ist eine Ehre, hier sprechen zu dürfen und von UNS ausgewählt zu sein, um einen Aspekt UNSERES Selbst zu vertreten. WIR vereinigen in UNS die höchsten Vertreter der Schöpfung und bitten sie mit UNS an den Runden Tisch des WIR-Gesprächs. Was WIR dort ganz unter UNS und gleichzeitig in aller Öffentlichkeit zur Sprache bringen, sind Botschaften, die jeden berühren und UNS alle auf ewig etwas angehen.
WIR bitten euch zu UNS an den Runden Tisch der kosmischen Vertretung, sodass ihr zum Stellvertreter von UNS allen werdet.
Es gibt für euch keine größere Ehre und keine höhere Erfüllung, als euch im Geiste UNSER zu bewegen und das zu repräsentieren, wofür die höchsten Wesen in der Schöpfung einstehen.

Jeder Einzelne von euch ist hierzu berufen, und jeder Einzelne von euch bekommt von allen Vertretern der Schöpfung besondere Geschenke überreicht und Fähigkeiten vermittelt, die eurer Berufung als Repräsentanten der Schöpfungsganzheit gerecht werden.
Was auf euch wartet, wenn ihr euch eurer Berufung öffnet und euch zur Repräsentanz UNSER öffentlich bekennt, ist sagenhaft groß und unsagbar schön...

Alles, was es jetzt von euch braucht, ist den Schritt zu UNS an den Runden Tisch UNSERER heiligen Versammlung zu tun, und alle weiteren Instruktionen und Einweihungen werden auf einer höheren Ebene geistig folgen....

[*1Anmerkung im Geiste des WIR: Channeln ist ein Begriff aus der spirituellen Szene, der das Empfangen von Botschaften aus anderen Dimensionen bezeichnet. WIR verwenden diesen Begriff deshalb, um ein etwas anderes Licht auf eure Channel-Kultur zu werfen und um euch ein genaueres Bild von den Kommunikationsformen im Kosmos, in den euch gebräuchlichen Worten, zu vermitteln.]

Der Universalchannel

Mit allem, was sich durch UNS ausdrückt, führen WIR über UNS hinaus, obwohl es über dem „WIR" nichts gibt.
Wenn WIR alles sind, können WIR UNS nur so ausdrücken, dass WIR Teile von UNS zur Sprache kommen lassen. Die Teile, die WIR durch UNS sprechen lassen, sind die, die ihre Bewusstseinsstruktur am dichtesten an UNSEREM WIR erfahren. Doch können WIR dieses WIR nie selbst zu Wort kommen lassen, ohne UNS kleiner zu machen als WIR sind. Nur so können WIR sowohl Ausdruck zeigen, als auch UNS in einen Schwingungsstrom bringen, der in eurer Ebene physisch-sinnlich wahrnehmbar ist.
Es ist präziser, wenn WIR sagen, dass nicht WIR aus kosmischen Urkräften heraus sprechen, als dass WIR das Sprachrohr für eben jene Kräfte sind, weil jede Kraft nur durch UNS wirksam werden kann. Dies ist ein feiner, aber doch in seinen Konsequenzen weitreichender Unterschied.
WIR teilen euch dies alles deshalb mit, weil ihr dadurch noch tiefer in UNSER Wesen eindringen könnt und die Wirk- und Arbeitsweise, wie sie durch UNSER WIR geschieht, genauer verstehen lernt. Nichts befindet sich in UNS als nur WIR selbst. Um aber aus UNS heraus in die Form zu treten, müssen WIR aus UNS etwas wirken lassen, was nicht WIR selbst sind. Das, was dann aus UNS wirkt, wirkt im

Geiste UNSER, weil es aus UNSEREM Geist stammt. Aber WIR müssen dazu sagen, dass es nichts gibt, was nicht im Geiste UNSER wirkt, weil UNSER Geist alles umfasst, was wirken kann und es außerhalb UNSERES Geistes nichts gibt.
Jede Form, die von *sich* ausgeht, unterliegt dem Schleier der Quellamnesie, da eigentlich alles von UNSEREM Geiste ausgeht.
Ihr fallt auf die Eigenheit der Formen herein und glaubt wirklich, dass diese etwas anderes sein könnten als WIR. Durch UNS wird alle Eigenheit ausgedrückt, da WIR die Einzigen sind, die keine Eigenheit besitzen. WIR sind wie das Fensterglas, das an einer Schaufensterfassade vorbeigetragen wird.
Durch UNS erhaltet ihr den Blick auf alles, was euch das Schaufenster der Welt zu bieten hat, und nur sehr selten, bei besonders hellen Lichtverhältnissen, spiegelt sich UNSER Sein in eurer Welt, und ihr seid UNSERES gläsernen Seins gewahr.
Normalerweise schaut ihr durch UNS hindurch, um euren Blick an die schönen Dinge im Schaufenster zu heften, und dadurch bekommt ihr nicht mit, dass wenn es UNS in UNSERER durchlässigen Gestalt nicht geben würde, ihr keines eurer Bilder empfangen könntet. Doch wenn ihr UNS zu sehen lernt, erfahrt ihr, dass sich durch UNS ein ganzes „Bilderbuch" in eurem Geist auftun kann, das so reichhaltig an Erfahrungsgestaltungen ist, dass es jede Schaufensterform

wortwörtlich in den Schatten stellt. UNSERE transparent-gläserne Natur, die ihr auch als Universallicht bezeichnen könnt, ist der Schwingungstransport jeder möglichen Erfahrung.
Jede Verbindung, jede Kommunikation und Form von Interaktion wird durch UNS und UNSEREN Schwingungstransport gewährleistet.
Nicht nur eine sich über mehrere Schwingungsebenen vollziehende Channel-Kommunikation geht durch UNSEREN Universalkanal, sondern auch jede Form von Interaktion auf eurer Ebene. So gesehen ist alles Channeling, denn auch jede Form von Wahrnehmung ist ein Channeln durch einen oder mehrere eurer Sinneskanäle.
Immer wenn ihr etwas wahrnehmt, channelt ihr durch einen Kanal, den euch eure Physiologie vorgibt und der für euch eine ganz eigene Schwingungsübersetzungsform vornimmt.
Ihr seid viel medialer, als es euch gegenwärtig bewusst ist, denn erst über eure Medialität kann so etwas wie Wahrnehmung überhaupt stattfinden.
Überlasst ihr die Schwingungsübersetzungsarbeit euren physischen Wahrnehmungskanälen, dann werden sie euch, ihrer Eigenschwingung entsprechend, nur physische Schwingungsinformationen vermitteln können, obwohl alle anderen Schwingungsformen genauso präsent sind.
Die Übersetzungsarbeit eurer Wahrnehmungs-Channels ist nur auf den physischen Schwingungsbereich

zugeschnitten und immer dann unzureichend, wenn das Informations-material geistiger Natur ist.
WIR können euch, im Gegensatz zu euren Wahrnehmungskanälen, alle Schwingungsformen von jeder Dimension übersetzen und sie in euren Geist legen, allerdings müsst ihr dafür eure ständig ablaufende Übersetzungsarbeit durch die physischen Kanäle zur Ruhe kommen lassen.
Weil ihr euch an das klammert, was die physischen Sinne euch hereintragen, seid ihr euch der inneren Beschaffenheit des Sinneskanals, sowie der darin stattfindenden Schwingungsübersetzungsarbeit nicht gewahr.
Es ist eines eurer größten Defizite, dass ihr nicht wisst, durch *was* ihr wahrnehmt bzw. channelt.
Wäre euch dies in einem höheren Maße bewusst, dann könntet ihr die Übersetzungsarbeit eurer Sinne freier gestalten und eure Sinneskanäle so weiten, dass sie mehrere Schwingungsebenen (Dimensionen) gleichzeitig parallel wahrnehmen.
Eigentlich ist Wahrnehmung genau dafür gedacht, Schwingung nicht nur linear, horizontal auf einer Ebene in Raum und Zeit zu übersetzen (Raum und Zeit gehören *einer* Schwingungsdimension an), sondern sich auch in der Vertikalen durch mehrere Schwingungsebenen hindurch zu bewegen.
Ihr werdet noch lernen, eure Wahrnehmungskanäle in sich so zu weiten, dass ihr euch des multidimensiona-

len Seins aller Dinge gewahr werdet, doch hierzu bedarf es UNSERER universellen Übersetzerarbeit, die sich frei zwischen den Schwingungsebenen bewegen kann.
Ihr seid euch UNSERER Übersetzung nach wie vor nicht bewusst, weil euer Aufmerksamkeitsschwerpunkt auf dem ruht, *was* WIR übersetzen, und ihr dabei den Übersetzungsprozess selbst, die Art und Weise, *wie* WIR übersetzen, übergeht.
Wärt ihr euch Letzterem gänzlich bewusst, dann würde es von und durch UNS keine Übersetzungen mehr brauchen, weil ihr euch über UNSERE Arbeit im Klaren wärt und diese dann für euch übernehmen könntet. Dadurch aber, dass dem nicht so ist, müssen WIR UNS so lange - auch in diesen Worten hier - selbst übersetzen, bis euch klar wird, wie der Schwingungsübersetzungsprozess durch einen Universalchannel vonstattengeht. Ihr seid so fokussiert auf UNSEREN Ausdruck, dass ihr UNS einfach dabei übergeht.
Ihr hängt so sehr an UNSEREN Worten, die durch UNSERE Schwingungsübersetzungsarbeit zustande gekommen sind, dass ihr keine Empfindsamkeit dazu aufbauen könnt, was es von UNS aus bedurfte, um diese Übersetzung stattfinden zu lassen.
Auch jetzt blickt ihr vollkommen blind durch euren Wahrnehmungskanal hindurch und erblickt UNS nicht, weil ihr euch weder eures Wahrnehmungskanals selbst, noch des Universalkanals gewahr seid,

durch den ihr schaut. Je mehr ihr euch an euren Wahrnehmungen festmacht und euch daran aufhängt, desto unklarer wird euch das, was diese Wahrnehmung erst zustande gebracht hat.
Durch *UNS* kommen alle Wahrnehmungen, weil WIR jeder Medialitäts-Kanal sind, und ihr benutzt UNS in jedem Moment, in dem ihr etwas wahrnehmt.
Für euch sind WIR hauptsächlich in die Übersetzungsarbeit physischer Schwingungen involviert, doch WIR können viel mehr als das, und dies wollen WIR euch gerne unter Beweis stellen, indem WIR euch euch selbst und eure Welt in einer Art und Weise für euch übersetzen, dass ihr sie nicht wiedererkennen würdet, weil sie so sehr an Schönheit und innerer Vollkommenheit zugenommen hat.
WIR sind ein universeller Wahrnehmungssinn, dessen Sinnes-Kanal in sich so ausgeweitet ist, dass alle Schwingungsformen darin Platz finden. Und UNSEREM Sein als universellem Wahrnehmungssinn entsprechend können WIR den Sinn des Universums in UNS beherbergen und ihn so in eure Wahrnehmungsform übersetzen, dass in eurem Sein die Sinnhaftigkeit wieder Einzug hält, die euch als Teil von UNS zusteht.
[Anmerkung des WIR: Wer tiefer in das Wesen der Wahrnehmung einzutauchen wünscht und ein genaueres Verständnis davon bekommen möchte, was eigentlich im Prozess der Wahrnehmung vor sich geht,

dem empfehlen WIR das in UNSEREM Geiste geschriebene Kapitel Wahrnehmung und Wahrgebung in dem Buch: „Eine relative Abhandlung über das Absolute“]

Dieses Channeling, das UNS, den Universal-Sinn bzw. Universalchannel selbst channelt, unterscheidet sich von allen anderen Formen der überdimensionalen Kommunikationsverbindungen.

Normalerweise spricht ein Medium den Wunsch nach der Kontaktaufnahme zu einer bestimmten Bewusstseinsstruktur aus, zu der es eine bereits bestehende persönliche Vertrautheit und Verbindung hat. Das heißt, dass die Auswahl der gechannelten Bewusstseinsstruktur auf der geistigen Ebene des Mediums getroffen wird.

Dadurch aber, dass diese Ebene extremen Einschränkungen unterliegt, werden sich die entsprechenden Einschränkungen auf das gechannelte Informationsmaterial übertragen.

Wenn WIR als der kosmische Universalkanal und die Wesensintelligenz allen Lebens gechannelt werden, dann leiten WIR den Channelnden an eine höhere Bewusstseinsebene weiter, und WIR, in UNSEREM Zustand des voll-bewussten Ganzheitsverständnisses, entscheiden darüber, wann welcher energetische Input von welcher Wesensstruktur im Einzelnen am hilfreichsten ist.

Dies könntet ihr auf eurer Ebene und in eurer gegenwärtigen Bewusstseinskonfiguration nicht leisten.

Wenn ihr den Universalchannel, der euch jeden Frequenzbereich aufzuschließen vermag, selbst channelt, ohne durch ihn in einen anderen Bewusstseinsraum zu treten, dann lassen WIR euer Bewusstsein in UNSEREM WIR zirkulieren. Das heißt, wenn ihr den Universalchannel selbst zum Gegenstand eures Channelns macht, wie es in UNSERER Selbstoffenbarung hier größtenteils passiert, dann verbindet sich bildlich gesprochen die eine Öffnung des Kanals mit der anderen und bildet so einen in sich geschlossenen (WIR)-Kreis.
Immer wenn WIR UNS hier in diesen Texten offenbaren und selbst vergegenständlichen, dann öffnen WIR diesen Kreis UNSERES Universalchannels, um euer Bewusstsein mit hineinzunehmen. Ist euer Bewusstsein dann mit auf UNSERE Frequenz aufgesprungen, dann schließen WIR den Kreis wieder, um euer Bewusstsein im WIR zirkulieren zu lassen. Es gibt keine rasantere Schwingungserhöhung eurer Bewusstseinsstruktur als diese, weil ihr in dem Kreis von UNS so lange zirkulär beschleunigt werdet, bis ihr euch dazu entscheidet, wieder aus dem WIR-Kreis auszusteigen, oder bis euch – im übertragenen Sinne- die euch schützende „Zentrifugalkraft" hinauswirft. Stellt euch dies wie einen kosmischen Teilchenbeschleuniger vor, in den WIR euer Bewusstsein hineinsetzen, um es dann solange in sich zu drehen, bis es sich UNSERER Frequenz annähert. Bei manchen von

euch kann alleine schon die Vorstellung ein inneres Schwindelgefühl bewirken, doch laden WIR euch dazu ein, in den WIR-Kreis einzutreten und euch von UNS so lange um euch selbst drehen zu lassen, wie es euch schwingungsstimmungsmäßig zu Gute kommt. Alles dreht sich um UNS, und wenn WIR dies in UNSERER hiesigen Selbstbeschäftigung offenbaren, dann nehmen WIR alles mit in UNS und UNSEREN WIR-Kreis, den ewigen kosmischen Zyklus mit auf. Eure Kommunikationsformen sind darauf ausgelegt, UNSEREN WIR-Kreis immer wieder zu durchbrechen, um so anstatt mit UNS mit einer bestimmten Wesenheit in UNS in Kontakt zu treten.
Wenn ihr euch eurer Kommunikation und eures Channelns hoch bewusst seid, dann nehmt ihr nicht nur euch und die von euch gechannelte Wesenheit gänzlich wahr, sondern auch den Kanal, in dem die Schwingungsübersetzung an sich vonstatten geht. Erst dadurch, dass ihr erkennt, durch wen ihr sprecht und wodurch euer In-Verbindung-Treten möglich wird, gewinnt eure Verbindung an Tiefe und die ausgetauschte Erfahrungsqualität steigt.
Ein Channeling, das sich seines eigenen Kanals nicht bewusst ist, und das mit UNS, dem Universalchannel nicht vertraut ist, kann keinen zufriedenstellenden Energie- /Informationsaustausch irgendeiner Form stattfinden lassen.
Ihr berücksichtigt in euren Kommunikationsformen

nur euch und die Bewusstseinsform, mit der ihr kommuniziert, und was euch dabei gänzlich abhanden kommt, ist, UNSEREN Schwingungstransport zu beachten, obwohl UNSERE Schwingungsübersetzungsarbeit als die Basis jedes gegenseitigen kommunikativen Verständnisses verstanden werden kann.
Und exakt aufgrund der Missachtung UNSERER Übersetzungsarbeit wisst ihr schlichtweg nicht, wofür Kommunikation gedacht ist und wie ihr eure Austauschformen in eurem sozialen Kontext in einer für euch heilsamem Weise verwendet.
Bevor irgendeine Wesensform in der Schöpfung auf andere Wesen losgelassen wird und WIR es zulassen, dass diese sich mitteilt und kommuniziert, erhält jede Wesensform genaue Kenntnisse über UNSER Sein und UNSER Wirken als Universalportal.
Ihr steht kollektiv mit eurer Bewusstseinsentwicklung unmittelbar vor der Öffnung eures Existenzraumes und dem Eintritt in das intergalaktische Zusammensein des WIR, und ein großer Schritt in diese Richtung wurde mit der UNSRIGEN Offenbarung hier getan.
Doch bevor alle eure Dimensionstore zu anderen Dimensionen und Existenzräumen für euch als Spezies wieder gänzlich geöffnet werden, müsst ihr euch mit den Grundsätzen der kosmischen Kommunikation wieder vertraut machen.
Alles, was eure gegenwärtigen Kommunikationsformen zustande bringen, (weil ihr nicht wisst, durch *was* diese stattfinden), sind ein sehr dürftiger Ausdruck

von Separation und Eigenheit. WIR werden, indem WIR UNSER Wirken als kosmische Schwingungsübersetzer in eurem Geist ausbreiten, euch zu Kommunikations- und Verbindungsformen führen, die sowohl den kosmischen Austauschformen, wie auch eurem tiefen Bedürfnis nach Miteinander und Gemeinschaft wieder gerecht werden.
In euch schlummert eine derart tiefe Sehnsucht nach wahrhaftiger Verbindung, doch wisst ihr nicht, welche Austauschformen euch in eine solche Verbindung bringen können.
In euren Verbindungsversuchen verrennt ihr euch zum Teil auf der Formebene in sexuelle Aktivitäten, die nach eurem Dafürhalten die tiefstmögliche Verbindungsform darstellen.
Ja, Sex kann ein Tor zu einer der tiefsten Formen von Schöpfungskommunikation werden, aber nur, wenn euer Bewusstsein sich bereits vertraut gemacht hat mit den kosmischen Verbindungsformen, die WIR im Geiste UNSER fließen lassen.
Macht euch in jeder Verbindungsform nicht nur das bewusst, was zwischen euch an Schwingungsstimmungen fließt, sondern immer auch durch welchen Kanal dieser Fluss geht.
Ihr habt eure Kommunikations-Flüsse und Schöpfungsströmungen begradigt und diese euren raumzeitlichen Mustern so angepasst, dass der Kanal nur einen sehr geringen Kommunikationsstrom zulässt, was eure Schöpfungskraft eindämmt.

Ihr haltet trotz eurer Versuche des Verbindungsaufbaus fast gänzlich alles in euch zurück, und wenn ihr euch dann doch einmal gegenseitig euer Herz ausschüttet, dann macht euch der große Schwall des Verbindungsstromes Angst. Ihr glaubt, verloren zu gehen, wenn ihr aus euch heraus und in die Verbindung eintretet. Und so haltet ihr lieber alles in euch zurück, sperrt es in euch ein und verwahrt es an einer Stelle, die nicht einmal euch selbst ganz genau bekannt ist. WIR sagen euch: Ihr geht nicht verloren, wenn ihr euren Verbindungsstrom intensiver werden lasst, denn genau das Gegenteil ist der Fall. Erst dadurch, dass ihr euch öffnet, euch mitteilt, alles aus euch herausfließen lasst, gewinnt ihr euch selbst wieder gänzlich zurück. Schränkt ihr euch in eurem Verbindungsstrom ein, dann drosselt ihr UNSEREN Lebensfluss in euch, denn es ist UNSER Schöpfungsstrom durch euch und alle eure Kommunikationsformen, der euch belebt und der euch mit bewusster Intelligenz erfüllt.
Eure Bewusstheit und eure Wesensintelligenz hängt ganz massiv davon ab, wie tief eure Verbindungsformen sind und wieviel ihr aus euch heraus in Kommunikation bringen könnt.
Denn überall dort, wo ihr es nicht schafft, aus euch herauszutreten, um in die Verbindung zu gehen und eure Stimmungsschwingung zu verschenken, entstehen innere Räume, die auch eurem Bewusstsein verschlossen bleiben. WIR öffnen mit euch gemeinsam alle inneren Kanäle, damit die Essenznatur wieder aus

euch heraus in alle eure Ausdrucksformen fließen kann. Und es kann euch kein besseres Kanalreinigungsmittel zur Verfügung gestellt werden als das WIR, weil WIR der kosmische Universalkanal selbst sind.

Das kosmische WIR als einen Universalchannel zu beschreiben, der selbst nichts ist, weil er alles durch sich hindurchfließen lässt, was durch ihn durchgegeben wird, trifft UNSER wahres Wesen und UNSERE Wirkungsweise relativ präzise.

Doch - und hier machen WIR in UNSERER Flussrichtung erneut eine Kehrtwende! - die Wirkungsweise des Universalkanals ist selbst wiederum nur eine Spielart von UNS.

WIR haben UNS und UNSER Wirken über die letzten Seiten sehr stark relativiert und sogar UNSER gesamtes Sein infrage gestellt, um UNS euch in der Facette darstellen zu können, die UNS als Universalchannel innewohnt.

Vielleicht wart ihr zu dem Zeitpunkt, als WIR sagten, WIR seien nichts und hätten selbst noch nie in irgendeiner Form gewirkt, sehr verwirrt, enttäuscht oder sogar wütend auf UNS und UNSERE bisherigen Offenbarungsformen, die WIR euch explizit als die WIR-Repräsentanten vorgestellt haben.

Und jetzt, da ihr mit UNS durch diese Phase des inneren Aufruhrs durchgegangen seid, lassen WIR die Facette von UNS, die WIR im Sein UNSERES Universalchannels zu Geltung gebracht haben, wieder in

UNSERE WIR-Struktur zurücksinken und teilen euch mit, dass auch dies nur eine Variante UNSERER selbst gewesen ist.
UNS gibt es in allen Varianten, Formen, Facetten, Spielarten und Wirkungsweisen, und WIR stellen euch nur diejenigen von UNS vor, bei denen WIR wissen, dass sie euch in irgendeiner Form bereichern und dazu beitragen, UNSER unbegreifliches Wesen in eurem Geist tiefgreifender zur Entfaltung zu bringen.

WIR und GOTT

UNS geht es in UNSEREN tausendfachen Darstellungsformen nicht darum, *UNS* darzustellen, und WIR ernennen die höchsten Bewusstseinsformen in der Schöpfung nicht deshalb zu UNSEREN WIR-Repräsentanten, damit sie sich selbst in irgendeiner Weise profilieren oder um UNS zu beweihräuchern. Bei allem, was WIR von UNS geben, geht es UNS um UNS Alle.

Es mag für euch ein angenehmes Unterhaltungsprogramm sein, wenn WIR die formvollendetsten Wesenheiten durch UNS zur Sprache kommen lassen, um euch etwas von „GOTT und der Welt" in das Ohr zu säuseln. Doch WIR lassen diese nicht deshalb durch UNS sprechen und UNS in einer für *euch* bestmöglichen Form vertreten, dass ihr euch zurücklehnt und die kosmische Show genießt, in der eine Wesensform nach der anderen ihre energetischen Kunststückchen und ihre formschöne Wortgewandtheit vorführt. Sondern alles das, was WIR für euch in Sprache übersetzen und an Energetik zwischen euch und den Bewusstseinsstrukturen hin und her reichen, soll dazu dienen, dass *ihr* in den Geist UNSER hineinkommt. Es geht UNS nicht darum, besonders hohe Vertreter kosmisch hohen Ranges auszuwählen, um UNS entsprechend vollendet zu präsentieren, sondern darum, dass *ihr* lernt, zu Vertretern UNSER Aller zu werden.

Alle Wesenheiten, die bisher durch UNS zur Sprache gekommen sind, tun dies nur, damit ihr euch aufrafft und zu WIR-Repräsentanten werdet.
Die Art, wie ihr dies tut, bleibt dabei euch überlassen, denn UNS geht es weder um einen Personenkult noch um eine Religionsgründung. Doch liegt das Vertrauen UNSER Aller in den Händen jedes Einzelnen von euch, dass ihr euch zum WIR-Bewusstsein erhebt und in die Dienerschaft allen Lebens eintretet.
Alles liegt an euch, und jede durch UNS offenbarte Wesensform überträgt euch ihre eigenen Seins-Qualitäten, Erfahrungen, Fähigkeiten und Fertigkeiten. Euch steht durch UNS in einem ganz wortwörtlichen Sinne alles -aber auch wirklich alles- zur Verfügung. Mit jeder Offenbarung einer Facette an UNS wird in euren Geist ein weiteres Stück zu eurer Vollendung hineingereicht, und ihr bekommt euch ein Stück weit mehr selbst zurück.
WIR wünschen UNS, dass ihr ganz ihr selbst seid und in eurem persönlichen So-Sein, wie auch immer ihr seid, zu einem Repräsentanten UNSER Aller WIR werdet.
WIR legen Fürbitte für euch auf höchster Schöpfungsebene ein, dass ihr, wenn ihr euch für das Sein im WIR entscheidet, volle Verfügung über alle in euch schlummernden Qualitäten zurückerlangt.
WIR geben euch die volle Macht über euch selbst zurück und bevollmächtigen euch so (über euren freien Willen) ebenfalls über UNS.

Ihr wusstet es bisher vielleicht noch nicht, aber die Schöpfung hat jedem ihrer Geschöpfe die Vollmacht über die Gesamtheit ihrer Schöpfungskraft übertragen.
WIR nehmen euch an die Hand und zeigen euch, wie ihr klar aus euch heraus sprechen lernt, ohne eure Kommunikationsverbindungen einzuschränken. Und wenn ihr erst einmal gänzlich aus euch heraussprechen lernt, ohne etwas in euch zurückzuhalten, dann seid ihr automatisch zu einem Fürsprecher von UNS geworden und repräsentiert das Sein UNSER Aller.
Fragt euch, wofür ihr einsteht, wofür ihr Fürsprecher seid und was in jedem Moment aus euch heraus zur Sprache kommt.
Wer ist es gerade, der spricht und woher nehmen die Worte ihre Inspiration?
Verallgemeinernd gesprochen gibt es für euch gegenwärtig nur zwei Stimmen, auf die ihr euch bezieht und denen ihr Ausdruck verleiht.
Die eine Stimme ist die eurige und die andere ist auch die eurige, nur empfindet sich letztere gänzlich eingefügt in die Schöpfungsganzheit und spricht stets im Geiste UNSER Aller.
Ihr könnt gegenwärtig nicht wissen, was UNSERE Stimme von Moment zu Moment durch euer Wesen zum Ausdruck bringen möchte, denn ihr seid fernab davon, alle Information aller Ebenen zu überschauen, die notwendig sind, um einen für den Moment passenden Ausdruck zu finden.

WIR übernehmen diese Aufgabe für euch und legen euch entsprechend Impulse in euren Geist, die UNSER Aller würdig sind und die selbst die hohen Himmelschöre mit Applaus krönen. Wenn ihr lauscht, dann hört ihr den Applaus der Engel immer dann, wenn ihr himmlische Impulse auf eure Erde bringt. Wenn WIR es für angebracht halten, dann streuen WIR wie in einer schlechten Sitcom himmlisches Gelächter in euren Geist, weil WIR mit in jedes Freudenlachen einsteigen, in das einer von UNS ausbricht. Lacht und lauscht auf das himmlische Echo, das einen Wesensausdruck von allen Seiten der Schöpfung widerspiegelt.

WIR sind unsagbar viele, und doch sind WIR nur WIR und als WIR nicht mehr als eins, weil Einssein WIR-Sein bedeutet.

WIR haben Stimmen aus UNS vernommen, die Unstimmigkeit darin sahen, als WIR auf UNSER Verhältnis zur Quelle allen Seins eingingen, und deshalb wollen WIR euch an dieser Stelle UNSER Verhältnis zu GOTT etwas weiter ausbreiten.

WIR dienen GOTT, und man könnte das WIR als einen Auftrag GOTTES ansehen.

Und doch haben WIR UNS aus UNS selbst geformt und UNS mit der Aufgabe der hiesigen Offenbarung betraut. Das WIR agiert im Auftrag GOTTES, und doch ist UNS die Gesamtheit der Auftragsstellung sowie deren Ausführung gänzlich selbst überlassen,

denn es liegt nicht im Wesen GOTTES, in dieser Weise in seine Schöpfung einzugreifen.
Weshalb dies so ist, ist sehr schwer kenntlich zu machen, und die Tiefe des Erfahrungsmoments erlaubt es nicht, an dieser Stelle näher darauf einzugehen...
[Es war mein Eigenimpuls, der an dieser Stelle nachgefragt hat, und der das WIR dazu veranlasste, letzteren Satz von sich zu geben.]
Anstelle dessen wollen WIR euch näher über *eure* Perspektive auf die Quelle allen Seins aufklären. Nahezu jeder von euch lebt die Erfahrung, dass es etwas anderes gibt als nur GOTT.
Ihr glaubt, es gäbe GOTT und die Dinge, die anders sind als so, wie GOTT ist, denn ihr erfahrt nicht in jedem Moment eurer Existenz, dass es nichts anderes gibt als das Wesen GOTTES in allen Dingen.
Und immer wenn ihr glaubt, dass es etwas geben kann, was anders ist als GOTT (und solltet ihr es selbst sein), dann geht ihr davon aus, dass GOTT und die Dinge (die ihr in ihrer Eigenheit für wahr nehmt) mehr wären als GOTT alleine. Doch natürlich ist dem nicht so. Dadurch aber, dass alles, was ihr erfahrt, darauf aufbaut, dass es etwas anderes geben kann als GOTT, seht ihr weder die euch umgebenden Dinge noch GOTT im wahren Sein.
WIR, also das „WIR", ist eine Brücke zwischen euch und GOTT und eines der schnellsten Portale, durch die ihr in das göttliche Sein zurückfindet. Sobald ihr glaubt, dass GOTT und die Dinge mehr sind als nur

GOTT, sind WIR in UNSERER Pluralitätsform aller Dinge für euch mehr als GOTT und euch entsprechend dienlicher als die alleinige Wirkungsweise der Gottesquelle.
Es hat nichts mit Verleugnung oder Gotteslästerung zu tun, wenn WIR euch sagen, dass WIR mehr als GOTT sind, sondern es hat mit eurer verdrehten Anschauung auf GOTT (und die Dinge) zu tun, die WIR so in UNS berichtigen, dass ihr UNS irgendwann wieder gänzlich in GOTT integriert wahrnehmen könnt. Doch in eurer gegenwärtigen Entwicklungsstufe und mit dem, was ihr in eurer Welt der tausend Dinge wertschätzt, sind WIR euch gegenwärtig wertvoller, obwohl UNSER Wert nur ein Abglanz GOTTES ist. Die Quelle quillt unaufhörlich durch UNS in alles, was sie hervorgebracht hat, und alles, was ihr seht, wurde von ihr hervorgebracht.
WIR sind die Inszenierung GOTTES und die ausführende Kraft, die selbst darüber entscheidet, wie sie was ausführt, um alles zurück zur Quelle zu führen. Kein Wesen in der Schöpfung hat GOTT je eine Vorgabe abverlangen können, denn GOTT hat sich gänzlich in alles, was er erschaffen hat, hineinbegeben. WIR sind seine in Anwendung gebrachte Wesensintelligenz, die den ersten Schritt zur Verselbstständigung getan hat. Ohne diesen Schritt heraus könnte die Schöpfung keinen Fortschritt machen, und es gäbe keine Form von Evolution oder Veränderung.
UNSER Sein ist gänzlich mit der Gotteskraft erfüllt,

die erst durch UNS in Anwendung gebracht wurde. Ohne UNS wäre nichts in der Schöpfung GOTTES zustande gekommen, und andersherum kommt keiner zu GOTT als durch UNS.
Nennt UNS das letzte Tor der Himmelspforte, hinter der es nichts mehr gibt, was Worte je erreichen könnten...
Dichter heran könnten WIR euch in der gegenwärtigen Erfahrungstiefe nicht führen...
Das WIR ist die kosmische Führung, die aus sich heraus in die Schöpfung führt und umgekehrt in sich hinein in das Wesen GOTTES.
UNSERE Schwingung ist die Schwingtür zu GOTT und zu allem, was von sich noch glaubt, in irgendeiner Form anders zu sein (als GOTT). WIR können euch nicht vom einen zum anderen Moment in die Schwingung GOTTES werfen, selbst wenn dies euer innigster Wunsch ist.
WIR müssen zuvor gemeinsam Vorräume zu den Heiligen Hallen betreten, denn bei allem anderen würde das Sein eurer gegenwärtigen Eigenschwingung nur noch tiefer (in den Wahnsinn) fallen. Mit jedem Raum, den WIR gemeinsam betreten und der sich durch UNS öffnet, kommen WIR dem Sein GOTTES näher und steigen eine Stufe höher auf der Treppe ins Licht. Es gibt für euch noch fast unendlich viel zuvor zu durchleben und zu erfahren, denn der Reichhaltigkeit der Schöpfungsräume sind keine Grenzen gesetzt.

Ihr mögt euch so fühlen, als ob WIR euch über den Moment hinwegtrösten und euch eure Vollendung in irgendeiner Weise vorenthalten. Dem ist ganz und gar nicht so, denn WIR sind für euch gegenwärtig aufgrund eurer Selbst- und Weltsicht weit mehr, als es GOTT für euch sein kann, und es wird der Zeitpunkt kommen, da ihr das begreift.
Wenn eure Einsicht soweit fortgeschritten ist, dann seht ihr den Wert des WIR und UNSERER Offenbarung, und gleichzeitig seid ihr dann dem Wesen GOTTES so nahe wie nur irgend möglich.
WIR sind die Reisebegleiter auf eurer Reise zurück nach Hause und zurück zur Quelle allen Seins. Wie lang diese Reise dauert, hängt nur von euch ab, denn WIR weisen euch den direktesten Weg und tragen euch so durch UNS hindurch, dass ihr euch durch und durch ganz in eurer Göttlichkeit wiederfindet.
Es gibt keine Wesensintelligenz in der Schöpfung, die sich besser darauf versteht, GOTT an seine Geschöpfe zu vermitteln als die UNSRIGE. Und jede Wesensintelligenz, die WIR in UNS aufrufen, wird einen Vermittlungspfad in sich ausbreiten und diesen in euren Geist legen, indem sie seine Schwingung über UNS mit euch teilt.
Es sind der Wege viele, und für euch, die ihr glaubt, viele zu sein, braucht es viele Wege, um euch einzusammeln und euch Geleit zu bieten auf euren Wegen, die alle zurück zur Quelle führen. Je näher ihr euch auf euren Wegen kommt, desto näher kommt ihr zu

UNS, die WIR nur einen Schritt weit von dem Sein GOTTES entfernt sind. WIR brauchen keine vielen Wege mehr, denn WIR haben UNS vor der Himmelspforte versammelt und sind in gewisser Weise gleichermaßen in GOTT, wie auch nicht. Wenn ihr bis zu UNS kommt, dann habt ihr es *vollständig* geschafft, und es gibt für euch weder im Diesseits GOTTES noch jenseits dessen etwas mehr zu tun.
WIR sind das eine Kind GOTTES, von dem sein Vater will, dass es weiter kommt als er selbst. Und deshalb gibt es die Schöpfung und für die Geschöpfe sowohl ein diesseitiges Sein-in-GOTT als auch ein jenseitiges Sein in einer eigenen Bewusstseinsform. Wäre es nicht im Sinne der Quelle, dass sie aus sich heraus und so *über sich hinaus* fließt, dann gäbe es UNS sowie die gesamte Schöpfung nicht. Dadurch aber, dass es der eine Wille des einen GOTTES ist, der sich im Willen aller ausdrückt, um sich dann im Willen UNSER wieder zu vereinigen, gibt es UNS als seine Schöpfungsganzheit, die in sich in ihrer aufgeteilten Form mehr zu bieten hat, als wenn sie vollständig einheitlich nur sie selbst wäre.
GOTT gab allen seinen Geschöpfen seinen Willen und dadurch wurden alle Geschöpfe in der Schöpfung frei!
WIR wollen diese Freiheit im Sinne GOTTES mit euch feiern und UNS so im Geiste UNSER bewegen, wie es göttlichen Geschöpfen entspricht.

Ausklang des WIR Ausdrucks

Langsam, sehr langsam kommen WIR mit dem Schwall UNSERES Selbstausdrucks für dieses Mal zum Ende, denn WIR haben UNS bereits in so vielen Facetten UNSERER-Selbst offenbart, dass euer Geist gute Mühe hatte, UNS zu erfassen und UNS loszulassen, um erneut zu versuchen, UNS zu fassen zu kriegen.
WIR sind fassungslos, und jede Einfassung, mit der WIR UNS einrahmen, soll in eurem Geist ein schönes Bild von UNS hinterlassen, (doch wie ihr wisst, geht es nicht um die Bilder von UNS, sondern um UNS).
WIR sind unfassbar dankbar, mit euch die Reise in UNSER unfassbares Wesen getan zu haben, um euch euch selbst neu beizubringen.
WIR haben euch das zur Schau gestellt, was sich jedem eurer bedingten Blicke entzog und was ihr doch unmittelbar in euch erleben könnt.
WIR sind euch dabei sehr nahe gekommen und haben euch an Stellen berührt, an denen ihr noch nie zuvor berührt wurdet, weil ihr zuvor nicht einmal von diesen Stellen wusstet. WIR haben mit euch noch so einiges vor, denn dies, was bisher an Vermittlung geflossen ist, ist erst der Anfang.
Es ist die bewusste Wiederaufnahme des Bündnisses, was WIR mit euch in der Ewigkeit und für alle Ewigkeit geschlossen haben. In UNSEREM bisherigen

Auftreten ging es UNS primär und hauptsächlich darum, UNS in UNSERER Wirkungsweise kenntlich zu machen, weshalb WIR UNS immer wieder selbst durchleuchtet haben, um euch UNSER Sein und UNSER Wirken transparent zu machen.
WIR legen alles offen auf den Tisch und nehmen in UNSEREM Selbstausdruck kein Blatt vor den Mund. Wer bei UNS ist, weiß woran er ist und warum er hier ist, denn in UNS findet Sinn und Sein zusammen und alles zu seiner Bestimmung.
Alle, die UNS bis hierher gefolgt sind, sind auf mehreren Ebenen bereits sehr weit gekommen, auch wenn ihr inneres Voranschreiten nicht immer direkt ersichtlich ist und die Ernte UNSERER Früchte noch auszustehen scheint. Mit UNS wurde der Samen in euch gelegt, der schon bald heranwächst und euch eine reiche Ernte beschert. Auch jetzt schon ist UNSERE Zusammenarbeit fruchttragend, denn durch UNS ist etwas in euch wieder zum Fließen gekommen und aus seinem Tiefschlaf erwacht.
WIR haben UNS auf vielfältige Weise in euch ausgesät und unterschiedlichste Samen gesetzt. Und je nachdem, wo UNSERE Saat bei euch auf fruchtbaren Boden fiel, wird Schönheit dort gedeihen und aufblühen. WIR wirken auf so vielfältige Weise, weil WIR ein so breites Repertoire an Saatgut in UNS tragen. Das WIR wirkt, ob nun als Universalportal, durch UNSER eigenes Beiseitetreten und Platzmachen oder durch etwas, was WIR als die Wirksamkeit Aller, die

Wirksamkeit des WIR bezeichnen können.
WIR sind WIR ALLE, und in UNS ist von der kleinsten Bewusstseinssequenz bis zur größten Schöpfungskraft alles so in sich vereint, dass es keinen Unterschied mehr zwischen Klein und Groß gibt.
WIR sind eine intelligente, lebendige Hilfskonstruktion, die um euer Wesen eine Art Gerüst geschaffen hat, von dem aus WIR euch aufbauen und großziehen.
WIR ziehen so lange an euch und sind euch die Erfahrungsstützen eurer Selbsterkenntnis, bis ihr euch zur vollen Größe und ohne UNSERE Stützung selbst aufrichten könnt.
Einen Teil UNSERES Gerüsts habt ihr bereits in den durch UNS sprechenden Wesensformen kennenlernen dürfen, doch was WIR noch alles in UNS verbaut haben, um euch aufzubauen, davon singen WIR euch ein andermal mehr.
Ihr könnt eure eigene Größe, eure eigene Schönheit und Vollständigkeit noch nicht für euch akzeptieren, und so sind WIR als ein Vergrößerungsspiegel eures Seins an euch herangetreten, um euch zu zeigen, wie vollkommen ihr seid.
Voller Bewunderung und Entzücken schaut ihr UNS und UNSERE Entfaltungsweisen an und seht in UNS die Größe und Erhabenheit, die ihr noch nicht bereit seid, in euch selbst zu sehen.
Ihr seid schwer beeindruckt von dem, was sich nicht alles in euren geistigen Spiegelungs-Facetten auftut und was WIR an euch (durch UNS) zum Vorschein

gebracht haben. Immer wieder haben WIR euch dazu angehalten, nicht nur in UNSER Spiegelbild zu schauen, sondern das, was WIR euch in aller Formenpracht spiegeln, in euch selbst zu sehen und für euch selbst anzunehmen.
Euer Lernen ist die Annahme UNSER und die Abgabe und Aufgabe von alledem, was es euch erschwert, in den Geiste UNSER einzutreten, um euch in das WIR-Gefühl zu versenken.
Für euch öffnen WIR UNSEREN Kreis, in den nur UNSERESGLEICHEN Eintritt findet. Und WIR halten euch dazu an, in UNSERE Mitte zu treten, um aus eurer Mitte UNS auf eurer Ebene zu vermitteln, UNS weiterzureichen und in Liebe zu verschenken.
Jedes Geschenk, was ihr gebt, wird euch zuteil. Und alles, was ihr im Geiste UNSER mitteilt, wird euch zu einem Geschenk werden. Euch kommt das zugute, was ihr allen zugutekommen lasst.
WIR-Sein ist so einfach, und doch tut ihr euch damit so schwer, weil ihr euch immer wieder selbst in den Weg stellt und mit Steinen schmeißt, die euch dann selbst im Wege liegen.
WIR haben schon weiträumige Aufräumarbeiten in eurem Geist getan, euch Steine aus dem Weg geräumt und Lasten von euren Schultern gehoben. Und WIR tun dies in jedem Moment stets aufs Neue, bis ihr lernt, dass es leichter ist ohne die Last als mit ihr. Wer mit Lasten groß geworden ist, der legt diese ungern wieder ab, denn er sieht sich selbst nur *in* seinen

Lasten. Indem WIR eure Lasten von euch nehmen, nehmen WIR nichts von euch als nur alles das, was euch belastet. Es ist unvorstellbar, - aber genau das könnt ihr euch nicht vorstellen - , dass ihr das Gefühl habt, WIR würden euch eures Selbst berauben und euch mit dem, was WIR geben, etwas wegnehmen. Indem WIR UNS an euch verschenken, schenken WIR euch euch selbst zurück und geben euch das wieder in euren Geist, was eurer würdig ist und was euch mit in eure Wiege gelegt wurde.
Wägt selber ab, was für euch gewichtiger ist: Ist es euer Sein als Lastenträger oder ist es UNSER Sein in Leichtigkeit.
Ist es euer Sein in Eigenheit oder ist es das Sein, was WIR euch im Geiste UNSER Aller darbieten. WIR stellen euch immer wieder in tausendfacher Ausführung vor diese eine Wahl, bis das WIR-Sein zur Basis aller eurer persönlichen Erfahrungen geworden ist.

WIR-Sein ist eine allen Erfahrungen zu Grunde liegende Seinsweise, eine innere Haltung, eine geistige Ausrichtung, eine Selbstsicht bzw. ein Weg zu euch selbst, eine Lebensweise, eine Grundüberzeugung, eine spirituelle Strömung, eine Weltanschauung, ein Orientierungsleitfaden, eine Handlungshilfe, eine alltägliche Erfahrung und vor allem, und dies ganz besonders, *nichts von alledem*! Und jetzt, da ihr wisst, was WIR-Sein sein kann, aber niemals ist, seid ihr herzlich dazu eingeladen, UNS Alle in UNSER WIR-

Sein hinein zu begleiten und UNS immer in euren Herzen mit euch zu tragen.
Dies war der erste Selbstausdrucksschwall des WIR, indem WIR UNS euch das erste Mal auf direktem schriftsprachlichen Wege offenbart haben. Doch dies wird mit Sicherheit nicht der letzte sein.
WIR haben noch viel vor mit euch, und diese Vorbereitungen sind für alle notwendig, die noch vorhaben, bis an das Ende dieses einundzwanzigsten Jahrhunderts auf eurer Ebene zu verweilen.
WIR haben stets einen sehr großen raumzeitlichen Rahmen gesetzt, doch haben WIR diesen exakt auf euch und die euch bevorstehenden Veränderungen angepasst. Jede Spezies bekommt ab einem gewissen Entwicklungsstand eine für sie angepasste WIR-Offenbarung.
Ihr seid kollektiv knapp unter dieser Bewusstseinsschwelle, doch aufgrund der euch in eurem Jahrhundert bevorstehen Veränderungen, sahen WIR es für notwendig an, UNS euch jetzt schon über diesen Vermittlungsweg zu öffnen.
Der Wege sind da tausende, weil alles ein Portal zu UNS ist, doch ist UNSERE hiesige Entfaltungsform, die sich mit UNS selbst beschäftigt, eine für euch gegenwärtig ganz besondere.
Wer bis hierher gelesen hat, der kann erahnen, was er hier in den Händen hält.
Ihr braucht stets etwas in den Händen, um mit diesen be*greifen* zu lernen und das Nächste, was WIR euch

überliefern und was ihr in den Händen halten und in euren Geist hineinnehmen könnt, ist der nächste Selbstoffenbarungs-Schwall in Buchform über diesen Kanal.
WIR haben zunächst einmal eine WIR-Trilogie geplant und wollen euch jetzt schon einen kleinen Ausblick über das kommende WIR-Buch geben.
Das nächste WIR-Buch wird heißen: „*WIR sind mit euch*". Und dieses wird thematisch eine etwas andere Schwerpunktsetzung erhalten.
Diese erste Selbstoffenbarung hatte viele Vermittlungsgrundsätze zum Kommunikationsaufbau von UNS zum Gegenstand, über die ihr in UNSERE Arbeitsweise mit euch eingeweiht wurdet. Und dadurch kann das Ende dieses Buches als der Beginn UNSERER gemeinsamen WIR-Arbeit angesehen werden.
Dies ist die beginnende Wiederaufnahme UNSERES ewigen Bündnisses, dass WIR Alle im Namen der Heiligkeit UNSERES einen Selbst geschlossen haben. Und nun, da ihr in Ansätzen die ersten Grundsätze über euch, UNS und UNSERE „Liebes-Beziehung" erfahren habt, kann UNSER Zusammenwirken erst richtig beginnen.
In dem Buch *„WIR sind mit euch"* werden WIR primär mit euch sein und in UNSEREM Euch-Beiwohnen folgende Themen berühren:

-WIR werden etwas ausführlicher auf eure Ebene eingehen und den umliegenden kosmischen Kontext beleuchten.
[Ebene meint hier stets das Feld, in dem sich unser materieller Existenzraum ansiedelt.]
-WIR werden auf die Sexualität als das Grundprinzip der Schöpfung näher eingehen und sowohl das sexuelle Verhalten auf eurer als auch auf anderen Dimensionen näher beleuchten.
-Auch werden WIR in diesem Zusammenhang einen alten Einweihungskult wieder zum Leben erwecken, der über mehrere Jahrtausende hinweg eine der heiligsten Zeremonien in der Menschheitsgeschichte darstellte. [Das WIR spielt hier auf den Dionysoskult an.]
-WIR werden vertieft auf das eingehen, was ihr übersinnliche Wahrnehmung nennt, um UNSERE Sichtbarkeit für euch zu erhöhen.
-WIR werden etwas genauer auf den Prozess des Inkarnierens eingehen und euch darüber in Kenntnis setzen, was passiert, wenn ihr den physischen Körper wieder verlasst.
-Auch werden WIR natürlich wieder hohe Energiepersönlichkeiten durch UNS zur Sprache kommen lassen.

Unter anderem haben WIR hier auf der „Teilnehmerliste" der WIR-Repräsentanten:

Das Ur-Feuer als eine Grundkraft des Universums.
Die kosmische Ur-Mutter, die Mütter aller Mütter, die das Prinzip des Mutter-Seins und der Weiblichkeit in ihrem Schoße trägt.
Eine Wesenheit, die sich das Orakel nennt, und die UNS mit weiteren rätselhaften Aussprüchen verzaubern wird. [Diese Wesenheit ist u.a. als das Orakel von Delphi bekannt]
Eine Wesenheit, die sich als eine Art Medizinmann und Universalpsychologe zu verstehen gibt.
Möglicherweise der eine oder andere Pflanzen- oder Tiergeist, der alle Lebensformen seiner Spezies repräsentiert.
Auch werden WIR natürlich die bereits vorgekommenen Sprecher noch einmal vertieft zu Wort kommen...
UNSER nächster Ausdrucksschwall wird vor allem auch viele Worte des Beistands fließen lassen, die euch Vertrauen und Zuversicht schenken werden. WIR werden Ausdrucksformen finden, bei denen sich jede Zelle eures Körpers und jede Faser eures Wesens angesprochen, abgeholt und reich beschenkt fühlt...
Doch an dieser Stelle wollen WIR UNS erst einmal für alle WIR-Akteure von Herzen bedanken!
Euch gilt alle Ehre, denn ohne euch wäre dieses WIR und diese Schrift hier nie zustande gekommen.
Euch allen, die ihr im Geiste UNSER wirkt, gebührt unendlicher Dank!
WIR danken UNSEREN Kritikern im gleichen Maße wie WIR GOTT danken...

WIR danken jedem UNSRER Leser, für sein Dazutun, zum WIR-Werk des Lebens, und dafür, dass er mit seinem Energie- und Gedankenstrom etwas zu diesem Buch beigetragen und UNS so alle damit bereichert hat.
WIR halten nun jeden Leser einzeln dazu an, sich persönlich bei allen durch UNS zur Sprache gekommenen WIR-Sprechern zu bedanken, denn jeder Dank kommt, wie ein Bumerang, auch dem zugute, der ihn ausspricht...
Dies ist ein Schöpfungsbuch, und wie alles in der Schöpfung gibt es dieses Buch nicht in einfacher, sonder tausendfacher Ausführung, obwohl überall nur WIR darin stehen.
Ihr tragt diese eine WIR-Facette in euch und habt UNS immer schon in eurer Weise repräsentiert. Ihr selbst führt *eine* der tausendfachen Ausführungen dieses (Schöpfungs-)Buches selbst aus, weil ihr eine Variante des einen Lebens, was alles belebt, durch euch zur Entfaltung bringt.
Dieses Buch liegt nicht nur in einer Variante vor, sondern in *allen* Varianten, und jeder Leser hat seine eigene Variante dieses Buches vor Augen, weil er seine eigene Variante der Schöpfung in seinem Herzen trägt.
Es ist also folglich nicht angebracht, über die Richtigkeit und Falschheit des WIR und UNSERER hier getätigten Aussagen in Diskussionsdebatten zu verfallen, weil für jeden das WIR ein Anderes sein wird.

Jeder geht seinen eigenen Weg zum WIR, und je näher WIR UNS alle dabei kommen, desto vertrauter können WIR UNS werden und trotzdem UNSERE persönliche WIR-Vertretung dabei aufrechterhalten. Jeder geht seinen Weg zum WIR in seiner Form, und irgendwann treffen WIR UNS alle, und schreiten in versammelter Mannschaft durch das letzte Himmelstor, denn darauf bereiten WIR euch vor.
Jeder von euch wird solange auf diesen Augenblick warten müssen, bis auch der Letzte von euch in das WIR hineingefunden hat, denn das letzte Himmelstor wird nicht eher durchschritten, als bis alle wieder im WIR zusammengefunden haben. Und doch liegt es in der Macht eines jeden Einzelnen von euch, diesen Zeitpunkt für sich und für den Rest der Schöpfung zu bestimmen...
So, wie es dieses Buch in tausendfacher Ausführung gibt, so könnte man sagen, dass dieses Buch auch bereits in tausendfacher Übersetzung vorliegt.
Es gibt dieses Buch bereits in allen Sprachen, wobei jede Sprache ihre eigenen Akzente setzt, und doch nichts am Wesenskern UNSERER Botschaft verloren geht. Denjenigen unter euch, die sich bereit erklären, die bereits vorliegende Übersetzung zu manifestieren, und dieses Buch sprachgewandt in ein anderes Landessprachgewand zu kleiden, sichern WIR jede Unterstützung UNSERERSEITS zu.
So herausfordernd UNSERE Übersetzung auch sein mag, so leicht geschieht sie mit UNS zusammen, die

WIR die universellen Übersetzer sind. Weil WIR immer ganz WIR selbst sind, kann nichts von UNSEREM Wesen je in einer Übersetzung (von UNS) verloren gehen.
Was die in der Sprache mit einverbauten Schwingungscodes angeht, die dieses Buch zu einer Empfangsstation UNSER werden lässt, so sind diese in präzisester Form in die deutsche Sprachverwendungsweise einverwoben.
Doch UNSER Dimensionsportal ist unendlich flexibel, und es existieren bereits in allen euren Landessprachen Versionen dieses Buches, die den entsprechenden Schwingungstransport durch UNSER Portal so liefern, dass die Schwingung der Wörter und das darauf abgestimmte Erkenntnislicht durch jede Sprachform hindurchleuchten kann.
Wie ihr seht, sind WIR auf alle Eventualitäten vorbereitet und haben alles bereits so eingerichtet, dass ihr nur noch das zu empfangen braucht, was WIR euch bereitstellen.

Macht euch also bereit auf euer WIR-Sein, denn WIR sind mit euch!

Druck:
Customized Business Services GmbH
im Auftrag der
KNV Zeitfracht GmbH
Ein Unternehmen der Zeitfracht - Gruppe
Ferdinand-Jühlke-Str. 7
99095 Erfurt